中国百村调查丛书

国家社会科学基金重点项目（滚动资助，批号：98ASH001）

"十二五"国家重点图书出版规划项目

"十三五"国家重点图书出版规划项目

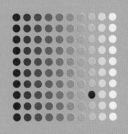

中国古村调查

中国百村调查丛书·堂安村

堂安梯田社会

TERRACE FIELD SOCIETY OF TANG'AN

曾 芸 徐 磊
宗世法 曹端波 等 / 著

社会科学文献出版社
SOCIAL SCIENCES ACADEMIC PRESS (CHINA)

章节目录

封面照片由村民陆邦胜拍摄，以下图片除特别说明外，
其余均为课题组成员拍摄。

梯田社会（村民陆红良拍摄）

山 泉

牛耕劳作

织布的老奶奶

堂安村鼓楼

老寨门

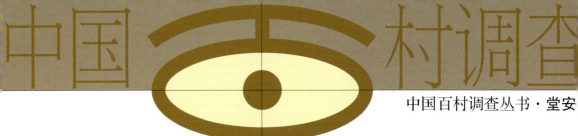

中国百村调查丛书·堂安

戏 楼

风雨桥

堂安生态博物馆信息资料中心

百鸟巢内景

村民自营小店

调研团队与村委会干部合照

课题研究资助单位：

　　贵州民族大学"候鸟型学者"陆学艺基金

　　贵州省民族地区社会建设与反贫困 2011 协同创新中心

出版资助单位：

　　"中国百村经济社会调查"课题组

田 野 调 查：孙兆霞　　王春光　　曾　芸　　曹端波　　陈志永　　陈维佳
　　　　　　　房丽杰　　卯　丹　　周恩宇　　梅　军　　徐　磊　　杜星梅
　　　　　　　刘　童　　徐国江

资源图制作：梁　坤　　徐国江

访谈及座谈会录音整理：刘　童　　吴连会　　武其楠　　刘　婷　　周　颖
　　　　　　　　　　　　姚　冲　　杨紫薇　　陈海菁　　徐国江　　李宗倩
　　　　　　　　　　　　陈晓慧　　夏文冰　　刘丽萍　　翟　静　　刘　俊
　　　　　　　　　　　　黄　玲　　韦乾梨　　徐彬彬　　吴　杰　　周启梦
　　　　　　　　　　　　张阿兰　　龙　仙　　潘兴念　　蒋湘黔　　吴明翠
　　　　　　　　　　　　杨祖云　　张桂花　　倪甜甜　　熊　俊　　马情芳
　　　　　　　　　　　　文红嫒　　罗　正　　石本莲　　娄倩倩　　陈文仙
　　　　　　　　　　　　吴德雄　　阳　婵　　李　艳　　李　奇　　张　燕
　　　　　　　　　　　　覃力行　　冉永豪　　杨　敏　　郭　晓　　杨海英
　　　　　　　　　　　　石玉荣　　黄　玲　　杨祖云　　张阿兰　　徐彬彬
　　　　　　　　　　　　宋大群

本 书 著 者：第一章　曾　芸
　　　　　　　第二章　曾　芸
　　　　　　　第三章　宗世法
　　　　　　　第四章　宗世法
　　　　　　　第五章　曹端波　　孙兆霞
　　　　　　　第六章　徐　磊
　　　　　　　第七章　曾　芸
　　　　　　　第八章　徐　磊
　　　　　　　结　语　曾　芸

总　　序

　　中国百村调查，是继全国百县市经济社会调查之后又一项经国家社科基金立项，由中国社会科学院组织协调的大型调查研究项目，其目的是加深对中国国情的认识和研究，特别是加深对中国农村社会的认识和研究。

　　在改革开放的大潮中，中国农村经历了空前的变化。早在20世纪90年代中期，在完成百县市调查研究后，中国社会科学院百县市调查课题组发现，县市调查属于中观层次，需要村落调查给予充实和完善。当时农村人口依然占中国总人口的多数，尤其是改革开放以后，农村基层社会变化最深刻，这是决定中国社会主义现代化命运的基础，是弄清国情必不可少的。在百县市调查的基础上，继续开展对村庄的大型调查，可以对县市村形成系统的、全面的认识。百村调查是百县市经济社会调查的姊妹篇，两者结合起来研究，将相得益彰，让我们更加完整地理解我国的基本国情。

　　因此，总课题组当时做了两件工作：一是组织一个课题组到河北省三河市行仁庄进行试点调查，形成村的调查提纲、调查问卷和写作方案，为开展此项调查做了准备；二是在1997年7月写出了《中国国情丛书——百村经济社会调查》的课题报告，向全国哲学社会科学规划办申请立项，但因当时国家社科基金"九五"重点课题都已在1996年评审结束，立项时间已过，不好再单独立项。后来总课题组同全国哲学社会科学规划办反复协商，全国哲学社会科学规划办考虑到百县市经济社会调查课题组很好地完成了任务，考虑到再做一次百村调查是百县市国情调查的继续，很有必要，所以于 1998 年 10 月特别批准了将百村经济社会调查补列为国家社会科学基金"九五"重点项目，并专门下批文确认，批文为98ASH001 号。

"百村经济社会调查"课题立项后，就受到各地社会科学界，特别是原先参与过百县市调研的单位和学者的欢迎，迄今已经有几十个单位组织课题组，陆续进行了选村、进村工作并开展调研。从 1998 年到现在的 19 年时间，百村调查在参与者的通力合作下，已先后出版了 23 本有影响力的专著，其他村庄的调查研究还在进行之中。

村庄的数量之多、差异之大，非县市所能比。究竟选择什么样的村庄，用什么样的视角，采用什么样的研究方法，形成什么样的成果，都不是用一个模式能解决的。但是，总课题组有一个宗旨是很明确的，那就是希望研究者对村庄进行长期的、深入的调查，不追求速度，要追求质量，通过对一个村的系统研究，获得新的知识和理论创新。由于课题重大、内容丰富、追求质量、工程艰巨，每个村的调研写作和出版的周期都比较长，可用研究经费筹措困难，加上我们课题组主观努力不够，此项调查进行的时间拖长了。为了确保百村研究延续下去，2012 年总课题组向全国哲学社会科学规划办提出顺延申请。规划办组织相关领域的专家对项目的研究工作进行了评估，评审专家充分肯定了已有的研究成果，并一致认为该项目具有较高的学术研究价值和史料价值，意义重大，而且工程浩大，很难在短期内完成。基于此，全国哲学社会科学规划办领导小组批准，将本课题定为滚动项目，并予以资金资助，这为项目的下一步研究提供了重要的支持。

在过去的 19 年时间中，总课题组与各地课题组建立了一套有效的研究合作机制，对推进百村调查起到了重要的作用，这样的合作机制对其他长期的大型课题研究有一定的参考价值。首先，总课题组建立了课题协调、子课题论证、研究指导和监督、成果审定的机制，有专人负责。其次，总课题组开展定期的学术研讨和交流活动。迄今为止，先后在北京、河北徐水、安徽黄山、浙江温州、贵州贵阳、浙江杭州和德清、辽宁沈阳等地召开了多次学术研讨会，会议的内容一般分两部分：一部分是参会者将研究成果拿来交流；另一部分就是安排下一步的百村研究。最后，形成了一个开放的发展机制，即不定期地吸纳新的研究者参与到百村调查和研究中，不断挖掘和培养新的研究人才。

百村调查课题自启动以来，不仅出版了一批高质量的学术著作，推进了中国农村研究，而且培养了一批中青年研究骨干，产生了良好的社会效益，深受学术界重视。现已出版的百村研究成果都是在研究者深入的田野调查基础上写就的，内含大量的第一手实证资料，既涉及中西部贫困村庄，又研究了沿海发达村庄；既涉及纯农业村落，又选择了工业发达村庄；既对传统村庄进行研究，又对正在进入城市化进程的城中村、城郊村等进行调查，对如此多不同类型的村庄进行的深入调查和研究，可以形成对中国农村发展新的认识图像，改变过去那种对中国农村单一的认知印象。

在现有开展的村庄研究基础上，我们已经进行一些概念提炼和理论概括，渐渐地显现出对促进中国社会科学理论创新发挥作用的迹象。在《内发的村庄》一书中，作者们强调了行仁庄具有内发发展的性质，分析了地方政府、村组织和村民三个行动主体之间的关系。认为行仁庄内发发展的性质的形成主要与人民公社时期历史的延续和主要政治精英的观念意识相关。这一认识实际上说明了中国农村发展有其很强的内在动力和相应的资源条件，如果忽视了这一点，会在政策上产生很大的偏误，反过来不利于农村的发展。由贵州民族大学教授孙兆霞同志主持的《屯堡乡民社会》一书，系统、深入地研究了贵州省安顺地区的屯堡社会及屯堡文化的形成、构建及基本特征，对屯堡社会提出了不同于以前研究的理论解读，尤其是提出了"乡民社会"这一概念，认为"乡民社会"与费孝通先生曾概括的中国农村宗族血缘社会即"乡土社会""差序格局"的社会结构有所不同，屯堡社区的社会结构不是单纯以血缘、地缘为基础，而是发生学意义上的地缘关系与后来族群内通婚形成的血缘关系二者结合的产物。我们相信，后续其他村庄调查和研究的开展，会进一步深化和丰富对中国发展现状的认识，为中国的社会科学研究创新提供更加坚实的经验和理论基础，能让我们的学者更有力地参与到与世界其他国家的社会科学学术交流中，丰富世界社会科学的研究经验和理论视角。

百村调查项目不仅进一步凝聚了百县市调查项目的科研人员，而且还吸引了一批新的科研人员加入。通过现有的二十多个项目的调查研究以及专著出版，培养和锤炼了一批科研人员，使他们成为当地社会科学院、高校、党校乃至政府政策研究部门的科研骨干，促进了各地的社会科学研究。百村调查之所以能培养和锤炼科研人才，首先是因为其要求科研人员在中国最基层进行长时间的实地调查，没有这样的调查，是写不出专著和论文来的；其次与总课题组的科研指导有着直接的关系，总课题组对所有各地负责百村调研的人员进行定期的培训和指导，还专门派人到现场对各地的科研人员进行指导，这种合作模式有效地整合了各方的科研资源，产生了倍增的科研效力。

此外，百村调查和研究还引起了一些地方政府对村落保护性发展的重视，尤其推动了它们积极去保护一些地方的传统文化，更好地实现经济发展、旅游开发与文化保护相互促进的作用。

总之，百村经济社会调查的目的，同百县市调查一样，也是为了加深对我国基本国情的认识，特别是对我国农村、农民、农业的现状和发展有一个科学的认识。通过调查，"摸准、摸清"自 1949 年以来，特别是改革开放以来这上百个村在政治、经济、社会、文化和生态上的变化过程、变化状况；经过综合分析，通过文字、数据、图表把这些村庄过去和现在的状况如实地加以描述，既能通过这些村的发展展示农村几十年来发展的一般规律，也能展示这些村特有的发展轨迹。

《中国国情丛书——百村经济社会调查》编辑委员会遵循实事求是、严肃认真的科学态度，坚持贯彻"真实、准确、全面、深刻"的方针，要求社会科学工作者深入农村，同当地的干部、群众相结合，采用长期蹲点调查、问卷调查、个案访谈等多种调查方法，力求掌握真实全面的第一手资料，通过"去粗取精、去伪存真、由此及彼、由表及里"的科学分析，如实全面地反映客观状况，杜绝弄虚作假的恶劣做法。社会科学成果，只有真实的才是有生命力的，也才有存在的价值。

《中国国情丛书——百村经济社会调查》是一项集体创作的成果。参加这项大型国情社会调查的，有国家和各省、自治区、直辖市的社会科学院、大学、党校以及党政研究机构的社会科学工作者，他们与被调查地区的党政领导干部相结合，并得到他们的支持和帮助，还得到了被调查行政村的干部和群众的积极配合。专业工作者、党政部门的实际工作者和农民群众三者相结合，才能共同完成这项科学系统的调查任务。百村调查和研究不仅是一项研究课题，还是一个研究者与实际工作者共同合作、携手参与我国农村社会经济发展的实践平台。因此它是一项长期的、具有非常重要价值的工作。我们将在新的起点上凝聚各方力量，提升调查和研究水平，更好地为认识中国农村、推进理论创新、服务农村发展和振兴做出持续不断的努力和贡献。

《中国国情丛书——百村经济社会调查》

编辑委员会

2017 年 11 月 23 日

序

贵州百村调查课题的缘起、
演进与组织创新的探索

在远离中心城市、位于西南腹地的少数民族村寨，一方面，由于生计与发展的需要，早在 30 多年前人们就走出寨门，翻越大山，以外出打工者的身份，参与中国改革开放东部沿海地区的经济发展；另一方面，在东西部之间、城乡之间，三代人经历了长达 30 多年跨越城乡的流动之后，已开始出现返乡安居、创业、就业的新一轮选择。然而，如果 30 多年前他们的外出，是为了化解在地生计资源匮乏与人口增长的张力，30 多年后的今天，如何看待和利用家乡"拥有"的"资源"，在城乡互动中建立更为丰富多元的互动纽带的选择，却已经内蕴着中国现代化道路实践中城乡之间、工农之间、民族多元文化之间、人与自然之间结构性变革的深层改变的新意。本研究正是以贵州黔西南苗族侗族自治州一个侗族文化极为典型的村庄堂安村为例，进行基于历史、立足当下又面向未来的村庄变迁研究。

堂安村案例研究，是"中国百村经济社会调查"国家重大项目的立项课题之一。2017 年修订的中国百村经济社会调查总序指出：中国百村调查，是继全国百县市经济社会调查之后又一项经国家社科基金立项，由中国社会科学院组织协调的大型调查研究项目，其目的是加深对中国国情的认识和研究，特别是改革开放以来这上百个村在政治、经济、社会、文化和生态上的变化过程、变化状况；经过综合分析，通过文字、数据、图表把这些村庄过去和现在的状况如实地加以描述，既能通过这些村的发展展示农村几十年来发展的一般规律，也能展示这些村特有的发展轨迹。

一 贵州"中国百村调查"课题的缘起

中国百村调查项目在贵州实施，缘起于 2000 年 7 月至 9 月由陆学艺先生主持、王春光博士负责的项目"中国当代社会结构变迁·贵州镇宁县"分课题的实地调查，第一次调查结束后，王春光对当时贵州省社会科学院、贵州民族学院、安顺师范高等专科学校（以下简称安顺师专）参与调查研究人员所做的申报进行宣传鼓动。2000 年 12 月，总课题组批准了贵州三项课题申报，安顺师专申报的由孙兆霞作为负责人的"中国百村调查·九溪村"项目，是被批准立项的其中之一。作为国家重大课题子课题的承接单位，当时的安顺师专已经具备了前期经验：早在 1984～1988 年就承担并完成了由中国农村发展问题研究组委托的国家"六五"重大课题子课题"山区经济发展战略研究"，课题负责人之一是孙兆霞；而当时参与课题研究的罗布龙、杜应国等人，也积极支持和参与这次九溪村课题的申报；特别是钱理群先生，对课题申报给予了极大鼓励。①

学术进展必须依赖学术组织这个载体，以学术追求作为推动的内生动力，以学术开放性支撑源源不断的学术活力。与百县市经济社会调查不同的是，百村调查作为国情调查更基础的对象域，扎根性是应有之义。因此在总课题全国启动后第一次工作会上（2002 年 3 月），陆学艺先生便对百村调查的学术性做了这样的定位，将"学术性的资料专著"改为"资料性的学术专著"。以"资料性"为基础，归纳其学术观点，从村庄特征提炼其学术意义，开辟一条 21 世纪中国百村调查村庄研究求实求真的学术路径。

课题被批准立项后，安顺师专举全校之力，组建了由 9 位研究人员组成的课题组，利用 2001 年暑假之机，选取了 35 名不同专业学生作为学生调查员，随同课题组自带背包，入驻九溪小学教室，开启了 23 天的九溪村问卷

---

① 参见孙兆霞等《屯堡乡民社会》"后记"，社会科学文献出版社，2005。

调查。之后，又进行了三次大型入村调查，共计驻村 50 余天。直至 2003 年年底，近三年半时间，课题组出入九溪 20 余次，三次集中写作两月有余，于 2005 年由社会科学文献出版社出版了结题成果《屯堡乡民社会》，成为百村调查继试调查成果"行仁庄"之后，第一本正式调查结题报告。总课题组对"九溪村"结题报告评价不错。陆学艺先生为此报告亲自写序，动用总课题组经费资助出书。在 2017 年修订的总序中，专门提出以《内发的村庄》《屯堡乡民社会》为代表的结题报告的贡献："在现有开展的村庄研究基础上，我们已经进行了一些概念提炼和理论概括，渐渐地显现出对促进中国社会科学理论创新发挥作用的迹象。"

在"组织创新"机制中，中国百村调查总课题组设置了三个主要机制：第一，设置总课题组指导各子课题组的工作会平台与指派研究人员在课题立项后跟进实地考察，指导课题组确定研究主题的机制；第二，总课题组提供调查基础问卷，各子课题组根据项目村特点加以修订的机制；第三，定期召开全国性课题交流研讨和工作会议的机制。有了这三个基础制度安排，使百村调查的"有机性"及团队整合能力建立在新的科研组织平台之上，各课题组之间可互相学习，优势互补，更重要的是有一个超越性的科研评价、综合指导组织的运行机制，可实现"中央"和"地方"纵向科研联动与"地方"之间在"超越性"观照下，开放性与扎根性的内在整合。

"中国百村调查·九溪村"课题的实施，也从"地方性"团队组织特征的定格上，凸显了"中央"与"地方"有机结合的共同背景及研究组织机理的相通性。[①]

二 省域研究团队组织平台的基础建构

沿着这条思路，2012 年年底，当"中国百村调查"被国家社科基金办批准为"十二五国家重大课题滚动项目"之后，创新性地产生了以省域为

---

① 参见孙兆霞《陆学艺老师与我所经历的贵州研究》，载《继往开来——陆学艺先生纪念文集》，社会科学文献出版社，2014；孙兆霞、张建、曾芸、王春光等《贵州党建扶贫 30 年——基于 X 县的调查研究》后记，社会科学文献出版社，2016。

二级科研平台，协调、贯通省域内区域性历史、自然、文化、民族、经济、社会多维度要素整合的结构性课题群的构想，在总课题组王春光老师的直接指导下，便在贵州落地实施。

也是早在 2009 年 11 月，"中国农村发展模式研讨会暨百村调查第三次工作会"，在黄山脚下的休宁召开时，陆学艺先生便召集"九溪村"课题负责人孙兆霞及多年来一直担任总课题组指定的贵州研究指导专家的王春光，商谈在贵州开展县域社会建设研究计划。① 为落实陆学艺先生的研究构想，贵州民族大学（当时为贵州民族学院）结合学校科研定位，迅速组建了贵州民族学院"中国西部社会建设调查研究暨实验中心"，聘请王春光为业务主任，并以此中心为平台，于 2011 年、2012 年连续并分别在贵州省委统战部、贵州省人大农业农村专业委员会立项，实施了武陵山区（贵州）扶贫开发调查研究，将县域研究聚焦到以扶贫政策研究为突破口，又立足于村庄扶贫实践一线作扎根性调查的路径之上；2012 年贵州省教育厅批准了贵州民族学院申报的"陆学艺候鸟基金项目"，陆学艺先生表示，他不能以个人身份享受这份贫困省份的专家待遇，基金要一分不少地用于贵州研究。2012年年底，在张乐天先生推荐、王春光老师指导下，此基地又承接了世界银行贷款项目"贵州省文化与自然遗产保护和发展项目（中期）社区参与工作评估以及重点社区基线调查"，对 10 余个县 15 个村实施了定量与定性相结合的调查。此项目的学术团队由中国社会科学院社会学所王春光领导的团队及贵州民族大学、贵州大学、贵州师范学院，孙兆霞负责的省内团队 20 余人构成，其学科领域包括农村社会学、历史人类学、经济人类学、政治人类学、旅游管理学、文化产业、人文地理学、社会人类学、教育社会学等。三年多来，借助于中国社科院和贵州民族大学等研究平台，共计对贵州黔东南、铜仁、遵义、安顺、黔西南等 5 个地州、市的 20 余个县 50 余个村进行调研，由此形成即将尝试的中国百村调查省域平台组织创新探索的综合性、结构性基础。

---

① 参见孙兆霞《陆学艺老师与我所经历的贵州研究》，载《继往开来——陆学艺先生纪念文集》，社会科学文献出版社，2014，第 408 页。

2012 年 6 月，在温州市委党校召开了中国百村调查第四次工作会，会议公布了一个信息，即总课题组将向国家社科基金委员会申请百村调查项目，以滚动项目的方式进入"十二五"期间的国家重大课题。会议期间，王春光代表总课题组告知贵州团队：一是写一份"中国百村调查·九溪村"课题实施的学术总结报告，供总课题组作为支撑材料上报；二是待百村总课题"十二五"延展课题批文下来后，贵州可否考虑做一个省域支持、统筹平台下的课题群，将之前总课题组直辖各子课题组的方式拓展为增加省域平台方式，这样在省域平台组织方式创新前提下，探索做成一批要求一致、目标一致、水平相当的结题成果。回到贵阳后，贵州团队热烈讨论总课题组的安排及建立省域平台的倡议，深刻认识到实现结构性、整体性、内蕴性基础上的共性—特殊性关联凸显的村庄研究模式创新，应该是中国百村调查的新使命、新路径；而依照贵州团队已有的前期基础，其实已经具备了在贵州尝试在省域研究平台上实施结构性、同时段子课题群性研究的探索，以拓展和夯实百村调查在全国视野下，共性预设与个案特色嵌构机理的省域基础，使个案的动态与学理的沉淀获得结构性、系统性、整体性维度的加持之后，产生更有解释力的分析框架和具备普适性品质的观察切入进路。

因此，在 2012 年年底，总课题组通知我们准备申报"子课题群"的意向后，贵州百村调查省域课题研究组便应运而生了。

三 贵州省域第二轮百村调查立项的考量

（一） 确立研究组织内部机制

于新的研究组织来说，创新性、内生性、主体性尤为重要。在根据三年内可完成课题的人力资源情况下，贵州省域平台申报了 5 个村的项目。研究负责人均是团队中对相应研究村庄具有前期研究基础的成员，在学科互补方面又有多维度的优势，涉及历史人类学、社会人类学、旅游管理学、经济人类学、文化产业学等学科。当然，能主持国家课题的实际资质以已有团队研究工作的资历为凭，他们加入团队最早的一位是 2001 年的张定贵，2011 年有三位，即曹端波、曾芸、张建，2013 年有一位，即陈志永，可以说五位子课题负责人都是与团队一起成长的重要成员。明确五位子课题负责人仅是一种相对的责任和权利，5个村的课题仍是省域平台上的一个整体。因此，要求无论是子课题负责人还是其他成员，事实上5个村的调研对贵州课题组团队所有成员而言，都是开放性的，他们都可以参与，即以"结构性"为"宽基础"，以"专题性"为"产出载体"，实现共性与个性的对话、贯通与互补。由此，5个个案村共同实施平台的建立，即以此为前提。

（二）确立从"中央"到"省域"到5个课题组的网络组织体系

在总课题组之下，成立了贵州省域5个子课题之上的"贵州课题组"。其支持平台是贵州民族大学"中国西部社会建设调查研究暨实验中心"（2013年经贵州省编委批准为"社会建设与反贫困研究院"），迄2013年时止，此研究院经省教委备案，成为"陆学艺候鸟基金"专项使用于中国百村调查贵州5村项目的执行机构，并以5村项目为支撑，成功申报了贵州省2011项目，使5村项目的资金支持有了两笔专项财务来源。贵州省域百村课题组（5村）由贵州民族大学孙兆霞教授具体负责，中国社会科学院王春光研究员作为总课题组下派负责人负责业务指导、现场考察、督导等工作；并由5个子课题负责人一起组成组委会，组委会对5个课题总协调、总负责。此研究组织创新探索的核心在于，将5个村结构性、同步性、互补性、典型性的选点策略，从组织构架上，注入柔性贯通的预设，从而克服各课题组各自为政、力量单薄、学科覆盖面窄、碎片化而非总体性的不足。将村庄研究纳入区域中观背景"行政区划与社会历史、自然环境诸因素影响的边际"的廓清，在此基础上汇入全国总课题宏观布局的大结构分析框架所呈现的"国情"，从而深化村庄研究在国情研究中的区域特点及对话基础。

（三）5村选点的学术与政策观照

在2004年结题的"中国百村调查·九溪村"课题结项成果《屯堡乡民社会》中，我们对九溪村研究是按照总课题组"资料性学术著作"来定位的，在扎实的实地调查与预设的学术观照互嵌的基础之上，逐渐形成了三个核心指向。其一，将"家户"——村庄共同体结构形成的发生学和变迁论放置到不同自然生态环境、不同民族文化传统、不同村庄共同体行动逻辑的多样性中进行比较研究。以农户与村庄共同体及"屯堡区域"的社会结构之发生学考察为基础，关注其 600 年的社会变迁，从而提出了"屯堡乡民社会"的概念。我们认为"屯堡乡民社会"与费孝通先生曾论述的中国农村宗族血缘社会，即"乡土社会""差序格局"的社会结构有所不同，屯堡乡民社会的社会结构，不是单纯以血缘式地缘为基础的，而是由发生学意义上的"国家"定义的。"军户"家庭——村庄共同体结构的地缘关系与后来制度创生的族群内通婚，形成国家主位且区域性的地缘与血缘双重关系嵌构的村落社会结构。在与西方社会公共空间理论对话的基础上，《屯堡乡民社会》力图揭示九溪村社会公共空间的社会基础和文化网络的特征对村落发展内在资源的认知，从而提出"乡村重建的内源性资源"命题，认为九溪村有一套完整的自组织机制，即在"国家"意识形态挖掘下，村庄治理呈现的自我生产、自我服务、自我管理、自我教育、自我提高。

虽然九溪村地处屯堡区腹地，具有 600 年前"贵州"建省发生学蕴含的"国家 - 地方"构建机理下形塑的村落社会结构典型标识，但其在社会学、人类学意义上的普适性如何？特别是在贵州非屯堡区更为多样的自然、社会、文化类型不同发生学意义上的少数民族聚居区，其"家庭 - 村落"社区结构的异同点如何？在同样经历中国与世界开放、发展过程中，聚焦其变与不变的社会机理及类型对话，显然具有极强的研究价值。中国百村经济社会调查的"国情"认识，还需要这一方法路径的"落地"。

其二，将村庄研究放置到不同民族区域间、城乡间，微观、中观、宏观背景关联的结构平台上加以研究。《屯堡乡民社会》从类型学上将贵州农村分为城郊型农村、边远山区农村和居于二者之间的中间过渡地带的农村，深入阐述将农村进行类型化区分对当下农村发展的重要现实意义；提出要挖掘农村的内源性资源，为在城乡二元格局背景下进行的乡村重建和"家园"重振提供智力支持。[①] 而从 2004 年到 2012 年，这 8 年间中国城乡关系的变化已经大大突破了当年的格局，特别是课题组组建 3 年来，对全国范围的10 余个县共 40 余个村所进行的扶贫调查，使课题组清晰地意识到，省域内城乡分类的范式，已经难以表征农户家庭跨区域、跨城乡流动给家庭、

---

① 陈斌、张定贵、吕燕平等：《屯堡村社教育》，社会科学文献出版社，2019，第 4 页。

社区、县域，甚至省域带来的多方位深刻影响，城乡二元结构理论解释也将面临来自实践一线结构性形态变迁的冲击。自然，关注省域腹地与边缘、关注农户跨省区代际打工对家庭生计方式的影响、关注村庄空壳化前提下三农政策及扶贫政策的类型化效能等问题，均转化为选择研究村庄的重要考量。

其三，更加注重多学科结合的整体性研究，并夯实实地调查基础上的理论研究与政策研究互相嵌构的国情认知基础。《屯堡乡民社会》在研究方法上，除了有问卷、定量调查与深度访谈、参与观察的质性研究工具的互构性推进外，还以"学术介入者"的身份，支持了中央电视台两套节目拍摄、国家重大研究项目"晚明社会变迁"的实地调研，并且在获得九溪村民的极大信任后，应他们自发产生的村庄发展组织——九溪旅游协会的请求，为九溪村"社区发展行动"提供智力支持、为九溪村村际公路提质修建寻求政策支持的机会、为九溪村民间自发发展组织精英与村支两委共同参与公益性的村庄治理现代化培训提供参与条件等。①

作为社会学本土化研究向政策研究、行动参与等维度拓展的探索，九溪村课题实施过程的诸项探索，在开了贵州团队在减贫发展领域应用研究的先河之后，随之跟进的贵州百村调查选题及立项的定位，研究者对政策研究、发展研究的关注，更应成为一种自觉的学术担当。因此，在贵州百村调查村庄选点布局策略中，发展资源类型的差异以及与这些差异相对应的政策支持类型研究、应用研究、比较研究，也将成为"结构性"安排的题中之义。

由此，单独一个村庄的研究，难以满足以上多维度、整体性、结构性、长时段研究的诉求，特别是长时段研究与类型比较研究的基础，理应以几个村庄研究的"同时性"为保障。陆老在《屯堡乡民社会》序言中的期待，也是关注二三十年的持续研究方向，而将基础理论研究、实证研究、参与式研究与政策研究相嵌构的适时跟进研究，从发展类型上深化其对话，在研究

---

① 参见孙兆霞等《屯堡乡民社会》，社会科学文献出版社，2005；李立《在学者与村民之间的文化遗产》，第四章，人民出版社，2010。

方法上应具有对应性更强的现实意义和价值。①

四　中国百村调查贵州省域 5 村课题的立项及开启

在以上选点考量基础上，2013 年年初，贵州百村调查（5 村）课题筹备组 10 余名成员研讨成熟后，向总课题组申报了黔东南苗族侗族自治州黎平县堂安（侗族）村、雷山县郎德（苗族）村、安顺市普定县号营（屯堡人）村、黔西南布依族苗族自治州兴仁县（市）联增（布依族）村、毕节市威宁县卯关（回族、汉族）村。［卯关村 2014 年调定，之前是安顺市西秀区鲍屯（屯堡人）村。］总课题组于 2013 年 4 月召开了课题立项评审会，5 村申报书全数通过，并决定由贵州民族大学社会建设与反贫困研究院为省域 5 村课题群运行的责任平台，也即百村调查省域组织创新的一种探索。会议一结束，百村调查总课题组秘书长高鸽老师就通过电话向孙兆霞转达了陆学艺先生的嘱咐：告诉孙兆霞，他们破例了，一下子给她们批了 5 个村，这在全国是没有的，之前没有，之后也不会再有了。课题审批会还建议在这一批课题基础上加上《屯堡乡民社会》，可以做一个贵州省域层面的农村社会转型的整体性研究。②

而从全国视域上来看，贵州省域研究的意义回到总课题组的“初心”，正如 2005 年 4 月陆学艺先生在为《屯堡乡民社会》写的序中所言，“从已经出版的《内发的村庄》和《屯堡乡民社会》这两本书中，我更进一步地认识到中国百村经济社会调查这个课题的重要性。这两本书都提出了一些很深刻、很吸引人的观点，也给我们展示了我国各地在实现由传统社会向现代社会转变发展的丰富多样性。我想，如果每个调查点都能扎实地去深入调查研究，收集资料，综合分析，撰写出有理论、有观点、有事实根据的著作，我相信，每一本书都会有它的研究深度和特点，这样汇集起来，会大大地丰富

---

① 事实上，从 2001 年开始的中国百村调查至当下仍处于持续的脱贫攻坚与乡村振兴相衔接的实证研究之中，贵州课题组为基础的研究团队，除在贵州之外，还实施了当时的国务院扶贫办等机构委托的 10 余个重大项目，在山东、云南、宁夏、青海、贵州等地开展了自然环境、历史文化、经济社会等有较大差异的村庄在减贫发展中政策干预效果的学术性总结工作，这自然也成为近期完成的贵州百村调查课题的政策研究的“前期”基础。

② 参见孙兆霞《陆学艺老师与我所经历的贵州研究》，载《继往开来——陆学艺先生纪念文集》，社会科学文献出版社，2014，第 408～418 页。

我国的农村研究，会大大地促进我国社会学研究，当然更主要的是会促进我国农村发展和现代化事业建设……真理往往是富于最基层、最前沿的实践之中。"①

堂安村课题，即在以上背景下开始了长达 6 年的研究过程。

孙兆霞

2021 年 12 月 16 日

---

① 陆学艺：《屯堡乡民社会》序言，载孙兆霞等《屯堡乡民社会》，社会科学文献出版社，2005，第 2~3 页。

目　录

目　录

目　录

第一章 导论

第一节 研究缘起及过程

一 百村与世行项目的合集

（一）世界银行项目

2009 年 6 月 26 日贵州省与世界银行签订"贵州省文化与自然遗产保护和发展项目"（下简称世行项目）的贷款合同。项目的发展目标是通过发展旅游和更好地保护文化与自然遗产，帮助贵州境内民众增加经济收益。世行项目中"少数民族文化遗产保护"子项目是其最重要的部分。项目选取 17 个有深厚少数民族文化内涵的村寨，通过基于"社区参与"的理念，培养社区主体性，促进社区能力建设，从而实现少数民族文化的自觉传承与保护。贵州省黎平县肇兴镇堂安村因为其独特的原生态侗族民族风情而成为世行项目"少数民族文化遗产保护"项目村之一。

2012 年 11 月，世行项目咨询方之一，上海同济城市规划设计研究院聘请"贵州民族大学中国西部社会建设调查研究暨实验中心"和"贵州社区建设与乡村治理促进会"组成的联合团队为世行项目提供"以社区为基础的可持续旅游、项目管理、质量控制及专题研究"咨询服务。而对堂安村的基线调查是咨询服务的任务之一。本项调查研究的目的在于：通过深入而广泛的调查研究，全面展现堂安村历史、文化、社会、经济、人口、农业、风俗等内容，挖掘社区潜在资源，了解村民发展诉求。在此基础上为世行项目顺利实施提供可供参考的翔实依据，从而保证项目能够有效实现"社区参与"诉求。

（二）《中国百村经济社会调查》贵州子课题

2013 年，中国社会科学院同意贵州民族大学孙兆霞教授团队的五个子课题立项："朗德"（雷山县苗族村寨）、"堂安"（黎平县侗族村寨）、"卯关"（威宁县回族村寨）、"联增"（兴仁县布依族村寨）、"号营"（普定县屯堡村寨）。五个子课题均由贵州民族大学负责组织调研，由孙兆霞教授协调各子课题的研究。因具备独特的原生态侗族民族风情，堂安村成为世行项目"少数民族文化遗产保护"项目村之一。课题组与堂安村结缘于世行项目的基线调查。出于调查后对堂安梯田社会研究和评估的学术乏力，课题组进一步借中国百村调查的契机，在城乡融合的背景下，展开农业文化遗产地保护与乡村振兴的新路径研究。自 2015 年起，课题组成员对堂安村展开了频繁而深入的调查研究，着重对其进行民族历史、社会文化的变迁调查。

堂安侗寨古村落系行政村，距黎平县城 75 公里，距肇兴镇政府驻地 8 公里，坐落于肇兴侗寨以东的山腰上，海拔 935 米（参见图 1 - 1）。早在 2011 年，黎平堂安侗族生态博物馆即是中国首批生态（社区）博物馆示范点。中挪两国专家通过对侗族南部方言地区数十个村寨的考察，认为堂安是一个典型的侗族文化空间载体。堂安的近邻侗寨，有肇兴乡的肇兴大寨、厦格、厦格上寨、纪伦、纪堂、登江、登杠、岑所、宰柳等 10 余个，方圆有 10 余公里，1 万多人口。它作为侗族文化的一个社区，其辐射面包括从江县的洛香、龙图、贯洞，广西壮族自治区三江侗族自治县的高安，湖南省通道侗族自治县的播阳等侗族地区，方圆 100 多公里，人口约 8 万人。这个社区的侗族文化形态基本相同，而堂安则是该社区的一个缩影。①

堂安与贵州其他传统民族古村落一样，处于农业生产无法维持家计、须青壮年外出打工、以城乡二元生计互补方式解决经济问题的状况。村庄作为维系情感和精神家园的基地，成为外出人口社会归宿的底线而真实存在。面

---

① 贵州省民族事务委员会、贵州省民族研究所编《贵州"六山六水"民族调查资料选编（侗族卷）》，贵州民族出版社，2008，第 295 ~ 296 页。

临新常态下经济放缓的大态势，堂安作为开发乡村旅游资源的选择目标，已在政府强力谋划中渐行渐近。更为严峻的事实还体现在两个方面，一是仅8公里之遥的肇兴侗寨旅游开发模式历经多轮产权转移后，村民主体在旅游开发中的决策权被边缘化；二是在堂安的旅游经营和利益分享机制中，村民主体性缺位，社会参与不足。这对乡村旅游的文化内涵挖掘，以及可持续发展都将造成主体性缺位。故而，或潜或显地对堂安进行村落共同体视角的研究和分析已是迫在眉睫。

二 研究过程

（一）堂安村基线调查

受上海同济城市规划设计研究院的委托，为评估堂安村世行项目的社区参与状况，贵州民族大学毛刚强博士及其带领的"贵州社区建设与乡村治理促进会"评估组首先来到堂安。按照合同要求，旅游与文化产业实践及理论探索团队成员分别于2013年3月13日、3月24日进行了两次项目调研前培训、研讨，确定调研大纲。准备工作做好以后，2013年3月27日，孙兆霞教授（领队）连同陈志永教授、陈维佳博士后以及研究生刘童、李宗倩赴堂安侗寨展开了为期12天的田野调查。调研结束后，调研组成员分别对调研结果进行总结性汇报，交流心得。近两周的基线调查，形成了访谈录音大约60小时，录音整理资料将近30万字。在此基础上，完成了基线调查报告。

（二）堂安村第二次调研

2013年9月28日贵州大学曾芸教授带领贵州大学研究生刘童、吴连会、刘婷一行4人在堂安村开展了一周的调研。其间，4人访谈了当地寨老、村庄精英、村民等共计18人。每日工作结束后，调研组成员分别对调研情况进行汇报。最终形成了大约30小时的访谈录音，将近14万字的录音整理资料。

（三）堂安村第三次调研

2015年1月6日至14日，贵州民族大学孙兆霞教授、卯丹助理研究员、梅军教授，贵州大学曹端波教授、曾芸教授、周恩宇副教授、武其楠（研究生），以及安顺学院本科生徐国江、王爽一行 9 人在堂安村开展第三次调研工作，主要工作情况为：孙兆霞、曹端波、曾芸教授访谈了当地寨老、村庄精英、村民等共计 24 人。卯丹助理研究员约访了当地各个姓氏的长者，完成系谱图。孙兆霞教授带领学生徐国江，在堂安村各村民小组组长的配合下完成堂安村土地资源图。梅军教授、周恩宇副教授带领学生深入到各家各户，完成了相关表格的填报工作。每天的调研工作结束后，调研组成员都要开例会，汇报当日工作进展。

近十天的田野调查，形成了访谈录音大约 100 小时，录音整理资料将近 47 万字，并且全程进行了摄像。这些调研材料为百村课题完成奠定了扎实的基础。

由于调研资料丰富，在整理、分析材料阶段花费较多时间，导致后续研究工作安排拖延。另外，在找寻贴切的内容主线时，课题组经历了多次研讨和变更，从寨老到梯田社会，再至农业文化遗产的主题变更，希望能不断推进对堂安村的整体认识，更加全面地反映当下中国转型期乡村社会变迁的问题。

（四）"跟进调查"的说明

在"十四五"开局、全面建设社会主义现代化国家新征程的关键时点，如何立足新发展阶段、贯彻新发展理念、构建新发展格局、实现巩固拓展脱贫攻坚成果同乡村振兴的有效衔接必然面临诸多新问题新挑战。同时，如何有效利用国家新西部大开发战略、乡村振兴战略的倾斜性政策支持推进贵州省乡村振兴，成为课题组需要回应的新问题。堂安村作为生态博物馆和重要农业文化遗产地，是乡村振兴中重点支持的一种村庄类型，有助于为同类型的村庄提供可资借鉴的典型经验。进而明确贵州乡村振兴的战略目标，探索建立地州市各级乡村振兴试验示范区的可行路径，以此为基础提出贵州实施乡村振兴战略的政策建议。因此，堂安村作为百村调查补充调查田野点与乡村振兴深度观察调研点的结合，具有理论和现实意义。2021 年 4 月 21 日，贵州民族大学孙兆霞教授、徐磊副教授，贵州大学曾芸教授、姚冲（研究生），云南大学博士后杜星梅，一行 5 人在堂安村开展第四次调研工作。此次补充调研直至 2021 年 4 月 30 日才全部完成，整理访谈资料 162 余万字，制作表格 39 张、拍摄图片 1343 张，并绘制了堂安村的村庄资源图。

调研发现，随着乡村振兴战略的实施，大量村民返乡创业，涌现出一批优质民宿、旅游特产商店、旅游演艺场所，这些新变化是实现脱贫攻坚与乡村振兴有效衔接的重要着力点，或可成为未来政策实施的重要出口。因此，有必要结合新的政策背景，连贯呈现出堂安村发展的社会规律，为堂安村的可持续发展提出针对性的思考。

三　调查方法和工具

2013 年 3 月以来，课题组多次前往堂安村，获取了大量珍贵的调研资料：其中访谈的录音文本达到 266 余万字，有关村寨基本情况的表格 78 张、拍摄图片 2663 张。

（一）参与式调查评估工具（PRA）

参与式调查评估工具是较为快速全面了解村庄社区资源、发展现状、村民发展意愿、项目对社区的影响等内容的一整套田野调查工具。我们根据实际情况设计了一整套调查工具，主要包括：村庄组织焦点小组评估、村民焦点小组讨论及访谈、非正式领导 SWOT 分析、韦恩图、半结构式深度访谈等。比如在绘制社区资源图的过程中，通过村民们七嘴八舌的讨论，我们不光了解了社区地理位置、资源分布等基本情况，还掌握了村庄历史演变、婚丧嫁娶风俗等重要信息。同时，我们的评估活动也帮助村民挖掘了以前被忽视的村庄传统文化、珍贵的集体记忆以及独特的社区资源，激发了村民的文化自信，在一定程度上增强了村民的集体行动能力。

（二）半结构式深度访谈

按照事先制定的调研方案，我们进行了大量的个案深度访谈，形成了大约 266 万字的访谈录音整理资料。调研期间，我们通过对村民进行深入访谈，对村庄历史、人口结构、社会福利、村庄公共设施、经济结构、生活状况、教育现状、村民互助与合作、饮食结构等内容进行了深入的剖析。其间，我们还对驻堂安村肇兴镇副镇长、教育辅导站站长、驻村社工、省文物局驻村代表等人进行了访谈，以便从多个层面对堂安村基本情况展开深入剖析。

（三） 入户问卷调查以及填制相关统计表格

基线调查中，在村两委的大力支持下，我们根据农户收支、住房条件、职业状况等，将农户分为条件好的家庭、条件中等的家庭和条件差的家庭三类各 21 户共 63 户，然后对抽样的家庭进行入户调查，主要对村民的家庭经济情况、家庭人口结构、生计来源、农业与种养殖业、家庭财产、日常开支、住房修建信息、社会交往等基本面进行调查。此外，我们还有针对性地进行了专题调查，比如"村庄历史""婚姻""节庆活动""村庄组织结构"等。调研过程中，我们还填写了大量的统计表格，包括：外出务工人员统计表、留守儿童统计表、村支两委成员统计表、村庄党员统计表、在外工作人员统计表、侗戏成员统计表、村庄传统建筑手工与技术人员统计表、村民就诊情况统计表等。这些都为我们的调查研究提供了客观、翔实的材料支撑。

（四） 文化绘图

文化绘图是一种基于社区参与的文化资源协作式管理工具与方法，旨在帮助社区认知、珍惜并支持这些对经济、文化和区域发展至关重要的文化多样性。加拿大创意城市网络（The Creative City Network of Canada）曾概括出文化绘图的概念，即是一种为了描述文化资源、社会网络及特定社区文化的联系及使用方式而收集、记录、整理和分析的信息化过程。联合国教科文组织强调文化绘图中的身份绘图，注重在绘制文化地图过程中的代际对话、知识分享与社区文化自觉。文化绘图还有助于凝聚社群共识以及提供文化主位观点，是当代村民反思传统文化价值与现代化发展过程的一种新感知工具。如果要让当地人成为自身的文化中介者、主导者，势必需要让他们重拾其传统文化以及当代文化产业发展的话语权，而文化绘图恰好提供了实现这一目标的径路。运用文化绘图不仅可以描绘出文化空间研究形态的民族文化资源地图，更重要的是还可以在此过程中推进社区对话、分享与文化自觉。当社区居民被置于核心地位，他们就能用自己的视角和行动记录自己的文化并绘制出独特的文化资源图，具体分为文化地图、社区身份构建、可持续应用三个层次。

四　调研资料汇总

经过总协调人和参与调查的全体师生的共同努力，通过四次田野调查，本课题完成了如下工作。

（1）对堂安村村干部、各小组组长、寨老、各氏族老人、生态博物馆负责人、肇兴景区负责人、返乡创业者、外来经营者、游客和一般村民等报道人进行深度访谈，获取大量一手材料。

（2）完成家庭生计结构、梯田地名、丘数，各主要姓氏每一世系每家户中男子情况统计表及堂安村外出务工人员情况等 78 张调查表格的填写。

（3）绘制堂安村庄资源图。对直观了解村庄资源的空间分布和后期的研究分析大有裨益。

（4）采集堂安瓢井、梯田、传统民居、鼓楼、戏台、机耕道、文化活动、人情账簿、日常生活等方面图片 2600 余张。

（5）收集堂安村、肇兴镇和黎平县诸多政府文件，这对于本课题的开展亦是重要的原始文献资料。

（6）完成田野调查访谈录音的文字录入，总计逾 266 万字。

第二节　前提性背景及研究主题界定

联合国在 20 世纪末提出"可持续发展目标"，这个目标的实现有相当大一部分与农业文化遗产的诸多要素密切相关，它具有促进世界可持续发展的重要意义，对包括全球化、生物多样性保护、粮食安全、贫困等这样一些重要问题具有重要战略意义。我国在 2018～2022 年的中央一号文件均指出，要保护好优秀农耕文化遗产，推动优秀农耕文化遗产合理适度利用。乡村振兴是全球面临的共同课题，守护农业文化遗产，关乎未来，意义深远。农业文化遗产内嵌于具有区域特色的环境之中，新要素的整合开发需回嵌到在地化的自然及社会之中，通过高质量发展实现乡村振兴的新路径，体现着中国特色社会主义的内在逻辑。对这些命题或背景进行学理和政策意义上的呈现和界定，是本课题展开的必要前提。

一　新社会转型的发展背景

莫斯在因纽特人的社会形态研究中提出社会生活及其所有的形式（道德、宗教、司法等）是与各个人类群体的总量、密度、形式和构成共同变化的。① 在农业文化遗产地社区中出现人口向城市集聚的过程，而社区的信仰、仪式等，又定期地把人口从城市往乡村吸聚，使其形成两种不同的社会形态。不难发现乡村社会形态是因人口流动以及人口组织方式的变动而带来的整个社会运作、道德及婚姻家庭、农业文化的变化。由此，乡村社会形态的变化需要置于中国社会转型的框架中来理解。②

沿着现代化的轨迹，中国进入新社会转型期，社会经济变迁从原先的二分或者三分状态转变为融合、边界重组的状态，不再是非此即彼，而是彼此融合形成新状态、新样式和新机制的变迁方式。这样的新社会转型不仅源于体制机制改革和创新，还源于科技发展和基础设施建设，源于社会价值观以及生活方式的变迁等。在新社会转型视角下，对认识乡村社会形态变化的轨迹，充分保护利用农业文化遗产，促进乡村振兴和城乡融合均有一些新的认识。③

从新社会转型视角来看，乡村与城市不是对立的，乡城或者城乡社会正在形成之中。乡村不是纯粹的乡村，而是与城镇、城市密切联系乃至融合的乡村。在市场经济时代，乡村发展和振兴不论是供给侧还是需求侧都离不开城镇的需求和参与，城镇的需求给了乡村发展和振兴的机会，城镇是乡村发展和振兴的强大外部动力源。

新社会转型视角还为乡村与城市社会提供新的价值解读。人们对乡村社会价值的重新审视无疑给乡村振兴提供了契机和动力。虽然乡村发展和振兴也是乡村自身的内在需要，但如果没有城市居民对乡村进行新的价值审视，那么乡村发展和振兴就没有强有力的市场需求依托。新的价值审视或者新解

---

① 马塞尔·莫斯：《社会学与人类学》，佘碧平译，上海译文出版社，2014，第502页。
② 卢成仁：《农业文化遗产研究的五个层面及其方法论问题：社会科学的视角》，《中国农业大学学报（社会科学版）》2022年第3期。
③ 孙庆忠主编《农业文化遗产与乡土中国》，中央编译出版社，2021，第178~186页。

读，不是基于城乡二元分立的思维，而是倡导城乡价值互补和支持，构筑多样性的价值样态。这正是新社会转型视角在城乡价值判断上的体现。

新社会转型同样显示出传统文化与现代文化、本土文化与外来文化的交融态势，并衍生出现代与传统、本土与外来之间的"传统"新业态。[1] 围绕农产品的深加工和高质量旅游产品的开发可以拓展出新型农业工业化发展模式，将一二三产业融合在一起。韩国、日本学术界提出了乡村"第六产业"的发展设想，并付诸实践。尤其是科技、工艺、文化艺术以及本土材料相结合的一种一二三产业融合生产和发展的模式，既能与自然生态共存，又能满足人们对美好生活的追求。这种融合模式，达成了农业现代化与农村现代化的同步发展，共同富裕才有可能，乡村振兴才能得以实现。[2]

二　研究主题的确定

面对生物多样性、本土知识与传统农耕文化传承、发展可持续性等问题，联合国粮食及农业组织（简称 FAO）在 2002 年发起保护"全球重要农业文化遗产"（简称 GIAHS）的倡议。FAO 指出，GIASH 是"乡村社区与其所处环境长期协同进化和动态适应下所形成的独特的土地利用系统和农业景观，这些系统与景观具有丰富的生物多样性，而且可以支撑当地社会经济与文化发展的需要，有利于促进区域可持续发展"。[3] GIAHS 至少包括四个方面：（1）景观系统；（2）农业生物种群系统；（3）本土与传统知识系统；（4）文化价值系统与社会组织关系。[4]

随着对现代性、全球化负面效应的破解成为一种国际性共识，问题也聚焦于传统农业的价值和意义的挖掘和利用。农业部在 2012 年启动了"中国重要农业文化遗产"（简称 China – NIAHS）保护工作。China – NIAHS 是指

① 王春光：《新社会转型视角对乡村振兴的解读》，《学海》2021 年第 5 期。
② 王春光：《迈向共同富裕——农业农村现代化实践行动和路径的社会学思考》，《社会学研究》2021 年第 2 期。
③ GIAHS：Globally Important Agricultural Heritage Systems，http://www.fao.org/giahs/en，最后访问日期：2022 年 2 月 18 日。
④ 石鼎：《从遗产保护的整体框架看农业文化遗产的特征、价值与未来发展》，《中国农业大学学报（社会科学版）》2022 年第 3 期。

"人类与其所处环境长期协同发展中，创造并传承至今的独特的农业生产系统，这些系统具有丰富的农业生物多样性、传统知识与技术体系和独特的生态与文化景观等，对我国农业文化传承、农业可持续发展和农业功能拓展具有重要的科学价值和实践意义"。并且，"应在活态性、适应性、复合性、战略性、多功能性和濒危性方面有显著特征，具有悠久的历史渊源、独特的农业产品，丰富的生物资源，完善的知识技术体系，较高的美学和文化价值，以及较强的示范带动能力"。[①]

传统农业的效应是多维度的，包括维持生计、劳动力周期性的合理利用，与自然生态系统长期的共存。特别是堂安的传统农业，它注重在结构中的多样性利用、系统能量的多级利用、物质的循环利用以及景观中因地制宜的布局。堂安梯田社会中很多技术、品种、管理、禁忌、习俗和信仰等，都值得在今后的农业生产实践里借鉴和利用。[②]

世界古代农业文明有近万年的考古史和五千年的文字记载，遗憾的是多数湮灭了，有的是因为经不起灾害，有的是经不起社会动荡等。能够历尽千辛万苦，经受千锤百炼，保留至今的传统农业实践，是不是有其深刻的道理蕴藏其中？关键还在于，我们是否关注和发现其中的奥秘呢？堂安梯田是一个复合的、动态的、活态的农业生产系统。也就是说，是一个包含多种要素的、不断发生变化的、有生产功能的生态循环系统。其独特的价值主要集中在：

第一，它是活态性的，特指有人参与的、有生命意义的。堂安梯田的价值核心是人，以及人们长期与自然协同演进中形成的整体性系统。"活态性"是由堂安鲜活关联中存续的机理所致，生态智慧内置其中。例如，堂安腊汉成人礼与家庭分工的内在结构，显示了生命史意义的阶段性职责，是其农耕文明的镌刻和表征。堂安所有的生态与文化资源的产生和持续依赖于农业生产，堂安梯田是具有原初性（即农业经济）功能的活态遗产，因此其

① 农业部关于开展中国重要农业文化遗产发掘工作的通知. 中华人民共和国农业农村部网，http://www.moa.gov.cn/nybgb/2012/dsiq/201805/t20180514_6141988.htm，最后访问日期：2022年2月19日。

② 孙庆忠主编《农业文化遗产与乡土中国》，中央编译出版社，2021，第232～233页。

保护和利用,不是活化问题,而是可持续发展问题。①

第二,它是适应性的,随时间与空间的改变,展现出不同的变化。在适应性方面,堂安梯田显示出一种自然限定下的适应。例如,至今堂安还拥有大量传统糯稻种质资源,均是当地适应性糯种,如向阳田、背阴田、冷水田、干旱田等分类糯稻种。由于地形和气候形成的多因,使多样性成为历史以来堂安村民一种生产生活方式的前提,如何在各种小地理空间、气候空间中既坚守农耕文明的精髓,又能在适应性上达成人地相安的典范,既是一种勇气,更是一种智慧。

第三,它是复合性的,即具有自然、文化、景观、非物质文化遗产等多重特征。特别在传统物种、本土技术体系、农耕文化、水土资源管理、生态景观等领域,在各维度整合的潜在空间及建构机理的深度融合上,堂安梯田社会所携带的农业遗产价值,实为典范,表现为"森林—梯田—村落—水系"四位一体的生态循环系统等。

第四,它是整体性的,规模较小的堂安村的共同体特征是非常显著的,生活是在与土地和家庭的关联中进行的。"共同的习俗信仰和始祖崇拜,也使得各村落成员经常习惯自然地在追忆祖先的心理支配下唤起集体情绪和民族激情。于是集体与族群利益日渐变为人的动机的第一需要,以村落社会为轴心来评判一切成了民族村落成员世代的传统品格。"②

中国的农村问题从来就不是单一的问题,它既是现代社会原型意义上的理论问题,也是具有人类文明基础的深层次文明问题。传统意义上的村落社会,主要是指依托于村落共同体而形成的实体性地域社会。在这一意义上,村落社会表现出极为典型的延续性和积淀性。基于自身特色的村落理解传统,对于乡村振兴,具有特殊重要的意义。③ 堂安村农耕文化及生态智慧,逆城市化趋势,与现代性的关联,存在积极的面向。因此,梯田社会呈现出在新城乡关系下,通过城乡互动交流,激活村落共同体,使其获得了更具有

---

① 闵庆文:《农业文化遗产旅游:一个全新的领域》,《旅游学刊》2022年第6期。
② 杨鹏国:《民族村落文化:一个"自组织"的综合系统》,《中南民族学院学报》1992年第6期。
③ 田毅鹏:《东亚乡村振兴的文化路径——以中日"村落社会"为中心》,《南国学术》2021年第4期。

社会性意义的一种存在。

第三节　研究视角转向及理论对话

一　"人文性"的研究视角

2003 年，费孝通先生发表了一篇关于社会学"科学"与"人文"双重性格的文章——《试谈扩展社会学的传统界限》。费老认为，社会学的科学性，使得它可以成为一种重要的"工具"，可以"用"来解决具体的问题；然而，社会学的价值，还不仅仅在于这种"工具性"。今天的社会学，包括它的科学理性的精神，本身就是一种重要的"人文思想"。社会学的人文性，决定了社会学应该投放一定的精力，研究一些关于"人""群体""社会""文化""历史"的基本问题，为社会学的学科建设奠定更为坚实的认识基础。从社会学双重性格的揭示中彰显被学界忽视的人文性的维度及科学性与人文性的结构性特征之后，费老将观察的锋芒指向与社会学双重性格相吻合的对象本身，即"中国丰厚的文化传统和大量社会历史实践，包含着深厚的社会思想和人文精神理念，蕴藏着推动社会发展的巨大潜力，是一个尚未认真发掘的文化宝藏"[①]。

基于这一认识论和方法论的发生学起点，费老从四个维度深化拓展了社会学从穿透中国经验中获取自我形塑资源的路径。

其一，从文化中，通过究"天人之际"，去发现人与自然关系的本质。从而不但生发应有的"观点"，更重要的是建构出一种正确的"态度"。费老认为，对于"人"和"自然"的关系的理解，实际上是我们"人"作为主体对所有客体的态度，是"我们"对"它们"的总体态度。问题的核心是，我们把我们人和人之外的世界，视为一种对立的、分庭抗礼的、"零和"的关系，还是一种协调的、互相拥有的、连续的、顺应的关系？如果是基于东亚文明的历史和文化传统，那么理所当然是一种强调协调、共处、

---

① 费孝通：《试谈扩展社会学的传统界限》，《北京大学学报》（哲学社会科学版）2003 年第 3 期。

"和为贵"的哲学基础，这种文化传统使得我们很自然地倾向于"人"和"自然"相统一的立场。

其二，精神世界在社会形成中的作用。忽视精神维度的社会科学研究，是沃勒斯坦在《否思社会科学》中尖锐批评的沉疴，同时也是"人观"的基本问题。费老指出，人类对世界和自身的最基本假设，往往成为一种精神信仰和世界观的基石，构成一种文明的基础。在"生物"中，人最重要的特殊性就是人有一种精神世界。精神世界作为一种人类特有的东西，在纷繁复杂的社会现象中具有某种决定性作用；忽视了精神世界这个重要的因素，我们就无法真正理解人、人的生活、人的思想、人的感受，也就无法理解社会的存在和运行。社会学对于精神世界的理解，应该是把它和社会运行机制联系起来，但不是简单地替代，不是简单地用一般社会层次的因素去解释精神层次的活动。

其三，文化的历史传承和社会的构成，其机理是文化与"不朽"作为表征的内在关联。从人的生物性和社会性的关系，自然地引出人的群体性、文化性和历史性的问题。"社会"为什么能长久存在？因为有"文化"。而文化是如何起作用的？是基于人的群体性即社会性。群体可以超越个体的局限，文化能够超越个体生命的生死和时空的障碍，能够生生不息、发扬光大。文化把不同时间和空间的人"接通"了，使得人们可以共享生活的经历和生命的体验；从"个人和群体"的角度理解文化，"文化"就是在"社会"这个群体形式下，把历史上众多个体的、有限的生命的经验积累起来，变成一种社会共有的精神、思想、知识财富，又以各种方式保存在今天一个个活着的个体的生活、思想、态度、行为中，成为一种超越个体的东西。所以，我们看文化，必须历史地看，只有在历史中，文化才显示出其真实的意义。

其四，"意会"对于文化理解的重要性在于通过"心领神会"的意蕴，反射由"内"而"外"差序格局的社会关联。中国的世界观，更像是一种基于"内""外"这个维度而构建的世界图景：一切事物都在"由内到外"或"由表及里"的一层层递增或递减的"差序格局"中体现出来。而比"我"更接近"内"的概念，即是"心"这个范畴。用"心"来陈述人际关系，着眼点不在"关系"而在"态度"，是"态度"决定"关系"。"心领神会"就是古人所理解的一种真正深刻、正确地认识事物的境界，它不是我们今天实证主义传统下的那些"可测量化""概念化""逻辑关系""因果关系""假设检验"等标准，而是用"心"和"神"去"领会"，这种认识论的范畴，不仅仅是文学的修辞法，而是切切实实生活中的工作方法，也确实支撑着中国文化和文明历经几千年长盛不衰，其中必定蕴含着某种优越性和必然性。"心"的概念的另一个特点，是它含有很强的道德伦理的含义，强调"内""外"之间的关系准则应该是真诚、共存、协调、和睦、温和、宽厚、利他、建设性，等等，是符合"天人合一""推己及人""己所不欲，勿施于人"等人际关系的基本伦理的关系。要在中国文化背景下研究社会，不讲这个"心"是肯定不行的。

综上，在展开堂安村研究时，有一个必须要回应的问题是：仅仅一个村庄如何能够代表贵州乃至中国？这个村庄的研究与全国其他村庄的研究有怎样的关系？这就涉及社区个案研究与中国总体国情的关系这一社会学研究方法中的经典问题。费老在一生的研究中都在不断探索、回应这个问题。以马林诺夫斯基为代表的人类学结构功能论，"重文化对于人类生活之效用及功能"①，认为文化的存在是为了满足人类的生物需要，因此满足人类共同需要的文化就具有功能上的共同性。费老对这种生物还原论进行了批判，指出"文化、社会既是一种具有自身需要和独立运作机制的实体，其存在和变化又受到处于其中的个人主观能动作用的影响，反过来，个人既是种具有主观能动性的存在物，但又必须受到文化和社会的制约。因此，要从文化、社会与个人的相互作用中来理解文化和社会的存在和变化"。② 所以，通过微型社区的深度调查、透过对浸润在文化体系当中的个体的截面观察，就能推演文化体系中较为稳定持久的普遍原则。费老在晚年甚至提出"扩展社会学的传统界限"，将文化研究拓展到人的"精神世界"中，如"意会""我""心"

---

① 费孝通：《译序》，载马林诺夫斯基《文化论》，费孝通译，中国民间文艺出版社，1987。
② 谢立中：《从马林诺斯基到费孝通：一种另类的功能主义》，《南昌大学学报》（人文社会科学版）2007年第2期，第4页。

等领域,^① 以此来丰富对于"文化"的理解。

课题组在进行堂安村调查研究时,同样秉持这样一份"执念":这个村庄同全国其他村庄一样,其文化体系在快速而深刻的社会变迁背景下仍然能够呈现出一种内在的相对稳定特征。百村调查正是要记录下当前文化体系的时代特征,为此,课题组的研究呈现出有别于其他百村调查的特点。

第一,注重微观社区调查的整体性。这样的整体性体现在两个维度上:纵向维度,课题组每次调查都会对市县、乡镇和村庄三级行政体系的多个部门进行连续访谈;横向维度,课题组对于村庄内部访谈人的选择和访谈领域力求多元。访谈人从村支书、村委会主任、村干部到普通村民;从上小学的孩子到耄耋老人;从村庄的政治、经济、文化能人到扶贫帮扶干部、返乡创业人员。访谈领域常常要跨越经济、政治、公共服务与社会保障等领域。以调研前确定的主题为访谈"主线",通过这种村庄"全景图"的方式,呈现当前阶段村庄文化变迁的整体特征。

第二,注重社会个体的生命史访谈。在长期的农村调查中,课题组逐渐发现,对于访谈对象个体生命史的访谈,不仅能了解访谈对象的个人生平,而且能够在个人生命史"自我叙述"中理解访谈对象主体视角对于"我"的理解,也能够通过"将心比心"的方式理解访谈对象的心理和行为,这与费老强调对于人的精神世界的研究有契合之处。这样,"村庄"就不是由一群模糊的个体组成的整体,而是由一个个个性鲜明、有血有肉的个体生命在缔结社会关系、社会互动中所构建的整体。

第三,注重开放社区文化交融的理解。在农村社会学的研究中,乡村常常被想象为一个相对封闭、以农为生的社会形态。但是,这常常遮蔽乡村社区与城市社区的文化共通性。因此,课题组在调查全国最为偏僻的农村社会时,也常常透析不同的民族村寨背后的共享文化特征,这是中国作为一个"整体"而各区域、各民族相互交流、相互影响的微观实证。此外,课题组常常在农村社区看到农业、手工业、商业的社会分工形态的不同发展阶段,对于乡村社会内部社会分工的把握,也在不断矫正着研究者对于乡村社会的刻板印象。

---

① 费孝通:《试谈扩展社会学的传统界限》,《北京大学学报》(哲学社会科学版) 2003 年第 3 期。

二　村落共同体的理论对话

（一）新区域主义的理论启发

西方经济学在 20 世纪 80 年代提出注重地方性与现代性相整合的新的社会文化基础的研究。既不是"地方性"的悬浮，也不是对"新力量"的放弃（视而不见），从而在政策供给上注重区域能动性激发成为一种导向。20 世纪 80 年代，随着生产技术和组织结构发生变化，区域经济形成从提高区域在全球经济中的竞争力的新目标，经济地理学的"新区域主义"逐渐走上历史舞台。其强调经济生活既是一个被制度化的过程，又是一个根植社会的活动，其演化既是环境特定的，又是路径依赖的。与导向均衡的、享乐主义的、以完全理性的个体为核心的经济学的传统假设相比，它更重视本质上非均衡的、不完全竞争的、非工具理性的制度化过程。（因此，由于对"制度"因素的强调，经济地理学中的"新区域主义"通常又被称为"制度主义"。它是以经济社会学、制度经济学、演化经济学对西方经济地理学在 20 世纪 60 年代提出的"计量革命"之后，行为主义、人本主义、结构主义、后现代主义兴起后的反思，特别是对计量革命时期的"空间科学"及其实证主义方法论进行深刻的批判基础上，使地理学的区域研究传统重新成为经济地理学的研究核心。）

20 世纪 80 年代以来，新区域地理学的兴起，有力推动了人们对区域的地方性和结构性的认识，地方性提供了相互作用的空间场所，而结构性则主导着人们与社会结构相互作用的时空过程。将"区域"看作"地域体"，是"新区域地理学"对"区域"性质和作用的重新认识，为"新区域主义"的出现奠定了思想基础。"新区域主义"试图超越"国家干预"与"市场调节"的两难选择，将区域政策的重点放在"区域财富"的积累上，放在"区域内部力量"的动员和竞争优势的培育上。因此，如何改进区域发展的经济、制度和社会基础，培育区域的持续发展能力，积累"区域财富"，就成为"新区域主义"关心的主要政策方向。①

---

① 苗长虹，樊杰，张文忠：《西方经济地理学区域研究的新视角——论"新区域主义"的兴起》，《经济地理》2002 年第 6 期。

（二）村落共同体理论梳理

在中国的乡村研究中，"村落共同体"概念具有"墙外开花墙内香"的特点。"共同体"概念来自社会学家滕尼斯，他区分了"共同体"（社区）与"社会"（社团）两个概念，认为"共同体"由合作、习俗和宗教构成，通过默认一致和信仰将人们联系起来；而"社会"则是在法律、公共舆论基础上建立的大规模组织。[①] 涂尔干对社会联结机制从"机械团结"向"有机团结"[②] 的论断，跟滕尼斯有相似的理论取向。在这样一种"二分法"的概念界定中，"共同体"自然被置于一种前景黯淡的通道内，而"消灭"共同体的力量主要是以市场为社会机制的资本主义经济。波兰尼就预言资本主义的发展不仅要求货币、土地、劳动力全部变成自由交易的商品，而且要求经济从社会中"脱嵌"，社会制度转向支持市场社会。[③] 村落共同体的终结，是欧洲社会学研究中的宿命。

而从东亚地区的研究来看，中国农村是否存在村落共同体甚至都成了一个问题。部分日本学者利用 20 世纪 40 年代初的"中国农村惯性调查"资料，展开了一场被称为"戒能—平野论战"的大辩论[④]。本研究无意对这场论战进行细致梳理，只是指出这一论战的有趣之处：大部分日本学者认同中国农村不存在"村落共同体"之说，日本著名的社会学家福武直即是代表；但中国学者则普遍认为日本学者的研究主要是对华北村庄，并不能够代表整个中国，与"中国农村惯性调查"同期的部分研究[⑤]即是中国村落共同体存在的明证，因而将研究的重点聚焦于村落共同体的当代命运和变迁。有研究对乡村工业化时期出现的几个村子的绝大部分村民从事同种经济活动的"基

① 斐迪南·滕尼斯：《共同体与社会》，张巍卓译，商务印书馆，2019。
② 埃米尔·涂尔干：《社会分工论》，渠东译，生活·读书·新知三联书店，2013。
③ 卡尔·波兰尼：《大转型：我们时代的政治与经济起源》，冯钢、刘阳译，浙江人民出版社，2007。
④ 具体参见李国庆《关于中国村落共同体的论战——以"戒能—平野论战"为核心》，《社会学研究》2005 年第 6 期；张思《近代华北村落共同体的变迁——农耕结合习惯的历史人类学考察》，商务印书馆，2005。
⑤ 丹尼尔·哈里森·葛学溥：《华南的乡村生活——广东凤凰村的家庭主义社会学研究》，周大鸣译，知识产权出版社，2012。

层生产共同体"① 进行了考察；有研究对"社会流动"背景下村庄共同体的互惠机制的存在和运作如何使得村落共同体得以延续和维系进行了分析②；还有的研究批判了经济学家对于农村劳动力大幅度转移与城市化的浪漫想象而忽略了农民变成单个劳动力、村庄瓦解过程中农民和村庄可能付出的代价以及由此引起的社会问题，并承认现代社会仍需要村落共同体以满足非市场经济性质的互助与交换，并发挥情感和社会认知方面的功能，因此村落共同体仍有继续存在的意义。③

通过对村落共同体研究的简要梳理，不难看出村落共同体在针对中国农村的学术研究中掀起的波澜。但是，在卷帙浩繁的研究中，有三个问题仍待澄清：第一，仅仅以惯性调查局限于华北而忽略了南方地区就断定中国存在村落共同体，似乎仍难以逻辑自洽，中国村落共同体的结构、特征究竟为何、村落共同体何以可能仍待解释。第二，对于市场和国家力量双重影响下的村落共同体如何主动回应的研究仍不够深入。当前的研究过于关注强大的市场、国家力量，但是对于村落共同体以及构成要素（个体、家庭、宗族等）如何发挥社会文化主体性④以适应社会变迁、寻求村落共同体新发展的研究仍然有较大空间。第三，村落共同体的类型化研究仍不够完善。中国农村社会的一大特点是差异巨大，因此村落共同体也应该有不同的命运安排。不同地域、不同文化体系村落共同体的变迁可以为中国村落共同体的类型化提供个案支撑。

（三）乡村共同体建设方向

正如鲍曼所言，共同体是一个温暖、温馨、舒适、人人相互依靠的地方，是人们编织出来的，是可以追求的，但在现实中这种生活状态已经弱

---

① 刘玉照：《村落共同体、基层市场共同体与基层生产共同体——中国乡村社会结构及其变迁》，《社会科学战线》2002年第5期。
② 卢成仁：《流动中村落共同体何以维系——一个中缅边境村落的流动与互惠行为研究》，《社会学研究》2015年第1期。
③ 毛丹：《村落共同体的当代命运：四个观察维度》，《社会学研究》2010年第1期；毛丹：《村落共同体的当代命运：四个观察维度》，《社会学研究》2010年第1期。
④ 王春光：《中国社会发展中的社会文化主体性——以40年农村发展和减贫为例》，《中国社会科学》2019年第11期。

化了。① 共同体首先应该是一种生活方式或习惯，"共同体是持久的和真正的共同生活"。② 这种关系使人们不自觉地按照共同体内部的规则、习惯等来行动，彼此在长期交往中形成默契、信任等，而社会则如滕尼斯所言的，"只不过是一种暂时的和表面的共同生活"。③相较于共同体，社会是一个关系松散、流动性大、相互不亲密甚至不熟悉的生活状态。在"社会"背景下，乡村共同体建设是一个巨大的挑战。其特点是参与主体的多元化。

由此，共同体建设，就是要将那种暂时、表面的共同生活转变为持久的并真正的共同生活的过程，即"共同体化"的日常生活实践。这个"共同体化"来自马克斯·韦伯的观点。他认为在"社会"状态，人与人的关系疏远了，即是"社会化"，反之则是"共同体化"，亦即将疏远的人际关系回归紧密的交往关系。那么，按滕尼斯的共同体理论，乡村共同体实际上就是一种紧密的日常生活形态，所以从这个意义上说，乡村"共同体化"只能发生在人们的日常生活实践中。因此，乡村共同体建设最终体现在人们的日常生活实践中，即通过日常生活实践来建设。④

---

① 齐格蒙特·鲍曼：《共同体：在一个不确定的世界中寻找安全》，欧阳景根译，江苏人民出版社，2003，序言，第 1~8 页。

② 斐迪南·滕尼斯：《共同体与社会》，张巍卓译，商务印书馆，2019，第 54 页。

③ 斐迪南·滕尼斯：《共同体与社会》，张巍卓译，商务印书馆，2019，第 54 页。

④ 参见王春光《社会治理"共同体化"的日常生活实践机制和路径》，《社会科学研究》2021年第 4 期。

第二章 梯田农业与社会延续

堂安村地处黔东南侗族文化区域的核心区——中国最大侗寨肇兴侗寨以东约 8 公里的山腰，海拔 935 米，渐高走势成就了梯田耕作的基础。早在 2011 年，黎平堂安侗族生态博物馆即是中国首批生态（社区）博物馆示范点。从建村造田至当下的农耕生计，梯田一直都是堂安村最重要的物质资源。梯田与堂安侗族人世代共嵌，是其村人形成村落共同体延绵至今最重要的物质基础。"家"与"村"关系的产生与堂安梯田农业直接相关。对梯田农业中的地力、水利、道路、公山等维护必须依靠所有人，而"村"成为跨越家庭的互助共同体。

第一节 安居的抉择与"家业"继承

堂安村坐北朝南，四面青山环绕，峰峦叠嶂，阡陌纵横，梯田如带、层层叠向天际，春季盛水如镜，夏季秧苗绿茂，秋季满眼金黄，冬季山寒水瘦。四季梯田，风景入胜，均会使人流连忘返。而农户散居在"班柏""几定"两条山岭和"贵近"冲里，幢幢木楼依山就势，悬空吊脚，鳞次栉比。梯田仿如楼外画廊，一收眼底，山势、楼势拉近了梯田与人的距离。而梯田之高低、居住之远近相传与开村时居住造田的先后相关，这形塑了村庄社会时空结构的秩序。

一 六姓入住堂安的历史选择

堂安耆老告知，其开村 230 余年，截至 2021 年 11 月，村户籍家户 191

户，916 人，按堂安侗族火塘分家的方式计有 190 户左右。陆姓为堂安大姓，略占全部家户的一半，其又分"大陆""小陆"两族，相互通婚。另一半家户为赢、大潘、小潘、吴、杨、石、蓝等诸姓村人，其与"大陆""小陆"各姓相互通婚。堂安村人年龄结构以青壮劳动力为主，19～50 岁年龄段村人占总人数的 52%。目前，其家庭生计结构以外出打工和在家务农为主。

（一）开村的历史

关于村庄起源，有两种不同的说法，具体如下。

说法一：传说很久以前，最先迁入堂安的蓝氏祖先受兵匪所迫，到处迁徙。后又由洛香迁往地坪，从地坪再迁到"得芭"定居，这期间有几十代人。其间，蓝氏祖先养有一群鹅，自会早出晚归。有几日，蓝氏祖先发现竟有几只老鹅未归，寻找后发现老鹅在深山密林中的"贵近"冲水草丰盛处的大水塘嬉戏。蓝氏祖先想：鹅想去的地方肯定是好地方，于是迁到这里定居下来。塘边长有一种草，猪、牛吃了以后长得很快，侗语称这种草为"埯"，这样这个地方就叫作"塘埯"。

说法二：堂安，侗话叫"dāng an（当埯）"，"dāng（当）是烧的意思，"an（埯）"就是灰的意思。当埯意为火炉灰，即火炉里烧稻草产生的灰。侗族经常烧火的地方就叫"dāng an（当埯）"。据说，当地侗族织布的时候，妇女要拿稻草烧灰，然后再将灰做成碱水来染布。稻草燃烧后产生的灰，侗话称其为"dāng an（当埯）"。另外，当地老人家说这里十年一火，所以就起名"dāng an（当埯）"。实际上就是火炉灰。

据村中寨老介绍，蓝姓最先进入村庄，但具体时间已难以确认。蓝氏祖先居住的地方为现今鼓楼处，鼓楼原建于另一处，1980 年重建时，村寨用原鼓楼地与蓝氏居住地做了调换。

赢氏祖先为秦始皇，秦国被灭以后，赢氏整个家族都将被灭，于是从河南逃至武汉，再从武汉逃至江西九江，隶属江西吉安府。逃亡过程中，为防止被追杀，部分人将赢姓改成吴姓，有些改成尹姓，有些改成银姓，实则均为赢姓。之后，又从江西几经迁徙后在水口居住，以养牛为生。有一年，住在楼上的祖先有一女生了 12 个娃崽，关在楼下的一母牛也生了 12 个牛犊，祖先认为这回赢了，是大吉大利之事，用侗话讲就是"ying（赢）"，即顺的意思，所以祖先又将各种姓氏恢复为嬴姓，所居之处则称为"贵嬴"。后人丁兴旺便分为两支，一支迁到"簸因厦"，一支迁到"贵近"冲。"贵近"冲水草肥美，是安居的好地方，嬴氏祖先便在这里定居下来，其居住地便是现今堂安鼓楼一带。

陆姓祖先有两兄弟，哥叫"闹"，弟叫"峦"，其先祖来自河南兖州府，入黔后沿河而上，到过"栁枸""高番"、洛香、东郎。传说朝廷一官员外出巡游，至该地时被高坡上滚下的石头砸死，朝廷污蔑是刁民所为，故要剿杀这一带的民众。"闹"和"峦"为了逃命，迁到肇洞（今肇兴）居住，后有部分迁入堂安。"闹"和"峦"的子孙先迁到堂安占山立寨，俗称"大陆"。后来迁入的陆姓和外姓人家，为了抱团结寨，共抵外侮，对外均称姓陆，内称本姓，这部分陆姓俗称"小陆"。

潘氏祖先原籍江西，不知什么年代几经迁徙后从洛香迁到古帮，再从古帮迁到"岑岁"。潘氏祖先在一次打猎过程中到了"贵近"冲，发现这里水草肥美，适宜居住，便邀约 18 户人家迁到这里占山立寨。潘氏祖先娶有两房夫人，大夫人繁衍的子孙称为"大潘"，二夫人繁衍的子孙称为"小潘"。同时编有"五字诀"：上八不是八，下八才是八，十字中间插，有水在田边，人发财也发。

石、杨、吴三姓迁入堂安时间比蓝、嬴、陆、潘四姓稍晚。为了自保，后迁入的家族分别与之前人数较多的家族结为兄弟，杨家和潘家、石家和陆家、吴家和蓝家拜为弟兄，但彼此之间不能通婚。

新中国成立前，如今的厦格村名为联合村，堂安为联安村。人民公社时期，堂安成立联安大队，改革开放"拆区并乡"后才叫厦格和堂安。

年逾九旬的 PZC 爷爷是目前堂安村最年长、最具声望的寨老。他是这样描述堂安村的历史的：

> 堂安大概有两百多年的历史了，原来这里是没有村庄的，只有从"广对"的这个地方来了七八户人家，他们来的时候是在路口那里落脚，"广对"那个地方以前就是强盗啊，偷牛那些人太多了，他们在那里很不安全，这边也有人经过，那边也有人经过，后来搬进来这里不容

易被人家发现，这里原来是原始森林。而我们原来是住在厦格的，以前我们养了鹅，鹅就上来找吃的，我们寨的人以为鹅被人家拿走了，没有了。谁知鹅就躲在上面那里生蛋了以后就孵化了，大家没想到鹅就到堂安安了家，搭了窝，到这里有一群群的小鹅了。这里有水源，有吃的，当时的人想这里可能是一个很好的地方。并且我们厦格中寨那个地方太小了，当时已经很挤了，而且这边有七户人家已经住到这里了，这里原来也是我们厦格中寨的林地，我们就想那些从外面来的都住到我们的地方来了，我们这里已经很满了，他们都进来了，我们也可以上去。所以，我们就慢慢地搬了上来。这里以前住人是很散的，就一两户这个样子，他们就慢慢地进来住，周围的也来了，后来就有了十八户人家，这是由来。这里以前除了是大片的原始森林，还有一种草，叫"腌菜"，爬到树上很高很高的，并且腌菜那里有水源，堂安的由来就是有水塘，有腌菜，我们侗语就叫"堂安"。①

年过六旬的老村主任 YYW 说：

我们赢家和陆家都是从江西过来的，具体时间问老人家他们也不记得了，他们说当时江西有个当官的，第一年写了一个江字，问皇上怎么写，又一年问西字怎么写，再后来问免字怎么写，又问粮字怎么写，最后拼出"江西免粮"四个字，以及让皇上把玉玺盖上，但是后来蒙古人打过来了，可能他们专门杀姓朱的。我们就逃难到这里来了，并且改名换姓，原来姓陆的改姓朱，姓吴的改姓赢。陆姓和赢姓是通婚的，陆家先来的，但是到这里的是蓝家最先来。有一个姓潘的寨老最清楚这个大潘、小潘的来历。现在大潘、小潘也是可以通婚了。原来（姓陆的）住在一个坡，后来也分为两大家族，一个住坡上，一个住村，现在大陆和小陆也可以通婚。②

---

① 2015 年 1 月 10 日，孙兆霞、曾芸访谈 PZC。
② 2013 年 3 月 27 日，孙兆霞、陈志永、陈维佳访谈 YYW。

以"兄弟"拟血缘关系结成"平行"权益社会关系，并"共享"共同的开村祖先、"神灵"。在这一制度安排和精神共识的自外而内又自内而外的嵌套建构中，从发生学上构成了"家庭—村落共同体"这一社会结构的最核心内容。这一结构凭借自身的社会合作本能及产生的功能，帮助生存于其中的一个个家庭克服其小家庭自身的社会脆弱性，特别是提供了因战争、火灾等灾难对家庭突然打击的抵御性精神力量。依托村落共同体的现实功能和超越现实的精神力量，在高度组织的结构中，创生并延续着社会生活的"可能"。

从开村故事可发现，与王明珂"英雄祖先"及"弟兄祖先"不同的是，堂安"兄弟开村"不是同姓血缘弟兄及英雄祖先的资源占有固化的等级隐喻，而是提倡平等、合作、共享机理下对同一资源平等分享的村庄秩序的构建前提。从农业生产类型与资源配置方式及劳动特点等要素整合的可持续上来看，旱地轮作与精耕细作的稻作系统之间的差异在于：一方面，与家庭生产规模的适应性有关；另一方面，也与社会合作及分享方式的适应性有关。"兄弟开村"故事指向的显示在土地资源较为紧张的前提下、小农家庭在稻作系统中进行精耕细作地经营，以家庭间平权的社会合作机制作为支持系统，并将生计方式的可持续建立在社会合作的永续基础之上。在此，"异性兄弟"间的理性及"仗义"映射的是资源及成果分享的平权及参与。①

（二）"家"的观念形成

堂安村梯田抛荒较少的原因和堂安村民的"家"观念有关。在农业社会能够保障人们生活的最稳定的财产就是土地。对于村民来说，梯田是祖先传给子孙的家产，生死不离田成为他们的信条。保护世代相传的土地并使之能够继续传给子孙则成为家长的责任。这种观念根深蒂固，因为继承了家业，就需要履行家长的义务，出卖梯田等于放弃了"家"的延续。

对祖先崇拜的信仰也是"家"观念得以不断延续的动力。村民普遍认为不守住祖先的牌位、祖坟就是对祖先最大的不孝。所以，祖灵是被净化的

---

① 孙兆霞：《黔中屯堡农耕社会合作机制及价值研究》，《中国农业大学学报》（社会科学版）2016 年第 3 期。

祖先亡灵。堂安的祖灵被供奉在家里或者坟墓附近，如果不断得到供养就会守护着家，给家里带来平安繁荣。堂安村民之所以以土地为信仰对象，是因为那里是埋葬祖先的地方。土地神信仰实际上可视为祖先信仰，村里的很多地方都安放着土地神的石碑，主要在村落的村界和村落的中央、十字路口、岔路口等地方。村民们相信死者和生者虽然生活在不同的彼岸和此岸世界里，但是彼此的纽带一直没有断，子孙的繁荣离不开祖灵的守护。所以，他们必须守护祖先，并且在规定的时间祭祀祖先，这样才能守住自己的"家"。①

二　梯田"家业"形成与继承

按照"家"的观念，堂安村民以无嗣为不孝，但更大的不孝是对祖业的放弃，是不守护祖宗的灵位。所以，"家业"必须要有人继承，家业包括祖先的牌位和祖坟、梯田和祖屋、社会记忆和耕种技术。②

（一）开田的故事

堂安梯田作为物质文化遗产，其特色是他处梯田多是泥土垒就，而这里的梯田却是用石头堆砌的。寻泉焚树造泥，垒石填土为田，是堂安以蓝、嬴、陆、潘、杨、石六姓祖先先后进入堂安、开村落居的首要任务。因此，堂安200多处地名中，约有一半的地名来源于梯田如何被营造成功的人地互动故事。例如，黑土是最早砍下森林中大树后用火焚烧后获得的泥土，其被烧制后，被挑运至石头垒好的丘沟里，依山势而垒造为梯田。通常造田选址都在水源附近，丘与丘之间秩序井然，且营造每丘梯田时其空间只容得一人发力，不易众人协作，所以堂安村民每营造一丘梯田，皆要穷尽数年之功。在堂安，营造丘田皆以家户为单位，数十家户相继于山脊之上层层累造丘田，绵延起伏不绝，后造者须维护好先造者的垒坎及田土，不然其造田成果便难以夯实，其人也会受寨人排斥，在寨中无法立足。在前仆后继有序造田的行动中，先造者须与后造者共同维护和协同顺畅此系统内各丘田之间的耕道与水源，形成良性的合作与循环规则，共同建构出梯田建造的社会机理。

----

① 李晶：《稻作传统与社会延续》，生活·读书·新知三联书店，2019，第162～169页。

② 李晶：《稻作传统与社会延续》，生活·读书·新知三联书店，2019，第142页。

丰富的"祖先感怀"还可见于一些稍长的寨老们，他们甚至能对各处山田、水泉和各家族祖先的长期经营关系指证历历。透过"祖先曾经到过什么地方，做过什么事"的论述作为各种权利的划分依据，进行资源管理。堂安地方性知识当中关于始祖迁移行动的记忆，便是透过人们对于地名的真实感知，因而成为重要的社会规范。①

根据堂安寨老 LGC 回忆，堂安的各姓氏并不是一起迁入堂安的，而是按照一定的顺序逐步迁入的。蓝家先来，第二是陆家，第三是嬴家，第四是潘家，第五是杨家，然后是吴家，最后一家是石家。② 堂安聚落形成的历史，是不同姓氏开垦梯田、定居于此的长期历史。③ 老支书 LYF 回忆道："原来我们来的时候在下面住，我们和厦格合在一起叫城格，后来人多了。我们的老祖宗是从厦格搬上来的，搬上来数百年了。原来（姓陆的）住在一个坡，后来也分为两大家族，一个住坡上（大陆），一个住村（小陆），现在大陆和小陆之间可以通婚。"④

可见，堂安多姓氏的陆续迁入与稻田耕作为主的生计方式共同塑造出"梯田社会"公共、平权的基底。迁入堂安的各姓氏都有"从厦格迁出"的集体记忆，也就说明他们有共同生活的经历，在新迁入地当然会更多地合作而非竞争。同时，梯田开发是一件极为辛苦的劳作，需要壮劳力长时期地劳动投入，因此先迁入的姓氏很难在短期内开垦出大规模的梯田，也就很难形成对其他姓氏的绝对优势。

当人从厦格上来后，就要开田了。虽然从来没有参与过开田，作为全村最年老的长者，PZC 爷爷小时候听过很多关于先辈们如何开田的故事。

　　当时就有 18 户，除了外面迁来的 7 户，我们从厦格中寨上来的 11

---

① 公民生态学研究团队：《兰屿地景人类学》，http：//www. beha. tcu. edu. tw/lanyu，最后访问日期：2009 年 4 月 23 日。
② 2015 年 1 月 11 日，曾芸访谈 LGC。
③ 关于堂安村寨各姓氏迁居堂安的历史，参见孙兆霞、毛刚强等《第四只眼：世界银行贷款贵州省文化与自然遗产保护和发展项目（中期）"社区参与工作"评估以及重点社区基线调查》，社会科学文献出版社，2014，第 133～134 页。
④ 2013 年 4 月 1 日，孙兆霞、陈志永访谈老支书。

户，大家是一起开的。以前建梯田的时候，需要石头，就要铁匠拿铁去打成"xiong"，就是现在叫"钢钎"的，很大的石头就拿"xiong"来开石头，还要到山上去找藤来编成箩筐，是一个大圆圈，中间是交叉的，拿来抬石头。开田的时候不是一户人家去开的，我要去开田了，我们是一伙的，18户人家都来帮忙，就互相帮忙开起来了。

以前我们这边是干什么都是互相帮忙，没有说他开我不去，你要开，我就来帮忙，我要开，你就来帮忙。以前的树很大的，三个人才能抱得了，大家都要去砍下来。原来还是黄泥土多，那些开始开出来的梯田全部是黄泥，不是现在的黑泥，开了梯田以后，它的泥巴上面有腐蚀土，要把草放在田里面去，那些草腐烂以后就做肥料了，然后再挑点肥料放进去，就越来越肥了。还有就把大树砍掉，不是有很多树桩吗，树桩就拿一些干草放在上面就用火烧，就变成黑炭了，然后就放到梯田里面去，本来是黄泥土，但是炭放进去了就变成黑泥土。刚开始开田的时候粮食还不是很充足，不够的时候就到厦格中寨那边去跟他们买，后来慢慢地粮食就多了。①

对于开田，首先需要解决的问题就是水源。PZC爷爷继续说：

比如这一块田都是我们这一伙开的，里面有水源，是我们修过去的，我们要保护好这个水源地，不能让其他的人来要。如果人家来跟我们分了，时间长了，到时候人家也来说这个我们也有份的。那个水就只能灌溉我们这一伙的田，剩余的往外流就往外流，是不给人家拿去，为了保护我们的田能够有水灌溉。我们几个约好，在哪个地方发现一个水源，就到那里去开一丘，这一块又有水源了，我们又到这边来开一丘，交叉的很多，发现水源，两个人都可以，你开一丘，我开一丘。②

---

① 2015年1月10日，孙兆霞、曾芸访谈PZC。
② 2015年1月10日，曹端波访谈PZC。

刚开始的时候,各姓氏会集中开垦梯田,但是到后面就会根据水源所在地开垦,打乱不同姓氏的梯田分布。同时,稻作农耕生计方式会产生合作的客观需求,如共享水源、共同修路等,让不同的姓氏聚集在邻近地块上,会更强调团结合作。

(二)梯田地名与社会记忆

人类长居于一地之后,在人地的互动中,空间往往会成为其记忆历史的符码,尤其是对于无文字的民族。[①] Selwyn(1995)曾提出将空间作为"铭记模式"(inscriptive model)[②];Santos-Granero(1998)也提出秘鲁人将历史"写于"区域空间中(write history into landscape)。[③] 调查中,我们了解到许多关于家族、姓氏之间建造梯田时空结构相嵌的社区合作的共同记忆。这些记忆具象地体现在堂安村民对梯田地名的记忆系统上,这个记忆系统与堂安的梯田营造者紧密相关,现摘录部分梯田和标志物侗语名称及其汉语释义,见表2-1、表2-2及图2-1[④]。

表2-1 梯田相关侗语及其地名释义

汉语	侗语	国际音标	汉语释义
金究	Jenc jiuv	tən^{11} tiu^{53}	有个叫赢金究的人在上面开了一丘田,这块田就叫金究
高邓	Gaos daeml	kau^{323} tɛm^{55}	在金究下面,是一块高坡田
炯金门	Jemh jenc menx	tɛm^{33} tən^{11} mən^{31}	高邓田下边的两个冲的凹地
亚碑	Yav beic	ja^{53} pəi^{11}	在宽一点的缓坡上,有点水源,面积比较大
宾引	Biingc yenh	pjiŋ^{11} jən^{33}	梯田名

---

① 胡正恒,余光弘:《兰屿的地名:兰屿地志资料库介绍》,《民族学研究所资料汇编》,中央研究院民族学研究所,2007,第20、185~244页。

② Selwyn, Tom. "Landscapes of Liberation and Imprisonment: Towards an Anthropology of the Israeli Landscape." In Eric Hirsch & Michael O'Hanlon (eds.) *The Anthropology of Landscape: Perspectives on Place and Space.* Oxford: Clarendon Press, 1995.

③ Santos-Granero, Fernando. "Writing History into the Landscape: Space, Myth and Ritual in Contemporary Amazonia." *American Ethnologist* 25, No. 2 (1998): 128-148.

④ 地名的中文名称是由侗语发音相对应的中文汉字发音进行选取。有一些无法与中文汉字相对应的,均采用汉语拼音。由此,与侗语发音可能存在偏差,特此说明!

续表

中文	侗文	国际音标	汉语释义
勿今	ul jenc	u^{55} ȶən^{11}	梯田名，寨子上面的田
地上	Dih sagl	ti^{33} sɐk^{55}	高处的田，有一条小溪从那流下来。高处称为定归地上，中间称为大归地上，下面称为告归地上
亚帕	Yav pak	ja^{53} pʰa^{453}	不能去开的田，会影响风水甚至死人
归盾	Guis dens	kui^{323} ȶən^{323}	有人去了远处的小溪开的田
告安	Gaos yanc	kau^{323} jan^{11}	房子外面的一丘田。先建房子，有了家，在家外面的田
归碾	Guis nyeenx	kui^{323} ȵen^{31}	那一条小溪下去都有碾米的工具
母滕	Muh tedp	mu^{33} tʰət^{35}	漆树（现在已经没有了）
扁大	Bianv dav	pjan^{53} ta^{53}	处在"中间位置"的一片梯田
腊亚	Lagx yav	lak^{31} ja^{53}	树的名称，可以结果实，比较甜。现在厦格公山上还有
亚班	Yav banc	ja^{53} pan^{11}	这块田是在很直的地方，不用上下坡
亚母	Yav muh	ja^{53} mu^{33}	田那边有些老坟墓
归进	Guis jemh	kui^{323} ȶəm^{33}	风雨桥那边的田
班柏	Banc peep	pan^{11} pʰe^{35}	在寨子外面的田
巴燕	bial ginv	pja^{55} kin^{53}	燕子来石头的下面做窝
几呀	Jih ngac	ȶi^{33} ŋa^{11}	一个弯，在坡的脊梁处
登对	Daeml duil	tɐm^{55} tui^{55}	果树
亚米	Yav miiul	ja^{53} mjiu^{55}	庙名
亚良	Yav liangc	ja^{53} ljaŋ^{11}	曾交过公粮的田
面胖	Mieengl pangp	mjeŋ^{55} pʰaŋ^{35}	最高沟附近的田
井宋顶	Jemh songt dingh	ȶəm^{33} soŋ^{13} tiŋ^{33}	时大时小的水源
交样	Jaol yangp	ȶau^{55} jaŋ^{35}	森林里的一种藤
告几	Gaos jih	kau^{323} ȶi^{33}	脊梁的最顶端
井山	Jemh sanc	ȶəm^{33} san^{11}	有树的低洼处，那个地方有很多杉树
几零	Jih lingh	ȶi^{33} liŋ^{33}	经常性的干旱的田
亚吊	Yav diaox	ja^{53} tjau^{31}	从苗族人那买过来的田，现在还是陆家的
井想汪	Jemh xangh wangc	ȶəm^{33} çaŋ^{33} waŋ^{11}	有很多野生动物的森林
几瓦	Jih gueex	ȶi^{33} kwe^{31}	烧瓦的地方
告几瓦	Gaos jih wac	kau^{323} ȶi^{33} wa^{11}	在几瓦上面一点的区域

29

续表

中文	侗文	国际音标	汉语释义
告大	Gaos das	kau^{323} ta^{323}	公山上面的田
奔怕	Baenl pap	pɐn^{55} pʰa^{35}	这个区域全部是竹子，这种竹子主要用于祭祀活动
登面	Dens mieengl	tən^{323} mjeŋ^{55}	最早流出的水源
杀松	Sagx songc	sak^{31} soŋ^{11}	那个地方很干旱的
地朵	Dees doh	te^{323} to^{33}	
几大	Jih dav	ȶi^{33} ta^{53}	和厦格交叉的山林
大蒙滥	Das mangv lanl	ta^{323} maŋ^{53} lan^{55}	从公山上去的地方
母厚	muh houv	mu^{33} həu^{53}	枫树
登文	Daeml wadc	tɐm^{55} wɐt^{11}	森林，有很多折耳根
井松	Jemh saengc	ȶəm^{33} sɐŋ^{11}	可以直直上去的顶，没有拐弯
井样龙	Jemh mieengl liongc	ȶəm^{33} mjeŋ^{55} ljoŋ^{11}	样龙这个人在"井"这个地方被老虎咬死
厦格地桂	Sagx kgeev dih gueel	sak^{31} e^{53} ti^{33} kwe^{55}	和厦格共享的黄瓜地，没有水源
地桂	Dih gueel	ti^{33} kwe^{55}	以前种过地，现在退耕还林的地方
八甲	Beds jac	pet^{323} ȶa^{11}	包括 jīn hóu、jīn hōng、jīn gēng、jīn guì、liù jiǎ、jīn xiù、yǒ、jīn gōu、lóng éi、zhū liáng、bá bèi（音译）
广对	Guangx teit	kwaŋ^{31} tʰəi^{13}	路广路少，只要过那条路都要过那家的田。民间传说是蝗虫跟猴子的战场
炯啊	Jemh kgal	ȶəm^{33} a^{55}	上去很辛苦的凹地
奔故	Benc guv	pən^{11} ku^{53}	长很多竹子的地方，用于编制竹器
归那	Guis nas	kui^{323} na^{323}	像弓箭一样的地方，是地理先生（风水师）根据地形来命名的
归农	guis nongt	kui^{323} noŋ^{13}	小溪
哦鲁虽	kgoc luh siic	o^{11} lu^{33} sji^{11}	像鸭子的脖子，地理先生根据地形来命名，那里有三棵枫树
亚中务	yav diongs wul	ja^{53} tjoŋ^{323} wu^{55}	钻到上面的草丛去开田，那个草像芦苇一样，叫"亚中"，是潘家去那开的田
亚中得	yav diongs dees	ja^{53} tjoŋ^{323} te^{323}	钻到下面的草丛去开田
巴沙	bial sat	pja^{55} sa^{13}	开田时都是很硬的石头，可以用来舂米
今赶	jenc kganh	ȶən^{11} an^{33}	可以直直上去的树林，根据地形命名
大亚中	dav yav diongs	ta^{53} ja^{53} tjoŋ^{323}	公山，森林
母厚	muh ouv	mu^{33} əu^{53}	挨着坟地长了很多枫树，据此来命名

续表

中文	侗文	国际音标	汉语释义
轮广	liaems gueengv	ljɐm^{323} kweŋ^{53}	挡住了视线的田，在广对往水田的那个地方
今些	guis xeec	kui^{323} çe^{11}	茶树林，苦丁茶
巴盾	longl donc	loŋ^{55} ton^{11}	远的山林，主要是蓝家和陆家去开的田，蓝家是蓝文显和蓝绍安去开的
母妞	muh liuc	mu^{33} liu^{11}	有很多橘子树
母报	muh baos	mu^{33} pau^{323}	对面有块大石头的坟地，基本上是赢家的坟。地理先生让把石头封了，说这里是风水宝地
巴了	bial liaoh	pja^{55} ljau^{33}	石头被洪水推倒，埋到田里面去
归谁	guis siit	kui^{323} sji^{13}	有溪的田，这个地方很小，不容易被发现
亚劳贺赢	yav laox hop yingc	ja^{53} lau^{31} ho^{35} jiŋ^{11}	赢家的大田。原来是厦格村的蓝世科开的田，后来卖给堂安赢家整个家族，所以赢氏共有那丘田
面今厦	mieengl jenc sagx	mjeŋ^{55} tɐn^{11} sak^{31}	在水口那边的田名
告最定	gaos guis dingv	kau^{323} kui^{323} tiŋ^{5}	最上面的田，这个地方比较高，又很陡
寨吊	xaih diaox	çai^{33} tjau^{31}	靠近原来这个苗寨的地方，苗族人所有，后来卖给潘姓和赢姓
转报	xongh baos	çoŋ^{33} pau^{323}	"转"代表一圈一圈从外面开田，也就是旋转着开田。"报"说明这个地方是个宝地。是陆光祖和陆光焕家开的，这丘田像弓箭一样
任看	liaemt gkeemt	ljɐm^{13} em^{13}	用龙额乡一个村寨的名字来命名堂安在那边的田
沟龙	kgoc liongc	o^{11} ljoŋ^{11}	像龙头脖子的地形
规近	guis jenv	kui^{323} tɐn^{53}	用一个厦格分寨的名字来命名堂安在那边的田
抱对	dus diuv	tu^{323} tiu^{53}	以前这里有几丘田，老人用一种叫 diù 的工具去抓鸟
告归任看	gaos guis	kau^{323} kui^{323}	从高往低流的小溪的上面部分
班些	banc xeec	pan^{11} çe^{11}	这个地方有茶树
巴动	bav dunl	pa^{53} tun^{55}	像开水很热的地方，位置不高，公路下面那里
亚洼	yav wac	ja^{53} wa^{11}	一个叫洼的人没有后代，他过世后田给了别人
广快	gueengv kuaik	kweŋ^{53} kwˈai^{453}	蛇籽藤，叶子可喂兔子，可作瓢喝水

续表

中文	侗文	国际音标	汉语释义
本人	baenl lenc	$pɐn^{55}$ $lən^{11}$	那里长了很多竹子，专门用来做芦笙
井兄	jemh xongk	$tɐm^{33}$ $coŋ^{453}$	这个位置有一些野菜，用于喂猪
归后	guis hout	kui^{323} $həu^{13}$	用龙额乡一条村寨小溪的名字来命名堂安在那边的田
大母	das munh	ta^{323} mun^{33}	那个山林里面有很多猴子
鞍马	anl max	an^{55} ma^{31}	地形像马鞍一样
今厦	jenc sagx	$tɐn^{11}$ sak^{31}	用岑遂村的分寨来命名堂安在那边的田
大今头	das jenc douc	ta^{323} $tɐn^{11}$ $təu^{11}$	潘家房族拥有的公山
能贯	naengx guanv	$nɐŋ^{31}$ $kwan^{53}$	小溪那里一个很深的地方
告界定	das jees dingv	ta^{323} $tɛ^{323}$ $tiŋ^{53}$	中间的田
定界定	dinl jees dingv	tin^{55} $tɛ^{323}$ $tiŋ^{53}$	下面的田
归显	guis xeenc	kui^{323} cen^{11}	这个地方有茶树，四组、五组都有

资料来源：2013 年 9 月 30 日、2015 年 1 月 11 日、2021 年 4 月 26 日曾芸访 PZC 老人，嬴维银翻译，侗文及国际音标由姚仕威译。由于经录音整理和汉侗语转译，内容可能存在漏误。

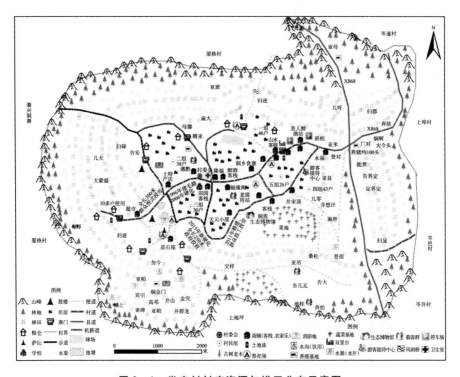

图 2-1 堂安村村庄资源与梯田分布示意图

据 PZC 老人回忆，以前堂安的梯田是按照姓氏来划分的，后面由于历史等诸多原因，形成现在的梯田格局。

老人说："金究"是在我们寨子上面，那里有一丘田，是以前有一个名字叫"金究"（音）的人来开的，他姓陆，小名叫"金究"。等到他过世以后，那里最大的那一丘田是他开的，后人就把这块田叫"金究"。而"亚碑"这个地方不是斜坡，面积很宽，有点平的，是凸起的就不是像山的一样高，是缓坡的意思，后来他们去那里开田，"亚碑"就是老人家他们取的名，是一个宽一点的缓坡，有点水源，面积也是比较大的。

"亚帕"是以前这个山很雄，这些人去那里开田的时候，开了这丘田的时候从这个坡下来，我们原来能听到回音，在这里断掉了，就破坏到这个坡里了。因为这个坡太雄了，去开了就会死人的，这是迷信，死人了以后就影响到坡的风水，就叫"亚帕"。开了田的人破坏了就会死人，就像现在肇兴不给我们到下面建房子，就是怕破坏了风水，还是有风水的意思，"帕"就是影响了这座山，山气冲到人之后人就死了，死了人之后没有人去开了，后来也没有人去开了，只有一点田在那里。

"归盾"里面"归"就是小溪，我们这个寨子是在这边，归是在那边，把那一个地方叫"归盾"。那里有一条小溪下来，离我们这里有点远，有人去那里了就叫"盾"，就是里面的那种意思。"告安"就是在房子的外面那丘田。那里是先建了房子的，房子外面有田，"安"是家的意思。所以家的外面这里就叫"告安"。"归进"就是那条小溪一直下去，靠近风雨桥那边的田，他们在那里挖沙子的时候有金子，就叫"归进"。

"井山"这个位置，那个地方种了很多的杉树，树皮如果碰到我们，人就会很痒，是一种杉树。现在我们下面这里还有，每年砍来烧的都是那种树，树皮弄成粉了放到人的皮肤上面就很痒。所以，以前的话那些男孩子去女孩子家闹姑娘的时候，女孩子家不是很热情的话，男孩子就想办法对付这些小姑娘，就会去放一点到衣服里面去。这种树和漆树不一样，漆树的话是白浆。

"亚吊"在这个位置的一块原来是苗族人的田，不是我们的田，他们住得很远，我们到这边后，他们就把这个田卖给我们，是陆家人买过来的，所以卖过来我们就叫"亚吊"。"井想汪"是有野树，有松鼠这些。野的动物太多了，还有很多森林，所以就给那个地方取名叫"井想汪"，现在都还是森林。"井"就是凹地，"想汪"就是后面、里面的意思。"几瓦"这个地方以前有很多人去那里建瓦窑，盖房子用的瓦就是那个地方来的，那个地方经常烧瓦，就是在脊梁那个地方。

再比如，"登文"这些都是森林，那个地方有很多的折耳根，折耳根我们的侗话就是"文"，一般我们是拿来做香料的。而"井样龙"是一个公山，以前大家都去是隔草、砍柴，有一个人叫"样龙"，他去那里砍柴的时候，原来我们森林里面有老虎，这个人被老虎咬死了，就是到这个"井"这里，就被老虎咬了，所以就叫这个名字了。①

表 2-2 标志物地名侗语及其地名释义

中文	侗文	国际音标	汉语释义
一号寨门的田	banc peep	pan^{11} $p'e^{35}$	最边的、最长的。以鼓楼为中心，在寨子的边上，平行过去的尾部
一号寨门	singl banc peep	pan^{11} $p'e^{35}$	最边的门
二号寨门	singl jih lingx	sin^{55} $\mathfrak{t}i^{33}$ lin^{31}	靠近干旱地的门
三号寨门	singl gaos gvis	sin^{55} kau^{323} kui^{323}	在寨子的上面，有一层层石梯上去
四号寨门	singl gaos jeiv	sin^{55} kau^{323} $\mathfrak{t}əi^{53}$	与三号寨门很近，分别在鼓楼左右两侧，生活中也是通过左右来区分
五号寨门	singl guis dens	sin^{55} kui^{323} $tən^{323}$	最后边的门，那里有一条很大的溪流
六号寨门	singl gaos yanc	sin^{55} kau^{323} jan^{11}	离鼓楼最近的门
七号寨门	singl jih peep	sin^{55} $\mathfrak{t}i^{33}$ $p'e^{35}$	最长坡的门，这个地方处在山脊上
八号寨门	singl guis jens	sin^{55} kui^{323} $\mathfrak{t}ən^{323}$	靠近小溪的门，曾经在这里挖到金子
鼓楼	louc	$ləu^{11}$	楼
戏台	taic yik	tai^{11} ji^{453}	唱戏用的

---

① 2015 年 1 月 11 日，曹端波、曾芸、卯丹、周恩宇访谈 PZC。

续表

中文	侗文	国际音标	汉语释义
花桥	jiuc wap	$\mathfrak{t}iu^{11}$ wa^{35}	整个村寨是一个斜坡，觉得对面的山来势汹汹，所以就要做一个花桥来挡一下
生态博物馆	yanc gax	jan^{11} ka^{31}	国家的楼
土地庙	yanc kgongs	jan^{11} $o\eta^{323}$	土地庙
清代古墓群	wenc kgaov	$w\ni n^{11}$ au^{53}	原来的坟墓
古瓢井	jugs max	$\mathfrak{t}uk^{323}$ ma^{31}	猪也在那里冲洗
萨岁坛	yanc sax	jan^{11} sa^{31}	萨神是从龙额镇萨神山请来的，鼓楼旁边的水塘就是给萨神洗头的。萨岁坛叫安撒，"撒"就是"萨"，"安"就是房子的意思，所以萨岁坛就叫安撒
社会主义仓库	sox kgoux	so^{31} $\ni u^{31}$	装谷子的地方
四号寨门旁边的山	dongv beic	$to\eta^{53}$ $p\ni i^{11}$	
八号寨门的小溪	guis jens	kui^{323} $\mathfrak{t}\ni n^{323}$	所有的精灵都会聚在这儿，在那里说话会有回声，一道又一道的
后龙山最高峰	longl baol	$lo\eta^{55}$ pau^{55}	像牛角一样，连接到龙额乡最高的山
后龙山旁边的平地	guis beic jeml	kui^{323} $p\ni i^{11}$ $\mathfrak{t}\ni m^{55}$	山凹的平地，开不了荒，种不了田的坡。以前强盗来了，都会汇集在那里
八户火灾搬迁户所在地	jih lingx	$\mathfrak{t}i^{33}$ $li\eta^{31}$	最干旱，没有水用的坡头
梯田大保坎	gaos jih	kau^{323} $\mathfrak{t}i^{33}$	垒田的山

资料来源：2013 年 9 月 30 日、2015 年 1 月 11 日、2021 年 4 月 26 日曾芸访 PZC 老人，赢维银翻译，侗文及国际音标由姚仕威译。由于经录音整理和汉侗语转译，内容可能存在漏误。

梯田地名的释义、故事、命名，呈现了侗族人民的自然观、社会规范和文化表达。堂安村民祖先们采用具现化的方法，将大量的历史记忆凝缩于地名之上，因而对于地名的指涉，能够同时唤起人们对于事件、社会关系甚至道德规范的联想。对于堂安而言，地名与地方性知识并不仅限于自然资源及其利用方式；在物质之外，还蕴藏着由过往时间淀积至今的社会性成分。透过铭刻于地名的历史记忆，以及附加于各种动植物之上的禁忌规范，使得整体社会记忆与特定人群情感得以进一步被具体化，成为生活周遭的可见实体。

例如，山林田地中有某些植物在某地点特别茂盛，或是用来描述当地的地形地貌，或是成为一些梯田、典故的寓意来源。地名中所蕴含的种种生态知识，不仅仅只是人对事物的观察，更是透过具体的行动与指称，将社会意义附加于自然之上，使得人们谈论一草一木、一山一石时，产生了类同于谈论邻人或祖先那样的亲昵性。还有诸多关于神力的描述，例如，sa yang 跟土地神掌管着村落的五谷丰收。以神话传说的形式保存了人、神与土地之间如宿命般的关系建构，虽然很难被视为是历史事件的直接陈述，但持续融入了当时的道德神话、环境意象以及资源分配的社会经济脉络，述及人群互动过程中的固有阶序，塑造了深具规范力量与情感缅怀的地方性知识。①

(三) 分田与分家继承

1. 分族

搬来的时候，这里就是一片荒地的，梯田是自己开的，山林也是自己开的。那时候人少，土地多、山多，哪个姓来的人多，就多占一点，也就是谁开田谁有田。每家有各自的岭，他们都在各自岭上开田。山坡各家是一样的，如果这个坡是赢姓的，陆姓不会在那里开田。蓝家的田在沙松那里；陆家的在轮看那里、在龙额的隔壁，它在远处；那个田不好，但那里有水，容易开田，所以就在那里开了；赢家的田在勿经，意思是"山坡是我的"，田多水多，大块大块的田，阳光足，赢家聪明，占的田就好；潘家田在本固和亚中那边，田好，山坡小；杨家的田在高登那边，是最不好的田，水冷，不容易耕种；吴家人不多，原来是两家，现在是四家，他们没有开田，石家也是这样，都是买田。②

2. 分组

大集体的时候，村里有 495 亩田，其中三分之一是一等田，二等田少一点，可能是 150 亩左右；剩下的就是三等田了。

① 公民生态学研究团队：《兰屿地景人类学》，http://www.beha.tcu.edu.tw/lanyu，最后访问日期：2009 年 4 月 23 日。
② 2015 年 1 月 11 日，曾芸访谈 LGC。

现在最好的田就是腊亚这一片了，可能有50亩；还有花桥下面的也是一等田的，就是亚母上来一点的地方。那一片就叫归进。

二等田一共是四片，包括班柏为这一片田，在寨子的边上，这一片大概有40亩；巴燕可能曾经有燕子在这里做过窝的，以前燕子就是在大石头那里做窝，也不是在树上做窝的，这一片也有40亩；亚母、巴燕这一片大概就是20亩；勿今是在后龙山这一片的田，就是寨子上面的田的意思，这一片大概就是50亩。

那剩下的田就是三等田了，三等田就是在寨子的外面的。"学大寨"的时候，我们新开的田在几瓦，就是在信息资料中心上面的。这一片以前是烧瓦片的地方，所以就叫几瓦。当时一共就开了10多亩田。"几"是山岭的意思，"瓦"就是瓦片的意思。"几瓦"这一片现在就是三等田。因为是新开的田，"几瓦"这一片现在五个组都有份。当初生产队没有分片，后来分了五个组后才划的很具体。①

1970年到1976年是大集体时代，全村一共是三个生产队。1977年，大寨划小寨，三个生产队变成了五个组，村里有150多户，有600多人。我那时候就是领着分田的，一组有140多人，40多户；二组也是一样的；三组是20多户，有110多人；四组30户，130多人；五组是10多户，有80多人。②把田分到组了，是平均分的，就是按照495亩来分的。当时就是一组、二组的人每人七分田；三组每人九分田；四组每人九分田；五组每人一点一亩田。当时三组、四组、五组的人就搬到（寨子）外面住了，后来又陆续地搬回来了，因为住在外面怕遇到强盗。③

1979年分地的时候在鼓楼抽签，大家都觉得形式很公平，但是抽来抽去这一块田只让一组、二组给抽去了，但按理说抽签很公平，应该大家都能抽到，每个组应该都有份。到九十年代有人说出了真相：就是

---

① 2013年9月30日，刘童访谈 LJL。
② 2013年9月30日，刘童访谈 LJL。
③ 2013年9月30日，刘童访谈 PFB。

当时往罐子里放签的时候，好一点的田，那个签比较细；远一点的田、不好的田量就大一点。听说了"真相"后，三组、四组、五组还集体反抗过，想与一组、二组换也没有换成，后请村委会化解。[①] 刚分出去的时候，一组、二组的田确实很好，是秧田，三组、四组、五组的田还没有到时候，田不好，所以就先把寨子附近的好田拿给他们种，三五年之后，他们的田逐步改善了，那他们就把一组、二组的田还回去了。这就是刚刚包产到户的那几年，这也是村里面的主意。[②]

3. 分家

关于土地的继承方式，从村委会填报的表格中获取如下信息：第二代中有五对兄弟是平均分田的，一组中，YYW 和 YYJ 分别分得 1.75 亩地，LPX 和 LPZ 分别分得 0.93 亩地；二组中，PXT 和 PXG 分别分得 2.3 亩地，YYM 和 YYH 分别分得 1.475 亩地，WYG 和 WYS 分别分得 1.8 亩地。堂安村分田遵循平均分配的原则。如果是两兄弟分，就把远的、近的田拿到一起平均分两份。干农活的时候各干各的，一个人负责养爸，一个人负责养妈。如果家里只有女儿，没有儿子，女儿出嫁之后，家里的老人就由他房族最亲的人来抚养，田地也归这个人。[③]

以下案例用来具体说明如何分配田地：

我家里面有 8 个人，父母、我和老婆、四个儿女（两个儿子和两个女儿），每个人是分到 8 分田，就是 6.4 亩，女儿也有田。家里面有大儿子结婚了以后，就开始分家了，分家后老爸老妈爷爷奶奶就跟小儿子住，因为小儿子还没结婚，女儿也没嫁出去也是跟小儿子住。大儿子就只分到一个人的田（8 分），到后面大女儿出嫁，是不带田走的，田就给小儿子（小儿子没结婚），但是大儿子的老婆没有带田回来，所以就

---

① 2013 年 9 月 29 日，刘童访谈 PXZ 女士。
② 2013 年 9 月 30 日，刘童访谈 PFB。
③ 2014 年 3 月 19 日，刘童再访谈 YJR。

把大姑妈（嫁出去的女儿）的田就给了大媳妇，大儿子就有了1.6亩；如果小儿子结婚了就给小儿子，因为这个是有顺序的。后来大儿子生了一个女儿，她没有田。等到我第二个女儿出嫁的时候，田就要给大儿子的女儿。如果小儿子娶了媳妇的话，小儿子的奶奶已经过世了，那么他奶奶的田就要给小儿子的媳妇，类似于这样，谁走了就把剩下的田给进来的人。按照当时的人口分，大儿子有5个人，小儿子有4个人，因为两个姑妈（女儿）都出嫁了，爷爷奶奶过世后，整个家庭里面就有9个人。整个家庭还是6.4亩，我们就把6.4亩平分给9个人，现在每个人就有7分田，老大有5个人，就有3.5亩，老二4个人就2.8亩，现在我的田也分了，老婆的田也分了，都分到两个人的手中，这个就是分田的方法。

当时分给两个儿子是这样分的：因为田在不同的地方，大的梯田就一人一半，再拿小的田来补。比如你分的大田，我分的是小田，到那边的田，面积大一点就给我，就一直这样互补。还有个细节就是，大儿子的儿子是超生的（当时先生了两个女儿），当时没有分到田，但是都是自家的子孙，我就自己组织说"这个田必须要分到"，当时又怕小儿子有意见，就请我两个儿子的丈老来做听证会，如果他们觉得这样分有偏差，他们可以提出来，还请了我的舅舅来，舅舅是中间人不会偏向哪一边，叫他们来听，觉得这样我的分法不对的话，你们可以提出来，就怕偏差，都没有意见，叫舅舅来听也没有意见，就这样分了，所以大儿子就分了3.5亩，小儿子就分到了2.8亩。①

分家时梯田是均分。如若只有女儿，除非是女儿找了上门女婿，会分给女儿，否则就只能留给房族最亲的堂兄弟。例如，蓝婢氏告知她家田产分配情况。承包土地的时候，我家就是三亩多，都是我爸爸自己开的，他自己一片一片开的山，然后又分到队里面全部分给他们了，人家说我们家多，不是我们以前的多，是我爸爸自己开出来的。分了一半，我们还留了一半。剩下的我们也分一点给堂哥那边，山也不可能全部归我们女孩子，我们也分一点

———————————————

① 2015年1月12日，曾芸访谈PZC，YWY翻译。

给堂哥。我们家如果有男孩子肯定不会分给堂哥的。我有四个堂哥，我爸本来是想拿一个堂哥来我家这边养，后来那个堂哥有点本事又想去外面赚点钱，就没有管我妈我爸了。山也分一点给他，地也分了一点给他，田就没有分，全部给我们了。[①]

（四）农户梯田自耕与托耕情况

堂安土地面积约 2800 亩，含梯田、旱地、荒山和荒坡。堂安的耕地共700 余亩，其中梯田 450 亩，约占耕地面积的 2/3，若按承包土地时的习惯亩计算，应该会比在册面积上扩大约 2~3 倍。堂安的人地矛盾已经比较大，能开发的土地资源几乎开垦完了。因此，在后来旅游开发中，频繁出现占用宅基地、梯田等现象，保护与开发之间的矛盾不断激化。

农户土地自种、代种和抛荒的情况既反映了种田在每个家庭生计中的重要程度，又体现了农户在种田中遇到的问题与解决办法。以下是调研组于2015 年统计的堂安村所有农户自种、代种和抛荒情况表，自种户数里既有完全自种，也有部分自种，部分代种或抛荒的情况存在。堂安各组家庭用拥有土地情况参见"附录一：黎平县堂安村各组家庭土地情况统计表"。

第一组共有 54 户，109.8 亩地。自种有 53 户，总面积为 107 亩，占一组总耕地的 97.4%。代种有 1 户，面积为 1.66 亩，占一组总耕地 1.5%，代种对象是女儿。

第二组共有 42 户，99.99 亩地。自种有 39 户，总面积为 79.1 亩，占二组总耕地的 79.1%。代种有 3 户，总面积为 8.24 亩，占二组总耕地的8.2%，代种对象是子女和堂兄弟，其中 2 户为五保户。抛荒有 30 户，总面积为 8.4 亩，占二组总耕地的 8.4%，每户抛荒的面积 0.1~0.6 亩，原因包含无水，路远，无人管田，分布在登当赖、金究、归上、地上等。

第三组共有 33 户，82.14 亩地。自种有 33 户，总面积为 71.2 亩，占三组总耕地的 86.7%。抛荒有 22 户，总面积为 10.9 亩，占三组总耕地的13.2%，每户抛荒的面积 0.1~1.1 亩，原因主要是无水，分布在今赶，几洼、亚中、归那、龙团、本固，广对、几在、井亚等。

---

① 2015 年 1 月 12 日，孙兆霞访谈山水客栈老板娘 LBS。

第四组共33户，101.36亩地。自种有33户，总面积为76.21亩，占四组总耕地的75.2%。代种有3户，总面积为0.9亩，占四组总耕地的0.9%，每户代种面积均为0.3亩，2户代种对象为水口农户，1户代种对象为老丈人。抛荒有16户，面积为10亩，占四组总耕地的9.8%，每户抛荒面积0.2～1.5亩，原因包括无水、路远、无劳动力或者被公路占用，分布在弄团、告大、龙端、登面、井山、广对、在而、母需、巴了、井能密、班弄、定界定、归进、几瓦、巴动等。

第五组共29户，83.24亩。自种有28户，总面积为70.07亩，占五组总耕地的84.2%。代种有4户，总面积为3.35亩，占五组总耕地的4.0%，代种对象为亲戚。抛荒有16户，总面积为9.68亩，占五组总耕地的11.6%，每户抛荒面积在0.05～2.1亩，原因包含无水、无劳动力、被水冲了和无收成，分布在抱对、告归、广快、任看、归付、本人、转报、归显、几瓦、巴动等。

第二节　梯田耕作与社会合作

堂安村民在长期的生产生活中积累了许多宝贵的经验，这些地方性知识赋予了发展的"想象力"，同时也成为当下经济方式转型的重要基础。以梯田为主体的知识体系，体现了侗族同胞的社会记忆。遗憾的是，蕴含于其中的丰富价值内涵尚未引起人们的重点关注，而在耆老们的记忆中日渐消逝，随着时间的流动将逐渐散佚、不复存在。在堂安，家庭生产生活的实体依然是"家"，掌握着地域生产生活主体的实体依旧是"村"。梯田耕作是一种集体劳动，管理水源要靠各家各户合作，插秧、收割也需要互帮互助，这是一种"家"的联合。日本社会学家福武直认为，日本农村社会存在着两种不同类型"家联合"的村落，一种是"同族结合"，另一种是"组结合"。"组"指的是邻里间组成的互助组织。"组"的特点是成员之间没有上下级意识，大家平等相处，其反映的是平等的人际关系，即横向的人际关系。① 堂安梯田水

---

① 李晶：《稻作传统与社会延续》，生活·读书·新知三联书店，2019，第157～158页。

利合作系统和道路修建，正是依托"地块组"和"同组"而实现的"家"联合，进而实现村级互助合作。

一　种子资源与耕作知识

堂安老品种的价值衡量不在于单一的高产指标，还有优质的、抗性的指标，以及适应当地土壤肥力等综合考量。

（一）堂安老谷种

堂安村历史上最早的谷种是人们从厦格村带过来的，现在人们种的稻谷主要是糯米和籼米两种。最早的糯米品种是七姓谷，关于它的由来，村寨 YJJ 老人说：七姓谷（tè tèi sìn）就是七个姓氏搬到堂安后，在归近一块平坦、水源充足的田里共同培育的一种糯谷品种。tè 是七的意思，sìn 是新的意思。①

由于梯田的海拔、土壤、光照等种植条件不同，为了增产，堂安村民种植的糯米品种有很多种。LJP 老人介绍道：有适合高山水冷的"地扣种"，处于山中间的"（yún gēn en）"以及山下耐热的七姓种（tè tèi sìn），这三种类型已经有几百年的种植历史了。② 最好的种子是（"gǒu yōng"），适合种在最低的，也就是阳光充足的地方，它是晚稻，也是最好的一种糯米。还有一种叫 guó míng hó，这种米很香，米是红色的，只能种在气候比较温一点的地方，路口进来的下水口就种着这个品种。还有"gǒu diāo duī"，它比较硬一点，口感较好。"yóng jīn"现在没有人种了，种子也没有留下来，它适合种在低的地方。③

种植糯米之前，需要泡种，就是自家自泡，每年谷雨的时候开始泡，以往是泡三个晚上左右，比籼米种要泡得短一点，然后就放到田里去。④ 关于肥料，用的是最原始的，有的是自己养的家禽的粪便，比如

---

① 2013 年 10 月 3 日，曾芸、刘童访谈 YJJ。
② 2013 年 10 月 1 日，刘童访谈 LJP。
③ 2013 年 10 月 3 日，曾芸、刘童访谈 YJJ。
④ 2015 年 1 月 9 日，曹端波访谈 YWY。

猪牛，还有就是割完稻子的秸秆，要是种糯米用化肥的话，就不行了，全部都是最原始的肥料。[①] 平均来看，每家每户每年要种植五六百斤的糯米，将三分之一的地拿来种糯米，具体还要根据当年送礼所需的糯米数量来安排。[②]

收割糯米和籼米的程序不一样。糯禾要一根一根地剪，用机子打会把谷子打坏，一根一根剪了再晒会好一点，具体就是从根部剪，然后捆起来晒，要吃的时候就拿一把来打，现吃现打，用机子打会损坏它。之所以一根一根剪，是因为糯杆以前会拿来做草鞋，还可以拿来烧灰煮粑粑，染布也要拿来烧灰，杆子主要就是拿来烧灰和做草鞋。上面一截拿来烧灰做粑粑、编草鞋，下头这截拿来做肥料。[③]

籼米的谷种有很多新品种。关于老品种，LJP老人回忆道：我小的时候都种老品种，（那时候）我们是种八月谷和七月谷。八月谷是种在底下的，八月才成熟；七月谷是种在高山上的，七月就成熟了，因为它是早熟品种，没到寒天就成熟了，到九月天就冷了，如果你种晚熟品种，到时候就没熟了。[④]

表 2-3　堂安稻谷种子资源一览表

种子名称	中文	来源	特性
jīn tèn（更常用）	今七	老祖宗留的	白色。种在寨子的下面和上面比较向阳的地方，寨子的上面一点点，适合暖和一点的地方，农历八月多就熟，什么泥巴都可以。颗粒大小介于今九和今八之间
jīn bèn	今八	老祖宗留的	白色。种在寨子下面这个范围，也是在寨子附近，要暖和的地方，也是八月份熟
jīn jiǔ	今九	上洞镇	黑色。种得比 jīn bèn 还要往下一点，要更暖一点的地方，九月初熟，是晚熟的，形状颗粒比较细小。
jīn tèn hà	红今七	老祖宗留的	米有点红
jīn bèn hà	红今八	老祖宗留的	米有点红，颗粒稍微大一点

---

① 2013 年 9 月 30 日，刘婷访谈芦笙师傅 L。
② 2015 年 1 月 8 日，孙兆霞访谈 YWS。
③ 2015 年 1 月 12 日，曾芸访谈 PZC，YWY 翻译。
④ 2013 年 10 月 1 日，刘童访谈 LJP。

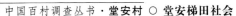

续表

种子名称	中文	来源	特性
jīn tèn bá	白今	老祖宗留的	"bá" 是白的意思
gò náng tàng	欧能冷		背阴的籼谷种，一、二组有
gò dóng	欧动		适应向阳

资料来源：2015年1月10日孙兆霞、曾芸访 PZC，2015年1月8日，孙兆霞访 YWS 资料整理。

表 2-4　堂安糯谷种子资源一览表

种子名称	中文	来源	特性
jīn shào	今少	老祖宗留的	是糯米，但是要按照大米方式收割，大米的收成要早，一般在中秋前后
yóng gèng	荣更	老祖宗留的	种在寨子周围，早熟，九月份收，颗粒比较大，产量高，现在没有人种了。这种米虽然是糯米，但没有以前的糯米那么软，跟籼米又不是一类，出了新品种以后，就逐渐被取代
yōng mēn	荣门		适合种在比较肥沃的田里面，寨子下面的那些田比较肥沃的就能够种植，越肥沃越好，越靠近寨子的田地就越肥沃，是八月份收
gùo bó	告搏		颗粒比较大，适合种在比较肥沃的地方，八月份收
làu yōu	老优	老祖宗留的	适合种在寨子上面一点，有一点冷，最好不要太肥沃，谷子外皮是红的，颗粒是白的，八月初最早收的
wāng gàng	黄岗	黄岗	颗粒比较大，产量比较高，种在暖和的地方，比如大弯、归进那里，突出的特点就是香，四组都有人种
yōng jīn	荣今		种的地方比 "wāng gàng" 还要往下，要有阳光，但是不能太肥沃了，太肥沃了就没有谷子了，产量也高，能长出来的很多，稻穗多。现在没有人种了，种子也没有留下来
yōng lá	荣腊		是晚稻，一般种在海拔低、暖和的地方，九月份成熟
yōng miù	荣苗		种得比 "yōng jīn" 还要往下，海拔比较低的地方，种在定归，定归在水口那边了，四组的田多；五组也有，九月份才收，产量也可以，在地坪那边
yong kan		yong kan	
góu míng hé	欧明和	老祖宗留的	很香，米是红色的，只能种在气候比较温一点的地方，路口进来的下水口就种着这个品种
góu lóng hàng	欧能冷		水冷的地方
tè sìn	七姓		又叫七姓谷，比较香，但产量比较少
gou leng nia			适合在冷水田区域

续表

种子名称	中文	来源	特性
yong gen			喜欢阳光，种在一、二、三组
yun gen en			处于山中间
地扪种		地扪	适合高山水冷的地方
无名禾		高顺	一、二组的田在上面，就想办法种这种
Goú yōng	欧荣		归进那边种的糯米，归进地势要矮一些，这种品种谷壳外面没有一层绒毛，晚熟，好吃
Goú gùn	欧冠		也是在归进种，晚熟。意思是说这种稻米的谷壳外面没有那层毛，其他都有，也好吃
Goú yōng mì	欧荣苗		一种杆多的种类，意味着产量多
Goú diáo	欧吊		代糯品种，它的特色就是比糯谷早熟，它没有糯谷那么软，也不太硬，种在比较干旱的地方就收得快一些，但是产量不高，做白酒的时候糯米不够了，就可以用这个顶替，可以蒸出很黏的状态

资料来源：2015 年 1 月 10 日孙兆霞、曾芸访谈 PZC，2013 年 10 月 3 日曾芸、刘童访谈 YYJ，2021 年 4 月 29 日孙兆霞、曾芸访谈 YP 资料整理。

后来承包以后，谷种自家安排。有的家能力弱的，比如老爸过世或者单亲的，就可以问问舅舅、本家的叔叔爷爷，他们都会给你讲的。[1] 小水源跟这个泉水，没有说哪一个对稻谷更好。就是像田离那个小水源近，但是如果那个水经常流进来的话，对这个稻谷啊、庄稼啊也会有影响，因为那个水太冷了，所以一般情况下，都是挖一个小水沟放出去，我用多少水，我就引进来多少水，然后剩下的就弄一个小沟储存着，这样冷水就不直接进田里。如果经常进来冷水的话，因为泉水很凉，会对这个稻谷有影响的。糯米有区分适应冷水和暖水的，比如说我家有一丘田，山里面一直都是流水出来的，那么水肯定是比较凉的。如果种喜欢冷水的糯米，水太冷了，它也不适应。还得把水隔离一下，就是用泥巴去堵起，把水流出去。然后建一条沟，让它围着田转一圈再流进来。[2]

---

① 2015 年 1 月 8 日，孙兆霞访谈 YWS。
② 2021 年 4 月 27 日，曾芸访谈 PZC。

（二）耕作知识

堂安村民在长期的梯田耕作中，积累了丰富的关于自然的地方性知识。

表 2－5　堂安村各组田地情况一览表

组别	地块名称	土质特征①	产量（斤/亩）	稻米品种	水源来源②
一组	平应③	黄土，不缺水，背阴，冷水田	300	籼米	平应泉水
	高碑	黄土，水少一点，背阴，冷水田	300	籼米	平应泉水
	平引	黑土，不缺水，背阴，冷水田	300	籼米	平引泉水
	勿今	黑泥，不缺水，向阳	400～500	籼米	勿今泉水
	告言	黑泥，不缺水，向阳	400～500	籼米	瓢井水
	腊亚	黑泥，不缺水，向阳	400～500	籼米	瓢井水
	电奔	黑泥，不缺水，向阳	400～500	籼米	瓢井水
	扁大	黑泥，不缺水，向阳	400～500	籼米	瓢井水
	今送	黑泥（少），缺水，背阴，冷水田	100	籼米	今送泉水
二组	亚班	黑土，不缺水，向阳	400～500	籼米	归金沟水④
	归金	黑土，不缺水，向阳	400～500	籼米	归金沟水
	班柏	黑土，不缺水，向阳	400～500	籼米	瓢井水
	巴燕	黑土，不缺水，向阳	400～500	籼米	瓢井水
	亚米	黄土，不缺水，向阳	400～500	籼米	瓢井水
	登对	黄土，不缺水，向阳	400～500	籼米	登对水
	杀松	黄土，缺水，背阴	300	籼米	地上的泉水
	告大	黄土，背阴，缺水	300	籼米	地上的泉水
	地上⑤	黑泥，冷水，背阴，不缺水	200	糯米	地上的泉水
	平竹⑥	黄泥，冷水，背阴，不缺水	100	糯米	平竹泉水
	归杀	黑泥，冷水，背阴，不缺水	100	糯米	归杀泉水
三组	广对	黄泥，向阳，不缺水	400～500	籼米	广对泉水
	归农	黑泥，向阳，不缺水	400～500	籼米	归农沟水
	归任	黑泥，向阳，不缺水	400～500	籼米	瓢井水
	归那	黄泥，向阳，不缺水	400～500	籼米	归那沟水
	本固	黑泥，向阳，不缺水	400～500	籼米	本固沟水
	亚中	黄泥，向阳，有点缺水	300	籼米	亚中沟水
	今赶	黄泥，向阳，缺水	300	籼米	今赶沟水

续表

组别	地块名称	土质特征	产量（斤/亩）	稻米品种	水源来源
四组	亚良	黄泥，不缺水，向阳	400～500	籼米	登面沟水
	登面	黑泥，不缺水，向阳	400～500	籼米	登面沟水
	呀虽	黑泥，不缺水，向阳	400～500	籼米	登面沟水
	任广	黑泥，不缺水，向阳	400～500	籼米	任广沟水
	巴了	黑泥，不缺水，向阳	300⑦	籼米	巴了沟水
	寨吊	沙泥，缺水，背阴	300	籼米	登面沟水
	弄团	沙泥，不缺水，背阴	300	籼米	弄团沟水
五组	归进	黑泥，向阳，不缺水⑧	400⑨	籼米＋糯米	归进沟水
	（后面）归些	沙泥，向阳，不缺水	300	籼米	归些沟水
	（前面）班些	沙泥，向阳，不缺水	300	籼米	班些沟水
	（中间）今些	沙泥，向阳，不缺水	300	籼米	今些沟水
	巴动	沙泥，向阳，不缺水	200	籼米	巴动泉水
	寨吊	沙泥，缺水，向阳	300	籼米	奔仑泉水
	奔仑	黑泥，不缺水，背阴	300	籼米	奔仑泉水
	任看	黑泥（少量），不缺水，背阴	300多	籼米	任看沟水
	腊亚	黑泥，不缺水，背阴	200	籼米	告归沟水
	告归	黑泥（泥巴，冷水），不缺水，背阴	100	籼米	告归沟水
	抱对	黑泥和黄泥，缺水，背阴	100多	籼米	告归沟水
	登显	黑泥，缺水，背阴	180多	籼米	登显沟水
	转报⑩	黄泥，缺水，向阳	300	籼米	告归沟水
	鞍马	黑泥，不缺水，向阳	400多	籼米	鞍马泉水
	吾己	黑泥，向阳，不缺水	300～400多	籼米	吾己沟水
	呀洼⑪	黑泥，背阴，不缺水	100多	籼米	呀洼沟水
	归付⑫	黑泥，背阴，不缺水	100多	籼米	归付沟水

注：①黄土一般海拔高，产量低，水冷。
②泉水一般没有受污染，直接进田；沟水容易受污染，一般是泥巴沟、水泥沟。
③平引上面。
④民德泉水不好取，人们不用。
⑤地上泉水太远，难得抬打谷机上去。
⑥靠近八甲。
⑦远了，难以运输肥料。
⑧远，肥料难运，可通车，国道。
⑨如果用班今的种子，产量是300市斤/亩。
⑩组长组织修路、机耕路。

⑪森林覆盖。
⑫森林覆盖。
资料来源：2015年1月12日曾芸访PZC，YWY翻译的访谈资料。

关于开田技术的传承，PZC老人说：

> 原来是一代传一代的，第一代知道一点就告诉下一代，下一代会传承上一代的技术，比如以前刚开田的时候，田里面的泥土是沙和黄泥巴，种挖的粮食就长不好，我家这丘田是沙土的，下一代知道了就会想办法把它弄好，会去挖坡上长草的那一层泥，或者干草放在田里面烧，慢慢腐蚀当作肥料，所以现在慢慢有了经验后，哪个地方泥巴浅就从把长草的那层泥拖过来就变深了。我十四五岁就跟老人去学开田和用石头砌田埂了，20岁就自己种田了。①

（三）梯田与社会结合的逻辑

1. 梯田记忆的传承

当我们对村民进行访谈时，总会感到震惊。许多村民对梯田名字、位置、各种耕种知识都是如数家珍。正是通过口耳相传、耳濡目染，堂安年轻人不仅承继了祖辈的梯田，也继承了附着其上的地方性知识。我们入村的翻译YWY就是典型的代表，他不仅能准确告知每一块梯田的名字，还能清楚地描述出田地的信息。对于他来说，梯田及其负载的耕作知识、社会记忆才是父辈留给他的宝贵家业。

表2-6　堂安梯田情况统计表

组别	梯田数量（丘）	合计（丘）	方位	坐落地地名
一组	619	2908	西方、西南方、南方	平引、高碑、勿今、归盾、告安、腊亚、扁大、奔故等
二组	682		东方、东北方、北方、南方、东南方	班柏、己零、巴燕、亚母、亚班、归碾、地上、高归地上、归上、平竹等
三组	596		西北方、北方	亚中、本固、归那、归农、广对、今赶等

---

① 2015年1月12日，曾芸访谈PZC，YWY翻译。

续表

组别	梯田数量（丘）	合计（丘）	方位	坐落地地名
四组	590		东北方、东北方偏东	井动、弄团、今地门、轮广、登面等
五组	421		东方	登显、转报、任看、归进、巴动、班面、今厦、告归任看等

资料来源：此表由徐国江根据影像图及 5 位村民组长指认后统计而成，坐落地地名均为音译，未经本村核对。

2. 均质社会结构

在传统侗族社会中，其生育惯习通常是每个家户生育一男一女，便于适应有效资源，但后来由于国家控制的强力渗入，其生育惯习被破坏，使原有人口失衡，造成资源的利用紧张。尽管如此，堂安村民仍然有较佳的调适功能，在生育上自我调适。从表 2–7 中可知，堂安侗族各姓氏从清中期至民国时期各姓氏每一世系每家户的男性多为 1~2 人，新中国成立初期至 90 年代时，各姓氏每一世系每家户的男性常为 1~3 人，这与该时期国家的生育政策紧密相关，特别是新中国成立后的一长段时期里堂安每家户的男性增至 2~3 人，这给资源有限的堂安带来诸多压力。从 90 年代至今，堂安村民各姓氏每一世系每家户的男性整体呈现为 1~2 人，且渐渐成为定势。各历史时期堂安各姓氏每一世系每户生育男子情况，显示出其对资源的家户平权利用方式，是堂安村落共同体的生态智慧作用于社会结构、人口结构的直接后果，从而产生的社会性生存智慧。

表 2–7　堂安各主要姓氏每一世系每家户中男子情况统计表

单位：人/男

姓氏时期		清中期至民国						新中国成立至 90 年代					2015 年
大潘	世系	1	2	3	4	5	6	7	8	9	10	11	12
	男数	不详	不详	1	1	1	1~2	1~2	2~3	1~2	1~2	1~2	1
小潘	世系					1	2	3	4	5	6	7	8
	男数					1	1~2	1~2	1	1~2	1~3	1~2	1~2
大陆	世系	1	2	3	4	5	6	7	8	9	10	11	12
	男数	不详	不详	1	1	1~2	1~2	1~2	2~3	1~2	1~2	1~2	2

续表

姓氏	时期	清中期至民国						新中国成立至90年代					2015年
小陆	世系				1	2	3	4	5	6	7	8	9
	男数				1	1~2	1~2	1~2	1~3	1~3	1~2	1~2	1~2
赢	世系	1	2	3	4	5	6	7	8	9	10	11	12
	男数	不详	不详	1	1~2	1~2	1~3	1~2	1~4	1~2	1~2	1~2	1~2
蓝	世系							1	2	3	4	5	6
	男数							1	1~3	1~2	1~2	1~2	1~2
杨	世系							1	2	3	4	5	6
	男数							1	1~2	1~3	1~2	1~2	1~2

资料来源：此表由卯丹根据堂安系谱图绘制而成。

二　水源与灌溉系统

水源在梯田中发挥着重要作用，自早期从厦格中寨迁上来后，堂安村民便开始在水源附近区域开田耕作，刚开始用木槽将水引下来，后来由于梯田面积不断扩大以及水源时而短缺，逐渐开始修水渠、水沟和石槽，后来再进一步发展为使用水管引水，保证了在枯水和丰水季节时，全部梯田获得维持水稻生长的最低需水量，同时也极大地减少了因水资源分配而导致的矛盾冲突。

（一）水源分布情况

水资源的丰歉程度与一个村落的存续发展密切相关。水随山而行，山界而水止，村落则选址于溪流环绕、泉水出没的地方，为了便于获取人畜饮用水。堂安的水资源不仅影响村落的分布、规模与走向，而且还作为村落物质要素构成的重要组成部分，以水井、池塘等为载体参与到村落的生态系统中。在堂安村落内部空间构成中，线性流动的溪流、点面结合的水塘和点状的泉井是村落水空间构成的三种主要形式。[1]

堂安侗寨有丰富的水资源，共3处水源。

---

① 管彦波：《水环境与西南民族村落关系的生态研究》，中国社会科学出版社，2021，第47~48、63页。

水源1：鼓楼边的瓢井。该水源自山中流出，一年四季不断，春夏季水大一些，秋冬略小，但从未干枯。该水源供全村人使用，雨季时以瓢井周围村民担水为主，枯水季节瓢井周围以外的其他村民也到此担水。多余的水则流入鼓楼下方的四个消防塘、部分村民房屋周边的鱼塘以及1、2村民小组的农田。因该水源水质较好，洛香镇、肇兴镇的部分村民偶尔会用拖拉机、三轮车到此运水。

水源2：位于堂安侗寨后的后龙山上。该水源自山中流出，一年四季不间断，秋冬季节略小，但不明显，从未干枯。该水源通过塑料软管传至消防池1位置，主要为村中主干道以下40余户村民提供饮用水和消防用水。

负责水源与消防安全的民兵连长LLC介绍，村中老人去世前，喝下此水，待转世投胎后，可记得前世。堂安侗寨上一任支书WKL为民兵连长外婆投胎转世。出生后常常无故哭泣，等到会说话以后告诉其家人，他是某某转世而来，去世后一直不放心家中小孩。连长母亲听说后，去小孩家中抱他，递上一碗糖水，小孩喝完糖水后，基本不再无故哭泣。另外，村中小孩1～5岁时常常会记得前世之事，并且能告诉他人其前世父母为何人，家住哪里，家中成员有哪些，去世前烟斗放何处。随着年龄的增长，5岁以后，前世之事被慢慢遗忘。[1]

水源3：位于堂安侗寨后的后龙山之右上侧。该水源没有固定的出水口，由山中的小水源汇聚而成。春夏季节雨水较多时，水量大于水源1和水源2，秋冬季节水量小于后者。该水源位置较高，村民通过塑料软管传至消防池2位置，为村中主干道以上的村民提供饮用水，包括调研组曾居住的老支书家、接待站、资料信息中心等，与水源2配合使用。

堂安梯田用水可分为泉水和水渠水，泉水是天然的，而水渠是堂安村民共同协作开发的，天然水缺乏时便会引用水渠水，引水是梯田耕作中的一大难题。梯田和平原的田相比，最难的是引水方面，以前这里有的田很难引

---

① 2013年10月1日，曾芸访谈民兵连长LLC。

图2-2 堂安侗寨水资源结构简图

注：照片为课题组成员拍摄。

水，还要去山上砍树来打成一条沟，然后从小溪引水过来，要不就去找竹子，将竹子分成两半，将竹节一截一截地抠掉，相当于管子。我们这里的田不在一个地方，这里一丘那里一丘，干活就不容易，但是平的地方，水就从一个地方下去，干活也容易。[1]

表2-8 堂安村主要水源辐射情况

地块名称	水源辐射范围		灌溉面积（亩）	组别
归金	民德（水源点）—村卫生室（分为两条）	①腊亚—电奔—扁大		一组
		②归进—班柏—班燕—亚母—亚米—登对		二组
平引（水源点）	平引—勿今			一组
地上（水源点）	地上—平引—高邓—告几—广荡—高大—杀松			二组
亚中	亚中（上、下）—联合村		20	三组
广对	广堆—归农		20	三组

---

[1] 2015年1月12日，曾芸访谈PZC，村民YWY翻译。

续表

地块名称	水源辐射范围	灌溉面积（亩）	组别
登面	登面—亚良	20～30	四组
弄团	弄团	11	四组
任广	轮广—巴了—过龙—归进	60～70	五组
高归	高归—任看—转报—巴动	30	五组

资料来源：根据 2015 年 1 月 12 日，曾芸访谈 PZC，YWY 翻译的访谈资料整理。

表 2 - 9　堂安村龙额乡水源灌溉情况

	地块名称	灌溉面积	涉及户数（户）	来源
第一片区	告归①	10 亩，34 丘	10	大水渠和两条泉水
	抱对②	1.5 亩，10 丘	5	4 丘泉水（抱对泉水），6 丘沟水（大水渠下来）
	腊亚	12 亩，20 丘	8	水沟水
	任看	17.8 亩，41 丘	12	任看水沟（8 条）③，从告归流下
	转报	17.8 亩，60 丘	20	傻贯（音译厦贯）泉水和第 6 条沟（任看—转抱）
	奔仑	1.4 亩，13 丘	2	奔仑泉水
	寨吊	9 分，3 丘	2	奔仑泉水
	巴动	2.8 亩，15 丘	5	任看的第七条沟、第八条沟养巴动田
	吾己	4 分，2 丘	1	吾己水
	鞍马	8 分，2 丘	2	鞍马水
	登显	7 分，2 丘	1	登显泉水
第二片区	归进④	5.2 亩，22 丘	7	第一条沟
		2.4 亩，10 丘	4	第二条水沟
		10.3 亩，11 丘	4	第三条水沟
		2.6 亩，11 丘	5	第四条沟
	今厦	6 分，7 丘	1	有一条沟
	班些	1.7 亩，6 丘	5	鞍马下去的水沟，鞍马至班些
	归些	1.4 亩，7 丘	4	归些泉水和归些水沟
	今些	1.1 亩，6 丘	3	今些泉水
	归显	6 分，4 丘	1	归显泉水
	哑顾	0.15 亩，2 丘	1	鞍马泉水流下来

续表

	地块名称	灌溉面积	涉及户数（户）	来源
第二片区	归付	9分，4丘	4	归付水沟
	班面、今厦	0.17亩，2丘	1	巴了一今杀水沟

注：①有两条泉水。主要是大水渠水源，需参与大水渠修建。另外还有两处泉水，第一泉水管3分（1丘）；第二泉水管6分（2丘），因是自给，所以不参与修建大水渠。泉水灌溉的主要是陆家的田，距离寨子3公里。

②1户3分田，田不会干，陆家的田。

③任看8条水沟的具体情况：

（面井仑）第一条水沟：养12丘，3.9亩，涉及11户人家

（任看）第二条沟：养1丘，3分，涉及1户

（本仑）第三条沟：养3丘，1亩，涉及1户分2家（2兄弟）

（任看）第四条沟：养3丘，8.5分，涉及1户

（任看至转抱）第五条沟：养27丘，5.4亩，涉及9户

（任看至转抱）第六条沟：养11丘，3.1亩，涉及6户

（上巴动）第七条沟：养7丘，1.5亩，2家（下巴动）第八条沟：8丘，1.3亩，涉及3户

④洞口出大沟。

表 2－10 堂安村泉水情况

组别	泉水名称	灌溉面积	涉及户数（户）
一组	平引*	平引田	
	勿今	1.5亩，6丘	4
二组	高邓（1）	1.3亩，5丘	3
	高邓（2）	1.3亩，5丘	3
	高邓（3）	3亩，10丘	6
	金鸡	2.6亩，11丘	5
三组	广对（1）	2亩，5丘	4
	广对（2）	1亩，6丘	3
四组	炯金门	1.5亩，9丘	3
	班弟	1.1亩，7丘	3
	南梦龙	2.2亩，5丘	5

资料来源：根据2015年1月12日，曾芸访谈PZC，YWY翻译的录音整理。

注：*一条大沟往下流，水质很好。

对于村里面所有水源的来源，分水沟和一些田里冒出的泉水点，PZC老人说：

最高的水源在告归地上，接着就是平引，它们俩不是一个水源，但喝起来水你会感觉很清新，会感觉饿，但如果喝肇兴的水就会觉得有点咸，也不想吃东西。还有告归，在龙额那个方向有个能蒙告几，能蒙就是泉水。现在饮用的自来水还有个叫能蒙平引，平引的泉水没有高归那么高，很远。能蒙告几也有泉水，但是很小，只是上公山的时候在那里喝，没有引进寨子。从高处来的是告归地上、平引和告几，从人家田坝里面流出来的叫能蒙勿今，能蒙母报有蛮多田自己会冒水的，母报那里的田是最好的。①

最初梯田就是在这几个水源地的附近，我们的梯田基本上就围绕这三个水源在转，告几的水是最小的，所以这边田比较少，水源到哪儿，田就到哪儿。鼓楼后面这块泉水就是大水源，它供应整个堂安的用水，鼓楼的泉水还要供应一组、二组的田和村里喝的水，三组、五组的话没有一个具体的大水源，山就冒出一点水，然后经过水渠流下来，一直往下流。大家都用鼓楼泉水以后，鼓楼那的水变小了，然后现在就用了山上平引和地上的水，消防水也都是从这里来的。YWY 说："原来面胖（梯田名）那里有我家一点田，那里的田必须用那里的水来种，所以现在我们就用水管从那边引过来，它就不会跑到地下去了。面胖那块地的水源就在顿面，大概有一公里的距离，我们拉的水管都拉了 1000 多米，才到田里，从田里面还拉了几百米才到家里面。"②

水利是梯田农业的命脉，水渠的修建是梯田至关重要的配套设施。纵横交错的若干主渠和支渠构成一片或数片梯田完整的灌溉系统。后龙山之水沿着干渠和分支水渠，由上而下，流入村寨，注入梯田，山泉顺着梯田层层有序向下灌溉，长流不息，最后汇入流经肇兴镇内的都柳江，又蒸发升空，化为云雾阴雨，贮藏于高山森林中，形成了一种独特的"活水"灌溉，水像

---

① 2015 年 1 月 12 日，曾芸访谈 PZC。
② 2021 年 4 月 27 日，曾芸访谈 PZC。

人体经络一样贯穿于梯田生态循环系统中。①

(二)"地块组"② 合作与水资源的家庭分配

传统的稻作农业使村民之间一直有一种对立的紧张关系,比如水资源调配,不解决好这个问题,稻作农业便无法维系。堂安是稻作村落,其独特性就是在保护和利用水资源的循环往复中形成的。种稻期间,河流的水量减少,会影响农业用水,因此,堂安有轮流给水的惯例。村落各种组织的出现最初都和农业生产有关,而且最重要的是和稻作有关。水利小组是片区性的组织,负责管理地块组水利灌溉系统,包括池塘、水渠等。堂安水利系统中的地块组是维系稻作农业所不可缺少的组织,是梯田农业的核心,是人与人关系的重要纽带,是维系"家"与"村"发展的重要保证。③

因水渠水量有限,引水时需对水源进行分配,而分配过程也同样体现了堂安劳动人民的智慧。最开始人们用石槽引水时,人们根据田地的大小来确定槽的大小,以确保下面的田地有水流下去。原来是开水沟,人工在水沟里用石头打槽,然后来分槽,比如说你家有五分田,我家有二分,他家有三分,你家田是在前面,我家在中间,他家在后面,这一块石头有10厘米宽,那么大家就是这样子的,你就打五厘米的槽,留下五厘米,我这里就打两厘米,留三厘米给他。④

合作秩序的建立和维持,需要合作群体形成一致的合作共识,这样的合作共识既包括合作的目标,还包括合作的规则。后来,村民开始使用水管引水,对水源的分配也严格遵循公平、合理的原则。人们同样根据田地大小对水源进行分配,不同的是,为了防止偷水的情况发生,将时间观念引入其中,对时间进行平均分配,在该时间段内,水源流进自家田中。比如,当水大时,8户用4天来分,如果水小了,就变成8户用2天来分。

---

① 管彦波:《水环境与西南民族村落关系的生态研究》,中国社会科学出版社,2021,第115~117页。
② 地块组是指梯田位置邻近,共用水源的一个区域范围。堂安每一块梯田都有自己的名字,同时相邻梯田组成的地块也有自己的名称。它与后来划分的五个小组不一样,主要是为了修水沟方便,在地块范围内展开合作。
③ 李晶:《稻作传统与社会延续》,生活·读书·新知三联书店,2019,第118~119页。
④ 2021年4月28日,曾芸访谈PZC。

惩罚（监督）机制是合作秩序稳定持续的重要基础。桑塔费学派认为一个群体只有演化出利他性惩罚，即由合作群体的成员实施的对合作的背叛者的惩罚，且这种惩罚对实施者本人没有任何的回报，才会取得进化的稳定。[①] 如果有人不在家，其他人偷放水进自家田，是要从其他人家扣除放水时间，对被偷的那一家进行偿还。如果其他人家水量过大，可以商量分一点，一般顺序是找房族→亲戚→朋友。一般主水渠修建是所有用水的家户来商量修，分区的农户再商量片区水渠修建。大、小田搭配用水，保证每亩田同样的用水时间。田在上游的人家，一般不参加下游水沟修建。田在下游的人家，需参加上游水沟修建。

以前我们都会在半夜三四点照着手电筒去看一下水还进不进田，不进就要去查水下哪里去了，之前还会有堵水的情况发生，就是我去把流进你家田的水堵住，让水流进我家的田，还有人会躲起来，等用水人一走，那个人就去把水堵起来，将水放到他那里去，经常有这样的事情发生。不过现在的话也有了一个规定，比如这个区域的田，大家就共同商量怎么分配，算一下整个区域有多少亩田，然后分到 48 小时或者 24 小时，少的话就分 24 小时，比如这里有四亩田，一亩田就分到 6 个小时，就是这样规定，先到你，你这里有一亩田，你就先来接，你从 0 点接到 6 点，到他了，他从 6 点接到 12 点这样，这段时间的水就全部进到他的田里面。很多田的话，就分 48 小时，就是根据亩数来看，你是多长时间，比如我这里有三分，我三分能够分到一个小时的话，下一个人就接着我的顺序分。[②]

三 "同组"合作与道路自建

早期，人们外出打工观察到其他农村修建机耕道以后干农活轻松多了，

---

① 赫伯特·金迪斯、萨缪·鲍尔斯：《人类的趋社会性及其研究——跨学科社会科学研究论丛》，汪丁丁、叶航、罗卫东译，上海人民出版社，2006，第 190 页。
② 2015 年 1 月 11 日，曾芸访谈 YWY。

于是把这种做法带回村里，少数人试着这么做以后，效率的确提高了。于是，村里其他人陆续效仿修建机耕道。不难看出，修建机耕道最重要的原因首先是它提高了生产效率，以前用肩挑人扛既耗费人力，又浪费时间，然后收成也没有增长，修建机耕道以后，人们节省了体力，节约了时间，还可以外出打工增加收入；其次是因为老一辈种田的观念根深蒂固，即使身体已经不如从前硬朗还要像以前一样种地，如果用机械运输可以大大降低老人的劳作强度；再次是修建机耕道可以促使荒地的开发，比如以前撂荒的地，修路以后人们可能会继续耕种；最后，机耕道不仅可供农业生产使用，还是孩子上学放学、游客通行的道路，所以在某些机耕道上还可以经营小卖部或者客栈。

（一）修路情况

表 2 - 11　堂安村道路修建情况一览表

道路名称	组别	范围	具体情况
通车路	第二组	登对—堂安	县道①，2008 年，有 1 公里长
	第三组	广对—今赶	县道，90 年代国家修，有 2 公里长，5 米宽
	第四组	广对—寨吊	县道，有 1 公里长
		寨吊—母抱	自己修，2012 年，300 米长，3.5 米宽
		母要—轮广	自己修，2012 年，400 米长，3.5 米宽
	第五组	广对—寨吊—巴动—班些—今些—归些	县道（黎平—水口），1972 年，国家修，5 米宽，有 10 公里长
	第五组	寨吊—转报	自己修，2011 年，3.5 米宽，1.5 公里
石板（泥巴）路	第一组	归盾—平应	自己修，很早时候修，700 米长，1 米宽，石板路
		高言—归碾	自己修，很早时候修，300 米长，1 米宽，石板路
		扁大—卫生室	自己修，很早时候修，300 米长，1 米宽，石板路
	第二组	亚柏—地上	自己修，很早，200 米长，1 米宽，石板路
		卫生室—归进—几母	自己修，很早，300 米长，1 米宽，石板路
		寨门（高阶）—交样	自己修，很早，100 米长，1 米宽，石板路
		交样—金鸡—高碑	自己修，很早，2 公里长，1 米宽，泥巴路
		交样—高大	自己修，很早，1 公里长，1 米宽，泥巴路
		交样—归杀	自己修，很早，2.5 公里长，1 米宽，泥巴路

续表

道路名称	组别	范围	具体情况
石板（泥巴）路	第三组	广堆—（几）登面	自己修，很早，200米长，1米宽，石板路
		几呀—归农	自己修，很早，200米长，1米宽，泥巴路
		登面—归拿	自己修，很早，400米长，1米宽，泥巴路
	第四组	广对—巴了	自己修，很早，1.5公里长，1米宽，石板路
		广对—弄团	自己修，很早，2公里长，1米宽，泥巴路
		（堂安）车站—亚良	自己修，很早，600米长，1米宽，泥巴路
		广堆—登面	自己修，很早，1公里长，1米宽，泥巴路
	第五组	堂安—吉归—抱对—登显	自己修，很早，2公里长，1米宽，泥巴路
		堂安—任看	自己修，很早，2公里长，1米宽，泥巴路
		任看—转报—吾己	自己修，很早，1.5公里长，1米宽，泥巴路
小路（走人、不通车）	第一组	平应—高碑	共6条　6丘，2.6亩，200米长，泥巴路，50~60厘米宽，很早修
		平应—扁大	4条
		堂安—今送	3.5公里，泥巴路，很早，1米宽
	第二组	几瓦—杀松	300米长
		车站—巴燕	200米长
		归进—班柏	200米长
		平引—高邓	300米长
		交象—归杀	3公里长
		归进—亚母	200米长
	第三组	县道—亚中上	300米长
		县道—亚中上	300米长
		县道—下今赶	300米长
	第四组	堂安—亚良	500米长
		登对—亚谁	200米长
		巴了—班柏	300米长
		县道—寨吊	300米长
	第五组	县道—上归进	700米长，管39丘，5亩，10户
		县道—中归进	200米长，管2亩，5丘，4户
		县道—下归进	200米长，管3.8亩，14丘，7户
		县道—广对	300米长，管3丘，4分，1户

续表

道路名称	组别	范围	具体情况
小路（走人、不通车）	第五组	县道—归些	300 米长，管 6 丘，1.8 亩，4 户
		县道—今些	200 米长，管 5 丘，9 分，3 户
		县道—班些	400 米长，管 6 丘，2.4 亩，5 户
		县道—归显	200 米长，管 4 丘，0.6 亩，2 户
		县道—巴动	400 米长，管 15 丘，2.6 亩，4 户
		县道—寨吊	100 米长，管 3 丘，9 分，2 户
		县道—奔仑	200 米长，管 6 丘，1.3 亩，1 户
新修小路	第五组	新修马路—下转报	300 米长，管 17 丘，4 亩，6 户
		转抱马路（新修）—吾己②	300 米长，管 4 丘，5 分，1 户
		腊亚—告归	2012 年开，400 米，管 5 亩，17 丘，7 户

资料来源：2015 年访谈资料。

注：①1996 年，全村修建的。

②路是 7 户共建。原来有老路，1 米宽，泥巴路。这片梯田离公路远，所以新修一条路，缩短距离。

从 2015 年开始，堂安兴起修机耕道的热潮，6 年以来，村民自主投工投劳修建了 11 条机耕道（表 2 - 12），根据访谈，修建的长度在半公里到一公里左右，五个小组中，三组修建的数量最多，因为三组的田离寨子有一段距离，但又不算太远，修建机耕道提升生产效率的效果最为显著。以下从修建机耕道的原因、参与者、出工、出资、占地补偿与赔付几方面描述修建机耕道的过程。

表 2 - 12 堂安村各组机耕道数量一览表

组别	一组	二组	三组	四组	五组
机耕道数量（条）	1	2	4	3	1

案例：第四组集体修路①

由于四组不靠近公路，人工挑肥料、挑秧苗、收谷子都很耗费人力

---

① 2021 年 4 月 25 日，孙兆霞访谈 PYH。

物力，于是村民从 2010 年开始酝酿修路，其间资金有限，最终从 2013 年 3 月开始动工，耗时一个月把路的基础铺好，全长 500 多米。因为距离远近的问题，按照使用频率由高到低，可以把这条路的相关农户分为三个区域，不同农户对于分摊成本的态度有所不同。

协商补偿与赔付：协商包括内部协商和外部协商。内部协商是通过在组长家开会讨论，占谁家的地、田，怎么补偿，又向谁收修路的钱，做预算的时候，大家摆一张桌子在这里，小组五人算好后向全组汇报。初步得到几个方案后，再由小组五人与被占地的农户进行外部协商。

方案一：从厦格农户家的坡头开到坡脚，但农户家不仅要量修路所占的地方，还将山坡其余地方都算进去，相当于整个山坡的面积。该农户认为这是全组开路，补偿得起，但实际小组承受不了。

方案二：经过另一家近一亩的田地，小组补偿钱和谷物，因为田地比较大，农户不同意。

方案三：占五户人家的田，四户人家的地和五户人家的山（坡地、林地）。其中三户田是四组的，剩下两户田分别是厦格寨和二组的，面积都是两分地左右。厦格提出用本组的田换田，其余人家的田用钱补偿，一亩是 22400 元。本组的田基本上是用钱补偿，也是 22400 元每亩，有些也要求换田，还有的直接不要补偿，这是田的情况。地比较便宜，靠近公路的给了一定的补偿，一般是以地换地。占了林地的就随便补偿一点，因为山上树多，主要是看路经过之处砍伐了多少杉树，最终一共补偿了 4000 多元。

成本分担：预算是 3.7 万元，要花费的地方包括：补偿林地、田和地，挖机师傅的工程费（20 元/米和 800 元车费）和生活费，本组投工的不算在里面，未来买沙石的钱还未计入。起初达成协议是整条路不管哪个区域都按 700 元/亩算。但由于每家距离公路的远近不同，外组和外村的愿意承担的成本比预算少，譬如：按 700 元/亩算，有的农户应出 220 元，但实际只给 180 元，有的农户因距离公路较远就说不走这条路，直接拒绝出钱，总之很少有交足的，于是四组本组的成本从 700 元/亩变成 960 多元/亩，这个数字是通过预算减去收到的钱，再除以本组的田数得来的。开工一个月，钱还没有全部收上来。

投工投劳：组里每个人都要出工。刚开始先把林地砍一条通路便于挖机通过，挖机把杉树运出来，然后自家把自家的树运走。每天投工投劳的人数在组里面登记，比如 A 出了三天，B 出了两天，缺工的人再在后面补上，纯粹靠自觉。比如组长说今天去哪修一条路，家里有几个人就去几个人，有的不去也没事。现在只是把路的基础弄好，等田犁好了再讨论后面的分工机制。

资金管理：账目由五个人组成的管理小组负责，四个人分别负责收钱，再交由组长管理。组长随即做好账目，记上每一家交的金额，再在小组开会的时候公布。四组内的已经收了一大半，但还有两户家里太困难一直收不到钱，具体怎么办由组长定夺。现在所收的钱已经用完，因为开支多少才收多少，没有多余，以后再收都是本组出，就好协调。由于过程中组长负责所有事项，一天可获得几十块钱的劳务费。

（二）梯田建设与社会嵌构

梯田维护管理的规则化，是与社会合作及可持续性的规划以及与时俱进的创新精神密不可分的。一年又一年，自然侵蚀和人为的重复利用，对梯田及耕道、水沟、水渠造成的损耗是不言而喻的。如何维护及修复？这是一个摆在堂安村民面前最实际的问题。堂安村民的解决方案既有世代相袭的规矩，亦有因事变宜的灵活。

在巴厘岛，"水社的社会组织、政治组织和宗教组织，还有总体上的稻作农业组织，与这种水利技术模式颇为相似。水社作为一个法人团体的结构是由作为一个引灌机制的水社的结构所赋予的。"[1] 弗里德曼试图通过"宗族关系"把国家和村庄联系起来[2]，他认为广东、福建等地区的宗族社会的形成与边陲状态、稻作经济和水利灌溉等因素相关联。[3]

---

[1] 克里福德·格尔兹：《尼加拉：十九世纪巴厘剧场国家》，赵丙祥译，商务印书馆，2018，第 67 页。

[2] Freedman, Maurice. *Lineage Organization in Southeastern China.* London：Athlone Press, 1958.

[3] 管彦波：《水环境与西南民族村落关系的生态研究》，中国社会科学出版社，2021，第 33 页。

堂安之所以没有出现这种情况，主要是由于山地梯田开垦的艰难，很难出现规模较大的组织结构。日本学者有贺提出了"家联合"的概念，其是指作为一个生活单位的"家"和其他"家"由某种契机而结合的共同关系。在堂安同族之外的地缘关系中，分水的"地块组"、修机耕道的"村组"可视为与"家"的联合体，虽然其不是一个"家"，但是却学会了"家"与"家"结合的特性，实现了基于血缘的"同族"关系。"地块组"是按照梯田位置邻近程度划分的，是根据稻作生产方便性自发生成的。"村组"是把村落内部划分成几个区域性的组织，是根据国家对村落管理的需要而设立的，具有同等关系的横向排列。以"共同的利益"为基础而形成的家联合体，虽然组织本身修缮和维护水利、机耕道等设施上有一定的独立自主的特性，但组织的运营却依靠其为基层组织的村落之功能，所以家联合具有村落联合的特性。①

第三节　梯田生态系统及其在农户生计支持中的作用

堂安村民在长期的生产生活实践中积累了丰富的地方性知识，在维持梯田生态系统平衡，保护梯田、森林、水资源，保障农户生计安全等方面发挥着重要作用。堂安梯田生态系统得益于其独特的地理气候环境，但水资源管理和生态文化内涵亦不可或缺，而这与社区所持有的传统知识密切相关。②

一　山水、人文环境与村落生态关系

堂安梯田生态系统稳定性和可持续性的关键在于对水资源合理有效的管理，依海拔梯度自高到低构建了森林—水系—村寨—梯田"四素同构"的复合农业生态系统（见图2-3）。茂密的森林通过对降水的分配、拦截和贮存实现水资源涵养，村寨在长期合作生产中建立完善的水资源分配制度，梯

---

① 张俊峰：《"水利共同体"研究：反思与超越》，《中国社会科学报》2011年4月11日。
② 杨京彪等：《基于民族生态学视角的哈尼梯田农业生态系统水资源管理》，《生态学报》2018年第9期。

田和河谷蒸发的水汽再转化为降水，形成一个连续有序的水循环，并成为天、地、人联系的纽带。面对社会急剧转型，全球气候变化以及新冠肺炎疫情等诸多不确定因素，堂安梯田农业为我国当前面临的农业农村现代化、小农的第三条发展道路、新型城乡关系等复杂难题，提供了一种新的解决思路。堂安梯田生态系统可能成为一个典范，依靠信仰支撑以协调人与自然关系的一种生态伦理体系，可能在未来发挥更为重要的作用。[1]

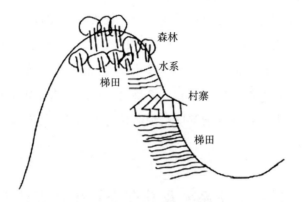

图 2 - 3　复合生态系统简图

资料来源：参考闵庆文等主编的《哈尼梯田稻作系统》整理而成。

（一）梯田生态系统

梯田生态系统是由人工的梯田系统、天然的山林系统和水体系统等组成的复合生态系统，是一个相互关联的整体。

1. 沟渠管理

堂安建立了以水资源涵养和分配为核心要素的水资源管理制度，成功解决了水资源时空分布不均这一难题，保障了堂安梯田生态系统的可持续性。堂安梯田是典型的农林复合生态系统，水源涵养主要包括 3 种形式：森林涵养、池塘蓄水、梯田保水。堂安非常重视水资源，建立了一套包括沟渠管理和分配制度的完善的水资源分配管理体系。如前所述，堂安生态系统中的沟渠错综复杂，将森林溪流与梯田、梯田与梯田、梯田与河谷紧密联系，形成

---

① 杨京彪等：《基于民族生态学视角的哈尼梯田农业生态系统水资源管理》，《生态学报》2018年第 9 期。

一个生机盎然的水系网络。把水资源输送至梯田和村寨，解决了水资源空间分布的不均，同时作为排洪渠道，有效消减了洪涝灾害。而且，在长期生产实践中，建立了一套沟渠管理和水资源分配的村规民约，保证了堂安梯田水资源的永续利用。[①]

2. 土地资源管理

村民深知森林—水源—村寨—梯田四位一体的重要性，为了保护寨子，封山育林，并制定乡规民约，砍树罚款等。林地分为公山、家族山、家户山。为了保证水源，公山是一定不允许私自砍伐的，家族山主要是家族内部商量使用。1996 年的时候，全村分树，大家开始修房子，砍完之后就封山育林了。后龙山海拔最高峰 1800 多米，森林非常茂密，所以堂安很少缺水。由于这片区域是风水山，大家不允许在那里土葬、建房或者修粮仓。如果搭建起来挡住风水的话，那么寨子里面就有可能会发生火灾，要么就是人会有意外发生。[②]

　　村庄公共林地的实际面积有七八百亩。现在主要由村支两委、寨老和百姓管理。现在我们的后龙山不准砍伐。九几年曾砍了一些，每年鼓楼活动等集体活动才砍。九〇年前后，杉树分到各户，有的人家就去砍。后来，水（量）小了以后，大家就明白了因砍树会导致山上的自身蓄水量减小。公山是不准任何人砍的，（正月初一到初八）这个是集体去砍的，集体烧，不准拿回家的，谁拿回家就罚谁。[③]

3. 农业生物多样性保育

农业生物多样性保育对于维持堂安梯田生态系统平衡具有重要作用。堂安农业生物的丰富性主要表现为水稻品种的多样性。丰富的水稻种质资源能够适应不同海拔、温度、土壤、养分等条件，比如高寒、干旱、贫瘠等。多

① 杨京彪等：《基于民族生态学视角的哈尼梯田农业生态系统水资源管理》，《生态学报》2018 年第 9 期。
② 20210 年 4 月 28 日，曾芸访谈 PZC。
③ 2013 年 3 月 27 日，孙兆霞、陈志永、陈维佳访谈 Y 主任。

样化的水稻种质资源还能够有效防治病虫害、抵御自然灾害。①

4. 神山森林文化

神山森林文化对堂安水土资源的保持和村落生态系统的维护起到非常关键的作用。"风山"是堂安的水源林和动植物的庇护所,为村寨的发展提供了多种多样的生存条件,对生物多样性的保护发挥着重要的作用。② 基于农业生产发展起来的风水观,如在村落、民居、坟墓等选址中强调的"风水"要诀——"龙、穴、砂、水、向",其是与今天的地质、地貌、气候、水文、土壤、植被等自然地理要素相统一的,这五大要素实质上都与水有关。③

"sa yang 是神的名字,住在这个山上,sa yang 还与梯田有关系。还没有改革开放的时候,我们每年的农历七月初五都到那座山(厦格说是他们的,我们说是我们的)。原来有两年是属于堂安的,去那里喊几句象征性的话,意思就是今年我们又有一个好的收成。土地神跟 sa yang 都是管理梯田收成的,让我们不会受饿。土地神是管类似于糯谷,sa yang 管仓库里面的大米。"④ 可见,神山信仰源于稻作人民对于自然界的敬畏,并认为祖先死去后,如果能得到很好的供奉,就可能变成神,用超自然的力量保护他们。与水利灌溉、生态环境相关联的神山信仰作为当地居民一种普遍的信仰,很可能源于人们对"神圣的超自然力量的敬畏心理,并在一定程度上实现对生态环境的保护"。⑤

(二) 梯田是区域内自然与社会合力创造的产物

堂安农业生产系统是一个包含多种要素的、不断发生变化的、有生产功能的系统。在《吕氏春秋》中记载,农业"生之者地、养之者天,为之者人",天、地、人和农业形成一个互动过程。⑥ 传统农业的宝贵,是因为人

---

① 杨京彪等:《基于民族生态学视角的哈尼梯田农业生态系统水资源管理》,《生态学报》2018年第 9 期。
② 管彦波:《水环境与西南民族村落关系的生态研究》,中国社会科学出版社,2021,第 94 ~ 95 页。
③ 郭康等:《风水理论对人文景观的影响》,《地理学与国土研究》1993 年第 2 期。
④ 2021 年 4 月 26 日,曾芸访谈 PZC,YWY 翻译。
⑤ 管彦波:《水环境与西南民族村落关系的生态研究》,中国社会科学出版社,第 93 ~ 94 页。
⑥ 孙庆忠主编《农业文化遗产与乡土中国》,中央编译出版社,2021,第 163 页。

和自然的和谐关系。传统农耕文化包括习俗、禁忌、仪式、节庆等，不仅是调整人与人的关系，同时也调整着人与自然的关系。①

作为重要的农业文化遗产，堂安梯田至今仍保持较完整的历史记忆与稻作文化传统。堂安梯田以开田—分水—修路为行动核心，构成了以"家—村落"为基底的社会合作体系。其上牵精神空间，下连生态环境，生成了农业文化遗产的整体性特征，彰显出农业文明、生态适应、社会永续的内嵌性质。由此，堂安农业文化遗产与社会合作之间是毛与皮的关系，"皮之不存，毛将焉附"。农业文化遗产的保护与利用需要注重遗产构成的基础性、社会性和整体性。

在生产与经济层面的合作，几乎是村落社会抵抗脆弱性的基本方式。由于小家庭功能不全，无法提供充足的资源，因而只能寻求社会性的互助互惠。在堂安，各种社会互助形式会不断地完成使命又不断创生。在社会交往中，形成一套互惠的理性规则。遵循这些规则，成为道义和情感交往的理性基础。而在社区生活中，以"物"的流动为载体的社会交往遵循的规则是"循环"。这个循环规则同样支配着堂安村民的日常生活。梯田的耕种年复一年，循环往复，稻米的流动永远处在"……借—还—借……"的轮回中，人亦处在"……生—死—生……"的循环中，而这个轮回中人们都会经历相同的社会化过程，重复相同的社会文化生活，直至永远。此种循环的社会观，打破了人的阶序、社会身份、时间与空间区隔、资源占有、人畜之别，显现了一个资源相对局限环境中相应文化形塑平权社会以达至均衡的过程，充分体现了梯田农耕文化的自我适应力量。

（三）梯田支持的地方性知识及社会秩序认同

世界可持续发展理论先驱罗代尔认为：中国传统农业能为世界农业的可持续发展提供丰富的理论和实践源泉。② 传统农业永续魅力的秘密在乡村里面，其是人与自然在千年的进化中逐步形成的，是经历若干次失败后留存的

---

① 骆世明、孙庆忠：《农业生态学的开拓与大学使命的担当——骆世明教授访谈录》，《中国农业大学学报》（社会科学版）2017 年第 1 期。
② 孙庆忠主编《农业文化遗产与乡土中国》，中央编译出版社，2021 年，第 163 页。

结果。例如，堂安梯田是青石块垒砌的田埂，从历史的角度来看，它具有人文生态价值，因为在人为的劳动过程中富有创造性和艺术性；从现在的角度来看，它又具有自然生态价值。因为历史已经过去了，映入人们眼帘的是壮观的自然生态景观。堂安梯田的田坎具有文化遗产和自然生态的复合性。①

当然，现在人们来堂安看梯田，照相都是瞄准梯田，但是没注意到堂安村就坐落于森林和梯田的边缘，这是其梯田永续的奥秘。再有，堂安村推广的现代水稻品种，虽然口感不错，但是留不下种。由于杂交水稻是两个品种的杂交，再到下一代可能分裂成两个不同的品种。而农家品种的基因背景很丰富，农民通过自己选种、市场上交换、外出带回好品种等方法获得新的种质资源。这种遗传背景差异的农家品种为应对气候环境和病虫害等冲击提供了缓冲能力。②

另外，在堂安村民社会，围绕梯田衍生的多样化种植、养殖和稻米的利用而生成的循环系统，构成了别具一格的地方性知识，表达出农业文明中生态与社会共同体互嵌而生的深层智慧。在堂安，由于农家肥是梯田培育地力必不可少的养料，所以几乎每个家户都养有牛、马、猪等牲畜，以便于累积粪便形成农家肥。因此，堂安村民无论春夏秋冬，其一家老小皆有各尽农事之责，这些农事包括割草、收禾秆、放牛、晒粪、挑肥等。通常，猪牛等的粪便在圈内踩踏半发酵后，立春前便须在门前场坝堆肥继续发酵，立夏前再送达田间。此外，梯田上还会种植一种小红萝卜作为肥田草和猪饲料，同时也是人的一种食材。堂安村民认为农家肥是培育地力最好的材料，远非化肥所比。在水较少的地方，堂安村民会种植玉米。近年堂安的青壮年多外出打工，家中吃米少，故稻米多有存储，而玉米等杂粮多用于喂牲口。梯田在种稻的同时还养鱼、收稻谷后继续养鱼，这些鱼是腌制酸鱼的重要食材，其成品被称为"腌鱼"，是堂安村民葬礼中必备的食物。从上述可知，在堂安，种植与养殖是人、田、畜的生态循环系统中不可或缺的重要环节。

---

① 贵州省民族事务委员会、贵州省民族研究所编《贵州"六山六水"民族调查资料选编（侗族卷）》，贵州民族出版社，2008，第295~296页。

② 骆世明、孙庆忠：《农业生态学的开拓与大学使命的担当——骆世明教授访谈录》，《中国农业大学学报》（社会科学版）2017年第1期。

二 梯田与"家"观念对外出者返乡的影响

(一) 梯田生计及其现实价值

1. 梯田收入的实物价值及意义

种田如果算经济账的话，是肯定不行的。如果我们种水稻，收获以后拿到市场去卖，卖一斤也就一块多，我们一亩也就几百斤，比较好的田也就在 1000 多斤到 2000 斤，这样子的话他也就一两千块钱到 3000 块钱。那他出去打工的话，他一个月都可以挣得回来。只是我们顾虑的比较长远，比如说我至少种一亩田，给自己留一条后路，如果我在外面混不下去了，我回家的时候还有一亩三分地能够维持生活。主要是这样的考虑，不管种这些田划不划算。一些外出打工的人，如果他能够安排时间，农忙的时候他可以回来的话，他都自己来种，如果回不来的话，他就会叫一些亲戚朋友或者别人去种，但是他不收割，收的米以前是五五分成，前两年变成了三七分，就是说 1/3 是主人家的，然后种田的就是 2/3。①

田的等级不同，产量不同。一等田的产量是 1800 斤左右，二等田可能是 1300 斤到 1400 斤，三等田是 1000 斤左右，四等的田就比较少了。一等田那种田占到一半左右，二等、三等要少一点，可能各占 50%。②

黑糯米产量低，一亩的话才有几百斤，我们这里种的成本很低的。像今年他们种的这些可以卖得完，也没有多少钱，可能有几百斤这样。③ 红米的话有卖 10 块的，有卖 15 块的，香米和红米是不一样的，香米的话看你怎么包装，有 6 块到 8 块的，香米的价格要低一点。我们不会把产品说得清楚，人家一看的话，就觉得跟糯米是一样的。我们一般很少吃香禾糯，一般就办

---

① 2021 年 4 月 25 日，孙兆霞访谈 LZG。

② 2021 年 4 月 25 日，杜星梅访谈 WKX。

③ 2021 年 4 月 25 日，孙兆霞访谈 PYH。

酒招待才吃，那个量比较少。香米我们又叫籼米的，香禾糯是属于糯米的一个品种。籼米就是我们所叫的杂交水稻的这种。红米又分红糯米和红籼米。

香禾糯收的时候没有称斤，只是分把数，就是分成一把一把，收完后进行晾晒。我们那块田的话差不多一亩能收七八十把，就差不多 800 斤。四组种的香禾糯就比较多，那边的田适合种这个。红米要求跟红糯米的要求差不多，也不是很高。但红米产量比红糯米产量要高一点。红糯米亩产约为 600 斤，红米亩产约为 800 斤。

白籼米有杂交水稻，我们会根据海拔选一种比较适合的来种，分为海拔低的和海拔高的。产量是最高的，亩产差不多接近 2000 斤，是按照之前的习惯亩来算，如果用 18 年新量的亩数的话，那就比较低了。一组、二组在 1000 多斤，三组、四组、五组的能达到 500～800 斤。整个寨子也只有几家人会卖，基本都是自己吃。黑糯米、红糯米只是作为一个副食，会去卖，两种差不多都能卖到 10 块到 15 块。如果以后要发展一些特色或者一些品牌的话，五种米中我觉得红米可以作为一种主推，是一种不一样的东西。根据我这几年卖的情况，就红米卖得比较多。①

2. 梯田收入的社会保障功能及社区评价

在 2014 年，堂安梯田皆无因打工抛荒者，只有 2 户是将梯田转由亲戚耕种。问其缘由，说梯田数年营造，百年间耕种循环不易，一旦弃种，一年长草，两年干裂，三年梯田便长成小刺蓬。上下左右的梯田皆会因此而受损，故不能因外出打工就便抛田不种，须设法使之生生不息。故而，外出打工的村人每年春节返乡，都须将家中梯田的耕作安排妥当，才宽心外出打工。所以，寨中若谁家弃耕不种，会成为整个村寨不依不饶之事。有村人曾提及，若村寨搞旅游开发，由外来公司或者某农户流转一片梯田种植花草，做景观可否？村人大都认为："那就彻底毁了梯田，毁了村庄的未来，子孙后代吃什么？"之所以梯田能够延续至今，实则依托着一整套严格的社会合作机制和惩罚原则。

---

① 2021 年 4 月 26 日，孙兆霞、徐磊访谈 LZG。

比如我家田在上面，你家田在下面，我出去打工了，我的田抛荒了，干枯了，或者我们家又有人生病了，那几天水来的时候，我没有时间来参加修沟，你可以租给别人种，哪个种，哪个出钱。如果我不要别人帮我种，就荒了。这种丢荒的情况不多，田很金贵的，如果是在坡顶，可以不管。我们这里能种的田都种了。[①]

为什么解放前卖田的人很少，包括现在也很少人卖田、租田，因为卖田是可耻的，举个例子，现在肇兴开发旅游了，人都不卖田了只租田，其实租田是个好事，我把田租给你，我赚钱了，可是即使是租田，他也认为是羞耻的，是不是家里你保不住了要租给人家，肇兴的成都人跟当地人签合同，和做贼一样，半夜三更签合同生怕别人见到，就有这个习惯，怕别人听见笑话，但是这个笑话经过十年的变化，现在都公开化了，但是在堂安还不是很明显，租田还是处于比较谨慎的态度。历史上只有那些破落的人，保不住田才开始卖田，所以他们卖和租意思一样，很羞耻。[②]

因此，梯田对于家户来说，既能够满足生计的需要，又代表着家族兴旺与繁荣昌盛，这份家业是必须传承下去的。而对于外出打工人员来说，农忙时回家耕作既体现了传统文化中的"孝道"，又给自己留了一条"后路"。

（二）"返乡"与梯田寻根的观念形成

1. 外出打工者的认识

堂安村外出打工人员的思想观念有着与众不同之处，他们时刻想着回"家"，甚至农忙时请假回家帮助父母，这一思想观念的形成源于多种因素，比如传统"孝"观念的影响、与朋友和亲人团聚的渴望以及在外务工受到束缚的驱动。

我是 2008 年下半年初中毕业后外出打工的。2014 年返乡开粉店。

---

① 2015 年 1 月 7 日，孙兆霞访谈村支书。

② 2014 年 3 月，刘童访谈多个老人关于田、水的管理。

2008 年下半年去广东佛山打过工，2008 年到 2014 年来来回回，有一段时间外面打工，有时候就回来，2014 年以后就没出去了。我去广东是因为看到比我早几届的人出去了，毕业后就跟着他们一起出去了。现在不想出去就是感觉在人家手底下干活不爽，不自由的那种感觉。我觉得家里面还是要轻松一点。出去打工什么都不会，进厂里面工资又不高，一天下来 10 多个小时都在一个地方。和外面比，在家里面就舒服一点。在家如果暑假的话，一个月能挣个两三万。像我们这一辈的人还会（种田），可能到我小孩就不会了。如果比较近的田不种，隔壁邻居会说的。说你懒还是什么，就是说好好的田，你荒废了就不种。之前也有人一直在广东，不种田，后来就被人家说了很多闲话，比如说你不种的话，就给别人种。亲戚朋友隔壁邻居他们会去种点东西，不种水稻的话，可以种一些洋芋之类的农作物，让他们去管。①

2012 年、2013 年的时候，一天晚上下班坐地铁，身上脏了。有个乘客就说："好臭好脏"。我说："没有我们臭，你能住上这个高楼吗？"她立马脸红了。也有一次，我坐在地铁的地上，有个女生很有礼貌地叫我坐到座位上，旁边男的（他也是打工的）说我只能坐地上，坐在位置上会弄脏。那个女生还是很有礼貌地叫他挪一挪，叫我坐在那儿，她说"知道你们农民工上班累了，坐得好一点，坐到位置来"。只能说有的人好，有的人不好。我在外面打了 20 多年工了，出去一辈子，还是家里面温暖，家里面好。你出去没有家的感觉，都是被人叫农民工。像我们（村）有出去当大老板的，还有出去在外面买房了，还有在家里的，不管如何都要把房子搞好，人家不都这样说落叶归根嘛，是不是？②

2. 在家老人的坚守

2015 年就满 52 岁的 YWY 在 20 世纪 70 年代就开始做小生意了，他说："我家有三亩田，饭是够吃了，喂头猪，养个牛，但没有钱，经济上没有什

---

① 2021 年 4 月 27 日，曾芸访谈田园客栈老板 LAJ。
② 2021 年 4 月 27 日，曾芸访谈观景梯田客栈老板 LHL。

么收入，就有点困难。我想去黎平打工，把家里的经济给补起来。当时我和我哥把家里的一头牛卖了，去肇兴开了一个饭店，不到一年就失败了，后来我又去当了几年的水泥工，还去湖南拉橘子来我们这边卖，买了三轮车来拉客赶场等。"① YWY 经过近二三十年的打拼，现在成为堂安村经济条件较好的一户，新建了房子，拉客也是偶尔才去。他有一子一女，儿子与媳妇在深圳打工，儿子目前在一家房产公司，月工资上万元，媳妇也有五六千元，他们会每季度寄钱回来给父母。但是即便是像 YWY 儿子、媳妇月薪不低的人群，他们也不想在城市里面生活。他说："我儿子他们到老了肯定要回来，他不在那里一辈子。他们说自己的兄弟、亲戚、朋友都在老家，他们两人不习惯，所以都想回来，现在还年轻可以奋战，到老了就干不了了。"② 然而，就算是 YWY 家这样，自己在年轻时代就给家庭打下良好基础，儿子与媳妇有着较高收入的家庭，只有他们老两口在家，他们依然要自己种田，他说："我们是不会把田租给别人，然后去买米吃的。我老婆她不会这样做的，她不愿去别人那儿买，宁愿自己种，累点都不要紧。不愿到别个地方求别人，有的地方他有米都不卖给你，怕受气。我们家前年的谷子都还有，她每年都还要累死累活的去种，没得办法。她就不肯卖掉，她说我种地干活很累的，万一有一年干旱种不了，她就是提前做预防，想得特别远。我们男的就想，我们帮年轻人把田耕好，以后他们没有能力工作了还可以回家种田。"③

梯田对于村民来说意义非凡，村里老支书平时忙于工作，但仍然选择种田。你在外面打工，回家来一颗米都没有，你到头来还是要回家来团圆的。你要是在外面赚钱，你也可以请兄弟来种。但要是把田荒了，人家会说是懒汉家。我们作为农民就要以粮为本，对于我们自己也是有好处的。大家都是自给自足的，要是你拖到一年、两年、三年，你就比人家落后了。要是连地都不种，谁会嫁到他家啊。那个时候我在学校很少搞种田的活路，等我成家以后，我就把地承包下来，不让它荒了，像我现在有工作忙，我都要把地种

---

① 2015 年 1 月 10 日，孙兆霞访谈 YWY

② 2015 年 1 月 10 日，孙兆霞访谈 YWY。

③ 2015 年 1 月 10 日，孙兆霞访谈 YWY。

下去。①

3. 梯田对于家户及外出者的意义

堂安田地抛荒的情况很少出现，因为村民认为田不仅是财富的象征，更是整个家族的家产，背弃田地意味着背弃祖宗。因此，村民不会轻易抛荒，除非田地过远不易耕种或是家里实在缺乏劳动力。

> 有的人赚钱了会在县城买房，但是不会丢掉这边的房子和田，根还在这里，还是会回来的。去外面生活会有风险，在这里会过得心安，不用担心没有饭吃，虽然艰苦，但还是可以生存下去。所以，一般出去了，也不会把这里的家丢掉。②

> 我爸妈比我们还忙，他们一直在外面承包工地，带我们村里面的那些小工、大工出去，我妈负责给他们做饭。农业时节，不管再忙，我爸晚上也会回来去种地。没办法，不种别人就会在那里碎碎念，觉得种田是一代一代传下来的，为什么到你这里你就守不住了，你们家以后是不是要绝种了还是什么，就会有这种说法。所以，我家现在的两亩地都是我爸妈在种，其实只是做这些的话挣不到钱，可能平均下来一天一两块钱都没有。因为米不值什么钱，而且我们这边只能种一季又不能种两季，它的产量也不是那么高，而且干活非常累。但是又不能把田荒了，因为觉得荒了之后村里面要讲的，就说你看他家人，有田也不去种，好懒，就是这个样子。所以，他们种田不是为了挣钱，也不是为了有饭吃，他们就是为了挣面子，就是为了不让别人说闲话，我们这边非常好面子。所以像我爸每年都还是被我妈拉去插秧、打谷子，没办法的事情。③

（三）家户与村落共同体的关系构建

基于"同族"血缘关系和"同组"地缘关系，构成了"家"联合体。

---

① 2013 年 4 月 1 日，孙兆霞、陈志永等访谈老支书。
② 2013 年 9 月 30 日，刘婷访谈芦笙师傅 L。
③ 2021 年 4 月 24 日，曾芸访谈 XL。

在开村、开田、耕种、分组、修路和分水等行动中，形成了堂安均质的社会结构和"家"的观念，共同塑造了村落共同体。

1. 以梯田追溯历史的"家"观念及凝聚力形成

家长是"家"的精神存续和发展的中心。种田的技术对一个家庭来说至关重要，比如是谁来主持种田，什么时候该插秧，什么时候该做什么，堂安村民自有一套权威体系。潘爷爷说：

> 如何种田，一个家庭里面由最年长的男性来主持，通常是爷爷。比如我爸爸有三兄弟，这个家就由爷爷说，过了十五以后开春了，要开始种田了，有肥料的就安排挑农家肥了，爷爷就告诉老爸，老爸就告诉我们三个，该挑肥的就挑肥，有水田的就得扛锄头去把稻草梗翻过来，有旱田的就得去看沟里有水来没有。爷爷下不了地了就会提醒老爸，现在我下不了地了，我就告诉你们每一个季节该干什么，春天该挑肥了，我只能告诉你们。①

在堂安村，每个人都会种田，在孩童时代就开始受家庭的耳濡目染。

> 潘爷爷说："比如小孩 10 岁了就喜欢跟着老人到山上去，有的老人就随他，十几岁一般是去砍柴，给他慢慢地习惯，这样就带起来了，有的十几岁就开始种田了，这是要慢慢学。"要是孙子长到 18 岁这个时候还不会种地种田的话，别人家的有些到 18 岁就成为主要劳动力了，有的时候还由他来安排，这个家什么时候该干什么，你家孩子 18 岁还不会种地，别人就会说你这个父母不会教孩子，你看人家 18 岁已经成为主要劳动力了，基本上都会说父母，还有会说小孩的，但是主要还是说父母。②

---

① 2015 年 1 月 10 日，孙兆霞、曾芸访谈 PZC。
② 2015 年 1 月 10 日，孙兆霞、曾芸访谈 PZC。

考虑到开田过程的艰辛，以及抛荒后会影响到周边田地的耕作，村民们不会轻易丢弃田地，而是将开田技术、耕作知识传承下去。由此，考量一个村落共同体社会是否存在，除了观其外在形式外，还要关注其文化生态、社会组织、信仰体系以及构成村落的"家"的完整性。① 梯田作为一份家业，显现了家庭的生命历程，其必然是超历史的。

2. 标志性梯田的感召作用

在堂安，有一丘被称为"梯田长城"的百年梯田，是清光绪年间一位叫潘传大的弃职鬼师花 12 年营造而成的。造田期间，其长居山中，吃住不离，竟 12 年心力运土垒石，终成其田。这段充满传奇的梯田，长约 150 米，宽约 5 米，其石砌的围坎最低处仅 1.5 米，最高处却达到了 5 米，在这一个土地贫瘠的山脊，如同一道丰碑屹立山间，向世人展示着侗族人民精深的稻作文化，以及面对恶劣生存环境时不屈的奋斗精神。

> 早期，工具缺乏，修建梯田全靠人力，过程十分艰辛，但老人依然坚持不懈，一是为了有饭吃，二是为了给后代留下宝贵的家业。我们这里有个长城梯田，在上面，是以前的一个老人用人力来造的。那时候我们这里什么都没有，工具什么的都没有，都是用人工来搞上去，他搞那个田搞了 12 年，那个老人很有力，两块很大的石头，他用肩挑。那时候要种这个一亩三分地，才有得吃。②

村里广泛流传的说法是修建该梯田一共花了 12 年时间，但也有人提到，不仅仅是 12 年。"大堡坎不可能用 12 年盖起来的，因为修堡坎，农闲的时候，机械化式的要 5 年修完，非机械化的不可能 12 年修完。留金留银不如留块地，修一个大大的梯田，用侗语说叫 ya pang，他就开始选址，一点点砌，在山上搭一个棚子，冬天别人做客欢呼，他还在山上找石头。大石头不要别人帮忙，自己想办法，大石头敲成小石头，自己扛。直到 80 多岁临死

---

① 李晶：《稻作传统与社会延续》，生活·读书·新知三联书店，2019，第 146 页。
② 2021 年 4 月 27 日，曾芸访谈观景梯田客栈老板 LHL。

前才完工。"①

3. 同质性家庭基础的衡量标准

堂安耆老告之,祖先造田时,起先周围的山脊被造完了,就去寨子对面的山脊接着造。每年收完秋稻后,寨里的男人们三五成群、相互邀约,或肩或扛、齐备造田工具至寨对面山脊造田,其间吃住皆在山中,待到春节临近,闻得寨中传来霍霍杀猪声,男人们才一起停工返家过年。积数年、甚至数十年累土育田之功,造出的几层梯田方得肥力,才可耕种收获。堂安寨子周围那一片布满山脊水汪汪的肥沃梯田,计200余丘,虽然只合数十亩,但耗费了数个家族数代人的"移山心力"。故堂安一片片梯田其土质的好坏、水源的大小、石块的硬脆、温差、海拔、向阳方位等资源与环境知识,及其"存乎一心"的运用智慧,皆是全体村人世世代代的共同传承和创造,并生生不息地衍生的。

在堂安流行着很多当时人们废寝忘食地开挖水田的故事。提及此事,潘爷爷回忆道:

> "小时候,我大点,是我来照顾弟弟妹妹,到了晚上我背着他们来到鼓楼,一边在鼓楼烤火,一边听我曾祖母说以前的人是如何开田的。我还记得我曾祖母这样感叹:很可惜那么好的地方怎么舍得回来,那些人一开就忘记了时间。人们农忙过后就去开田,那里又宽又好开田,也有水源,在家里面的小孩又多,就不顾了,有时候半夜醒来了也去开,开完这里发现那里又有水源了就去开,半夜三更醒来都会去开田,不记得日子了,一直开到过年听到有杀猪的声音了,人家说你还在外面开田,都过年了,就回来过年了。"②

堂安一组的嬴组长,提及开田故事,也娓娓道来:

---

① 2013年9月29日,曾芸访谈ZQW、PXZ。
② 2015年1月10日,孙兆霞、曾芸访谈PZC。

"那时候老人家不会去广州打工，打起谷子就修田，有时候都会忘记回家过年。过年要杀猪，修田就修忘记了。修田的地方也没什么油、菜，盐巴有一点。那时一般过年才杀猪只要听到村里的声声猪叫，就说恐怕是要过年了，会忘记过年。他们修田是一个人去，不是一伙去，我想修这丘田就我自己去修，不是群伙去搞。有儿孙的就带着去，反正那里有好修的，就去修，那时候土地也不归哪一个，谁修的就归谁。修一丘田的时间按照大小来分，比如修一丘田，要花几年。老人说，那时候都不是用扁担担，都是用撮箕来装泥巴。我在这里把这丘田修了，也不会说这一片都是我的了，我就占着不让你们修。这么霸道就修不了这么多田，他修不动嘛，像一组的田，你一个人要修几辈才修得完。"①

由于堂安环境险峻、资源有限，所以每家能够开垦的梯田是十分有限的，这也使得堂安呈现出均质的社会结构。然而，每个家庭缺少独立经营农业生产的条件，人从自然界获得生活资料，为维系"家"的再生产，不得不与其他家庭结成共同关系和生产组织，开展稻作生产合作。

本章小结

作为一种具有高度社区黏性的活态复合性遗产，堂安梯田不仅维系了自然生态的平衡，也支撑了当地独特的社会结构和文化系统，其最显著的特点是与人们的生产、生活融为一体。② 如果梯田荒芜，那么堂安的农业文化遗产保护也就失去了存在的价值。之所以如此强调像堂安一样的传统村落存在的意义，就在于其是农耕时代的见证，是经由当地人生产和生活实践而形成的文化、情感和意义体系，在人们的社会记忆和身份认同中起着关键的作用。由此，记录村民的生活形态和那些行将消逝的农耕记忆，成为堂安研究

---

① 2015 年 1 月 9 日，孙兆霞访谈一组组长 YWK。

② 苏明明，杨伦，何思源：《农业文化遗产地旅游发展与社区参与路径》，《旅游学刊》2022 年第 6 期。

的重点。① 堂安村民在长期的生产生活中形成了许多宝贵的文化表述，这些关于自然的地方性知识赋予了发展的"想象力"，同时也成为当下经济方式转型的重要基础。例如，以梯田为主体的地名知识，体现了侗族同胞的社会记忆。借由地名的知识和记忆，能够重构乡土社会有价值的认知。②

110 年前，美国农业部的土壤学家金来到中国、韩国和日本，回去撰写了《四千年农夫：中国、朝鲜和日本的永续农业》，其中对东亚农耕传统精细的传统知识与完善的农业生产和水土资源管理的本土知识、适应性技术非常惊讶。③ 与《四千年农夫：中国、朝鲜和日本的永续农业》中所刻画的东亚农耕社会一样，堂安正是当下难以寻找的农耕社会内在型构的典型。从宏观层面来看，村庄与耕地、水源形成合理布局。"沟长"解决水资源如何合理地分配到每家田块，村寨坐落于山腰、背靠森林，形成"森林—梯田—村落—水系"四位一体的生态系统。微观层面来看，农户家庭一直延续着对土地经营的传统，即使在当下，堂安抛荒田地现象仍然较少，不断地致力于传统技艺、农业生计手段、新技术在地化的适应与创新。

随着生态文明和乡村振新战略的推进，堂安作为一种"社会—经济—自然"的复合生态系统，不仅有利于土地的利用和保护、生物多样性的保育和生态环境的修复，还有利于传统农耕文化的保存和延续，以及维持社会的发展与稳定。目前，旅游发展带来的生计水平提升尚不足以满足村民追求美好生活的需求，尤其是受新冠疫情影响，将旅游发展带来的回流人员再次推出，引发社区再次空心化的风险。④ 由此，发现梯田社会的多元价值和功能，是重新认识农业文化遗产的关键，更重要的是其所呈现出的"村庄主体性"在村庄再次"空壳化"的今天有着"标本"的意义，在地化的生计拓展可理解为堂安村与城市结构化互动的时代演进。

---

① 孙庆忠：《本土知识的发掘与农业文化遗产保护》，《世界遗产》2015 年第 10 期。
② 胡正恒，余光弘：《兰屿的地名：兰屿地志资料库介绍》，《民族学研究所资料汇编》，中央研究院民族学研究所，2007，第 20、185～244 页。
③ 富兰克林.H.金：《四千年农夫：中国、朝鲜和日本的永续农业》，程存旺、石嫣译，东方出版社，2017。
④ 苏明明，杨伦，何思源：《农业文化遗产地旅游发展与社区参与路径》，《旅游学刊》2022 年第 6 期。

第三章　梯田社会的物态标识
及其文化意涵

当观察堂安的视角从层层叠叠的梯田转移到村寨时，以高耸入云的鼓楼为中心向周边扩散的空间布局①便清晰地呈现出来：以鼓楼、鼓楼坪、戏楼、萨岁坛等具有一定象征意义的精神空间作为村落的核心；中间一层是以"干栏楼"住宅和生产生活设施构成的居住生活空间；最外一层是梯田等劳作区域以及环绕村庄的山林。究竟应该如何理解这种"同心圆式"的空间布局呢？学术界对于空间问题的研究广泛，形成了不同的理论取向，其中最有代表性的有三种观点：一是把空间看作物质环境，二是把空间看作差异性，三是把空间看作社会的空间性。② 与哲学上强调空间的"本体论"特征不同，社会学、人类学对"空间"概念的理解更加强调空间的文化意义以及空间建构的社会文化特征。社会学家涂尔干首次使用了"社会空间"概念，他认为社会空间产生于集体生活，社会文化结构差异形塑了社会空间划分③；而莫斯通过对比因纽特人生活的地域空间和社会生活之间的关系，指出不同的空间形态决定着其不同的社会生活方式。④ 而按照后现代主义的社会空间

---

① 宁晓芳：《侗寨堂安村民居改造研究》，硕士学位论文，山东工艺美术学院，2017，第10页。

② Simonsen, Kirsten. "What Kind of Space in What Kind of Social Theory?" *Progress in Human Geography* 20, No. 4 (1996): 494–512; Urry, John. *The Tourist Gaze: Leisure and Travel in Contemporary Societies*. London: Sage, 1990.

③ 参见埃米尔·涂尔干《社会分工论》，渠东译，生活·读书·新知三联书店，2013；埃米尔·涂尔干：《宗教生活的基本形式》，渠东、汲喆译，上海人民出版社，1999。

④ 王晓磊：《"社会空间"的概念界说与本质特征》，《理论与现代化》2010年第1期，第50页。

观，空间作为人类实践活动的产物，是社会关系和意义的组合，其中充斥着各种利益、权力和矛盾。①

　　本章借鉴后现代主义的社会空间观，将堂安的村寨布局视为"社会建构"的结果；在具体的分析策略上，抓住构建、表征、界分社会空间的"物态标识"，特别是侗族梯田社会"标志性文化"的有机组成部分，探讨"物与物""物与人""人与人"之间的社会关联，剖析这些社会关联背后的文化意涵。在此基础上，本章旨在指明，鼓楼、萨岁坛、"瓢儿井""干栏楼"、花桥、寨门等物态标识如何融入梯田社会的整个"象征体系"，构建起贯通"二分空间"（世俗与神圣空间）、聚合"三生空间"（生产、生活、生态空间）的立体社会空间，成为村落共同体不可或缺的一部分。

第一节　梯田社会的核心标识：鼓楼

　　如果说梯田是物的生产智慧与社会互嵌的结构性表达的话，那么作为另一个物质文化遗产标识的鼓楼，则可直接表达堂安梯田社会的社会本质及特征。② 无论是有关侗族的历史文献还是堂安村民的口述访谈，均将鼓楼作为侗寨的核心。在侗语中，对鼓楼的称呼有好几个名称，最先称为"共"，与鸟巢同；继而称为"百"，堆垒之意；其后称为"塘瓦"，公房之意；再后来才称为"楼"或"鼓楼"。③ 而堂安村民们用"蜜蜂的窝""大会堂""大堂""汉族的塔""汉族的庙"等形象化的比喻④来形容自己心目中的鼓楼，由此可见鼓楼在整个村寨中的特殊地位。在侗族人的眼里，鼓楼被视为全寨的政治、经济和文化的中心，是整个村寨空间构成的灵魂。⑤ 作为梯田社会核心标识的鼓楼，其建筑与艺术特征十分鲜明地彰显出鼓楼的象征意义；其

---

①　林聚任：《论空间的社会性——一个理论议题的探讨》，《开放时代》2015 年第 6 期。
②　孙兆霞、曾芸、卯丹：《梯田社会及其遗产价值——以贵州堂安侗寨为例》，《中国农业大学学报》（社会科学版）2015 年第 6 期，第 63 页。
③　吴浩主编《中国侗族村寨文化》，民族出版社，2004，第 468 页。
④　这些比喻均是课题组在实地调研期间根据堂安村民的叙述进行的记录和整理。
⑤　贵州省民族事务委员会、贵州省民族研究所编《贵州"六山六水"民族调查资料选编（侗族卷）》，贵州民族出版社，2008，第 291 页。

选址与修建过程体现为村落共同体集体决策、集体行动；而其功能与作用发挥更是"个人—家庭与家族—村寨"所构成的"三维"立体社会空间的实践表征。

一　鼓楼的构造与象征意义

如果第一次走进堂安，很容易被高耸直立、庄严肃穆的鼓楼所吸引。作为侗族地区特有的一种民族建筑，鼓楼以杉木凿榫衔接，四根中柱（有的鼓楼仅为一根顶梁柱）拔地凌空，排枋纵横交错，上下吻合，采用杠杆原理，层层支撑而上，通体全是木质结构，不用一钉一铆，但结构严密坚固，可达数百年不朽不斜。鼓楼的建筑与艺术特征，跟它的象征意义密不可分。

（一）鼓楼的建筑与艺术特征

堂安的鼓楼结构极为复杂，是四方形九层檐攒尖顶穿斗式木构建筑。从立面结构上看，鼓楼由楼脚、楼身和楼顶组成。

楼脚为楼基到一层封檐板的部分。鼓楼一层为厅堂式结构，占地面积百余平方米。鼓楼的主架是四根中柱，中间四根中柱围合的内正方形与十二根檐柱围合的外正方形组合成"回"字形，中心设八边形火塘。四根中柱以及西侧中间两根边柱的柱础通过四条长板凳相连，东侧中间两根边柱中间放着"公告栏"的架子。一层到八层的中柱与中柱之间，内侧凿槽眼穿枋，第一层四根穿枋上分侧刻有"物华天宝""人杰地灵""老安少怀""男康女泰"字样，期望堂安村物产丰富、老者可以安居、少者衣食无忧。正面中间两根檐柱外侧题有"联建宝楼千秋强盛，安兴玉阁万代荣昌"，檐柱内侧又题有"塘坊坛塔址地墈，安宫寰宇窨宗骞"，题字上联均含"土字旁"，下联皆有"宝盖头"，寓意堂安村民在此地可安居乐业。

鼓楼建造的主体结构是第一层到第八层楼檐中间的位置。一层檐的封檐板上彩绘有侗寨接亲场面；二层檐中间凹进去的壁板上彩绘多种水生动物，如螃蟹、乌龟、虾、鱼等，前方以"双龙夺宝"装饰；其他各层的封檐板上均有优美的彩绘图案——侗族村落、田园乡村、飞禽走兽、树木花草。楼檐层叠，外檐向上逐层收分，翼角高翘，立面规整对称。颜色质朴，垫瓦、檐板呈白色，与青灰色瓦对映交辉。

第八层以上部分为楼顶。楼顶屋檐下与楼身顶端设四方棂窗形成"楼颈"，施以锗色，中间嵌有一个铜钱；棂窗之上置五排"蜜蜂窝"状的如意斗拱，逐层挑出，涂以褚红色。菊花檐建于斗拱之上，托着四角攒尖屋顶，覆盖小青瓦，顶盖上竖细长椀杆，以垒叠"葫芦"造型装饰。① （见图 3-1）

图 3-1　堂安的九层鼓楼（2021 年 4 月拍摄）

　　从堂安鼓楼的建筑、文字和彩绘等方面，很容易感受到鼓楼作为侗族文化核心的原因，甚至有学者将鼓楼称为"侗族人民的空间语言"②。与此同时，这些构造特征又表明堂安多民族文化交融的特点。侗族被视为"只有语言没有文字的民族"，但是中柱、立柱和穿枋上的对联、文字却表明侗族文化已经被汉文字深深浸润；鼓楼二层檐中间壁板上"双龙夺宝"的彩绘，体现出侗族对于"龙图腾"的接纳与认同；四根中柱、十二根檐柱又与"春夏秋冬"四季、一年十二个月与十二地支精准"巧合"，再加上蜂窝象

① 宁晓芳：《侗寨堂安村民居改造研究》，硕士学位论文，山东工艺美术学院，2017，第 15～16 页。
② 潘年英：《侗族人民的空间语言——论鼓楼的社会功能和美学意义》，《贵州社会科学》1985年第 5 期。

征多子多福的寓意，虽然这些文化特征难以一一完全对应，但至少表明侗族与其他民族特别是汉族共享的文化元素。这一切均表明，理解梯田社会时，不能因为其地理位置偏僻、交通不便、侗族聚居就将其视为独立、封闭、单一的社会形态，而应将其置于多民族文化互融互通的历史背景中来把握其当下的文化特点。

（二）鼓楼的象征意义

站在梯田远眺村寨，最显眼的莫过于巍峨的鼓楼。而在高高的鼓楼旁边，则是祭拜萨玛的萨岁坛，供奉土地公的土地庙，年节表演侗戏的戏台，泉水甘甜、可以直接饮用的瓢儿井以及兼具消防与生活功能的两个水塘。鼓楼坪占地 120 平方米，均用石板铺设。鼓楼及其周边既是欣赏梯田风景的风水宝地，又是堂安村民共享的公共设施和公共空间，村庄中最重要的文化事项均围绕鼓楼展开。要理解鼓楼的象征意义，必须要从"为什么要建鼓楼"这个问题入手。

寨老们对于这个问题的回答，为理解鼓楼在梯田社会的文化地位与象征意义提供了最直接、最确凿的证据。

> "我们的鼓楼为什么要建？就是为了保这个寨子。就像水田里面中间有个鱼窝，水田里没水就干下去了，但鱼窝那个地方稍微深一点，小鱼小虾都可以到那个地方去生存。所以建了这个（鼓楼）之后，不管发生什么事情，我们都可以到那里（鼓楼）去避难。就这个意思。"[1]

> "老人把鼓楼比喻成一丘水田，里面有很多鱼，到冬天鱼生了病，就把稻草围成像鼓楼一样的东西，让鱼在那里过冬，有稻草的地方在最中间。所以老人这样想：我们村寨就像小鱼一样，得有个地方祭祀、开会、躲避风雨，所以修了鼓楼。修建鼓楼是全民参与的，不会木匠，你就抬木头，你会干什么就干什么。"[2]

---

[1] 2013 年 3 月 15 日，刘童访谈 LJG。
[2] 2014 年 3 月 15 日，刘童访谈 YGS

也有村民将"鼓楼"跟汉族社会的"钟鼓楼"进行对照性理解。

　　"旧社会军阀混战经常闹，（需要）防火防爆啊这些东西，所以一有事就去敲（鼓楼上）那个大鼓，鼓有几种敲法，比如火警就敲一种，盗窃方面敲一种，土匪进寨了敲一种，村与村打架也敲一种。村里面听见鼓声，有土匪进寨了，哪个地方出了火灾了，村与村打架了要到那里议事，这就是鼓楼。"①

　　无论村民把鼓楼比喻成水田中间的"鱼窝"还是"水田"本身，鼓楼是全寨村民心中的"家"这一点是确定无疑的，选址并修建鼓楼，就是修建村民心灵的栖居之所，就是构建定居于此的村民的精神家园。既有研究也印证了这一判断：鼓楼在侗族人民的心中，是族徽，是寨胆，是凝聚力，是亲和力，是太阳，是月亮。因此，侗族人民世世代代，把鼓楼看得很重很重。② 还有学者总结出侗族建立寨子的四条原则：风水的原则、鼓楼中心的原则、生态的原则、血缘纽带的原则，并认为鼓楼中心的原则表明侗族对文化和社会生命的重视。"南侗地区的侗寨的一个最鲜明标志就是村寨或大或小，都要有鼓楼的安立，鼓楼是一个寨子的中心，其他建筑围绕着鼓楼层层辐射开来，一户户人家的小木房如众星捧月般地拱护着鼓楼。寨子中一切最重要的公共事务都在这里举行。鼓楼是村寨聚落的最核心的公共空间。"③

二　鼓楼的修建与"全民参与"

　　鼓楼在堂安的核心地位，既可以从静态的构造及其象征意义来理解，又可以从鼓楼的选址与修建这些"集体行动"的过程中进行动态分析。据村民介绍，堂安鼓楼始建于清朝，后因火灾等原因多次维修，并于20世纪80年代全村火灾后重新选址修建。鼓楼现在的位置并非旧址，而是通过风水先

---

① 2014 年 3 月 15 日，刘童访谈导游 LW。
② 吴浩主编《中国侗族村寨文化》，民族出版社，2004，第 475～476 页。
③ 贵州省文化厅编《图像人类学视野中的贵州侗族鼓楼》，贵州人民出版社，2002，第 32～39 页。

生勘察、全体村民同意后重新确定的村庄核心；鼓楼的修建不仅仅是整个堂安村寨的大事，也是所有家庭、房族共同参与的公事。鼓楼的选址与修建过程，清晰地呈现出鼓楼的神圣性、公共性特征。

（一）鼓楼选址与移址

鼓楼建在什么位置，要先从梯田社会赖以存在的自然资源——泉水讲起。堂安的一位寨老解释了鼓楼要建在当前位置的原因。"这里是全村的中心，而且还有泉水，所以要建在这里。曾经听老人言，自从有这个寨子就有这个泉水，以前泉水是用一根竹子引出来的。在鼓楼这里可以休息，而且还方便休息的时候喝水。有些地方的泉水，有些年头后水可能会有些变味，但是这里的泉水从（祖先）他们出生到现在一直都是这样的，没有变化，而且泉水是冬暖夏凉。"[1] 寨老对鼓楼修建位置的解释，又跟堂安村寨出现的集体记忆紧密联系在一起。"原来这里有很多大树，都是原始森林，厦格的几户村民发现鹅没有回家，就找到这里（指堂安），发现鹅在这里下蛋，又发现这个地方有口泉水；也有人说是找野菜，发现这里有盐菜，然后住在下面（厦格）的一部分人就搬上来了，就像我们老潘家就是从下面的寨子来的。"[2] 于是，鼓楼的选址就与村寨的起源具有共通之处：因为发现了新的泉水。在此意义上，泉水灌溉了梯田并确立了鼓楼位置，堂安的生产空间与生活空间便连通起来。

而堂安鼓楼的"移址"，正是因为原鼓楼被烧毁、村寨扩大而产生的需求。"那时候因为居住的人口较少，当初鼓楼建在 LGC 老人家的对面的池塘那个位置，从厦格搬过来之后就围着那个地方（老鼓楼的位置）住。原来在那里修建的不是像现在这样的鼓楼，只是搭了一个棚子，侗话叫"dāng wá"，就是话堂的意思，现在很多侗寨还有这种雏形，它是聚集的地方，但又不像鼓楼那样宏伟，抬四根柱子修一个话堂，大家都搬去那里住，老人家就集中在那里聊天、打牌。以前堂安村民比较少，进来只有 18 户人家，被

---

① 2013 年 9 月 29 日，曾芸访谈 PZC。
② 2013 年 9 月 29 日，曾芸访谈 PZC。

烧了之后才重建的。① 我们开始是在（上面）池塘那里建了鼓楼，但是发现这个池塘离井水有点远，这里（指现在的选址）又在寨子的中间，所以就在这里建了鼓楼。"②

　　如果从鼓楼选址、移址与其他建筑选址的关联、鼓楼的象征意义同村民的内心与精神层面的关联来理解鼓楼的选址，会有更丰富的理解。与鼓楼紧挨着的是"萨岁坛"，里面供奉着保佑侗族村寨平安、人畜兴旺、五谷丰登的灵验女神——萨玛。③ 但萨玛有时候会离开，给整个村寨带来灾难：村寨会出现半夜鸡叫，人病畜瘟，五谷失收，还遭水灾、旱灾、火灾等。④ 为了留住萨玛，堂安村民首先要建造萨岁坛来供奉，每个月都会敬香敬茶及各种食物，以此来"留住"萨玛。"萨岁坛应该很早就有了，比话堂早，'未建寨，先立楼，先敬萨神'，因为萨神保佑村民的生活，所以修建萨岁坛比鼓楼还要早。鼓楼可能晚一点，因为大家找到个聚居的地方，大家都认为是中心的地方才可以建鼓楼。"⑤

　　而鼓楼及其周边建筑，正是为了配合萨岁坛的兴建、留住萨玛而存在的。在鼓楼举行的踩歌堂，全村男女老少唱歌、跳舞、聚餐，以及戏台上表演的侗戏，均可以取悦萨神。"我们每年正月初八，要接她（指萨玛）出来在鼓楼搞娱乐，因为她喜欢。有吹芦笙的乐队、老人、姑娘们，以前都穿民族服装在那儿等着。管理萨神的老人就去请萨神，要先给她上茶，然后上酒，再上肉。等她吃饱了，就接出来到鼓楼搞娱乐，姑娘、腊汉、老人、男男女女都穿漂亮的衣服，她喜欢搞娱乐，就会很开心。"⑥ 而鼓楼坪上的两个水塘，除了具有防火消防池的功能外，也可以让萨玛"洗头"；每年八月十五举行的斗牛比赛，也是为了"怡神悦人"。堂安鼓楼中的欢歌笑语、聚餐议事，均在萨玛的"眼皮底下"进行，以鼓楼为中心的鼓楼坪也就具有了打通世俗与神圣空间的特殊意义。

----

① 2014 年 3 月 15 日，刘童访谈 LJP 与 ZQW。

② 2014 年 3 月 15 日，刘童访谈 LJG。

③ 关于侗族"萨"文化的讨论，详见第五章第一节。

④ 刘芝凤：《中国侗族民俗与稻作文化》，人民出版社，1999，第 51 页。

⑤ 2014 年 3 月 20 日，刘童访谈 ZQW。

⑥ 2015 年 1 月 12 日，卯丹、曾芸访谈 PZC。

（二）鼓楼设计与修建

堂安现在的鼓楼是 20 世纪 80 年代火灾之后重新修建的。与之前简陋的"话堂"不同，当前的鼓楼高九层，以四根粗大的杉木做主承柱，用穿枋连接成一个长筒形的内柱环，俗称"圈档独"，意为"牲畜圈"式的构建方式；再利用逐层内收的梁、枋和檐、瓜柱支撑层层挑出的层檐，构成横穿直套、互相依扯的柱、枋和檐。檐柱为十二根，用穿枋连接构成鼓楼升高，起到了突出表现冠冕的作用。① 建造结构如此复杂的鼓楼，既需要有经验、有技术的木工师傅，也离不开全村寨的物质、资金和人力支持。鼓楼修建的整个过程，是以寨老为组织者、木匠和青壮年劳动力为实施者、全体村民为参与者的村庄公共事务的展现过程。同时，对于修建鼓楼这样的"村庄大事"，与堂安村民有亲属关系，堂安周边的厦格村、上地坪村等，都要在鼓楼建成的那天送礼物祝贺。

堂安寨老详细讲述了村寨鼓楼被火灾烧毁及重修的历史。修建鼓楼的时间，按我们老人的讲法应该在七八十年以上了。以前这个位置没有鼓楼，修建第二个鼓楼的时间大概是 1921 年，那时候我们还没有出生。1950 年代有零星的火灾，但 1960 年的火灾把整个堂安全毁了，鼓楼也没了。到 1978 年我们才想重新建鼓楼，1981 年彻底完工。鼓楼一共加了三次，从五层到七层，最后到九层。②

以前堂安的鼓楼是五层，是我们寨老组织修建的。后来重新设计，搞了九层。加高是为了好看，我们男女老少都同意加高，矮了不好看。但是那时候上面没有宝葫芦的攒尖，是有四个角的那种。后来年轻人说看着不够雄伟，搞成攒尖的，串了几个宝葫芦。就因为串了几个宝葫芦，现在年轻人都胜过老人了，年轻人都不听老人的话了。③

从堂安寨老的口述中可以看出，虽然鼓楼历经多次火灾，但每次都会在火灾后重修、重建，可见鼓楼在堂安村民心中的地位。甚至有寨老将"年轻

---

① 贵州省民族事务委员会、贵州省民族研究所编《贵州"六山六水"民族调查资料选编（侗族卷）》，贵州民族出版社，2008，第 291 页。
② 2014 年 3 月 15 日，刘童访谈 LJP。
③ 2014 年 3 月 15 日，刘童访谈 YGS。

人都不听老人的话了"归咎于鼓楼建造的问题，足可以看出鼓楼与村民生活的紧密联系。特别是在"文革"时期，当周边的村庄在"破四旧"、拆鼓楼的时候，堂安村民依然没有破坏鼓楼。"'文革'时期破四旧的时候，周边有些寨子就把鼓楼给拆了。我们那个鼓楼当时没被拆，因为鼓楼层数不高，才五层，又不是尖顶的，而是那种平的，矮一点，不怎么显眼，就没被拆。"① 改革开放后，堂安迅速达成重修鼓楼的共识，寨老、年轻人共同参与，再次说明鼓楼对于堂安村民的象征意义。

　　寨老对于鼓楼修建的讲述，最让人感兴趣就是村寨全体动员参与。首先，修建鼓楼用的石墩、木材、瓦片等建筑材料都是各家族或家庭捐献的，尤其是中间四根主承柱和十二根檐柱，要家族集体捐出。其次，修建鼓楼用的杉木，要靠村里的年轻人集体从后山上抬回来，甚至厦格村的年轻人都会帮忙。修建鼓楼的整个过程，也是村民在木匠师傅的带领下集体完成的。再次，鼓楼建好后要举办盛大的庆祝仪式，不但全体村民要参加，甚至周边村寨的也要送礼或当面祝贺。

　　　　鼓楼中间那四根柱子，都是一个家族一个家族捐献的。外面的柱子也是捐献的，有家族捐献的，也有个人捐献的，看个人能力。下面的石墩也是捐助的，是连着柱子一起捐的。捐献的时候（柱子上）没有写名字，但是大家会口口相传，这个是杨家的，那个是潘家的，大家都知道。以前盖鼓楼，哪个家族捐哪一个柱子是有规定的，哪个家族哪个人捐的（柱子）立在哪里，以后就一直放在这个位置。现在不是，不是说家族大就捐很大的柱子，也不像以前必须放在各自家族规定的位置。比如说你们潘家有很大的柱子，那就捐大的柱子，大的柱子适合放在什么地方就放什么地方。没有任何分配（要求）你们家族必须要出大的或者小的（柱子），都是自觉、自愿捐献的，我有大的我就要捐大的，都是自发的。像我们潘家人要捐一个柱子，那砍谁家的柱子？他们说是

――――――――――――

① 2014 年 3 月 15 日，刘童访谈 YJR。

潘家爷爷的柱子，代表你们家族，都是大家一起去扛回来。①

当时建鼓楼，所有的木材都是抢着捐的，真的抢着捐献木材。不是说我捐了就要我去扛回来，都是三四十岁、力气很大的那些壮年人去抬回来。准备修建鼓楼的时候，都是年轻人组织起来做的，年轻人会一起来问寨老：这鼓楼怎么建？年轻人如果有意见的话，也可以提出来，我们要这样做或者那样做，最后还是由寨老决定。因为寨老没有力气，鼓楼得靠年轻人建起来，但是他们（年轻人）必须得问寨老，寨老会看吉日，这天好我们就在这一天修，所以寨老起到一个决定性的作用。②

修建鼓楼是全民参与，你不会木匠就抬木头，会干什么就干什么，听讲话的人（指木匠师傅）安排。鼓楼起完了之后，村里面的人要庆祝，在鼓楼下面杀猪，如果在正月间就会在鼓楼下面踩歌堂。周边的寨子也要来祝贺的，有的带着歌队过来踩歌堂，他们来一个队伍或者是整个寨子，你要接待。③

（修建鼓楼的）这些柱子、瓦片都是村民自愿捐的，这些对联都是他们送的礼：一对是上地坪④送的；一对是岑吾⑤送的，是在70年代第一次修鼓楼的时候送的，第二次修鼓楼⑥就不用送了。上地坪修鼓楼的时候我们也送他们东西的，也是送对联。这事情好久了，20来年了。送来对联后，大家一起喝酒，寨老代表全村感谢他们。⑦

由以上访谈内容，可以窥探出鼓楼修建整个过程中的全体动员与全民参与。鼓楼修建过程中也会有一些禁忌，如建鼓楼的时候不能出声，家里面有一个儿子的不能参与修建，有两个儿子的只去一个。这些禁忌并非封建迷

---

① 2013年9月29日，曾芸访谈堂安老人。
② 2014年3月15日，刘童访谈LJX。
③ 2014年3月15日，刘童访谈YGS。
④ 上地坪村，即贵州省黔东南州黎平县龙额镇上地坪村，位于堂安侗寨东南，距离堂安公路23.4公里，堂安的"萨玛"就是从上地坪请过去的。
⑤ 岑吾村，即贵州省黔东南州黎平县龙额镇岑吾村，位于堂安侗寨东南，距离公路19.2公里。
⑥ 第二次修，指堂安鼓楼从五层加高到七层。
⑦ 2014年3月15日，刘童访谈WKZ。

信，而是出于对建造鼓楼人员人身安全的保证，出于对独生儿子家庭的关怀。关于修建鼓楼中的"禁忌"更凸显出堂安的村寨共同体特征。"建鼓楼的那天总共有40个人来建，建的时候不能说话，只能吹哨子，不能交谈，只能用手势。如果哪一家只有一个儿子，就不能去建鼓楼，建的那天不能在村子里面，要离远一点，去外面，有两个儿子的就得拿一个儿子帮忙建。建的时间是晚上（凌晨）两点多，小孩都睡着了，其他人都休息了，那时候建就是为了安全起见。为什么不出声音？是因为怕晚上有人抓不稳掉下来，或者说话会分心，绳子断了，横梁掉下来砸到人。为什么只有一个儿子的不能来建？就是担心如果被砸到以后就没有后代了，所以他不来也没有人去说'你不来帮忙'。以前的思想就是担心出事，断了后代，所以只有一个儿子的家庭就不用去了。"①

无论是鼓楼的选址还是修建，均呈现出集体性、公共性、神圣性的特征。特别是在鼓楼修建过程中处理村寨、家族和个人的关系时，家族、个人等相对"私"的部分受到重视但不过分强调，村寨整体的"公"的部分时刻置于第一位，让人看到梯田社会这一小型社会的平权特点。

三　鼓楼的社会功能透视

在回应了"为什么要建鼓楼？""如何建鼓楼？"两个问题后，要想更深入地理解鼓楼在堂安梯田社会的核心地位，还要探讨一个问题："鼓楼有什么社会功能？"关于侗族的民族调查资料将鼓楼的社会功能总结如下：休息娱乐；群众议事；执行规约；击鼓报信；迎宾送客；鼓楼取名；踩堂祭祖；鼓楼葬礼。② 也有研究将鼓楼视为"仪式空间"。"围绕着鼓楼的文化运作都有一个明显的特征：仪式化。通过仪式，鼓楼才介入到日常生活当中，扮演着至高无上的权威的角色。而日常生活因为有鼓楼的介入和临照也突然变得非日常化了。也就是说，它蒙上了神圣的光环。鼓楼的仪式空间使得侗族文

---

① 2015年1月12日，曾芸访谈PZC。
② 贵州省民族事务委员会、贵州省民族研究所编《贵州"六山六水"民族调查资料选编（侗族卷）》，贵州民族出版社，2008，第284~285页。

化社会中的事件、法律、规约、盟誓、交往、艺术、娱乐等都获得了神圣的根源。"①

（一）根据日常用途划分的八项社会功能

课题组根据 2013 年的基线调查，对于鼓楼的社会功能定位如下：鼓楼不仅是侗族村寨的标志，政治文化中心，也是人们劳作休息和娱乐的场所，是当地人公共活动的平台和空间。其用途和功能主要有以下几点。

聚众议事之所：不论是现在还是过去，堂安村凡有大事、要事，获取信息的村民都会闻声而至，集中在鼓楼下议事，如村委会的选举，世行项目的启动仪式，等等。

村民调解纠纷场所：村中凡有纠纷或需要众人帮助调解，当事人可到鼓楼请寨老或村委会仲裁调解。

村寨接待外来宾客之地：村庄凡有喜庆之日、逢年过节，寨与寨之间集体做客，客人进寨后先在鼓楼休息，然后听寨老安排，各户迎客进门设宴款待。

教歌、学歌、唱歌，娱乐之地：堂安村过去歌师教歌，除个别在家教外，大多集中在鼓楼教歌学歌。春节时期的踩歌堂活动也集中于此，热闹非凡。

老年活动中心：堂安侗寨没有专门为老年人建造的活动中心，鼓楼则成为村寨老年人安度晚年、休闲聊天以及传播村中信息的重要场所。老年人主要聚集在鼓楼下或鼓楼前方的鼓楼坪下象棋、打扑克、聊天。部分未外出的年轻人也经常加入老年人队伍，与老年人共同娱乐。娱乐的同时，这也成为老人们给青年人讲述历史，传授生产技术技能的场所。

吹芦笙和存放芦笙的地方：每当逢年过节、踩歌堂、祭萨，村里人都要到鼓楼吹芦笙。节庆过后，芦笙都要封存在鼓楼里。调研组虽未在堂安鼓楼里发现芦笙，但我们前往厦格侗寨时，当地的几个鼓楼里均存放有芦笙。

张贴告示和宣传村规民约的场所：因鼓楼是村庄人口最集中的地方，因此鼓楼周围自然成为张贴告示和宣传村规民约的场所，成为传播信息的重要场所。

---

① 贵州省文化厅编《图像人类学视野中的贵州侗族鼓楼》，贵州人民出版社，2002，第46页。

其他功能：除了上述的作用和功能以外，村中有人过世，抬到鼓楼停放四五个小时，其间由亲戚送礼，当女婿的拿糯米和腌鱼分给参与人员吃。离开鼓楼上山之前，全村人都要出来帮助死亡者家属将死者遗体抬上山，死者的亲戚则为其送终。①

2015 年，课题组又发现鼓楼的一项社会功能：村民去世后变成 Gui 后的栖居之所。堂安村民认为人去世后会变成"四个 Gui"（详见第五章），其中的一个 Gui 会永远留在鼓楼，以一种灵性的方式继续见证、参与村寨的公共生活。

总而言之，鼓楼不仅是堂安村民举行生命仪礼、岁时祭仪之地，亦是跨越时空、阶层、界域而具有综合性、公共性、整合性功能的村庄公共空间。鼓楼不仅是堂安村民农耕社会的"关键象征"② 或者说"标志性文化"③，也是社区社会稳定及建构社会资本的平台。此外，鼓楼还是个人及家庭在日常标志性生活中内嵌于社区打上社会印记的公共场域，从出生的祈福隐喻（祭萨），到成人礼的社区展演和宣誓责任承担，直到终了一生与人世告别的最后一刻，社区参与和社会组织在有序的运转之中。④

（二）根据社会联结划分的三维社会功能

虽然鼓楼的八项社会功能已经概括得较为完整全面，但是这种民俗调查式的表达仍有一定的局限性：鼓楼的各项社会功能，究竟回应了堂安村民们的何种社会需求？这些社会功能相互之间有怎样的内在关联？对鼓楼的八项社会功能，如何形成立体、系统的理解？总结为一个问题：鼓楼如何成为梯田社会的象征，又如何不断地生成构建"村落共同体"的力量？沿着"个体—家庭与家族—村寨"的农村社会构成方式，鼓楼的社会功能可以按个

---

① 关于鼓楼的八大社会功能，参见孙兆霞、毛刚强等《第四只眼：世界银行贷款贵州省文化与自然遗产保护和发展项目（中期）"社区参与工作"评估以及重点社区基线调查》，社会科学文献出版社，2014，第 215 ~ 216 页。

② Ortner, Sherry B. "On Key Symbols." *American Anthropologist* 75, No. 5 (1973): 1338 - 1346.

③ 刘铁梁：《"标志性文化统领式"民俗志的理论与实践》，《北京师范大学学报》（社会科学版）2005 年第 6 期。

④ 孙兆霞、曾芸、卯丹：《梯田社会及其遗产价值——以贵州堂安侗寨为例》，《中国农业大学学报》（社会科学版）2015 年第 6 期。

体、家庭与家族、村寨三个层面重新定位。

个体层面。对于每个堂安村民而言，鼓楼最重要的功能便是让一个侗族孩童从"自然人"变成"社会人"的"社会化"场所。由于鼓楼的神圣性，儿童并不参与鼓楼选址与修建的过程，在建成后也不能随便踩踏鼓楼立柱之间的长凳，更不能参与祭萨和踩歌堂的活动。但是，鼓楼及周边却是儿童走出家门进入社会的便宜之地，也是他们实践并反思个体行动、观察并思考社会活动、习得并内化社会规范的最理想之地。孩童们虽然不能直接参与村庄的公共活动，但可以在鼓楼坪、水塘边嬉戏打闹，可以亲眼看到祭萨与踩歌堂的热闹场面，可以亲耳听到无指挥、无伴奏、自然和声的侗族大歌，青年男女对唱的情歌，以及嘹亮的芦笙调与锣鼓声，也可以目睹偷盗者被抓到后绑在立柱上、在鼓楼经受审讯甚至用板凳夹住"不干净"双手，接受惩罚的场景。所有这些经历，均会沉淀在村寨孩子们的内心而促使他们逐渐理解并适应社会规范，从而从儿童走向成人。在此意义上，鼓楼具有将个体与村寨集体连为一体的功能。除此之外，对于那些初中毕业便外出务工的年轻人而言，过年期间篝火通明的鼓楼、祭萨与踩歌堂等盛大的节庆活动，以及那些围篝火而坐、一起喝酒吃肉、熟悉而又陌生的面孔，会让这些漂泊在外、返乡回家的"游子"重新感受村寨共同体的热闹与温情。2015 年 1 月课题组调研期间，有个打工回来的小伙子，就因为听到一群爷爷和奶奶对歌而激动不已，半夜三更跑到肇兴去买烟买糖献给老人们。由此可以看出，鼓楼是侗寨人继续社会化甚至再社会化的场所。

家庭与家族层面。集体修建的鼓楼本身就是家庭和家族集体参与的最好见证。各家族捐献木料、各家庭投工投劳、全村寨集体庆贺的整个修建过程，将个体、家庭与家族、村寨紧密地联系起来，巍峨气派的鼓楼以物态的方式呈现出家庭富庶、家族兴旺发达的社会事实，并以口口相传的方式不断建构和延续着家族的集体记忆。鼓楼及鼓楼坪为家庭生活提供了多种便利：村民可以在鼓楼休闲放松、到"瓢儿井"取水引用、在水塘边洗菜洗衣。特别是那些老年人，可以在鼓楼打牌、聊天、抽烟，累了就坐在鼓楼的长凳上休息，渴了就接一杯"瓢儿井"的泉水饮用，过年过节的时候还可以围在鼓楼的火塘边欣赏青年男女的歌舞和水塘对面戏楼之上的精彩侗戏。可以说，鼓楼以及鼓楼坪是所有家庭成员休闲娱乐的场所，与家庭功能形成有机互补。此外，鼓楼还是全村人表达对某个家庭中去世老人的哀悼之情、合村寨之力让老人入土为安的仪式空间。老人去世后，本姓氏的家族会帮助老人的家庭共同筹备丧葬仪式，但是老人在入土之前，棺材会被抬到鼓楼，由女婿挑选的师傅念诵，老人的亲戚和村寨里的人会前来拜祭，给老人烧纸。老人的女婿和娘家人给老人烧纸的时候会说"今天你就要走远路了，以后要发财哦"之类的话，女婿和女婿这边的家人要挑三五百斤糯米饭到鼓楼，等大家吃完糯米饭再把老人的棺材抬到坟地安葬。全村年轻力壮的"腊汉"（详见第四章）都会来帮忙抬棺材，这样的集体行动明显跨越了家庭、家族形成的社会区分而具有整合村落共同体的内生力量。

村寨层面。由于鼓楼在梯田社会的特殊地位，鼓楼在村寨层面的社会功能最为集中也最为突出，大致可以总结为四类：集中议事协商；集体仪式与活动；公开教化训诫；对外缔结"款"约。第一，集中议事协商。有村民将鼓楼比作"大会堂"，以寨老和村干部这些村庄精英为主要的组织者，全体村民为参与者，鼓楼成为村民议事与决策的重要场所。虽然堂安建有村委会，但是很多村庄大事仍然在鼓楼中集体讨论表决，甚至专门在鼓楼设置一个"公告栏"，用于公示国家政策与集体决策。如果堂安与其他村寨发生纠纷，寨老们也会首先在鼓楼商量如何进行调解。第二，集体仪式与活动。围绕鼓楼与鼓楼坪展开的各种节庆活动与集体仪式，贯穿梯田社会一年四季。春节期间，鼓楼中间的火塘会燃起火焰，从腊月二十八到正月初八不熄。为了保证鼓楼用柴，村庄中的青年们都要在年前上山砍柴，并有一个人专门负责管理火塘。正月初八，寨老带领村民举行隆重的"祭萨"活动，然后在鼓楼举行"踩歌堂"活动。男女老幼均着盛装，寨老在前，众人列队随后，齐聚鼓楼坪载歌载舞。春节期间，村寨与村寨之间也会进行"月也"，即村寨与村寨之间的集体做客活动。进行集体做客时，主客双方互相邀请歌队唱歌，邀请侗戏班演戏等，主客双方男女歌队（民间称为耶队）在鼓楼坪对唱耶歌，边唱边舞[①]。"三月三""五月五"粽粑节（端午节）、中秋节等农

---

① 吴浩主编《中国侗族村寨文化》，民族出版社，2004，第 488～489 页。

耕节日都会在鼓楼唱侗族大歌；中秋节期间还会在水塘举行斗牛活动，甚至还有村寨之间吹芦笙比赛等活动。第三，公开教化训诫。集中议事、集体仪式与活动，本身也具有教化训诫的功能，但是堂安鼓楼的教化训诫功能更明显地体现在惩戒小偷、张贴村规民约与信息公示、歌师教唱侗族大歌、芦笙师傅制作芦笙、妇女交流侗布制作与刺绣技艺、老人教授生产技能与生命智慧等方面。原来的教化与训诫，往往采用惩罚的方式，如堂安老人回忆有个叫春焕（音译）的人因为偷烟被惩罚的事情。像春焕这个人，曾经偷了人家的烟。因为老人是自己种的烟，知道他偷了烟，然后就把他带到鼓楼去审。那时候我也很小，去看的时候，看到大家就审问他，但他一直都不答应是他做的，所以他们用板凳夹他的手，给他这样的惩罚。偷牛也一样，如果抓到你，你赔得起就放过你，你赔不起就惩罚你。要么用绳子吊起来，要么用板凳夹手，要么用棍子打。① 因为侗族被称为"只有语言没有文字"，一切文化要靠口传心授，因此除了家庭教育外，以鼓楼为中心的公开教化训诫也成为文化传承的重要方式。第四，对外缔结"款"约：鼓楼还是整个村寨与外面的村寨缔结村寨盟约——"款"的理想之地。在遭遇外部入侵、偷盗或者村寨发生火灾的时候，临近的村庄都会主动加入防御、救援队伍。"要是肇兴看到堂安这边打架，就会过来帮忙，我们就像一个家一样，共同对付外人。如果肇兴发生火灾，堂安和厦格都不会自己只管自己，直到现在政府一个电话（通知火灾发生）就得去（救火）了。像救火这个事，没有电话也会主动，救了火之后散烟给他们就可以了，不用请吃饭。"② 在当下的和平繁荣时代，村寨之间的联结更多地通过过年期间"月也"等活动，村寨之间"款一款"。"现在，寨老去别的村寨做客也可以相互讲的。比方说你们来到我们村，聊一聊、款一款，就像亲戚，寨老都来；我们堂安下去，寨老也都全部下去，都是老人，聊一聊，款一款，现在也是这样的。"③ 虽然调研中发现很多年轻人都不了解"款"的情况，但是"款"作为一种

---

① 2015 年 1 月 12 日，刘童访谈 LJF 和 PZC。
② 2015 年 1 月 12 日，曾芸、卯丹访谈 PZC。
③ 2014 年 3 月 19 日，刘童访谈 PYD。

"社会事实"仍呈现在集体应对危机和集体民俗活动中。

　　总之，鼓楼无论在个体社会化，家庭、家族与村寨联结还是村寨整体方面，都发挥着不可替代的社会功能。鼓楼所在就是村寨文化核心，鼓楼成为堂安最具象征意义的文化地标。鼓楼的选址修建与村庄中的所有成员紧密关联在一起，在鼓楼以及鼓楼坪进行的民俗节庆、社会交往、教化训诫等公共活动和仪式，凝聚了村庄共识、塑造了村庄舆论、承载了集体记忆、传承着村庄文化，发挥出整合村寨共同体的重要作用。

第二节　梯田社会的生活标识

　　从"堂安村庄资源图"（见图 2–1）能够清晰地看出，整个堂安村寨被连绵的群山环绕，山上覆盖着茂密的森林，这是堂安的重要水源地。森林下面便是村民开垦出的层层叠叠的梯田，以鼓楼为核心的村寨被梯田环绕，有两条主干道通向村外。在气势磅礴的九层鼓楼旁边，便是祭祀萨玛的萨岁坛、表演侗戏的戏楼、用于消防和斗牛的水塘、供奉土地公的土地庙，这些建筑设施与鼓楼一起构成堂安的核心公共空间。从鼓楼坪在往外发散，在两条主干道两边，便是依山势而建、错落有致的侗族民居——干栏式吊脚楼了。如果借用人类学"圣俗二分"论来观察堂安的空间格局会发现，侗寨的居民住房以鼓楼为中心，逐层扩散开来，形成一个个或大或小的建筑团群。民居是完全生活化的空间。鼓楼和萨岁坛是侗族的圣城，民居则是烟火俗事的凡间。遮风挡雨、取暖避寒、炊烤宴饮、织布纺棉、行歌坐夜、婚丧嫁娶、绵延宗嗣、传习风俗等，无一不是在这个弥漫着人间烟火的建筑群团的屋檐下一一展开的。[①] 本节旨在对这些生活标识细致地解剖并重组，突破"圣俗二分"论的社会空间区隔，而从"生活空间"（包括公共生活、家庭生活、个人生活）空间的视角，进一步理解堂安文化内核。

---

　　① 贵州省文化厅编《图像人类学视野中的贵州侗族鼓楼》，贵州人民出版社，2002，第 56 页。

一 村寨公共空间标识与社会生活

虽然在认知上可以将社会空间、社会事项等进行"圣俗二分"论，但在实际生活中往往混合交融在一起。鼓楼本身就兼具神圣与世俗的两面：鼓楼既是侗族文化的核心象征，是堂安"空间构成的灵魂"；同时又是"踩歌堂"、男女对唱"多耶"、村寨之间进行"月也"或芦笙比赛之地。这种神圣与世俗的混融，并不是一种神圣、世俗两端中间的"过渡状态"，而是为了满足公共生活需要而沉淀下来的生活实态。鼓楼下的鼓楼坪，毫无疑问是堂安村民气最旺的公共空间。萨岁坛、土地庙、戏楼、水塘，与鼓楼共同构建起全村人民的生活家园与精神家园。

（一）萨岁坛与土地庙

萨岁坛是祭祀萨玛的处所。堂安的"萨岁坛"建造在距离鼓楼向北约20米处的高坎上。据堂安寨老 YJJ 所讲，原来的萨岁坛是由石头砌成的堡坎围起来形成的，而当前的萨岁坛和房屋则是在年轻人的提议下重新修建的。原来没搞萨玛坛，就是拿石头来砌堡坎，就是一个圈圈，用石头围起来，现在那个堡坎还在那里。后来一帮年轻人说，我们要搞一个房子给她（萨玛），要好看点、漂亮点。寨老说，你们青年要搞就搞。①萨岁坛前修建约3米高的门楼，一层檐歇山顶，垂花柱悬挂于檐下大门两侧，入口门呈"八"字形，上贴"圣母护村家家乐，萨岁持寨户户欢"对联，横批"新春大吉"（见图3-2、图3-3）。进入门楼可以看到，萨岁坛以巨石为基，高约1米，直径约1.5米，并且用鹅卵石包边，坛下埋有铁质三脚架、锅、铲、碗、杯、梳等生活用品，野草环绕于坛边，外面栽几棵黄杨树。木质结构的房子绕坛而建，平面方形，上下两层檐，类似于鼓楼的装饰格局，顶上有"蜜蜂窝"结构，极具观赏性。②

___
① 2013年10月3日，曾芸、刘童访谈 YJJ。
② 宁晓芳：《侗寨堂安村民居改造研究》，硕士学位论文，山东工艺美术学院，2017，第22页。

图 3-2　堂安"萨岁坛"　　　　　　图 3-3　堂安"萨岁坛"
（2013 年 3 月拍摄）　　　　　　　（2021 年 4 月拍摄）

堂安萨岁坛供奉的萨玛是从黎平县龙额乡上地坪村[①]接回来的，每月初一、十五由村中的寨老（2013 年至今均是 PZC）烧香、敬茶。每年正月初八，村民们由寨老率领，先到"萨岁坛"虔诚地祭祖"请萨"，方可进行踩歌堂等活动；正月十五要"送萨"；二月春社，年轻人要"赶萨"；六月初六要"敬萨"；八月十五吹芦笙、斗牛要先行"拜萨"。总而言之，寨中凡有重大活动，必先求"萨"保佑。"萨"是侗族人精神领域中永远的"祖母"，是地方上的主管神。[②]

离萨岁坛不远，有一个用石头垒砌的不起眼的小神龛，里面供奉的是土地公，因此被称为"贡庙"，实际上是土地庙（见图 3-4）。土地庙规模小巧，平面呈方形，占地面积 1.5m² 左右，高半米左右。整体用规整的石板垒

---

① 课题组在 2013 年调研时，萨玛是从一个名叫"六甲"的地方接过来的；但是 2015 年及以后的历次调研发现，萨玛是从上地坪接过来的。

② 参见孙兆霞、毛刚强等《第四只眼：世界银行贷款贵州省文化与自然遗产保护和发展项目（中期）"社区参与工作"评估以及重点社区基线调查》，社会科学文献出版社，2014，第 218 页。

砌成"方盒",三层台阶作台基,左右两侧石板上雕刻"土神恩施上下,地翁德泽往来",横批"佑我黎庶"。"方盒"顶上刻有葫芦形,寓意吉祥安顺。所有雕刻阴线涂红色,形式简练优美。① 虽然同为护佑村民的神,但是土地公的"待遇"要远逊于萨玛了:土地庙只有不到半米见方的小神龛,但是萨岁坛却高大而庄重;因为没有防护,小孩可以随意坐在土地庙前的石阶上,但是老人们却不让孩子们坐在原来用土石围成的萨岁坛上,现在有院子的萨岁坛更是常年禁闭。土地公被视为财神与福神,虽然位阶不高,却是汉族民间供奉最普遍的地方守护神。在贵州屯堡汉人聚居的地区,经常看到的是"土地公"和"土地婆"并排而立的土地庙,但是堂安却是"萨玛"和"土地公",看起来十分有趣。村民们对于萨玛和土地公的供奉基本一致,每个月初一、十五都要祭祀,正月初八也要准备茶、饭、酒、肉,举行更为隆重的祭祀。

图 3-4 堂安土地公

在问及萨玛和土地公的"管理范围"和"管理权限"时,寨老们解释道,土地公是管理鼓楼的"大事"的,而萨玛是管理全村"小事"的。"全

---

① 宁晓芳:《侗寨堂安村民居改造研究》,硕士学位论文,山东工艺美术学院,2017,第25页。

村人觉得萨神在这个地方比较好，所以就安排在这里；原来我们的（土地）公神就在鼓楼最外面的角落，但是后面搞旅游了，放在那里不雅观，所以就迁到了边上去了。因为他是专门处理事情的，所以必须在鼓楼（附近）。（土地）公神是一个男性，就是我们的一家之主，就是到家里面处理事情，要是管鼓楼这一块，有什么大事，都到鼓楼来议事，其他小事都是有萨玛来管。"① 这种"大事"与"小事"的区分，与其说是权力差别，不如理解为一种社会分工，两者共同守护堂安村民的生活世界。萨岁坛与土地庙的共同存在和"差别待遇"，一方面反映出侗族文化与汉族文化相融相通②的社会事实；另一方面又凸显出侗族对于女性神祇的崇拜。

（二）"瓢儿井"与水塘

鼓楼和萨岁坛之间有一口"瓢儿井"，其实并不是井，而是一股自山间流出、长年不断的山泉。"瓢儿井"是村民饮用水的重要取水点，也是使鼓楼坪灵动、活跃起来的关键。"瓢儿井"的上方没有任何建筑物，这样就保证了饮用水不会受到人为污染。泉水经青石水槽流入高约一米的石墩支撑的石水瓢中，瓢把直伸进石崖处，瓢把的中间凿有一槽，山泉水经水槽流到石水瓢中，石水瓢左右各开了一个小口，两股泉水沿开口垂流而下。水流的出口处设置猪拱嘴形的雕塑，泉水仿佛从猪嘴里喷流而出。两股泉水流出形成一米多高的自然落差，村民们既可以拿水瓢、杯子等饮具直接取水引用，又可以直接放下水桶接水而不用瓢舀，保证泉水干净如初。关于"瓢儿井"上的雕塑为什么是猪头样，村民们有不同的叙述。有的村民们说，泉水就像杀猪时流出的猪血哺育村民，因此立个"天蓬元帅"猪八戒的雕塑祈求保佑；有的说以前家里养头猪说明很富有，因此猪头样的雕塑就象征着富足；还有的说泉水出来的地方像猪下巴，因此在泉水流出的地方放个"猪头"就合情合理。无论雕塑的寓意如何，"瓢儿井"确实哺育了世世代代的村民，现在经过旅游开发又称为游客特别喜爱的景点。

---

① 2015 年 1 月 12 日，曾芸访谈 PZC。
② 2021 年，课题组在村民家中碰到一本《孟子》，以及村庄中安放的"泰山石敢当"，也可以作为汉族和侗族文化交融的物证。

101

图3-5 在"瓢儿井"取水引用的老人（2021年4月拍摄）

"瓢儿井"的下面有大小两个水塘，上水塘洗菜，下水塘洗衣。这样的设计，既可以减少水资源的浪费，又可以发挥消防水塘的作用，中秋节期间还可以作为举行斗牛比赛的场地。石板下藏有水管，将"瓢儿井"的泉水引到梯田，灌溉庄稼。"瓢儿井"是堂安侗寨200多户人家生产生活用水的来源，也是堂安寨的一处景观。① 老人对于"瓢儿井"泉水的眷恋（见图3-5），孩童们在泉水中的嬉戏打闹场景（见图3-6），构成堂安村民鲜活的生活图景的一部分，与波光粼粼的稻田劳作场景相映成趣。

（三）鼓楼坪与戏楼

鼓楼前的鼓楼坪占地80多平方米，用青石板铺就，这里是堂安村民聚众踩堂、吹笙对歌的场所。正月初八"迎萨入堂""送萨回坛"等祭萨活动都在此举行，场面非常隆重。此外，迎宾客进寨也会在此，全寨男女老少都会聚集于鼓楼坪，寨老们衣着特别，全系绸缎制作的蓝色、紫红色的长衫，头戴清朝官员的"顶戴"，而衣着盛装的侗女将客人从寨门迎至鼓楼，经简

---

① 宁晓芳：《侗寨堂安村民居改造研究》，硕士学位论文，山东工艺美术学院，2017，第24～25页。

图3－6　三个顽童"探源""瓢儿井"（2021年4月拍摄）

单的迎宾仪式之后便开始踩歌堂活动。①

　　戏楼是春节或重大节日期间村民表演侗戏之地。堂安戏楼（见图3－7）经历四次位置的调整，现建于鼓楼右侧，面向鼓楼坪，为穿山式悬山顶，六柱落地，前主柱腰眼上斜伸出悬瓜柱。②戏楼与鼓楼中间以水塘相隔，整体结构两列一间木质建筑，一层为戏楼的道具间，二层为戏台③，铺着板，用于侗戏表演。戏楼两旁贴着对联"福如东海年年在，寿比南山日日新"，这副对联可以同时祝福萨玛和村庄中的老人。堂安老人YJJ回忆，原来一出侗戏要完整唱下来需要两三天的时间。侗戏有很多的，比如"珠郎娘美""陈世美""陈光鲁"等。这些侗戏都是有故事的，一般要唱两三天，每天要唱三四个小时。一般是（下午）一两点钟开始唱，唱到四五点，如果唱得好可以唱到五六点。④

　　以鼓楼为中心，萨岁坛与土地庙，"瓢儿井"与水塘，鼓楼坪与戏楼，

---

①　宁晓芳：《侗寨堂安村民居改造研究》，硕士学位论文，山东工艺美术学院，2017，第17页。
②　同上，第216～217页。
③　同上，第23页。
④　2013年10月3日，曾芸、刘童访谈YJJ。

共同构建起堂安村寨的公共生活空间。这些物态标识，不仅让堂安侗寨独具民族风情，而且跟随梯田社会的生产规律而同步演奏着生活进行曲，那敲锣打鼓声、侗族大歌情歌声、悠扬的芦笙调，配合着堂安村民幸福欢快的歌声，成为每一个村民脑海中最美好的集体记忆。每年正月初八举行的祭萨岁、踩歌堂仪式，是村庄公共生活的集中展演，也是全寨村民们的"集体欢腾"时刻。正月初八，两三个人到萨坛前敬茶、敬酒、敬肉，他们从萨坛出来，到（"瓢儿井"）井边，就要吹芦笙三道，三道芦笙过后就放铁炮，放完炮就到鼓楼里。大男小女、老汉姑娘都出来了。他（指祭祀萨岁的寨老）到鼓楼里转三圈，转圈的时候不唱歌，转圈的时候要吹芦笙、敲锣打鼓、放炮，三圈后就开始唱歌了。他先唱迎萨的歌，这个歌只有他一个人知道，尽是唱萨保护我们这个寨子的大男小女，对我们最好的歌。一般唱半个小时，最多唱一个小时，然后就踩歌堂。① 与涂尔干的"圣俗二分"论理解的宗教生活有所不同的是，萨玛、土地公等民间信仰之神以一种非常拟人化、社会化的方式见证并参与着村庄公共生活，特别是萨玛会离开村庄的民间叙述，让人感受到一个慈爱有加、个性鲜明的萨玛形象。民间信仰与公共生活一道，使堂安具有更强的集体凝聚力和共同体特征。

图3-7 堂安戏楼（2013年3月摄）

① 2013年10月3日，曾芸、刘童访谈YJJ。

二　村民生活空间标识与"庭院经济"

从鼓楼坪沿着青石板台阶往外一走，便能看到鳞次栉比的"干栏楼"（见图3-8），这便从公共生活空间走进村民的生活空间。与钢筋混凝土的现代高楼不同，侗家"干栏楼"不仅以木质结构为主，在空间布局上挨得更近甚至连成一片；在内部空间格局上也更强调家庭的公共生活和生产功能。随着外出务工潮，农业生产占堂安村民家庭总收入的比重不断下降，"干栏楼"的内部功能分区也发生了重大改变，甚至有返乡创业的人将自家房屋改造成民宿客房或商店。但如果从社会空间的视角来看，农耕社会遗留下来的"干栏楼"，本身就成为吸引外部游客的风景；而由"干栏楼"改造而来的新生活空间也保留了农耕时代"庭院经济"的附属功能。

（一）"干栏楼"的空间格局

与村寨公共空间相对应的是带有"私密"特征的村民住房。堂安的民居是典型的南侗地区"干栏楼"，又称"高脚楼"。有研究指出，"干栏楼"是"堂瓦"（即鼓楼）改称而来：当一家一户的家庭出现以后，才把这种家庭及其居住的房子称为"栏"，而把原来大家公共居住之所改称为"堂瓦"（公房，聚众议事之所或族长居住之所），以此把"大家"和"小家"区别开来。因为是"大家"，故要起得高和宽些，因为是"小家"，故要起得矮和窄些。[①]这样，"干栏楼"就成了将集体的鼓楼"家庭化"的产物。

与修建鼓楼一样，"干栏楼"的修建也极其讲究与自然地理环境的适应。房屋的选址、修建都要讲求"风水观"，顺山势而建，层层叠叠、相互依存。建房子看风水，要根据今年的年份看方向，今年这块地可以建，统一按那个方向建就行了，明年就不是那个方向了。建鼓楼和建房子差不多，主要看山势，方向要选择随着山下来的、顺着山的。为什么房子的朝向不一样？因为它后面山下来的方向不一样，这个跟城里统一规划的不一样。举个例子，现在朝一个方向，你在我前面挡住了，我就会推你踩你、引起事故，

---

① 吴浩主编《中国侗族村寨文化》，民族出版社，2004，第468页。

图 3 - 8　堂安居民的"干栏楼"（2021 年 4 月拍摄）

所以你进来挡住我就不行。但花桥就是为了挡住村里财路不外流。[①] 同时，当房屋面对山、路、水时，又常常在门前立石或悬挂牌子，以求"泰山石敢当"的护佑。现在我们每家每户都有这个"泰山石敢当"，在这个位置（冲里面）立一块碑，象征一座很大的山来挡住你这里的山、路、小溪这些，不让你来影响我的安全。比如你家房子在这里建，刚好那里有一条小溪对着你，就可以拿这块碑去挡。[②] 在门口挂一个牌子，写上"泰山石敢当"，那个牌子可以挡住不好的气，我们家中就可以安静一点。"泰山石敢当"对我们家是有好处的。[③] 由上可知，修建"干栏楼"的"风水观"，并不只是人与自然的关系，而是一种涉及家庭与"自然—社会"复杂关系的整体观。

在旅游经济开发之前，堂安是典型的农耕社会，因此"干栏楼"也是根据农业生产的需要而进行设计和布局的（见图 3 - 9）。第一层较为潮湿，是堆放农具、柴火，舂米和关养家畜、家禽的场所。第二层以上干爽，是住

---

① 2015 年 1 月 11 日，曾芸访谈 PZC。
② 2015 年 1 月 12 日，卯丹访谈 PZC。
③ 2013 年 9 月 29 日，刘童访谈 LKW。

人的楼层。第二层设有火塘，是待人接客和全家人活动的中心。房屋多为大开间，两边搭有偏厦，呈四面流水。外间是长廊，设长凳，是全家人休息及妇女纺纱织布做针线的场所。另一端是待客的客房，中间是堂屋，堂屋中央设置有神龛。部分人家在神龛上供奉"天地君亲师"神位。内间为火塘，其正中设一米见方的火塘，并安置三脚架，便于炊煮食物，全家多在火塘边就餐，冬天则在此休息取暖。第三、第四层，除了部分做卧室外，还分做挂禾把、存放谷物的仓库，以及晾晒衣物之处。顶棚层为堆放杂物之处。[①]

　　根据室内空间的不同功能，堂安"干栏楼"的平面布局可分为：礼仪性空间（包含堂屋、火塘间）、生活空间（包括卧室、起居室和廊道）、辅助空间（包括家畜棚、储藏室和卫生间）、交通空间（指楼梯）。"干栏楼"的这些空间分布与西方家庭研究的七项功能，即宗教功能、司法功能、保护功能、经济功能、文化功能、生育功能、社会化功能[②]，具有高度的相似性和一致性。

图 3-9　梯田边的"干栏楼"（2021 年 4 月拍摄）

① 廖君湘：《侗族传统社会过程与社会生活》，民族出版社，2005，第 277 页。
② 宁晓芳：《侗寨堂安村民居改造研究》，硕士学位论文，山东工艺美术学院，2017，第 27 页。

（二）"干栏楼"的"群体意识"

但是，就是这种村寨中最为"私密"的建筑，也有学者早在 20 世纪 90 年代就指出其带有很强的"群体意识"，这突出体现在建筑格局、造型特点和功能等方面。第一，建筑格局：木楼主要采取"近亲连排木楼建筑"还是鳞次栉比地密布在鼓楼周围的"分户建造的木楼群建筑"，都凸显了侗族群体居住的特点。第二，集群聚居：侗族挤在一个小范围内集群聚居，千百年来代代相传，这是原始宗教群体意识的反映。第三，功能效用设计构想：特别是"厅廊"和"火堂"。"厅廊"设在二楼。它由二楼的 1/3 的空间组成。靠外一侧，安装半截板壁，上装栏杆或空敞着，通风明亮。"厅廊"内置凉水桶和长凳，别无杂物，专门用作待客宴宾和歇息乘凉的场所，夜间亦作青年男女谈情对歌的"月堂"。一座民居，不论面积大小，总要腾出一定的空间来做"厅廊"。在侗家看来，没有"厅廊"的人家，常常引以为憾。"火堂"一般设在二楼紧靠"厅廊"里边的一间，是厨房炊事和冬天烤火取暖的地方。冬天如果不能让客人到火堂烤火用饭，被认为不热情、不好客的表现。因此，侗家宁可把卧室缩小，也要把"火堂"扩大，这与有的民族民居设计堂屋很大，这种构想设计也是缘于群体意识派生出来的。第四，群体审美观：侗家木楼质朴、淡雅、大方、适用、与山清水秀的周围环境配合得十分得体，这就具有其艺术性，亦即是侗族群体的审美观。第五，体现群体意识力量的团结互助、共建民居。[①] 还有研究表明，"侗族喜欢群居，特别是同胞兄弟、近房亲支常常把房屋建在一起。有的村寨屋宇相连、房檐相接、屋廊相通。上一家楼梯可达几家、十几家。倾盆大雨时，可不带雨具走遍全寨不湿身"。[②] 这样的描述虽然略带夸张，但很生动地描绘出侗家"干栏楼"紧挨聚集的特点。对于堂安村民而言，"干栏楼"不能只供本家人使用，而且要满足迎来送往的待客要求，因此是"私宅"具有某种公共性特征。

此外，"干栏楼"的建造也是在亲戚朋友的支持下完成的。据课题组

---

① 吴世华：《试论侗族民居建筑的群体意识》，《贵州民族研究》1992 年第 2 期。
② 李德洙、梁庭望主编《中国民族百科全书 11》，世界图书出版公司，2015，第 379 页。

2013 年调查发现：建房人工与资金来源方面，大部分村民依靠家庭以及亲戚朋友之间的相互帮助完成建房，也有部分村民通过承包来建房；绝大部分（90%）村民依靠自筹资金修房。堂安民兵连长 LLC，2001 年房屋遭受火灾之后，就是在亲戚、朋友的借钱、帮工的支持下再建新房的。从我姐姐那里借了五千。当时就是到山上砍树，买一些材料，请师傅把这木房子的架子竖上去。师傅就是我们村子里面的，工钱一天是十六、十八块钱。一个家族的亲戚也来帮助，我两个舅舅都是本村的，来挑砖、沙子、瓦。其他亲戚建房子我也会过去帮，不给工钱的，就是相互帮。[①]

（三）"干栏楼"的功能转型

堂安村由于地理位置偏僻、市场经济欠发达等原因，历史上一直以水稻种植为主要家庭收入，因此"干栏楼"也主要用于存放农具、存储稻谷。但是随着 20 世纪 80 年代末开始有人外出务工，村民的收入有了显著增加，因此开始重新修建"干栏楼"。2013 年，课题组通过对 63 户农户抽样调查发现：20 世纪 90 年代修建的住房占 21%；2000 年以来修建的住房占58.7%。在住房基本架构方面，传统"干栏楼"的农户仍占 73%，但也有27% 的村民选择混凝土砖瓦房。受到传统的影响，有 19% 的村民在混凝土砖房的外面用木板包装，看起来跟"干栏楼"外观一样。住房面积与房间数方面，堂安村村民户均住房面积为 181.9 平方米，户均房间数为 5.1 间，户与户之间的差距较大；建房周期方面，村民主要依靠外出务工获取收入建房，因此建房周期相对较长，大部分需要 4~6 年时间，最长的甚至长达 10年。当时堂安的旅游业还处于起步阶段，仅有 2 户农民断断续续从家庭接待中获得部分收入。[②] 因此可以断定，堂安在 20 世纪末兴起修建住房的热潮，主要是用来改善居住条件。

但当课题组 2021 年再次进入堂安时发现，却发现这些"干栏楼"已经随着旅游业的开发而悄然发生功能转型。（详见第七章）2021 年，全村服务

---

① 2013 年 4 月 2 日，陈志永访谈 LLC。
② 孙兆霞、毛刚强等：《第四只眼：世界银行贷款贵州省文化与自然遗产保护和发展项目（中期）"社区参与工作"评估以及重点社区基线调查》，社会科学文献出版社，2014，第 140~145、156 页。

于餐饮、住宿的营业场所增至 16 家，还有 8 家销售食品、土特产品、手工艺产品的店铺。"干栏楼"变成混凝土砖房，折射出生活空间的重要转型。传统的"干栏楼"与梯田社会是配套契合的，"一楼饲养牲畜、二楼人居、三楼存放农具与粮食"的木质吊脚楼，满足了传统梯田社会"种养循环"生计方式的需求，但是这样的住房在满足"旅游服务"方面，却不可避免地出现三个方面的问题。

首先，传统的侗族"干栏楼"采用木质结构，这是因为靠近林地可以就地取材杉木，同时满足饲养牲畜透气、居住通风、存放谷物干爽的功能需求。但是，"干栏楼"也因为建筑材料易燃而存在火灾隐患。仅新中国成立后村民们记忆深刻的火灾就多达四次，20 世纪五六十年代的火灾中，整个堂安村寨都被烧毁。其次，传统侗族吊脚楼全部由杉木通过榫卯结构连接而成，墙壁、地板隔音较差，上下楼梯或在平面走动都会发出声响。对于长期居住在一起的家人而言，吊脚楼的这些"缺点"都可以忽略，但是对于来堂安短期旅游的游客而言，这种私密性较差的"干栏楼"却很难让人感觉舒适，特别是游客较多的时候，地板和楼梯吱吱嘎嘎的声音会常伴左右。最后，为了建筑更为稳固，吊脚楼的楼层高度较矮，有的伸手便可摸到房顶，而且吊脚楼的楼层受到极大限制，最高不过四层，但是这对于想接待更多游客的客栈老板而言无疑是有苦难言。因此，无论是堂安的党支部书记 YWS 还是部分经营旅游服务的老板，都希望能通过建设更多砖混结构的房屋来解决这些问题。但是，由于堂安入选"传统古村落"名单，因此政策上严禁修建砖混结构的住房，要求新建住房必须是原生态的"干栏楼"，甚至对于混凝土砖房外面包一层木板都明令禁止。

在木质"干栏楼"与砖混结构住房争议的背后，不仅是村民住房从服务于农业生产向服务于旅游开发的功能转型，更关涉应该如何理解村民的生活空间与生产空间的关系问题。在这一问题上，农民利用自己的住宅发展出的"庭院经济"往往被忽视。传统农耕社会，"干栏式"吊脚楼在满足基本居住需求的同时，最大限度满足了农业生产的需要：木质建筑便于存放粮食又能就地取材，一层架空既可以摆放农具，也可以饲养家禽、家畜，由此形成"种养循环"的农业耕作模式。但是对于那些想发展旅游的返乡创业者而言，"干栏楼"却成为限制他们经营管理的重要方面，因为它难以满足游客对宁谧、舒适的休闲空间的需要。政府这一外部治理主体的强力介入，通过土地规划政策的方式干预到村民的居住空间建设中。虽然这样的"传统古村落"保护方式，在一定程度上对盲目的旅游开发而造成对侗族村寨整体风貌的破坏起到了一定的降温、抑制作用，但是这种处于对于文化遗产保护而一刀切的限制政策，与肇兴侗寨开发过程中政府跟旅游公司合作而将村寨内的山水、草木、建筑、土地甚至是当地人的"家园"变成商品的"商品化"① 逻辑刚好相反，但是在本质上具有某种共性：堂安的"保护"和肇兴的"开发"，均没有注意到建筑作为生活空间和生产空间统一体而具有不可分割的特征；也没有充分理解、尊重全体村民的需求和治理方式。传统古村落应该如何平衡"保护"与"开发"，如何找到生活空间和生产空间的衔接点，需要回到"干栏楼"的多元功能、群体意识，需要交给堂安村民充分讨论、决策。

三　其他社会空间标识及现代演进

如果固守于对堂安世外桃源般的想象，就容易忽略梯田社会已经经历和正在经历的生活方式重大变革。在以鼓楼为核心的社会空间中，已经有部分农耕时代的生产、生活设施逐渐消失，也有大量的现代化公共服务设施嵌入到这一传统村落中，这些趋于消失和不断新建的公共设施，表征出堂安正在经历的、快速深刻的农业农村现代化进程。这里举禾架、粮仓、水塘、旅游设施等进行例证。

（一）逐渐消失的禾架禾仓

禾架。禾架又称"禾晾"，是晾晒糯稻的木架。"这种架子多立在寨中向阳的空地上和池塘里，两根木柱并排竖立，高 5~6 米，柱子下端用木棍撑住，以免摇动或倾倒。立柱间为一根根平行的横木，形若宽大木梯。糯稻需要用摘禾刀一穗一穗地截取，捆成一束束禾把，必须放在禾架上晒干后才

---

① 周丹丹：《风景的商品化与民间社会的自我保护：肇兴侗寨个案》，上海人民出版社，2017，第 219 页。

能进仓。"① 新中国成立后，随着杂交水稻的推广，堂安村民不断增加籼稻种植而减少糯稻种植，因此对禾架的需求也不断降低。目前，堂安村已经没有集中的禾架，村民们更多地将收割的糯稻晾在自家的"干栏楼"上，伴随禾架一起慢慢消逝的是家族、村寨集体收获的丰收场景。

禾仓。与禾架一起消逝的还有用于储藏粮稻米的禾仓。"禾仓都建在寨里水塘上或寨边水溪岸上，是一种水榭式建筑。先在水里打下七八根木桩或石柱，露出水面 30 多厘米，再在桩柱上铺上厚木板，然后再在木台上建造三四米见方的小木屋。秋收后把粮食豆类都存放其中，随用随取。有的村寨数十个或上百个禾仓集中建在一起，俨然如一个微缩小村寨。"② 堂安村因为在山坡上，所以将禾仓建在"干栏楼"外寨门之内，这样既便于防火又可以防盗。堂安村的禾仓按时间节点可分为公共禾仓和个体禾仓。20 世纪 80 年代以前，堂安村的禾仓实行群仓制，村寨所有家庭的粮食可一起储藏于禾仓之中；随着"大锅饭"时代的消失，1983~1985 年堂安村多数家庭建造个体禾仓，公共禾仓也变卖给个体。目前堂安村的禾仓都为各家各户个体所有，但仍占少数，多数家庭则以居住的顶层阁楼作为储粮。由于村寨皆为木质建筑，因此所有禾仓都建设于村寨边缘，主要集中在村寨的东方和西南方向，与民居聚居区分离，可使粮食免于火灾。如西寨门南下约 10 米处的禾仓，建筑体量较大，为四列三间木质结构建筑，底层架空，避免潮湿，与地面间距约 1 米高，入门处设木质楼梯。储粮间上下两层，二楼楼枕向外挑出约 30 厘米，进而增大了二层建筑面积，檐柱架于楼枕之上，形成悬空的垂花柱。临时用细柱在山墙两侧搭建披厦，披厦屋顶用树皮覆盖。屋顶为悬山顶，覆盖小青瓦，此禾仓曾是群体仓，之后变卖给个体。③ 到现在为止，堂安村只有零星的禾仓分布在村寨周边，禾仓再难发挥村落共同体集体保存粮食的功能了。

---

① 李德洙、梁庭望主编《中国民族百科全书 11》，世界图书出版公司，2015，第 371 页。
② 李德洙、梁庭望主编《中国民族百科全书 11》，世界图书出版公司，2015，第 371 页。
③ 宁晓芳：《侗寨堂安村民居改造研究》，硕士学位论文，山东工艺美术学院，2017，第 23~24 页。

（二）一直延续的公共水塘

公共水塘。因为历史上的"干栏楼"均是木结构建筑，房子之间又紧密相连，容易引发集体火灾，所以在"干栏楼"之间设置水塘就非常重要。堂安目前有5个大小不一的水塘，1台消防泵，由村委会负责管理。公共水塘平时出租给村民养鱼，租金由村委会负责收取，用于村内开展公共活动的经费支出。中秋节时，鼓楼正前方的公共水塘用于斗牛。此外，村寨后山还有2个消防池，与村庄4个消防栓相连，平时供村民饮用水。火灾出现时，消防栓和消防泵配合使用，用以控制火势。[①] 虽然由于年轻人外出务工，有时候公共水塘也会出现漏水、缺水的情况，但是公共水塘长期存在，表明村寨对其消防功能的依赖并未发生根本性的转变。

（三）不断新增的服务设施

近年来，随着肇兴旅游业的发展，进入堂安的游客也越来越多，因此很多旅游服务配套设施不断增加。侗族生态博物馆、"百鸟巢"、游客接待中心等旅游服务设施，使堂安成为肇兴侗寨的"卫星景区"。除此之外，堂安还新修建了一座三角凉亭，是生态博物馆馆长 RHX 在 2015 年组织修建的。有研究指出："侗乡凉亭，常建于山坳、路中或路旁，供行人歇息之用。侗族人民热心公益事业，爱做好事，山间古道，每隔三里五里，即建有一座凉亭，故侗族地区凉亭很多。"[②] 但堂安凉亭的装饰功能远大于其实际使用功能。

通过对村寨公共空间标识、村民生活空间标识和其他社会空间标识的分析，很容易得出堂安村落布局"向心性"的特征。鼓楼作为村寨政治文化活动的中心，其高度、体量、造型以及与民居建筑的差异反映了其象征性地位。各家各户围绕鼓楼顺势而建，住宅之间穿插水塘等生产生活设施，禾仓、寨门位于聚落边缘，寨外是农田与山林。这种布局，一定程度上体现了由中心到周边扩散的"向心性"特征，趋向同心圆的特征。以鼓楼、鼓楼

---

① 孙兆霞、毛刚强等：《第四只眼：世界银行贷款贵州省文化与自然遗产保护和发展项目（中期）"社区参与工作"评估以及重点社区基线调查》，社会科学文献出版社，2014，第211页。

② 冼光位主编《侗族通览》，广西人民出版社，1995，第157页。

坪、戏楼、萨岁坛等具有一定象征意义的精神空间作为村落的核心；中间一层是以住宅和生产生活设施构成的居住生活空间；最外一层是梯田等劳作区域。村寨布局充分体现了侗族村寨建筑空间布局与侗族民众团结一心和互帮互助的传统文化。① 当然，这些梯田社会生活标识，是堂安多元文化交融的最好见证，其消失、延续或新增也表明堂安正在经历的现代性变迁过程。在这种变迁中，如何理解神圣与世俗的关系，如何处理保护与开发的问题，如何理解标识与社会的内在关联，需要将这些生活标识放在一个"象征体系"中才能看透——梯田社会是一个文化多元而包容并随时代发展不断变迁的社会体、文化体。

第三节　梯田社会的界分标识

在研究村落共同体时，除了从"内部"来观察，还需要"外部"视角。于是，研究堂安的"边界"就成为课题组的又一重要任务。因为"这些民居建筑的聚集，首先形成了一个具有适度边界的建筑聚集体；从景观生态学的角度而言，这是在以乡野为自然基质的环境中形成的一个聚落斑块，它是一个具有生命的有机体，通过其内外之间的边界，与周围的环境基质之间形成了物质、能量与信息的交换。而"乡村聚落多表现为复杂、模糊与不确定性，进而呈现出丰富而多元的边界形态现象，而这也正是形成美丽的乡村聚落原风景的一个重要方面"②。同时，"边界是秩序的起因，它限定了不同属性空间领域的范围，同时增强了聚落群的认同感和归属感"。③ 侗族村寨边界一般以寨门作为内外沟通与过渡的"阀门"。因此，研究梯田社会以物态形式表现出来的"界分"建筑——寨门、花桥，并将其放在更广阔的南侗文化区来理解，会让堂安的画像更生动。

---

① 宁晓芳：《侗寨堂安村民居改造研究》，硕士学位论文，山东工艺美术学院，2017，第10页。
② 浦欣成、王竹、黄倩：《乡村聚落的边界形态探析》，《建筑与文化》2013年第8期，第48~49页。
③ 卡尔·荣格：《心理学与文学》，冯川、苏克译，译林出版社，2011，第37页。转引自宁晓芳：《侗寨堂安村民居改造研究》，硕士学位论文，山东工艺美术学院，2017，第21页。

一 寨门：生产生活空间的分野

在视觉上最容易"界分"堂安与外部世界的无疑就是寨门了。在堂安历史上，寨门发挥了重要的防御功能，不但能防止老虎入村寨伤人，还能够有效防止偷盗情况的发生。堂安村北面为出寨主干道，因此北面是主寨门。由于 1999 年 12 月贵州省政府批准建立生态博物馆而开通进寨公路，随即拆除了北寨门与另外两个寨门。[①] 2013 年课题组绘制的"堂安村庄情况示意图"，详细表明了全村八个寨门的名称与位置（见图 3 – 10）。

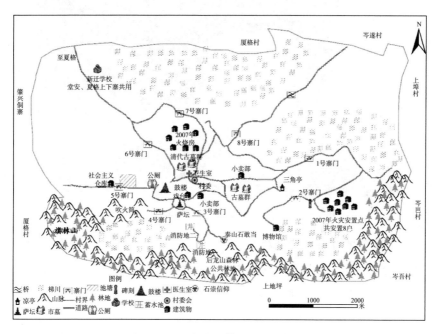

图 3 – 10 堂安村基线调查示意图

（一）堂安寨门分布与地域关联

由图可知，1 号寨门位于堂安东面，是村庄内两条主街道联通外部世界的最主要通道，现在附近已经修建成停车场；2 号寨门位于南边主街上，在修生态博物馆的道路时拆除；3 号寨门位于鼓楼通往"后龙山"的通道上；

---

① 宁晓芳：《侗寨堂安村民居改造研究》，硕士学位论文，山东工艺美术学院，2017，第 21 页。

4 号寨门位于鼓楼通往"吹火筒"的道路上；5 号寨门位于通往上地坪村的道路上；6 号寨门为火灾后新修寨门，与 7 号寨门位于通往厦格村的两条道路上；8 号寨门则位于通往岑遂村的道路上，寨门外的风雨桥已经垮掉。总体而言，八个寨门构成界分堂安与外部世界的分界线，牢牢守护着通往堂安村的各条要道，形成对村民人身和财产安全的重要屏障。

图 3-11　堂安村 2 号寨门（2013 年 3 月拍摄）

（二）寨门的社会功能剖析

有研究指出，"寨门具有多种功能：一可防御外敌入侵；二可防止家禽家畜外出损害庄稼；三可作为迎宾送客之场所。"① "当外寨的客人来到时，寨门是拦路对歌的关卡和迎送客人的场所。"② 因此，侗族人民对寨门的建筑十分讲究。堂安寨老们回忆了村庄中有关寨门社会功能的一些往事。原来寨门都是关起来的，离寨门近的那些人家，晚上一定要关门，用一根木条横着拦过去，然后打紧那个方木条。强盗想进来的话，不是进门来，而是从堡坎外面爬进来，偷到牛之后再把门打开。以前如果发生盗牛，谁也不会找这个关门人的责任。像堂安这条大路上的寨门（指 1 号寨门），前几年还有个

① 冼光位主编《侗族通览》，广西人民出版社，1995，第 157 页。
② 李德洙、梁庭望主编《中国民族百科全书 11》，世界图书出版公司，2015，第 369 页。

铁门，就是为了预防被盗牛。当时我们建铁门，政府还有点不同意，我们的理由是，虽然生活条件好了，但是要是被盗一头牛，政府负得起责任吗？所以政府才同意。那个铁门，好像是九几年建的。但是由于现在有的车辆来得晚，有的车辆出去得早，谁都不愿意去管理这个铁门，半夜三四点钟去开门，很麻烦的。考虑到这个问题，铁门被撞变形后就拆下来了，也没有做新门，就那样开着，就剩下那两个水泥结构的柱子了。[①] 同时，调研发现，为了更好地防止偷盗，村民们会住得更紧凑，因此堂安并没有形成不同姓氏分区域居住的村寨格局，整个村寨都是多姓氏杂居混居。

　　除了具有实际的防御保护功能外，在何处修建寨门还会被认为会影响村寨的"风水"。建寨门也要看这个地方的风水，要看吉不吉利。多开寨门是为了"吃"，意思是山里面有什么好东西就可以吃掉，开门就是张开嘴巴吃进来的意思。原来寨子有八条路进来，想到"四方八路"。就像我们腊亚寨门的位置，方向对着厦格，暗示会吃他们（的财气）。因为一个男丁偷了我们种的黄豆，被抓之后罚款。所以开这个寨门，暗示一两个月会有财气。[②] 这一种美好愿望的寄托或一种朴素的"平衡观"：抓住偷黄豆的贼预示着村寨要吸财气。正是这种"平衡观"，让堂安村民们不敢偷盗，也让他们在遭遇偷盗时能够共同形成防御的合力，从而保护村寨这个"大家"。5 号寨门两侧的对联："堂开似虎千年保东泰，安卢如狮万代守西平"，可见堂安村民希望寨门可保寨安民。[③]

　　课题组在 2021 年继续探究寨门的文化内涵时，发现了寨门与土地庙和萨岁坛的内在关联。掌管东西南北各方向的土地神（即山神），就像村寨的大门一样守护着整个村寨；而萨岁神则负责全体村民的安危。"每个月的初一和十五，要给萨岁神和土地公送茶，东西南北的土地神都要送，因为土地神是有控制范围的，萨岁神管村里面的全部事情，土地公管鼓楼下面的治安。土地公就像寨门一样，掌管东西南北四个方向，不让他们来侵犯。"[④]

---

① 2014 年 3 月 15 日，刘童访谈堂安多位寨老。
② 2015 年 1 月 11 日，曾芸访谈 PZC。
③ 宁晓芳：《侗寨堂安村民居改造研究》，硕士学位论文，山东工艺美术学院，2017，第 21 ~ 22 页。
④ 2021 年 4 月 27 日，曾芸访谈 PZC。

这样，萨玛和土地公形成的村寨性别分工，与一对农耕的夫妇形成的家庭性别分工就具有高度的同构性。甚至可以将村寨比喻为一个由萨玛（女性）和土地公（男性）共同守护的生活家园、精神家园。

二　花桥：世俗与灵性世界的交汇

"花桥"又称"风雨桥"，是"侗寨三宝"（鼓楼、大歌、花桥）之一。花桥作为生产劳作空间与民居空间的连接，一方面可以方便村寨居民的出行，另一方面可以给村寨居民遮风挡雨、休息乘凉。堂安花桥始建于清朝，垮塌后在 2002 年由贵州省精神文明办公室拨款重建，新建的风雨桥位于堂安的低谷地带，西面的稻田之处，村寨则高居其上。堂安风雨桥长约 16 米，宽 3.5 米左右，廊桥两边的木柱间置木枋，作架设板凳作用的栏杆，可以让人小憩，栏杆向外挑出、形成风雨屋檐，一方面加强了桥体的美感，另一方面可以使桥面避免风雨的侵蚀。穿枋上绘有各种彩色图案，如高山流水、田间劳作等。花桥中部为三层檐四角攒尖顶，两端为两层檐歇山顶，四角为上翘的凤尾，以此增添了屋面的动感。[①]（见图 3 - 12）

图 3 - 12　堂安村花桥（2013 年 3 月拍摄）

① 宁晓芳：《侗寨堂安村民居改造研究》，硕士学位论文，山东工艺美术学院，2017，第 19 ~ 20 页。

（一）花桥的实用功能

对于花桥的实用功能，课题组在 2013 年调研后写道："堂安村的花桥造型优美，桥身坚固，既可供人行走，又可遮风挡雨，同时也是人们劳动休息和迎送宾客的场所。"[①] "点缀于村落中的风雨桥本是为田间劳作的人们遮风挡雨的场所，但是最留恋它的还是未婚嫁的侗族青年男女。尤其是到了夏季，每当月朗星稀、清风徐来的晚间，一群群侗族青年就汇集在风雨桥上。小伙子一边弹琵琶或者拉牛腿琴，一边向对面心爱的姑娘唱着动听的情歌。姑娘们则一边就着月光做针线活，一边用各种歌词考验小伙子的智慧和情意。"[②] 这是对花桥的社会功能，即梯田劳作的村民遮风挡雨、青年男女社交求偶场所的诗意阐释。堂安的女婿、天津的帅哥 ZQW 与堂安美丽的姑娘 PXZ 就是在鼓楼相遇并一见钟情的。

（二）花桥的"风水"意涵

除此之外，花桥还富有丰富的地理"风水"文化意涵。花桥跟寨门一道留住村寨的"福气"。"风雨桥，侗语的意思就是'福气'。如果河流没穿过侗寨，就不需要风雨桥了。水要流进来，风水不能流走，水要转弯把水拦在这个寨子里面，所以要修一座风雨桥。以前搞风雨桥是为了挡寨门，寨门挡着的话，保佑我们搞田的好点，读书的好点，什么都好点。老人家就这么讲，好不好不知道。"[③] 村中寨老 PZC 的讲述与老支书的看法不谋而合。"花桥进来就是为了挡住村里的财路不外流，也可以保护寨子，就像'泰山石敢当'一样可以辟邪。"[④] 同时，花桥与村寨的联结也跟梯田社会的起源紧密关联。"花桥那边有一条河，用侗语叫'归精'，意思是所有的精灵都聚在那一块，水远远地流淌过来，就像一个个精灵一样发出声音，大概是这个意思。"[⑤]

正如已有研究指出的，"风雨桥关乎着什么样的风水呢？一般认为，风

---

① 孙兆霞、毛刚强等：《第四只眼：世界银行贷款贵州省文化与自然遗产保护和发展项目（中期）"社区参与工作"评估以及重点社区基线调查》，社会科学文献出版社，2014，第 218 页

② 同上第 137 页。

③ 2015 年 1 月 7 日，曾芸访谈老支书。

④ 2015 年 1 月 11 日，曾芸访谈 PZC。

⑤ 2013 年 9 月 29 日，曾芸访谈 PZC。

雨桥是用来贯龙脉、导龙气、领水口、堵风水、存财气的。这些说法把风雨桥的风水之用都点到了"。① 寨门与花桥一起，构成界分堂安村寨与外部世界的关键标志物。辩证地来看，"界分"的同时也是"联通"，也是"融汇"，正是这些界分标识的存在，才让村民贯通堂安村民、潘家人、侗族人等不同层面的社会认同，进而形成独具地域特色、民族特色但又包容多元文化的民族共同体意识。

本章小结

通过对堂安三类核心物态标识（核心标识、生活标识、界分标识）的讨论，隐藏在"物与物""物与人"背后的"人与人"的关系便彰显出来。课题组在调研期间尝尝思考这几个问题：如何理解这些物态标识与梯田社会的关联？如何理解堂安这一侗族村落共同体与其他侗族村寨、汉族村寨的差异？如何理解这一村落共同体正在经历的现代化变迁？多次调研让课题组成员深深被这些物态标识所代表的"象征体系"的完整性、丰富性、精密性所震撼，更真切地感受到堂安这一村落共同体的魅力。堂安这一"社会空间"的特点，可以概括为以下四个方面。

第一，社会空间的立体性。堂安社会的生活标识，无论在地理空间还是在精神空间，均呈现出立体性特征。高高耸立的鼓楼不但为梯田社会在地理空间上"定标"，更象征着全寨村民的精神家园，就如梯田中让鱼能够生存、避难的"窝"一般。位于鼓楼坪的其他设施，与鼓楼一起成为村民融入、体验、享受村寨集体生活的公共空间，让每一个村民都牢牢地被村寨共同体所感召、吸引。那些鳞次栉比、相邻而建的"干栏楼"，既是配合梯田劳作的又一"生产空间"，让"种养循环"的农耕文明在起伏的山地上能够一代代传递，又是村民享受家庭温暖的物质载体。而寨门与花桥，一起使村寨共同体能够吸纳好的东西，挡住坏的东西，从而形成村寨共同体的保护屏障。

---

① 贵州省文化厅编《图像人类学视野中的贵州侗族鼓楼》，贵州人民出版社，2002，第108页。

第二，社会空间的精致性。堂安这一社会空间不但有丰富的物态标识，各种标识还具有很强的功能互补性，从而使"梯田社会"成为一个内部结构十分精致的"小社会"。如鼓楼与戏台上的歌曲、戏曲所具有的"怡神悦人"功能，而"瓢儿井"与大水塘更是让萨玛可以梳妆打扮。与村庄的公共空间不同，吊脚楼这一家庭居所使家人能够享受相对私密的空间，由此形成的庭院则兼具生产与生活功能。寨门与花桥的功能更具互补性，寨门是为了抵御敌人、偷盗等不好的东西而吸纳财气，花桥则正好是吸纳水之灵气与福气而抵御灾祸。所有这些物质标识都"不是随意建造而似有意为之"，建筑的实用性与象征性、局部性与整体性被完美地结合在一起。

　　第三，社会空间的向心性。梯田社会的三类物态标识，不仅在功能上互补，而且具有极强的向心性，将每一个村民、每一个家庭、每一个家族都紧紧整合成为一个整体，成为"村落共同体"的一部分。在鼓楼上，村寨共享精神家园；在村庄内部，私密性得到充分尊重，而集体性则始终被置于优先地位；在村庄的边界上，寨门与花桥让村民们能够同心协力、保卫家园。无论在物质、社会还是精神层面，村寨都具有很强的公共物品生产能力。在村寨的历史叙事、生产生活、精神信仰等不同的层面，"堂安"都成为一个具有明确身份的标识，村落共同体的理念也在潜移默化间成为每个村民的内心认同。村寨之间相互组织村民参与公共建筑落成大典，如鼓楼、风雨桥等。这些建筑不仅是村寨象征，更是全村人的大事，通常也是由村民们共同出资修建，落成后自然希望邀请更多的人来热热闹闹、风风光光的办一场庆祝典礼，以显示村里人在村寨建设中的积极态度和伟大功绩。

　　第四，社会空间的动态性。堂安社会空间本身就是在很多偶然性因素的影响下建构起来的。当初最先来堂安开垦梯田的如果是汉族，就可能建立以庙或塔（而非鼓楼）为核心的标志物体系。但是无论是哪个民族，无论村寨标志物体系呈现何种样态，在这样的象征体系建立起来之后，就与梯田水稻种植系统高度契合，也不断地跟外部世界进行交融。围绕梯田社会建构起来的生产生活空间，在很长一段时间内都处于缓慢演化的阶段，这是因为农耕社会的循环再生产特点。但是，在堂安面向多元、开放的市场之后，原有的生产生活空间就随着人们需要的改变而改变，但这也对"如何保护农业文化遗产"提出挑战。

　　总而言之，对堂安社会空间的理解，既让人看到与梯田耕作高度契合的社会"象征系统"，又有助于理解这一"象征系统"表征出"村落共同体"的基本特征，并随着村落的发展变化而演化更新。"以鼓楼为核心，不仅与石板路、凉亭、风雨桥、禾架及鱼塘等相互映衬，构成一幅幅静态的具有浓郁特色的侗乡风情画卷，而且与讲款、祭萨、踩歌堂、唱大歌等民俗事象紧密联系，形成了一种既动又静的独特的文化模式。"① 也正因为如此，课题组才有理由相信，堂安的社会结构并不会随着现代化进程而迅速瓦解，反而有可能在市场化、现代化浪潮中转型为一种能够代表侗族文化、梯田文化，具有旅游休闲功能的新社会共同体。

---

① 　冼光位主编《侗族通览》，广西人民出版社，1995，第37页。

第四章 梯田社会的人生仪礼
与公共生活

梯田社会的物态标识展现了侗族社会以鼓楼为核心、"同心圆式"的村庄整体布局，其中最突出的特点便是村寨的"向心力"。但是，这一农耕时代的"村落共同体"也在经历市场化、现代化的洗礼：孩子们离开村寨去接受现代教育，年轻人外出务工以谋求更好的生活，甚至有部分村民已经到肇兴镇、黎平县乃至更大的城市居住生活。但是课题组确信：堂安并没有遭遇个体在社会实践中的崛起及社会关系结构性变迁导致的"个体化"①变革，整个社会仍然有一种强韧的团结力、凝聚力。同时，堂安是个典型的多姓氏村寨，陆姓为堂安大姓，约占全部家户的一半，又分为"大陆""小陆"两族，另一半家户为赢、潘（分为"大潘""小潘"两族）、吴、杨、石、蓝等姓氏。不同姓氏的家户、家族进入堂安的时间前后不同，因此在村寨的居住位置、开垦梯田的地块也不尽相同。但是课题组却发现堂安的"家族"地位和作用并不明显，在诸多公共生活中均呈现出"村寨"整体特征。比如肇兴的五大姓氏建有五个鼓楼，但堂安的多姓氏共用一个鼓楼。那么，为什么这些姓氏不同、人口分殊的家族，没有导致村寨层面的派系分立与激烈冲突，而是被整合为一个整体呢？

本章旨在生产互助合作（第二章）、象征体系（第三章）外，对"人生仪礼和公共生活"中"个体—家庭、家族—村寨"的社会互动方式进行细

---

① 阎云翔：《中国社会的个体化》，陆洋等译，上海译文出版社，2012。

致分析，以此解释为何个体、家庭或家族不但没有构成分裂、瓦解村落整体性的力量，反而在每一次人生仪礼、公共生活中建构、维系着"村落共同体"。在人生仪礼方面，从个体和家庭的诞生礼、成人礼、婚礼和丧礼方面，回应村落共同体如何"建构"的问题；在公共活动方面，以青年男女之间的"行歌坐月"、整个村寨的"踩歌堂"、村寨与村寨之间的"月也"为例，回应村落共同体如何"整合"的问题。这些人生仪礼和公共活动，不但让堂安的个体、家庭和家族相互联结为不可分割的整体，而且使堂安融入肇兴、黎平等更大区域的经济、社会、文化圈之中。

第一节　梯田社会的人生仪礼与社会互动

在民俗学家看来，人生仪礼是人作为社会性个体，在一生之中具有阶段转折意义的几个重要关节，依照所属文化社群习俗而举行的仪式和礼节。人生仪礼主要包括：诞生礼、成年礼、婚礼和葬礼四个阶段。每一次"过渡礼仪"都可以划分为三个阶段：分离阶段、阈限（过渡或边缘）阶段和聚合阶段[①]。本节将对堂安的四种礼仪进行分析，但根据叙述需要略做调整：婚礼和诞生礼两种仪礼，重点论述以农耕社会的最珍贵之物——糯米的循环流动为核心的社会互助与合作机制如何运作；丧礼重点论述家庭、家族与村寨在丧葬仪式的整个过程中的共同参与与协作；成人礼则将堂安的"腊汉"与"努尔人"进行比较，分析这一群体的集体身份认同机制。

一　婚礼与诞生礼：糯米的循环流动与社会互助

对于堂安村民乃至每一个中国人而言，结婚生子都是人生中的大事。而每一个家庭举办的每一次婚礼、"满月酒"，都是一次共同参与、集体庆祝的人生仪礼。研究人生仪礼与村落共同体的内在关联，可以借鉴人类学的"礼物"研究法。莫斯将礼物馈赠视作一种创造、维持并强化各种社会关系的文化机制，这些社会关系可以是合作性的、竞争性的抑或敌对性的。正是

[①] 阿诺尔德·范热内普：《过渡礼仪》，张举文译，商务印书馆，2010。

在馈赠中，"总体性社会事实"得以呈现："归根结底便是混融。人们将灵魂融于事物，亦将事物融于灵魂。人们的生活彼此相融，在此期间本来已经被混同的人和物又走出各自的圈子再相互混融：这就是契约与交换。"① 阎云翔在《礼物的流动》一书"序言"中写道："怎样才能更好地把握流动的人际关系和非制度化的农村社会呢？礼物交换正巧为我提供了一种具体的、看得见摸得着的研究对象——通过考察礼物的流动，我便可以重建流动中的人际关系网络，并在此基础上谈论农村社会的结构。"② 本部分借鉴"礼物流动"的分析方法，重点探讨个人、家庭和家族与社会整体的联结方式与效果。

（一）作为"礼物"的糯米

堂安是典型的稻作社会，稻米是最常见的农产品，也是农民主要的饮食来源。那么，如此"普通"的糯米，为什么能成为结婚和"满月酒"的礼物呢？这就跟堂安的通婚圈、社会文化网络有密切关系；跟糯米的独特品质和饮食用途有关；也跟糯米相较于普通稻米更为"珍稀"的特征有关。

堂安的社会关系网络主要由血亲和姻亲构成。由于堂安地理位置偏僻、市场经济滞后，围绕梯田耕作形成封闭式的自给自足自然经济形态，并很少遭到大的冲击而年复一年，整个社会"处于相对凝固的状态"。③ 因此，其姻亲关系长期以来都局限在周边村寨，这种状况在 2013 年仍未得到根本性的改变。"根据村文书提供的资料发现，堂安村达到法定年龄的村民大多选择在村寨内部通婚，占通婚比例的 53%，与堂安相邻的厦格村民通婚的比例达 16%，与周边乡镇或村寨如龙额、上地坪、肇兴等村民通婚的比例为 29%，与省外通婚的占 2%，分别来自临近省份广西 2 人，四川 1 人。"④

---

① 马赛尔·莫斯：《礼物：古式社会中交换的形式与理由》，汲喆译，商务印书馆，2016，第225 页。

② 阎云翔：《礼物的流动：一个中国村庄中的互惠原则与社会网络》，李放春、刘瑜译，上海人民出版社，1999，序言部分。

③ 参见史继忠《西南民族社会形态与经济文化类型》，云南教育出版社，1997，第 180 页。

④ 孙兆霞、毛刚强等：《第四只眼：世界银行贷款贵州省文化与自然遗产保护和发展项目（中期）"社区参与工作"评估以及重点社区基线调查》，社会科学文献出版社，2014，第 167～168 页。

当然，课题组在 2021 年调研时发现，近 8 年嫁入堂安的姑娘有 50 多个，绝大部分仍来自周边村寨，只有少数来自广东、广西等地。而堂安姑娘的嫁入地则有很大差异：近 8 年从堂安嫁出的 26 名姑娘中，有 6 名嫁到广西、广东、湖南、四川等地，占比 23.08%。简而言之，有将近四分之一的堂安姑娘出嫁到省外，随之改变的则是婚礼中使用现金更为普遍。正是因为这些临近的乡镇同属南侗文化圈，共享稻作农耕社会文化，几乎每家每户都种有糯稻，因此糯米作为一种共享的社会文化物品，才有了在婚礼与诞生礼上作为"礼物"循环流动的可能。

其次，糯米能够成为"礼物"，因为其优良的稻米品质和日常饮食中的广泛用途。堂安村民可以根据山地地形中不同光热、水源条件的地块，选择不同的糯稻品种进行种植，以获得不同口感和不同用途的糯米。在长期的农耕实践中，堂安村民主要种植"糯稻"和"籼稻"两类稻谷品种，农产品就分为糯米和籼米两类，两种米在口感、用途上有较大差异。糯米淀粉含量较高，做出的糯米饭黏性较大，既方便携带又能抵饿，且不易馊，很受在山地稻田中耕作的侗族人欢迎。糯米还可以做成粽子、糍粑、糯米粥等美食，也可以用来酿米酒或腌制稻花鱼，因此成为侗族人日常饮食礼物、招待客人或祭萨活动中不可或缺的产品，也成为婚丧嫁娶等人生礼仪中的礼物。课题组 2013 年调研时将堂安村民的饮食特点总结为四点：食不离糯、食不离鱼、食不离酸、食不离酒①。这四个特点可以归结为"食不离糯"，因为稻花鱼是在稻田中放养的，而且要用糯米做酱料；糯米是制作白酸的基本原料；糯米酒更是侗族人招待亲朋好友的美食。

再次，糯米能够成为"礼物"，还在于其"珍稀性"。糯米的产量远低于籼米，而且糯米的收割、储存、食用均需要精心安排，更耗费人工，因此糯米比籼米更珍贵、价格也更高。糯米的亩产最少的仅 100 ~ 200 斤，而籼米的亩产则高达 500 ~ 600 斤，杂交水稻推广后的亩产更是高达 1000 斤以

---

① 孙兆霞、毛刚强等：《第四只眼：世界银行贷款贵州省文化与自然遗产保护和发展项目（中期）"社区参与工作"评估以及重点社区基线调查》，社会科学文献出版社，2014，第 237 ~ 238 页。

上。普通的杂交水稻价格在每斤 1.5 元左右，糯米价格则高至 6 元，品质最好的"香禾糯"价格最高 8 元。糯米相对于籼米而言，不但要根据不同海拔、光热的土地种植，而且在收割时不能使用收割机（因为糯稻的长毛会卡收割机），要靠人力用摘禾刀（或禾剪）从根部剪断，晾干之后才能放入粮仓。到需要食用的时候，再用脚踩的舂给糯稻去壳获得糯米。因为如果把糯稻去壳，放半个月一个月可能就会生虫。正是因为糯米种植、收割、存储和食用的特点，堂安农户才会将糯米作为举办婚丧嫁娶活动时招待客人的"好菜"，因此糯米也成为人情往来的最佳礼物。随着杂交水稻品种的推广，产量更高的杂交水稻能够给农户带来更高的市场收益，所以堂安农户也会选择"一家两制"①的农业生产方式：少部分土地种植糯稻自家食用或赠送亲友；大部分土地种植杂交水稻用于市场销售。这种"一家两制"的农业种植方式，也表明糯米的珍贵。在礼物的流动中，糯米不但成为双方交往的礼物，糯米的品质高低也成为交往双方关系远近的象征："长在下坡的是最好的糯禾，除了结婚的时候要吃，生娃娃、过节都要吃。我们关系好，肯定送好的（糯米）；关系一般的就送一般的（糯米）。如果是两兄弟之间，肯定是送好的。"②

对于为什么要将糯米作为"礼物"，堂安村老人 YTM（女）解释得十分详尽。

"种糯禾和一般的籼米也没什么区别，就是比较麻烦。又要去剪，剪了还要晒，又要拿机子来打米。收糯禾要慢一点，要用剪刀一根一根剪，用机子打会把谷子打坏，一根一根剪了晒好会保护它一点。看到头苗，往下比着剪，要从根部剪，大概有一尺五左右长，然后捆来晒。要吃的时候就拿一把来打，现吃现打，用机子打会损坏它。籼谷的话，一打就拿来晒。但再麻烦每家每户也要种一点糯谷。

---

① 徐立成、周立、潘素梅：《"一家两制"：食品安全威胁下的社会自我保护》，《中国农村经济》2013 年第 5 期。
② 2015 年 1 月 8 日，曹端波、梅军访谈 YTM。

糯谷秆子的用处：以前拿来做草鞋，只有糯禾的秆子才能做草鞋；还可以拿来烧灰煮粑粑，也只有糯禾才可以；染布也要拿糯禾来烧灰；谷壳就是糠，拿来喂猪。（拿来一根糯禾秆子）这截拿来烧灰做粑粑、做布、编草鞋，下头这截拿来做肥料。

平时可以吃籼米，但不管红白喜事，只要办事就吃糯米。（如果）不用糯米，人家说你不会待客。（用糯米）就像一个客人进来杀一只鸡表示尊重一样。我女儿生孩子的时候，我要送糯米给她，送糯米是最珍贵的！有牛肉（可以送），但是我不送，还是送糯米为主，其次就是鸡。拿我们的糯米去做粑粑，特别香，做饭也好吃。"①

（二）婚礼与诞生礼上的糯米流动

按照侗族结婚风俗，婚礼和诞生礼上，均要用到糯米。糯米既可以作为亲戚朋友之间赠送的礼物；用糯米做成的各种食物也用来招待亲戚朋友。堂安村民的婚姻程序包括定亲（订婚）、结婚、生子"三交"和"满月"等步骤。

订婚。订婚时，男方一般会找个媒人做中间人，而且会携带当地礼物前往女方家行聘，礼品多少视家庭经济状况而定。2015 年，堂安鼓楼师傅介绍了堂安订婚的基本流程。"我 20 岁就结婚了，当时她（指老婆）17 岁。我们订婚要三年，这是我们少数民族风俗习惯。订婚要送粑粑、糯米饭，一千多个粑粑、四五十挑糯米饭，糯米饭要用木桶装着送，请兄弟姐妹来吃。还要送四五百斤猪肉，三四十斤苹果，我们去广西呼噜（音译）那边去买的，那边没有公路，我们只有走山路。小孩子爱吃（苹果），又可以增加喜气。把东西送到女方家，要请兄弟、亲戚来吃饭，可能要请一百个人左右。如果订婚成了，要送媒人一桶糯米饭、三斤肉。订婚之后，如果她不爱我了，也可以不结婚。但女方要赔男方送的东西，男方送多少，你就赔多少，糯米和肉可以折算成钱。我们不像汉族，汉族是订婚就定了。"②

订婚之后，男方要在谷雨节、六月初六、过年的时候给女方家送礼，女

---

① 2015 年 1 月 8 日，曹端波、梅军、曾芸访谈 YTM。
② 2015 年 1 月 8 日，曹端波访谈鼓楼师傅。

方家也会还礼。农忙的时候，男方家可以接女方过来帮忙，男方也会到女方家帮忙，两家再互送礼物。无论是年节还是农忙时节，糯米及糯米做成的食品都是不可或缺的礼物。"打个比方，媒人过来说双方都同意，三天后我们就给半边鸡。谷雨节、六月初六、年终都要送礼，但是送的分量不一样。谷雨节那天要送两三钵糯米、十来斤猪肉、四五斤酒，也看能力，能给多少给多少。六月初六就多了，糯米送十来钵，猪肉五六十斤，酒的话要够喝。年终的时候，好东西都要送到娘家，酒啊、糖啊、月饼啊。送礼都是在订婚后，订婚三年之后才正式结婚。①

订婚和结婚不是要间隔三年嘛，每逢佳节男方都会去女方家送东西，女方家也会回糯米饭、布，还有一个自己织的口袋。农忙的时候，男方去接女方过来干活，干了几天女方又回去，也不是长时间在男方家待，女方又送些柴火和草给男方家。"②

既有研究更为细致地说明了所谓"农忙"正是要收割糯禾："从江祥洞一带，订婚之后，男方家在秋收期间选一个吉日把未过门的媳妇接来参加收割糯禾。接媳妇这天，亲戚朋友都来祝贺，贺礼是红色糯米饭和黄色鸭子，主家杀猪招待来客。早餐后，未婚夫和几个小伙子陪同未婚妻到田里象征性地摘些禾把。当天下午，未婚夫由几个好友相伴挑着活鲤鱼和其他礼物送未婚妻回家。晚上留宿在女方寨子里，未婚妻与几个知心姐妹和他们在月堂里行歌坐月。"③ 由此可见，订婚之后，男女双方两个家庭不但相互交换礼物，而且会相互帮工，由此开始缔结生产生活共同体。

结婚。课题组在堂安调研时，听到的结婚仪式不尽相同，但大体有两个版本：女方送亲或男方接亲。女方送亲，结婚之日男方不能去接亲，而由送女婆和送亲队伍送女方进门；男方接亲，结婚之日由媒婆和接亲队伍去女方家接亲，新郎也很少去接亲。但无论是何种结婚方式，包括糯米在内的贵重的礼物是必须要准备的。

---

① 2013 年 9 月 30 日，曾芸访谈 YWS。
② 2013 年 10 月 1 日，吴连会访谈 PBF 外婆。
③ 李德洙、梁庭望主编《中国民族百科全书 11》，世界图书出版公司，2015，第 352 页。

女方送亲：

"结婚这日，男方不能到女方家来接亲，女方是由送女婆送到男方家。送婆为一个媒婆、一个女方自家的姐妹。到男方家后，男方父母出门迎接。女方的亲戚朋友在女方之后，未婚女子排在前面，一般10多个，之后随便排男女，但均比前面的女子年龄大。他们肩挑100担左右的担子到男方家，包括米、酒、烟、饮料、水果等，这些东西的钱是男方出。到男方家以后，男方出人过肩接这些礼品，然后进入男方家中。迎亲的人在接送亲的人时要唱歌。在敬酒时唱得好的人不用喝酒，唱得不好的人要喝。

在男方家吃完饭以后，男方要发糖给送亲的人。女方派那些未婚女子去向男方要回挑子和筐等工具，这时男方未婚男子会在门口堵住，不还这些东西，因为这些未婚男子想留住这些女孩。若女孩同意留下，便去自己中意的男子家中住上三天。三天后，男子会来女孩家中提亲，女方父母同意便定亲，聘礼为礼钱、糯米之类的，男女便开始交往，合得来便往结婚发展，合不来便散。如果女孩不愿意留下，便自己拿着挑子和筐还给新娘父母家，新娘父母家不用请吃饭。这些送亲的人各自回家，不与新娘一起回来。女方结婚第二天就回娘家。"①

男方送亲：

"我是今年（2013年）正月初二结的婚。订婚花了一两千块钱，主要是买东西过去，要买点肉、酒，还有糯米、鸭子。订婚以后，我们到过年才结婚。订婚后到结婚前不要花什么钱，但结婚要花四五万元。要买酒、苹果、糖，还要杀四五头猪，因为送亲到那边我们要喝喜酒。结婚的时候，还要送黑糯米，把山上的一种植物搞碎（掺在糯米里）蒸出来就是黑的。先要把这些东西，就是二三十斤啤酒，还有米酒、糯米饭、苹果、肉，先挑到女方家，然后再挑着回来。我们这没有彩礼，女方家办酒的时候，我们送东西给他们吃。女方家会准备一些最简单的，比如米粉、青菜，在女方家办一天酒。父母会过去，但我们新郎官一般

---

① 2013年9月30日，吴连会访谈PYL。

不过去，但是有的也过去。

在女方家办完了，第二天早上，我们从女方家回来，又在我们家接着办，在这儿办酒才可以收我们男方家亲戚的礼。主要是请老丈人过来吃，显得隆重一点，等于请老丈人过来（场面）就比较隆重一点。女子出嫁，家里会准备几套盛装，这些都是她自己做的，就花一点手工钱。我们这里没有买金项链、金耳环的这个（习惯），条件好的会买一个戒指；比如条件不好，就免了这个了。"

妻子："我们家会准备两三件银饰，一对耳环，头上戴的，（这些）都是我妈妈买的。背后背的那个，是祖传下来的，不知道是多少钱。那一套东西会花一千多块钱。"①

无论采取何种方式结婚，"办酒"都离不开亲戚朋友的参与祝贺。此外，男女双方结婚时，接亲队伍不但要经受女方所在村寨亲戚朋友的"考验"：唱拦路歌、喝拦路酒，还常常要到全村寨的公共中心——鼓楼去发喜糖和礼物，以"让大家沾沾喜气"。接亲队伍在女方家吃早餐，然后把她接回家到男方家吃饭。在我们这边，迎亲队伍要是远的话，我们就搞拦路，唱拦路歌。一开始就唱他们不好，后来就像情歌对唱一样。一边唱（拦路歌）一边接（亲）。一般都是女生赢，要是男生不行了可以放炮。（无论迎亲队伍）经不经过鼓楼，都要挑一点东西去那里发。因为鼓楼人多，姑娘们都嫁了，有小伙子还单身，让他们沾点喜气。以前（发的）有粑粑、有糖，现在一切都从简了，就买点烟、买点糖来发。老人家发烟也发糖，小孩子就发糖，现在都要抢着沾点喜气。②

由此可见，结婚的确不仅是新郎和新娘两个人的人生仪礼，而是一种明显的集体活动。结婚仪式以家庭为中心调动起整个家族乃至村寨的所有村民的参与，不但要让所有人"沾沾喜气"，而且要考虑两人结婚对其他人（如单身的小伙子、姑娘）的影响。"女方送亲"这种模式，让未婚女子去向未

---

① 2014年3月2日，陈志永访谈PZC的孙子及孙媳。
② 2013年10月1日，吴连会访谈PBF外婆。

婚男子要挑和筐的独特安排，为这些未婚青年创造认识、交往甚至定亲提供了新的机会。而本村姑娘出嫁时，接亲队伍会在鼓楼发烟发糖给单身小伙子，以礼物馈赠的方式让他们得到"补偿"。

"三交"与"满月"。"三交"指孩子满三天，娘家人到男方家吃酒。"满月"指孩子满月，男方家送老婆和孩子回娘家，请娘家的人吃酒，外公外婆要给孩子剃头并起名字。孩子"三交"与"满月"的仪式中，都少不了糯米的身影。YTM，女，1960年出生，有一个儿子三个女儿，她回忆了"三交"与"满月"的仪式过程。"'三交'就是孩子满三天，娘家来我家吃饭，男方亲戚一起来，一大堆亲戚一起吃饭。娘家要挑糯米饭来，送鸡、衣裳这些。满月的时候就带孩子回娘家，我们要把十多桶糯米饭挑到娘家去，请娘家的亲戚朋友吃饭。晚饭的时候，娘家最亲的亲戚朋友，送四五十斤糯米回夫家，在他家又要吃一顿。这一天，女方要送陪嫁，原来都是拿糯谷，现在也还是用糯谷起头，再没有也要有点糯谷。孩子满月，过桥的时候，要去坡上割点草，拿来打一个疙瘩，放三根（打成的疙瘩），压三坨糯米饭、三块肉。"① 寨老PYL介绍了满月孩子剃头发、外公外婆给起名的仪式。"满月的那一天要剃头发，外公外婆给他起名字。第一个小孩子都是外公外婆起的，因为是对女方那边的尊重。第二个就是爷爷奶奶取，后面哪个取都行。"②

办满月酒的时候，来做客的亲戚朋友会带糯米和红包，男方家还会还礼猪肉或者现金。"办满月酒，第一胎会请所有的亲戚，比较隆重，第二胎就请比较亲的人。来的客人会带糯米和红包，糯米一般重量都不到半斤，就是那个篮子，红包的钱按照亲疏关系不同。客人走的时候会有两斤猪肉给客人，现在很多人不在家里住，也没有冰箱，（如果给猪肉）就会坏掉，（所以）现在就不陪两斤猪肉，而是陪客人二十五块钱。"③

（三）糯米的"借—还"循环与社会互助

通过对婚礼与诞生礼的分析，一套农耕时代的糯米流动体系完整地呈现

① 2015年1月8日，曾芸访谈YTM。
② 2013年10月1日，吴连会访谈PYL
③ 2013年9月30日，刘婷访谈芦笙师傅L。

出来。但如果糯米只是作为礼物或者招待亲戚朋友的食物，仍难以说明糯米跟社会结构的关系。这就需要对糯米的"借—还"循环体系和这一体系背后的社会互助机制进行细致的说明。

婚礼与诞生礼对糯米的需求量巨大，普通的农户家庭很难承受。课题组2013年的调查显示，"男方结婚成本大约在2万~10万元。……若女方家亲戚较多，男方也需要准备较为充足的物资，否则会使女方家颜面扫地。当然，男方除了为女方家准备办酒所需物资外，自家办酒所需物资还需由自己准备。"① 堂安村原村支书 YWS 详细说明了婚礼上需要的糯米和其他礼物的数量。"结婚的时候，（男方）送新娘送得多，光糯米都要1000多斤；猪肉也要1000多斤；粑粑要送1000多个，大的做两三个，每个50厘米左右，一个舅舅送一个大粑粑，有几个舅舅就送几个大粑粑；啤酒最低要送50件（每件12瓶），原来没有啤酒的时候，有的送有的不送，现在就是有来头的多送点，没有的就少送点。娘家的所有亲戚朋友都一起吃，吃不完就分给娘家的亲戚朋友。一般都是四五十桌，多的有100多桌，要吃三天。"② 孩子办满月酒的时候，女方送给男方家的陪嫁也需要大量糯米。"生了孩子之后，由岳父取名，喝完酒过后就拿钱出来，两三万压上去了。娘家也要送东西过来了，也送糯米，挑的那种饭屉。每户送一个，有一百户亲戚就送一百个，家家户户送到女婿这里。老公的亲戚朋友来弄饭，每一个饭屉还礼二三斤猪肉，肉要用糯米草拴起来。"③

由上可知，在堂安村民的婚礼中，男方家须准备大量糯米和猪肉，才能够保证参加婚礼的亲朋，特别是女方的所有亲朋都能够分享到一份糯米饭和糍粑。作为传统，前来参加婚礼的亲朋在送上贺礼或红包时，也会带上少量的糯米。但前文已经分析过，糯米的产量较低，低产地块的亩产量不过百余斤，单家独户根本不可能种植这么多糯禾。但结婚送礼的时候又需要最新鲜的糯稻，所以很难通过多年积累完全自给。而结婚和办满月酒又花费巨大，

① 孙兆霞、毛刚强等：《第四只眼：世界银行贷款贵州省文化与自然遗产保护和发展项目（中期）"社区参与工作"评估以及重点社区基线调查》，社会科学文献出版社，2014，第171页。
② 2015年1月8日，孙兆霞访谈原村支书 YWS。
③ 2015年1月8日，孙兆霞访谈原村支书 YWS。

如结婚要四五十桌、吃三天，所以又要保留一定的现金，不能全部用来购买糯米。再加上近年村人外出打工收入增加，加之攀比之风渐增，婚礼上用到的糯米和猪肉量亦增加至数百斤甚至上千斤。需求量如此巨大，自家种的不够，又没有那么多钱来买，那怎么办呢？于是，糯米的"借—还"循环，便成为一种文化与社会规则。

所谓糯米的"借—还"循环，指的是家庭在举办重大人生仪礼时，通过向亲属"借"糯米来补偿自己准备的糯米量不足；当亲属举办重大人生仪礼时再"还"给他们的社会互助机制。与糯米同时进入这一"借—还"循环体系的还有猪肉：至亲家庭代为喂养，到人生仪礼时杀猪用肉。

1984出生的YQY（女），详细说明了糯米和猪肉的"借—还"循环机制。"像我们村寨有户人家结婚的时候糯米不够，那我们几家兄弟、房族都会帮忙。我们这里一家养一头到两头猪，你那里不够，可以到我家杀一头或两头猪都没事，这就是互相帮忙。比如今年我要结婚，大概要一百（斤糯米）。往年我种的，别人家结婚我帮人家了，帮了四十，小时候父母亲们就帮人家了的。我自己除了种糯谷，还要种稻谷，（如果）全部种糯谷就没有稻谷吃了，所以我只能种三十。这样，人家欠我四十，我只能种三十，就再借三十来，以后需要了再还。像我们这些房族，（人家结婚）通知了你，你就得去。如果你不去，等到你家有红白事的时候，他们也不会去。所以，我们房族必须团结一致，不管是喜事还是丧事都一起，我们就有这种传统、这种规定。"[1]

1977年出生的LMX（男）说得更明白：为儿子准备结婚所需糯米和肉，需要长达七八年的时间。"我九几年结婚，那时候送礼不是很多，好像四五百斤肉、1000斤糯米、米酒这些。我结婚的时候送糯米粑、猪肉、苹果、烟酒。现在不一样了，结婚要1200斤的肉，鸡、鸭、苹果这些，算起来要三四万块钱，现在不搞粑粑了，因为粑粑搞熟了放时间长了就发霉了，就把（生）糯米装成一袋（送礼）。有腊汉19岁、20岁的时候结婚，家里肯定要备些糯米，要养几头大猪。自己没有就先跟别人借，以后养了再还给别人。

---

① 2015年1月10日，曹端波访谈YQY。

像我儿子快 19 岁了，前几年我就搞一些糯米借给别人，过几年我儿子结婚登记了，他们就给我。我现在基本上准备了七八百斤糯米吧。自己家糯米就四五百斤，全部借出去了。等我儿子结婚，说一声再收回来，不够再跟别人借。基本上就是十岁（开始准备），借别人七八年。如果（别人）家里面有一两万，你和别人关系好，也会借给你。"①

（四）糯米的循环流动与家族情感的升华

在剖析堂安糯米的循环流动体系时，既要探讨这种循环体系产生的社会原因、运作的社会机制，更要关注这种社会互助体系产生的社会效果。当然，"借—还"机制让家庭能够汇集村庄资源，为家人举办一场热闹体面的人生仪礼，这是最为直观、有效的作用。但更重要也更隐蔽的是，糯米的循环流动体系，以一种全面、连续、紧密的方式，将梯田社会整合为一个共同体。"借"意味着"还"，"欠"必须"还"，这是堂安村民认可的一个简单逻辑，在这个逻辑里，堂安村民社会生成了"借—还"的糯米循环流动机制和养猪补偿机制，将整个社会嵌合在一起，亦是莫斯所谓"总体社会事实"②的呈现形式。

以糯米为例，一般某家今年娶儿媳，主家便事先依**血亲→姻亲→邻居**的顺序，到这些亲戚家中商议借糯米事宜，一般会具体到相应斤两，多为数十到上百斤不一，视其家即将收获之糯米数量而定。在堂安，每个主家在借糯米时，通常会携带一份账本，一一记下向每家借到的糯米斤两，待以后对方家要办婚礼时还以相同斤两的糯米。通常每家举行婚礼的年份是不确定的，故借出的糯米的还期也是不确定的，甚至会出现"欠"至数十年几代人的情况。我们在田野调查时发现并搜集了很多家户的糯米账本，其中一户糯米账本上，竟有 80 余年前借进而至今未还的糯米"欠"账记录。将多家糯米账单互为对照，我们发现糯米在家户间的流动。将每家每年的梯田种植糯米计划，当然也包括种植稻子和玉米的计划，即梯田及其旱地耕种的计划，以

---

① 2015 年 1 月 9 日，孙兆霞访谈老支书儿子 LMX。
② 马赛尔·莫斯：《礼物：古式社会中交换的形式与理由》，汲喆译，商务印书馆，2016，第176 页。

数十年的可持续方式进行了结构化的安排。相互依存，静待其功，它形成了整个社会的一种互助机制和整体的社会结构仪式，整个社会通过糯米的交换流动，就通过物的流动，把时间全部又结构化，而这个时间是把我们这个社会纵向的过去的、历史的、未来的时间全都在当下空间当中结构起来。

堂安村民村寨的家户之间在每一场婚礼中聚合后，都将别家的婚礼所需列为自家生产计划的一部分。在静怡的生活中耕耘和等待，在区域性的空间里保育糯米种质资源，相关保种和种植知识也在此流动中得到传递和提升。农户间的诚信、互助，通过糯米的流动，承担村人间亲人般的感情。"我们全村就是一家人"的观念，其实是依托文化事象背后的社会整合来实现的。每一个家户既是独立的、有主体性的个体，又是承担相应的社会责任与义务的村落共同体的一部分。几十年、上百年不变的承诺与依靠，成为梯田文化中糯米流动的社会整合链条。①

如果再把糯米的循环流动体系放在堂安这个村寨内部亲属关系本来就很密切的"小型社会"中，这一机制的社会整合效果就更容易理解。从血缘来看，堂安的血亲绝大部分居住在村寨内，近年虽有人外出打工，但迁出者很少。因此，堂安村民村内各姓氏的关系，任意往上追溯几代都是"亲戚"。从姻缘来看，有超过一半的村民为村寨内部通婚，而糯米的循环流动便发生在这些人中。作为家族的"家"，不仅仅是集团和社会关系的积累，还具有一种"精神"，使其在家族统一的活动中得到认同，也强化了彼此关系。② 这种"精神"，便是村落共同体的集体认同。

二 丧礼：村寨的集体参与和社会协调

"一生一死"，总是每个社会人最重要的人生仪礼。围绕婚礼与诞生礼而发生糯米的循环流动，使我们看到整个村寨的社会互助机制与集体意识的生成逻辑。那么，人生仪礼的最后一环——丧礼，又展示出堂安村落共同体

---

① 以上内容，转引自孙兆霞、曾芸、卯丹：《梯田社会及其遗产价值——以贵州堂安侗寨为例》，《中国农业大学学报》（社会科学版）2015年第6期，第62～63页
② 铃木荣太郎：《日本农村社会学原理》，时潮社，1943。

的哪一个面向呢？有研究指出，大致来说，侗族地区丧祭南北都是大同小异。总的来说要经过这么几个程序：①送终；②浴身；③报丧；④入殓；⑤开路（请道士或巫师、傩堂师做祭祀）；⑥祭灵（亲朋好友来祭祀）；⑦出殡；⑧送葬；⑨入葬；⑩吃豆腐（一般出殡前一天下午，以吃豆腐（素菜）为主，答谢亲朋好友）；⑪复三（死者入葬后三天，亲属备好祭品上坟，请亡灵回家吃最后一顿饭）；⑫烧新香（死者去世后的第一个月，亲朋好友上坟祭祀）；⑬守孝（即服丧，此习俗新中国成立后基本消失）。[①] 调查发现，堂安当前仍普遍采用土葬的方式，丧葬仪礼过程中，在老人临终（即上文第①步）、入棺（第②~⑥步）和安葬（第⑦~⑫步）的不同环节，整个村寨都被动员起来，集体参与丧礼的筹备和举行过程。当丧葬仪礼需要家庭家族参与或者触及家庭家族的利益时，村寨能够以非常有效的方式协调各种社会主体、化解各种社会冲突。

（一）临终："人与自然"的"风水观"

对于堂安开村的历史，全村年龄最长、最具声望的寨老 PZC 爷爷曾经回忆为"几只鹅发现水源并下蛋孵化为小鹅"这样极具浪漫主义色彩的民间故事。（详见第二章第一节）这样的集体记忆传承，是一种对于人与自然关系的世界观。泉水，不但灌溉了几代人辛辛苦苦开垦出的梯田，而且哺育了在此定居生活的每一个村民。课题组在调研中听到的关于"老人在临终前必须要喝那一口井的泉水才会咽气"的故事，正是这种朴素世界观的象征性表达。

堂安的女婿 ZQW 就讲到潘氏家族的一个祖爷爷"挑泉水喝"的故事。这里还有个泉水叫 ping yin 泉，在堂安处于并列第一或者第二的位置。我们家族有个祖爷爷，很高寿，90 多岁了。快要去世的时候，他就让孙儿给他拎水喝，孙儿给他拎了水他不喝，他说这不是（ping yin 泉的水），最后给他拎来 ping yin 泉的水他才满意。该泉水很神奇，两天后味道会变。老人快去世时都想喝这个泉水。堂安还有一个地方叫 ping yin 路，这是一条古驿道，非常清幽的石板路。这条路可以直接到广西富禄（苗族乡），三月初三的时

---

① 刘芝凤：《中国侗族民俗与稻作文化》，人民出版社，1999，第 132 页。

候都走这条路，但这条路现在衰败了。①

　　临近堂安的厦格村村民、原大湾工商局局长 Y，也跟课题组分享了类似的故事。这个梯田就给人一种回家的感觉。我家旁边那个井，他们现在都是晚上从从江开车到那里接水，那个水比堂安的水还要好。堂安的水看着淡，但是这水缺碘，原来大脖子的人特别多。但是厦格的那口井最好，那个水非常漂亮，水特别凉而且有味道，它不是硬性的，是软性的。我们当地很多临终的人都要喝那口水才断气的。我就亲身见到过，那个时候我还小，我大姐病了很久，但是她很清醒，她说："弟弟，我口渴，你去打那口水给我喝。"我那时候还小，就提着个竹筒去提水，拿给她喝，看见她喝了那口水就断气了。那口水好到什么程度？人临终的时候好像忘不了那口水，但是现在私人去搞自来水破坏了。不是说我在那个寨子就自夸，附近的人都公认的。②

　　我们感兴趣的不是这些民间故事的神秘性，而是故事背后呈现出的社会关联。堂安的老人去世前想喝堂安的"ping yin"泉水、厦格的人临终时想喝厦格的那口泉水。这样的"巧合"提醒我们：泉水象征着村寨整体，老人在临终前想喝本村寨的泉水，实质上是对人与自然、人与村寨亲密关系的民间叙事与记忆传承。

　　另外，老人在去世后，要请村里的寨老来家里议事，也要通知老人的亲戚朋友。请寨老来的目的，主要是为老人看"风水"，看老人什么时候下葬，坟墓安放在什么位置。寨老 LJF 详细描述了请寨老来看"风水"的过程。老人落气了，就请他们几个（寨老）来共同来商量，看丧葬的日子。潘家是 PZC，赢家是 YWG，蓝家是 WKZ，因为他与吴家结为兄弟，还有其他几个（记不住名字），一般都是七个。拿一根糯禾挂在门口，通知他们，就马上过来。他们要看这个人什么时间可以安葬，先看这个人的出生，比如今年 77 岁可以葬；再看安葬的日子，好日子就葬。（他们）还要看这个人埋在哪个方向，用几根稻草，在九个方框里摆，这样摆之后那样摆，看这个人是不是可以埋在这里。

---

①　2013 年 9 月 29 日，曾芸访谈 ZQW。
②　2015 年 1 月 14 日，课题组访谈厦格村村民、原大湾工商局局长 Y。

　　老人过世，每个族就会出一个人，像是赢氏家族、陆氏家族、潘氏家族，每个家族里面都会有一两个人懂祭祀这些事情，六七个寨老会凑在一块儿，哪天有事情就谈（指老人去世），有一个人是组织人。如果说赢氏家族比较大，分两边，那两边都要有人。老人去世，PZC管得比较多，他比较无私，但是他一个人也不敢担这个担子。老人过世要看方位、看时辰，都不能有错，这个责任太大了，所以每一个房族都会有这么一两个懂的人参与，在鼓楼下面议事。即使有一个特别懂，但他也不可能担当这么大的责任。我讲一个故事：以前有个老师傅，教了很多徒弟。他生了一个儿子、一个女儿，儿子不好学，女儿很好学，但女儿一般不学（看风水）这个东西，只在旁边听着。到他过世那天，徒弟说，随便给师傅看一天日子就行了，他女儿哭葬的时候就把这件事哭出来了，说这波人对父亲怎么怎么样。后来这波人才觉得师傅这个女儿这么聪明，不能胡来，后来就改了日子。后来才说为什么即使有一个很懂的人，也要多找几个寨老，大家一块商量，商量什么时辰、什么方位。①

　　请寨老们给老人看"风水"，很特别的一点是采取"集体决策"的方式：每个家族都要有一个寨老参与。这种"集体决策"，既能够保证为老者选择"风水"最好的下葬时间和位置，又将家庭、家族和村寨整个联系起来，成为全寨的公共事件。但看风水安葬的方式会带来两个问题：一是老人有可能不会立即下葬，而要等到算出来的那一天，这样老人的尸体就要在停放一段时间；二是老人下葬的位置不确定，可能刚好在村庄的公墓里面，也可能会占到村民的耕地。那么，如何协调老人所在家庭和其他家庭乃至整个村寨的利益呢？

　　如果老人一两年都不能下葬，那就先在山上或田里面搭个架子，把老人的棺材放在上面，直到合适的时间、合适的位置再搬过去下葬。

　　问：那一年、两年都下不了葬的（老人）咋整呢？
　　答：那种直接找个地方，山上也行，田里也行。搭个架子，放在架

---

① 2014年3月15日，刘童访谈YGS。

子上面。就像现在 LMZ 家，现在他老妈放在停车场那边，棺材都没有落地，直接架在那里。等到可以修墓的那一年，找一块适合他老妈的地，就把棺材搬到那里去下葬。如果是他自己的地，就在他的地里面下葬。①

在为老人选择坟墓的位置时，寨老们也会先在公墓周边选择位置。堂安村共有两块公墓，公墓并不按照家族分殊，全村的人都可以根据"风水"原则选择最适宜的坟墓位置；但寨老们也不会在全村随便选择位置，而会优先考虑把一个家庭、家族的人安葬在公墓的相邻位置，只有在公墓没有合适位置的时候才会选择其他地点。

问：村里面的老坟墓都是哪些姓氏的？

答：我们寨子里面有两块墓地，"wen ji pei"（音），那块（墓地）陆家比较多，大陆小陆都比较多，上面的有几个潘家，是大潘家，只有几个，其他的都是大陆小陆。还有"ban pe er"（音）这个地方的墓地，这里潘、陆都有，进来的时候，这个地方没有指定是谁的。②

我们这里有几块墓地，但也没有说随便在哪块地、哪个位置葬，我们的墓地都是集体的，比如我家的葬过去一点点，全部葬在那个范围。我们为去世的老人选择下葬（方位），如果那一块地还没有人在那里下葬，一般情况下也不会选择那个位置。如果你葬在某一个地方，一个人在那就是比较孤单的。以前老人家就那样子划了（两块墓地），所以现在只能先那里下葬，满了又得找其他地方。③

如果寨老们在公墓周边找不到适合老人的位置，而选定的位置在其他村民的田地里的话，那根据"死者最大"的原则，先为老人办理丧葬仪式，

① 2021 年 4 月 28 日，曾芸、徐磊访谈 PZC。
② 2015 年 1 月 12 日，曾芸、卯丹访谈 PZC。
③ 2021 年 4 月 28 日，曾芸、徐磊访谈 PZC。

过后老人的子女再送钱给占用这家土地的村民以示补偿，这家村民也只收三百元，象征性地表示接受。

　　问：选墓地的时候是怎么看的？

　　答：要看出生年月跟死亡时间，（公墓）满了、没有空了，也要到别人家的地方上面去找。假如其他地方也不合，别人家又有田在那里，就先问人家（商量）。一般都会给，（毕竟）"死者最大"。但是你把丧事办完了之后，就要送300块钱过去。你拿再多人家也不要，你送几万元人家也只收三百。这个是互相的，原来是三两，现在是三百。①

　　人与自然的"风水观"，让人看到个体、家庭、家族和村寨是如何贯通为一个整体的。对于去世的老人和家庭而言，"死者最大"和"风水"原则使他们能够在全村寨选择最佳安葬位置；但是家庭、家族仍然会优先选择公墓位置，因为他们不想一个人"孤单"；村寨里的其他家庭、家族也会尽力照顾老人安葬的需要，因为他们知道这是"互相"的。"互相"一词，道出了堂安村民整个村寨满足老人安葬"风水"原则的本质，道出了侗家村寨共同体的本质。

　　（二）入棺：集体成员身份的再确认

　　老人在去世后，如果确定第二天可以下葬，就要进入丧葬仪式的"入棺"环节，要为老人换装、换床、入棺，然后将老人的棺材抬到鼓楼，老人的子女亲朋为其烧香、烧纸，并请乐队吹奏、请人来"喊礼"，全村寨的人为其烧白纸钱、送慰问金，老人家庭招待前来吊唁的亲朋好友并还礼。YWY对这一流程的讲述十分细致而生动。

　　　　如果第二天可以下葬，就通知亲戚，先通知他的舅家（最大的一个），也是带一根糯禾，让他来家里面听那些师傅说葬在哪个方向、什么位置，如果有什么意见的话可以提出来，因为是最大的舅家。还要通

———————————
① 2015年1月12日，曾芸、卯丹访谈PZC。

知女婿家，女婿要准备糯米，还没出米的话就要去舂米，准备二三百斤生米，还有孝葬、蜡烛、炮、纸、糖果这些，看女婿的能力。通知舅家和女婿家是最主要的，然后通知家族里面所有的亲戚。

到了第二天早上，就得给过世老人换衣服，由媳妇和女儿来换，老人①也会在，指导媳妇和女儿一起（给老人）换衣服，换衣的时候要戴帽子、手套、袜子、侗衣，有圈圈花纹的那种衣服。换装的时候不能有任何铁的东西在外面，耳环这些要取下来交给儿子。换装的时候有的在卧室，或者方便人看的地方。换装的时候不洗，换好装之后在老人嘴巴放点银子（侗语"mǎ"），意思是让他投胎后不会乱说话。还会换床，把老人抱起来放到另外一张床上，地点是一楼门口进去（的位置），头对里面，脚朝外面。换床之后就有一些女性送毛巾、侗布，盖在尸体上面。大概上午九十点钟的时候，就可以出门了。

安排六个（本家族的）老人，把尸体抬出去。儿子也得抬，表示孝顺。有孙子的话就让孙子在前面拿着牌位，走一段路就跪下来拜一下爷爷，不管刮风下雨天都要跪，一直到鼓楼，放到棺材里面。要把烧纸钱垫到下面，就可以盖上棺材，之前送的毛巾、侗布都收了，盖到棺材上面。然后准备四个杯子，盛点酒放在棺材上面。然后就会请一个师傅，比如PZC师傅来唱一段，这段说辞叫"sǎng mū suī"，说完了之后就到下一步。

下一步就吃中午饭，在老人家里面吃，装不下了也可以在鼓楼吃。以前就吃一碗猪肉汤，早上吃腌鱼、籼米，现在改成吃糯米了，中午不吃肉，晚上才吃。远的亲戚不用带碗，寨子里的亲戚从自己家里带碗。吃完中午饭，又返回鼓楼去，大概（下午）一二点的时候就准备烧香。女婿在没烧香之前就要准备孝葬那些东西了，挑煮熟的糯米过来，还有一小坛酒、还没切的腌鱼、烟、糖这些。（如果老人）没有女婿就由舅家来准备，把这些东西挑到鼓楼那里。

烧香的时候，以前会请一个人来"喊礼"，从老人的出生讲到去

---

① 这里的"老人"指女性老人，男性老人一般不在场，只有老人的儿子在。

世：小的时候母亲怎么养，长大以后怎么有儿子、孙子，然后怎么结束。有些眼泪比较浅的都会掉眼泪。"喊礼"结束，女婿就开始烧香，女婿过后就到舅家，舅家过后是其他亲戚，来烧香的这些人都是男的。最后是由年轻人过来烧白纸钱，我们叫"dào jì bá"，意思就是送礼，还要送钱，所有亲戚都得送礼，比如我和老人家里没有任何亲戚关系，我就得烧白纸钱，要送钱。以前（九几年的时候）就送一两块，由一两个人记录、统计之后就去烧（白纸钱）。全部搞完之后，就把刚刚女婿准备的糯米、腌鱼、糖果这些散给鼓楼的人，现在（糖果）都丢到地上捡。散完之后就开始拿绳子绑棺材，抬去埋。①

由上可知，堂安老人去世后的"入棺"仪式与汉族有诸多相似之处，如通知舅家、女婿家，给老人换装、入棺、烧纸钱等，但最大的不同之处在于，老人的棺材要在鼓楼停放一段时间。"只要有人过世，都要抬到鼓楼停放四五个小时，再抬到山上（安葬）。（如果）日子已经选好，可以走了，就不留在家里了。"② 老人的棺材停放在鼓楼，有三个方面的功能。第一，老人的家庭不必通知村寨的每一家人，但每一家人都会获悉老人去世的消息，这依赖于农村社会的信息传播和舆论特点，毕竟鼓楼是整个村寨的公共空间核心。第二，老人的子女、家族，如何怀念、哀悼老人的整个过程，就呈现在每一个村民眼前，无论是给老人换装、唱祭（"sang mū suī"）、念祭（"喊礼"），请乐队来家里和鼓楼吹奏，还是老人的女婿备饭招待来吊唁的全寨村民，都从家庭、家族扩展到村寨的公共空间，这也表明梯田社会是一个"透明"的农耕社会。第三，村寨中的每一个家庭，都参与到哀悼老人的丧葬仪式中来，烧白纸钱（"dào jì bá"）正是家庭哀悼老人的社会规范与共享仪式。最终，老人的去世不再是老人所在的家庭的"私事"，也不仅是某个家族的"公事"，而是由全寨村民集体参与的过程。在此意义上，虽然老人已经去世，但他作为村寨一员的身份再次得到确认甚至强化。

---

① 2015年1月9日，曹端波、徐国江访谈 YWY。
② 2013年3月30日，孙兆霞、曾芸、李宗倩访谈原村支书 WKL。

如果说普通老人的"入棺"仪式从正面表明村寨集体对他/她的尊重，那么村寨对于"非正常死亡"老人的集体排斥，则从反面表明成员身份对于在村寨举办丧葬仪式的重要性。堂安寨老 PZC 解释了村寨如何对待"非正常死亡"的老人。

　　在外面死的都属于意外死亡，他们直接火化，就不会再土葬了。如果放进村的话，就怕类似这种（意外死亡）的事情一直延续下去，到时候村里面又有这种意外发生。假如老人生病住院，住院的时候可能有点撑不起来了，那就赶紧得拉回家。像 LCK 的奶奶，就属于非正常死亡，她生病后孙女陪她去县医院住院。他们两个还聊天到十一点，睡觉的时候还特别好，到第二天她孙女醒的时候就走了。（棺材）就在他家的林地里面，还没有下葬。LCK 的爸爸觉得他妈不是意外死亡的。摔死的绝对不允许，村里面的人都会去路边拦着，不会让他们进来。像她这种不是摔的，可以进鼓楼，但必须"jiǔ nà"（音译），就是必须杀猪杀牛，请全寨大大小小的人吃一顿。意思就是你从外面进来，对我们村的经济啊、人啊、繁衍啊各个方面，都不是很景气，请全村的人吃饭就相当于赔罪。

　　如果意外死亡的，强行进入鼓楼，那村民会让领导去跟他沟通，叫他给赔个罪。如果人家没赔罪，那村里面的每一代、世世代代都会当作一个故事来讲，你就没面子的那种感觉。像我们 ZG 的丈老（岳父）就属于非正常死亡，他们把他送去县医院又送回家。他们家人说他还有气，意思是还没有死，但是我们也不确定，所以村里面的人就说不允许他进鼓楼。后来他们房族听到儿子说要强行进鼓楼，后来也强行进了，但是去送行的只是个别人而已。我们这边如果有个老人去世，全村的男青年都要去抬棺，但是这一次只有他们的亲戚、房族里面的人自己抬出去的。①

_____

① 2021 年 4 月 28 日，曾芸、徐磊访谈 PZC。

由此可见，堂安村民对于"非正常死亡"的老人，往往会"剥夺"其作为村寨集体的一员的"成员身份"，并限制其理应享有的集体成员丧葬权利，因为老人的丧葬仪式有可能给村寨集体带来不好的事情。但这种"剥夺"又不是绝对的，老人的子女通过请全体村寨的人吃饭，与其说是对村民的"补偿"，不如说是请全体村民重新接纳老人入土为安。

（三）安葬：亲属、社会关系的强化

老人的棺材在鼓楼存放一段时间，在所有哀悼的活动举行完毕后，就到了入土为安的阶段。YWY介绍了这一阶段的大致流程和部分细节。

抬（棺材）去埋的时候，就是寨子里面年轻人了，有没有亲戚关系的都要去帮忙。其他地方也有要求舅家要抬一边的，我们这边不要求，主要是年轻人负责。棺材抬到鼓楼外面，舅家就拿一只鸡往棺材里面敲三下①，然后抬走。抬棺的时候，年轻人会搞点热闹，抬过去又退回来。女儿走在最前面，必须要撑把伞，棺材在后面跟着，洒一些米、纸钱，目的是引他去。抬棺材的时候，比如我老婆怀孕，我就不能去抬，但可以跟着去，表示"我也去了"，以后我家有人过世了也有人愿意给我家帮忙。

到墓地时候，就要检查挖的墓地，如果可以就下葬，不可以就再修整清理一下。挖棺材地的时候要找四个人，这四个人必须与他家里面没有任何亲属关系。下葬的时候还有个细节，就是在鼓楼烧的纸钱和香这些留下的灰，下葬前要洒在墓地里面，然后就下葬。下葬前要用杉木皮搞一把火，有一个人拿去摇一下。下葬的时候还会准备一个竹编，装一篮子土，由舅家把这把土先倒下去，然后旁边的人才能把周围的土倒进去。有儿子的就在墓前跪下哭三声，埋平之后用手交叉，（意思是）背着老人的魂回堂屋的火塘前，说："老爸，到家了，来烤火了。"然后就到吃完饭的时间了。晚上就不吃鱼了，就吃肉。猪肉煮熟之后切一

---

① 原来有的会把鸡敲死，现在就随便敲一下。如果鸡被敲死就给舅家，如果是活的就留给老人自己家。

串，用竹片穿三坨肉，一人一串，不管够不够，就是那么多。不像现在都是搞菜，以前都是吃猪肉串，在鼓楼那里吃。家里摆个两三桌就可以了，有面积就多摆一点。和早上一样，村里的亲戚自己带碗筷，远的就（带着肉）回家吃。吃完晚饭就结束了。

第二天，家族和舅家的男性要提前去把坟墓弄好，天亮一点就去了。弄好后，大概是十一点的时候，女性（女儿、媳妇这些）就把以前穿过的衣服这些挑到坟墓里面，不烧，意思就是给他衣服穿，烂的衣服就拿去烧了。弄好之后就再给他烧香，回来吃中午饭。下午就结束了，所有亲戚就返回家了。晚上要回女婿家吃晚饭。家族的男性去，女性不能去。我们叫"jiàng guó jiàng dìng"，意思就是"吃了这一餐饭，我们两家的亲戚就可以随时来往了"，还没有"jiàng guó jiàng dìng"之前，"你也不能来我家，我也不能来你家"，有女婿就到女婿家，没有女婿就到舅家。女婿准备菜的时候，米、肉已经准备好了，是（男方家族）还礼的，女婿只需要准备菜就可以了。葬礼基本就是这样了。①

丧葬礼在"安葬"环节，最大的特点就是"全村都要来"，社会和亲属关系在互助合作中得到强化。要上山的时候，全村的都要出来帮忙，男的要帮忙抬到安葬的地方。大家都知道上山的时间，每家都要帮忙。这种是大事，要是不出来的话，到你家的时候人家就不会帮你家。②

当老人过世的时候，都是靠我们的腊汉，不可能我们房族、兄弟姐妹或者亲戚。不管男的女的、老的少的，都是村里的腊汉抬棺材。这次抬棺材的腊汉有五六十个。我们村上有的腊汉在外面打工，附近的要回来，比如肇兴、从江、黎平，遇到这种事情都要回来抬棺材，像在广东就回不来。我们村寨比较团结，不管是你还是我，家里有什么事情都要回来，如果不回来，家里的老人小孩代替总是一种心意。③

① 2015年1月9日，曹端波、徐国江访谈YWY。
② 2013年3月30日，孙兆霞、曾芸、李宗情访谈原村支书WKL。
③ 2015年1月10日，孙兆霞访谈YQY丈夫。

从老人"安葬"的过程可以看出，村庄男性"接力抬棺"，跨越了家庭、家族的分界，强化了整个村寨不同家庭、家族的社会关系。老人去世后，老人的女婿和老人所在的家族可以"随时来往"，降低了老人去世导致两家关系弱化的风险，通过请客吃饭的方式使两亲家之间的关系得到巩固和强化。

三　成人礼：腊汉的"年龄组"制度与组织化

课题组调研发现，堂安有一类特殊的青年群体——"腊汉"。堂安村民将年满十六周岁至未有孙辈的男子统称为"腊汉"，成为"腊汉"不仅标志着一个男性从此以后可以参与祭萨、踩歌堂活动，可以到姑娘家"行歌坐月"，而且意味着要承担组织村寨之间的芦笙比赛、代表全村寨接待来"月也"的外来村民等重要责任。上文讲的"抬棺"的青年男子指的就是"腊汉"群体。"腊汉"群体以"年龄"作为准入与退出的基本条件，并且以参与组织村寨集体活动确认"新腊汉"的群体身份。成为"腊汉"不仅是一种"社会化"的自然过程，而且带有一定的强制性，如果青年不参与腊汉群体的生活，那么他将被整个腊汉群体甚至被整个村寨排斥。这种"年龄组"制度，不但强化了年轻人作为村寨一员的身份认同，而且保证了村寨公共活动的动员、组织能力。

（一）"新腊汉"的成人仪礼

每年的农历六月十六，堂安村内都会在鼓楼举行男子"新腊汉"成人仪礼，亦称"腊汉节"。这一日之前数日，村寨中数个年满16岁即将进行"新腊汉"成人仪礼的青年人便聚在一起，在寨老的指导下开始筹划并组织该年的"腊汉节"，仪式费用由村中男子承担，规则是：有腊汉的人家，特别是家中有年满十六周岁男子的人家，须多承担一些费用，一般是200~500元不等，其他有青、壮年男子的人家，出100元左右的费用。

农历六月十六当日午时，全村人都会陆续来到鼓楼，有孙辈男女老人们自此时便可以对坐，开始欢乐的踩歌堂。至晚餐时分，按居住区域地或村民小组或家户为单位，分组聚餐。此一日，堂安村民对人们的服饰有所要求，有孙辈人家，爷爷们须穿"龙袍"，诸腊汉须穿"礼衣"，妇女们则穿盛装，孩童们亦要换上新衣。未婚年长的单身男子或年长虽婚配却未有孙辈的男子，被视为介于"腊汉—穿龙袍的爷爷"之间的一个群体，他们可既不出钱，也可不着盛装，通常会有新腊汉们特邀参加活动，其可选择参与或拒绝，但多会参加该成人礼，成为全村活动中的有机组成部分。"新腊汉"成人仪礼，虽内有人群、性别之分，但此仪式却是村寨集体与个体社会化融合的重要环节，鼓楼在此结构性地成为社区能力及社会资本生产的平台，即文化展演之地，亦是社会共同体之物标。①

有人类学的研究指出，仪式在整体意义上是一个"结构"，经由"分离"阶段到"阈限"阶段再到"交融"阶段的过程。"阈限"阶段非常特殊，是一个混沌、没有结构的状态，或者说是结构的"缝隙"；而"交融"则重新恢复到有序的社会状态。仪式可以分为"地位提升仪式"和"地位逆转仪式"两种。② 虽然这种分类带有明显的二分法特征，但仪式与社会地位的关系却不可辩驳。通过"新腊汉"成人仪礼，腊汉的社会地位提升得到全村寨的确认，他们开始从"男孩"长成为真正的"男人"。

（二）腊汉的"年龄组"制度

侗族的"腊汉"群体，让人想起成年期的努尔人"瑞克"（ric）。男子们通常在 14～16 岁举行成丁礼（一种残酷的手术），父亲"年龄组"的一个成员会为他举行一种仪式，代表这个"年龄组"为他祝福，其氏族也会有一个成员向他表示氏族的祝福。该"年龄组""没有任何行政的、司法的或其他专门性的政治功能，领土也并不交由他们来管理"。而"在更一般性的社会关系中，主要是在一种家庭性与亲属性的秩序中，行为才特别地受到人们在年龄组结构中的位置的决定"。"自此以后，直到他成为丈夫与父亲，他的主要兴趣就是跳舞与谈情说爱。然后，他就成了一个'真正的男人'；'他参加了战斗而没有逃开；与同龄伙伴进行决斗；种植了谷园，娶了一个妻子。'"③ 腊汉群体的行为，同样受到"家庭性与亲属性的秩序"的影响。

---

① 孙兆霞、曾芸、卯丹：《梯田社会及其遗产价值——以贵州堂安侗寨为例》，《中国农业大学学报》（社会科学版）2015 年第 6 期，第 64 页。

② 维克多·特纳：《仪式过程：结构与反结构》，黄剑波、柳博赟译，中国人民大学出版社，2006。

③ 埃文思－普里查德：《努尔人：对尼罗河畔一个人群的生活方式和政治制度的描述》，褚建芳等译，华夏出版社，2002，第 289、290、295 页。

对于一个青春期的男孩来说，成为"腊汉"意味着权利和责任两个方面的重大变革。

第一，权利方面。腊汉可以去姑娘家"行歌坐夜"（详见第二节），跟一群女孩子弹琴、对唱、聊天，甚至晚上住在姑娘家。同时，"腊汉"被允许参加村寨的所有公共活动，如祭萨（多耶）、踩歌堂等，还可以代表村寨参加芦笙比赛、斗牛比赛等活动。正月初八，在全村迎接萨神到鼓楼的"祭萨"仪式中，腊汉和同龄组的姑娘会跟着寨老唱歌给萨神听，仪式结束后小伙子和姑娘就对唱情歌、野歌，唱完歌后腊汉就回家做饭做菜，到鼓楼那里摆桌聚餐，"目的就是为了尊敬老人，老人辛苦了"。[1]

第二，责任方面。腊汉作为梯田耕种的重要劳动力，要开始学习口口相传的农耕智慧，而腊汉的父亲不但要支持腊汉的工作，而且要对他做的不恰当的地方进行规制。男孩结婚的时候，接新娘回来后，腊汉们会在新郎家等挑东西回来的姑娘，来了后还会抹姑娘的花脸并留姑娘在家吃饭；村里的老人去世的时候，在附近打工的腊汉都要回来为老人抬棺材，即使出门太远也要请父母送钱。年后村寨与村寨之间"月也"，一般是村干部和寨老、几个腊汉商量，商量好了让腊汉去送请帖。如果一个男孩是腊汉但是不承担腊汉的职责，最大的惩罚就是"不能进鼓楼"，这意味着被村寨集体排斥。

（三）"腊汉"的组织化与身份认同

"腊汉"群体与努尔人不同的地方在两个方面。第一，"腊汉"身份与"村寨"的关联度比跟家庭、家族的关联度更高，甚至带有更强的"集体强制性"。这种"集体强制性"通过正反两个方面发挥作用。如果青年主动履行腊汉职责，不但能够受到腊汉群体的认同，而且还会得到村委会这一村寨正式权力组织的认同和接纳。第二，腊汉群体有内部组织，以大家推选的"头腊汉"为领导者，负责筹办、组织村庄集体活动并承担活动所需费用。特别是接待其他村寨的客人时，腊汉显示出很强的自我管理能力和身份认同意识。

堂安文书YWS分享了腊汉在中秋节前后组织芦笙表演、芦笙比赛的整

---

① 2015年1月10日，曹端波访谈YWY。

个过程。八月十五芦笙比赛的时候，"头腊汉"负责安排几个制作芦笙的师傅的吃住，饭菜都是由腊汉亲自来做，而且"这餐饭做得好是你的面子"。八月十五做芦笙的时候，头腊汉来安排师傅们落到每家每户吃饭，你就要准备饭菜给师傅吃。像去年我们做了27把芦笙，一把芦笙180元，从18～35岁以下（指腊汉群体）有多少人，就平均下来给。不在家就要寄钱过来，这个有村规。做芦笙用的竹子从山上来，比较耐用。竹子要拿公费去买，由头腊汉率领去买，集体到山上去买的。从七月中旬开始，到八九月份晚晚都很热闹，不是我们去就是他们来，今天去你们寨子，明天你们来我们村寨。经常跟我们比赛的有厦格、肇兴、登杠、井兄、坪宽、秦吴、秦芭。要是秦芭就要吃饭，路程比较远；要是厦格就吃点油茶。也是由头腊汉来安排，在腊汉家转着吃。每个腊汉家来吃饭的人很多，一个腊汉没有1000块钱"打发"不出去。如果安排到你家吃饭，你必须出钱，不在的话（如外出打工）都要寄钱过来，也可以找父母代替你交。比如我们这里有70个腊汉，要做4顿饭，就把70个人分了，每顿饭多少人。就这么随便分，不会按姓氏、也不会按年纪分，全都是乱分的。这餐饭做得好是你的面子。

　　头腊汉说话比较算数、做事比较干脆、敢作敢当。这些人比其他人说话有礼貌，做事文明。头腊汉要在鼓楼里面来选。每年开始做芦笙的时候，那个喜欢芦笙、做事不推脱的就来做头腊汉。如果有差不多的两个人都想做，那他们也不会去争，而会自己让位。打个比方，你比我多认识两个字、文化比我高，口才比我好，做事也能做，我就让位给你做。腊汉们比较相信他。头腊汉的爸爸在工作方面要支持他，如果他（指头腊汉）说得比较过头了也要跟他说。今年他是头腊汉，下一次就不一定是他。以前村子里面做过头腊汉的要主持工作，整顿村子里面的问题，我们（村委会）如果有什么事就会通知他们过来，提出宝贵的意见，协助我们做。我们在某些情况下也会听他们的，一起来做全村的工作。

　　吹芦笙没有调子，一般是吹得整齐、吹得响就说明吹得好。调子是芦笙师傅定的。一架芦笙由两个人吹，去年27架就需要50多个甚至到60个腊汉来吹。在吃饭方面，我们如果去30个，他们来70个，都不会说你人太多，巴不得你来人多，人多更热闹。吹芦笙男女老少都来看，不是跳舞就是看他们（指腊汉们）吹芦笙。（腊汉们）最后到肇兴比赛，评个冠亚军，冠军要得几千块钱。大家回家来，就喊厦格的这些兄弟们一起放炮、抬酒庆祝冠军。①

此外，课题组调研时也发现，虽然堂安没有像腊汉这样的青年男性群体，但是通过"腊汉"来对青年男性实施的教育引导、行为约束同样适用于青年女性。成为腊汉，就说明孙子长大了，十七八岁了。爷爷奶奶也老了，会教育孙子孙女。男孩子十七八岁了要成家了，要娶媳妇了，要会讲大人说的话，说话要跟大人一样，要有共同的话题，要撑起家庭的劳动力。孙女以后嫁到别人家，必须要勤快一点，要学会做饭、做家务，还有一些礼节方面，懂礼貌一点。如果嫁到外面去了，但你在礼节方面不好，人家会说这些老人教育不到位。所以要教育他们。② 与堂安同属黎平县的铜关"五百地方"还流传着"十八腊汉腊乜"为爱殉情的凄美故事，"腊乜"即是跟腊汉相对的青年未婚女性群体的称呼。在此，"腊汉""腊乜"所代表的"年龄组"就不仅仅是特定的青年男性群体，而是带有很强的社会属性、承担家庭生产和村庄公共生活组织的制度。成为腊汉是男孩"社会化"的重要方式，也是男孩真正成为村寨共同体担纲者的重要机制。

第二节　梯田社会的公共生活与跨域联结

在凝聚社会成员、建构集体意识的过程中，一种不可忽视的力量即是少数民族的集体仪式以及与之相关的强烈身份认同。人类学研究中，"仪式被看作是规范化行为的一个类型，它象征或表现了某些东西，而且由此与个人意识和社会组织形成了不同的联系"。③ 堂安的集体仪式与公共活动，维系着梯田社会成员的社会关联，也在不断强化梯田社会特定群体的身份认同。

从时间维度来看，与其他侗族村寨一样，堂安的公共活动是根据农业种

---

① 2015 年 1 月 8 日，孙兆霞访谈堂安文书 YWS。
② 2015 年 1 月 10 日，孙兆霞、曾芸访谈 PZC。
③ 菲奥纳·鲍伊：《宗教人类学导论》，金泽、何其敏译，中国人民大学出版社，2004。

植节奏同步进行的：农历腊月二十五至正月初一，堂安村民与全国人民一起过春节，村寨戏楼处唱侗戏，热闹非凡。正月初八，堂安村民要举行隆重的"祭萨"活动，当天会有踩歌堂，全体村民盛装对歌，长桌宴聚餐。农历三月初三，是侗族的花炮节，全体村民都参与花炮的争抢，得者奖励。五月初五，与汉族相同的端午节（粽粑节），包粽子，村民间相互做客聚餐。农历八月十五，全村齐聚，吹芦笙，杀猪斗牛过中秋，斗牛胜者也会获得一把镰刀或者一包好烟。

但如果从村寨公共活动的"参与主体"来看，这些公共活动大致可以分为三类：第一类是村寨内部青年男女结群恋爱的活动，即"行歌坐月"活动；第二类是全体村寨成员共同参与、集体欢腾的活动，典型代表为"踩歌堂"活动；第三类是村寨与村寨之间互动走访、跨域联结的活动，以村寨之间的"月也"和芦笙比赛为例。本节将通过这些村寨公共活动参与主体、组织方式的分析，阐释这些公共活动所起到的社会整合、社会团结和集体意识形塑功能。

一 "结群恋爱"：青年男女之间的"行歌坐月"

"行歌坐月"，又称"行歌坐夜"，侗语意思是"去找姑娘玩，去走夜"，是青年男女的一种交谊活动和恋爱方式。这种活动流行于侗族聚居的南部地区，场所主要在室内，即在女青年家中的堂屋或火塘边，活动对象是异家族的青年男女，同家族青年男女互不行歌坐月，通常在晚上进行。当夕阳西下、夜幕降临，吃过晚饭之后，男青年往往成群结队，怀抱琵琶边走边唱，边走边弹，那时候，异家族的姑娘们也三五成群，早早聚在一间宽敞的木楼或歌堂纺纱、织绣，等待小伙子们到来坐夜、弹琴唱歌。当姑娘们听到楼下的小伙子们的琵琶琴声时，往往要故意地把房门闩上，小伙子们须弹琴唱歌和喊门，然后男女须隔门对歌。于是小伙子们唱《喊姑娘歌》《求开门歌》《妹亡情歌》《妹嫌弃歌》《想念妹歌》《喊妹起床歌》《夸妹歌》等，姑娘们要唱《问客歌》《闭门歌》《劝回歌》等。姑娘们开心、舒心、动心之时，才打开房门让小伙子们进屋行歌坐月，谈情说爱。行歌坐月常年都可进行，多在农闲时。①

（一）行歌坐月的"结群恋爱"特征

如果把"行歌坐月"仅仅理解为侗族古时候男女青年私人交往唱唱情歌相识并谈情说爱的一种习俗，那可能是对"行歌坐月"的一种"现代式误读"。侗族青年男女行歌坐月，很少一男一女，多者五女八男一起，有结群恋爱、集体坐夜的性质。有的地方行歌坐夜无须回避父母和兄弟，即使父母和兄弟在场知道也不要紧；有的地方则须回避父母与兄弟，父母、兄弟还在堂屋里时，绝不开门让小伙子们进屋对歌和谈情说爱，以示对家人的礼貌与尊重；有的地方男女青年只能在姑娘的闺房内外，爬窗对歌和谈情说爱。② 课题组在堂安调研发现，"行歌坐月"带有很强的集体性特征，很少有一个男生去一个姑娘家"行歌坐月"的，基本上都是三五成群去、集体参与的方式。1995 年结婚的 LZG 称自己是"最后一代行歌坐夜的人"，他描述了行歌坐夜时，一个小伙子应该如何面对一群姑娘以及姑娘父母的场景。

> 她们（指姑娘们）都有一些暗号，比如"我来了开一下门"，我一进门她们就关门。我们到人家（指姑娘们）的大门，都是先敲门，讲那些喊门的话。如果姑娘她有点高傲，不是一叫马上就给开门，她还会不断试探。有时候要在门口喊十几分钟。一边敲门一边喊："姑娘开门勒！""外面好冷呦！"尤其是冬天的时候，外面有点风雨冷，就喊："外面风大，外面这么冷，可怜我们是从远方来的，从别的村到这里来的，开一下门哦！"也可能是（姑娘）她老爸老妈主动过来开门，问你能不能唱一首歌。你要用歌声打动她老爸老妈。唱的是山歌的调子，大概唱"老人家，我们是外地的一些小伙子，喜欢家里小妹，外面太冷了"这些，然后老爸老妈就叫她来开门。刚一进去家里，身上有烟的必

---

① 李德洙、梁庭望主编《中国民族百科全书 11》，世界图书出版公司，2015，第 348 页。
② 腾讯公益：《侗族大歌——铜关：十八腊汉腊乜的传说》，https：//gongyi.qq.com/a/20111017/000047.htm，最后访问日期：2022 年 3 月 25 日。

须要散给老爸老妈，先和老爸老妈聊天。行歌坐夜是男女对歌，我们这边唱六种琵琶歌，唱得相对欢快一点。①

（二）行歌坐月的"村社教育"功能

行歌坐月首先要求男孩有勇气、有智慧去用各种方式打动女孩和女孩的家人。作为一个长成为腊汉的青年男子，特别是那些口才和才艺都不出众的青年，去姑娘家行歌坐月往往还要带点鸡鸭等礼物。因为"男女青年谈情说爱，主要通过行歌坐夜来进行，靠歌来穿针引线，以歌为媒。小伙子晚上到姑娘家去行歌坐月，先要唱开门歌，再唱初识歌、交结歌、恋情歌、定情歌、盟誓歌等，必须通过歌来逐渐地打开姑娘的爱心。一个不会唱歌的小伙子，不仅很难得到姑娘的喜爱，而且连姑娘家的门也难以跨进"②。但是男青年的父母可能不会给他们钱，这就要求青年在耕种之余发展各种"副业"，以筹集行歌坐月的礼物所需资金。在此意义上，行歌坐月具有教育男青年经济独立、自力更生的村社教育功能。堂安文书 YWS 就讲述了自己为了准备"行歌坐月"的礼物所经历的趣事。

那时候我还没去广州打工，农闲的时候，一回家就吃晚饭（准备去行歌坐月）。那时候电筒很少，也没火把，提一盏马灯就（跟兄弟）一起去行歌坐月，帮老根（指兄弟）去闹。比如你看中那个姑娘，明天就帮你去闹。只要是你喜爱的对象，无论有多远都去，最远的走了 20 多里路。20 里之外去闹要特殊一些，要带钱去买鸡鸭煮稀饭，价钱是不讲的，该是好多③就是好多，比如 25 块/斤，不管多少斤就给一两百，这样有面子一些，晚上杀了煮稀饭吃，叫她们（指姑娘）起来喝酒，酒是她们家的。如果没有钱，就去偷，明天再给钱。（被偷的人）看到没了鸡鸭，就知道有个外地的汉子来行歌坐月了，他不说什么，也不会

---

① 2021 年 4 月 25 日，杜星梅访谈 LZG。
② 吴浩主编《中国侗族村寨文化》，民族出版社，2004，第 493 页。
③ "好多"，地方用语"多少"的意思。

问。还钱的时候就说："对不起，昨天来怕打扰你们的美梦，你们的鸡是无价之宝，这个是小小意思。"

都二十几岁了，父母怎么还会给钱？都是自己去弄。挖杉树油卖给林业站，挖中草药，种点菊花，都是自己去弄。我们去过厦格、肇兴井兄、龙额上地坪等这些地方。苗族的不去，他们说话我们听不懂，我们说话他们也听不懂，汉族的村也很少去，基本上去的都是侗族的村。我们去的主要是侗寨，和我们比较相像，离得比较近，发音相同的我们才去。行歌坐月的这个圈，要基本上谈得拢、能互相交流的。行歌坐月不是确定要结婚，等于我来走过一圈，哪里有漂亮点的，互相看一眼。①

行歌坐月不仅是小伙子和姑娘之间的活动，姑娘的父母也会参与其中，所以行歌坐月对小伙说话、唱歌、做事的要求很高，从而成为村社教育的过程。

行歌坐月的时候不用带礼物，比如我暗恋你、看中你，就去你家坐月，女孩也会叫姊妹过来。几个男子汉和那边几个妹子坐在一起，弹起琵琶来，吃点瓜子，说点笑话。两个也行，三四个也行，七八个就多了，一般三四个就够了。人多就太吵了，嗓门比较大，搞得邻居睡不着觉。他们（指女孩父母）最喜欢听这个（指腊汉唱的歌）了，还会喊你（来的腊汉）唱歌。近的村子不用（在姑娘家住），一两点钟就回去休息了。远的村子就坐到天亮，不睡觉，天亮回来继续种地。行歌坐月也不分季节，高兴就去。

要想让姑娘看上你，各有各的办法。第一要长得比较帅，第二要看勤不勤快，第三看讲话口音土不土。就是有礼貌一点、温柔一些。讲话比较土的很少（被看中），谁温柔谁被看中。不会唱歌也不一定就被瞧不起，你唱歌唱得好，我说话说得好，各有各的特色。你和我都喜欢同一个姑娘，我们不是"情敌"，而是都是好朋友，都是"我们的"，不

———————————

① 2015 年 1 月 8 日，孙兆霞访谈 YWS。

能让"他们"抢过去。我们都是商量好的，把他们几个（外村的）搞下去。如果姑娘跟他好了没和你好，肯定心里会吃醋，女孩就会同情你让你陪着去，也能找到一个。一般在鼓楼不唱情歌，在人家家里唱，拿着琵琶弹着唱，男的弹、女的唱，大家都唱。唱歌和说话都是表达我爱你的方式。①

　　侗族人的婚姻家庭，大多都建立在行歌坐月的基础之上，青年男女们通过行歌坐月相识，通过行歌坐月相知，通过行歌坐月相爱，直到争取父母同意后的定亲和结婚。同时，行歌坐月也是侗族琵琶歌产生的园地，是民间组建歌队、戏班的基础，许多著名的歌手、戏师，都是行歌坐月的领班人。在行歌坐月活动中，侗族的大歌（如男女对唱的情歌）、刺绣（如女孩绣的手帕）、织布（如女孩织的侗布）、食品（如糯米酒）、乐器（如牛腿琴）等民族工艺有了整体展现的场所，而这些技艺也成为男女双方相互交流、相互评价的重要媒介、工具。

二　"怡神悦人"：村寨的"踩歌堂"与"泥人节"

　　社会学家涂尔干在回答"社会何以具有神圣性和优先性从而吸引疏离于社会的个体参与到社会中？"这一问题时，从"集体欢腾"这一角度切入。他指出：原始人在集体欢腾中感受到神圣世界，由此产生的宗教力、道德力，强化了社会成员个体对社会的归附；同时，符号使社会情感得以稳定地存在，让群体形成群体意识。② 在堂安村民的公共生活中，村寨内部的集体活动丰富而多样，"踩歌堂"③ 便是其中的一种。但是与"集体欢腾"有所区别，"踩歌堂"并非一种偏离日常生活的特殊状态，其本身就是村民生活的一部分。"踩歌堂"期间，天、地、人"三才"，神圣空间的萨玛、土地

---

① 2015 年 1 月 8 日，孙兆霞访谈 YWS。
② 埃米尔·涂尔干：《宗教生活的基本形式》，渠东、汲喆译，上海人民出版社，1999。
③ 因为课题组并非要做民俗调查，因此关于"踩歌堂"的具体流程，将在第五章第一节"祭萨"过程中进行简略交代，而在此部分重点分析这些集体活动对于村寨团结、村寨凝聚力和村民的集体意识之间的关联。

公、去世的祖先与世俗空间中的现世村民，共享载歌载舞的欢愉时刻，在此意义上，"踩歌堂"是一种"怡神悦人"的民俗活动。

（一）"踩歌堂"：一个外出务工青年眼中"震撼"

"踩歌堂"又称"多耶"，是一种侗族民歌形式，大家手拉手、绕个圈跳舞。踩歌堂活动主要在祭萨和"月也"（详见本节第三部分）期间进行。祭萨是侗族民间一种群众性祭祀活动，祀奉在侗族人民群众中享有崇高威望的萨玛。"为也"（即月也）是寨与寨之间相互访问、集体做客的大型社会活动。① 据堂安老人回忆，原来踩歌堂在正月初一至初三举行，现在变成初八举行踩歌堂。

"踩歌堂"对于村寨成员的意义，有研究指出：每个村寨在春节期间都要举行近半个月时间的踩歌堂，让村人充分展露歌才、比试技艺。在这期间，村寨与村寨之间也常举行文化交流活动（侗语称为"月也"），这种文化交流活动即以对歌和赛歌为主要内容。一些少男少女，从14岁起，便都跃跃欲试，争先以成人的身份走进歌堂，比试歌艺，与哥哥姐姐们一同接受村人的赞誉和评论。谁在十四五岁便被村人公认为歌手，那便像汉族地区考取了秀才一样受人称赞；谁在20岁还没有进过歌堂，那村人就会说他是"痴呆的""愚笨的"或者是"未老先衰的"。②

本部分将通过一个外出务工青年眼中的"踩歌堂"的案例进行分析，来说明"踩歌堂"对于堂安村民的意义。WYJ，男，1993年出生。作为堂安原支书的儿子，他并没有继续读书，2008年初中毕业便去广东打工。WYJ进过啤酒厂、当过城管，外出务工的经历十分丰富，有时候三四年都没有回家，对家乡的那些传统文化也都"淡忘"了。但就是这样一个"玩世不恭"的90后青年，在过年回家的时候都要请同学吃饭，并希望以后能在家开一家旅游客栈。2013年，他第一次听到爷爷奶奶这些老人在鼓楼对歌、踩歌堂，被眼前的场景深深震撼。WYJ跟课题组分享了自己眼中的"踩歌堂"和其他村寨公共活动。

① 李德洙、梁庭望主编《中国民族百科全书11》，世界图书出版公司，2015，第270页。
② 吴浩主编《中国侗族村寨文化》，民族出版社，2004，第493～494页。

问：你的朋友过年回来，要在鼓楼踩歌堂，你参加吗？

吴：我每年都参加啊，很喜欢，都是年轻人，15 岁以上的青年才可以参加。今年大年初八，我去肇兴一个女同学家吃饭，回来就和他（邻居的孙子）去踩歌堂了。那天晚上搞得太隆重了，鼓楼都满了，几排（老人）坐在那里，爷爷奶奶们都在鼓楼唱歌，老人唱歌还比较好听。那天他们男的坐一边，女的坐一边，一伙对一伙，从中午 12 点半到 18 点！我长这么大，就见过这一次！我们不喜欢学侗歌。他们唱得慢的时候，我们听得懂就笑。有些好听的，以前是他们拿着琵琶去坐姑娘的（即行歌坐月）。那天我和堂哥穿拖鞋跑出去，买东西给老人吃。我买了苹果、香蕉，大概花了 50 元，大家都买。老人在上面唱歌，我们在台下就要买点礼品，也表示孝心。晚上唱歌，（我们）给老人买东西吃，我女朋友会觉得我有善心、阳光。我从外面回来，虽然钱不是很多，但是会买中华烟给老人抽。我大年三十买了一条，三十和初一就发完了。我觉得尽心意就行了，别人看了我就会觉得这个孩子有孝心。

18 点后就去吃饭。我们看哪个姑娘漂亮，就拿着鞭炮去抢姑娘来家吃饭。我们组抢了十多个，我们是合起来的，其他组的就是不团结，只管他们自己。姑娘唱敬酒歌是先给寨老唱，之后三四十岁（的人），再敬我们。女方要求他（指包括自己在内的男青年）唱歌就唱，不唱就敬酒。你也可以和她唱，唱得赢就不喝酒。我不会唱敬酒歌，那些姑娘一敬我就喝。我们各组玩各组的，一直弄到夜晚 12 点。那天晚上很开放。老婆不会介意，大家过年图个开心。①

WYJ 眼中的"踩歌堂"，既是一个全寨男女老少都可以参加的盛大集体活动，又是老人和年轻人交流、互动的仪式过程。堂安会唱侗族大歌的年轻人越来越少了，外出务工的年轻人越来越多了，但踩歌堂期间爷爷奶奶们的对唱，仍能让 WYJ 这样的年轻人感动，仍然具有吸引年轻人参与其中的魅力。在此意义上，农耕时代的踩歌堂对于村寨共同体的重要作用、对于村民

---

① 2013 年 4 月 3 日，课题组访谈堂安原村支书儿子 WYJ。

的情感价值，就不言自明了。

(二)"泥人节"：一场脱离村寨共同体的"造节"闹剧

课题组在堂安调研时发现，隔壁村寨厦格有一个非常有意思的节日"泥人节"。所谓"泥人节"，就是在八月十五举行斗牛比赛之前，村民们在水塘里徒手抓鱼，而后拿泥巴相互涂抹的活动。厦格村村民 Y 介绍了"泥人节"的"盛况"。泥人节就在我们那个寨子（厦格）的水塘里举行。为什么叫泥人节呢？比如说那个塘水很深，今天晚上就把塘打开、把水放了，就留这么深的一点水，塘里的鱼是村里边集体放的。第二天大家去把牛草割回来后，男男女女都进那里面去捞鱼，鱼捞得差不多了就拿那个稀泥巴，我抹你你抹我，打泥巴仗，就像泼水节一样，这就是"泥人节"了。有的专门找那些烂衣服，不烂就把它撕烂了，穿得破破烂烂的，为了好玩嘛。把鱼捞完，把泥巴仗打完，回家去洗洗，然后喝酒过节。过了节以后开始斗牛了，两个两个斗，赢了就继续斗。赢的可以得奖品，不赢的也可以得奖品，各个村子看情况发奖品。厦格斗牛比堂安斗牛要隆重，因为厦格是两个村共同举办的，堂安斗牛只是一个村在举办。[①]

"泥人节"，侗语称为"多玛道神"，"多玛"，即打泥巴仗，"道神"，即黄牛打架。既然"泥人节"这一习俗原来就有，为什么堂安没有呢？这就要从"泥人节"跟村寨的关联说起。厦格之所以有"泥人节"，因为其村寨中的"泥人塘"这一重要文化空间。

据当地寨老说，厦格泥人塘有一个古老的传说。厦格侗寨建寨前，在寨脚有一丘池塘，称"天鹅池"，那时候常有天鹅飞到此池寻找食物，厦格的祖先居住后也养一些家鹅放养在此塘。厦格寨后坡是深山老林，虎豹成群。后来有蓝姓祖先两兄弟，想把这塘修成养鱼池，一天，兄弟俩正在开垦修塘，不想塘边来了一群饿虎将兄弟俩团团围住，且吼声如雷。紧急关头，大哥急中生智，用泥巴"啪啪"地往弟弟身上打去。弟弟明白了哥哥的用意，也用泥巴"啪啪"地往哥哥身上乱打。

不一会儿，兄弟俩都变成了泥人，老虎不知是何怪物，于是吓得跑进了深山。兄弟俩因此保住了性命，于是寨人认为泥巴不但能生育万物，还能抵挡恶邪救人性命，应当崇拜。这正应了侗族人常说的"生来土养，死去地葬"。从此就有了"多玛"的风俗。①

有游客对"肇兴泥人节"②做了十分生动细致的描述。

> 节日这天清早，寨上派人先把鱼塘的水放至七八成干，以可全部搅成泥浆为宜。活动开始，全寨男女青年便涌入塘中，先进行捉鱼比赛，每有人捉到一尾鱼，都要举在头顶，做一个怪动作以示炫耀。同伴则以各种方式追逐嬉戏，动作古朴、滑稽，常引得鱼塘四周数千观众捧腹大笑，欢呼连天。
>
> 鱼越捉越少，水和泥被搅成了泥浆，鱼塘里的人们却越捉越起劲，动作也就越做越粗犷激越。或用脚拍打泥浆，或用泥浆在塘中追打，弄得泥浆四溅，"泥烟"弥漫，使整个塘中的人一会儿这个变泥人，一会儿那个变泥人。有的刚抹干净，一会儿又变成泥人，不断变换，称为"互变泥人"，也有人称为"扮泥人"。在变泥人的过程中，有的手舞足蹈，有的对天疾呼怪叫，千奇百怪，无所不有，使人很快联想起蛮荒时代人类生活的情景。

虽然"泥人节"是一种侗族人民对土地和鱼崇拜的文化艺术方式，但目前厦格的"泥人节"却已经越出村寨范围而拓展为一种"旅游吸引物"，成为镇政府为了给肇兴景区配套而"创新"出来的节日。"这个泥人节是搞旅游以后取的名字，原来只是斗牛前的预热，取了这个名字，听起来旅游的味道就更浓了。这个只有厦格有，原来堂安都是赶着下来（参加）的。因

---

① 王小梅：《厦格泥人塘进入文化遗产保护视野》，《贵州日报》2010 年 8 月 12 日，第 7 版。

② 《肇兴泥人节》，马蜂窝网，http://www.mafengwo.cn/i/3179894.html，最后访问日期：2022 年 3 月 25 日。

为搞了防火旅游线，堂安自己也搞了个塘子，但没有底下的热闹。"① 这样的 "泥人节" 更像是一种 "商品化的风景"②。所以，当课题组问到 "泥人节" 的效果时，Y 却说 "大家都不愿意搞了"。"把 '泥人节' 弄起来以后，吸引好多人去看热闹，看斗牛。刚开始乡政府跑到那里去做工作，说只要是来的客人都让进家吃饭，到时候乡里面补助。但乌七八糟的人都来吃饭，而且来吃饭的在寨子里面传着说 '这个地方吃饭不要钱' 什么的。就这样，大家都涌入老百姓家吃饭，吃完饭就走了。最后谁补钱了？所以大家都不愿意搞了，搞这个事情亏本"。③

其实，"泥人节" 在其嬉戏欢愉的同时，也带有一定的神圣性。"赛前从不随意动土开塘放水，而是请师神带着纸、香，事先来到水塘（天鹅池）旁，祈福敬请 '萨岁' '土地' 前来助神威，以驱邪除恶，以示来年风调雨顺，人宁兴旺，六畜兴旺等。"④ 一项依托于村寨共同体存在的传统的社会习俗，在政府的推动下成为 "风景化的商品" 时，本身就丧失了存在的基础。"泥人节" 以 "闹剧" 的方式收场，让人唏嘘。"泥人节" 的故事，从反面印证了村寨公共活动集神圣性与世俗性于一体的特点，也表明其 "怡神悦人" 的本质，任何想通过外部力量介入 "造节" 的尝试，任何忽视节庆活动 "圣俗一体" 而进行的商业化改造，都可能会因为失去社会支持的土壤而以失败告终。

三　"跨域联结"：村寨与村寨之间的 "月也"

堂安的公共活动，大部分都不限于本村寨特定群体或村寨内部，而常常呈现出 "跨域联结" 的特点。无论是 "行歌坐月" 还是 "踩歌堂"，都可以越出本村寨的范围而拓展到更广的区域。村寨与村寨之间的 "月也" 活动便是最好的例证。

---

① 2015 年 1 月 14 日，课题组访谈厦格村村民、原大湾工商局局长 Y。
② 周丹丹：《风景的商品化与民间社会的自我保护：肇兴侗寨个案》，上海人民出版社，2017。
③ 2015 年 1 月 14 日，课题组访谈厦格村村民、原大湾工商局局长 Y。
④ 欧帮政、吴志培：《黎平厦格侗寨的 "泥人节"》，《贵州政协报》2016 年 9 月 28 日，第 A04 版。

（一）"月也"的过程与仪式

"月也"，汉译为"吃乡食"，或"吃相思"，是一种村与村集体走访做客的社交活动，多在秋后或春节期间进行。做客队伍规模不一，大寨百余人，小寨二三十人，男女老幼均可参加。去时，皆着盛装，随带"歌队""芦笙队""侗戏"班子等，到客寨演唱。主寨则以酒肉款待，宾主欢度三五日或七日始散。别离时，主寨还以猪、牛、羊等馈赠。视收成情况，次年或若干年后，主寨再到客寨回访。……芦笙队皆着背心、花带裙，带上附着鸡羽、串珠，戴银圈，各吹大小不同的芦笙，笙管顶插鸡羽，吹吹舞舞，尾随"乡客"。先祭本寨"萨岁"，始列队出村。到客寨时，则吹笙、"哆耶"（即"多耶"），还述古道今，即所谓的"讲款"，以显其通今博古，寨有人才。主寨则设宴招待，欢度三至五日，被赠以猪头等礼物以归。①

堂安村寨老 PZC 的儿子 PYD 介绍了堂安村和厦格村"月也"的情况。比如说，今天正月十五，我们堂安寨子一起，到你们村去，就是讲"月也"，就是大家相互做客的意思。寨老看哪天日子好，就带领大家去做客，全体都下去。寨老在那里聊一聊、款一款，比方说你来到我们村啊，就是像亲戚。现在也是这样，我们不带礼物，他们（指厦格）上来也不带礼物。以前全部要带礼物的，以前厦格全部要给我们包糯米的。比方我们到厦格玩了三天，相当于我到你家来了两晚，我就要买糖，随便哪样礼物都可以，我拿到你家。②

（二）"月也"的"集体交往"特征

侗寨集体走访的"月也"，注重集体性和团结性。一个村寨集体到另一个村寨做客，这不同于汉族的节日亲戚之间的家庭做客，而是村寨之间的集体交往。客寨的客人到了，好客的侗族人，需要集体迎接和招待友寨的客人。堂安 YQY 的丈夫小陆回忆了 20 世纪 80 年代全村带着芦笙队到厦格"月也"的热闹场面。1980 年那次月也，除了女性，全村不论老少都去了。在外面做客是（不分房族）混合起的，要不然就像分裂一样。那时候我才十一二岁，今年49岁。出发前全村要进行交流，到那里有一定的礼仪要遵守，喝酒不要

---

① 杨通山等编《侗乡风情录》，四川民族出版社，1983。
② 2014 年 3 月 19 日，刘童访谈 PYD。

乱说话，能喝多少就喝多少、也不要喝太多、说大话，怕得罪人家。你在那家住宿，就买一些糖一些礼物给主家，主家又包糯米、包肉送给你，这就是个人的关系、集体的关系。像我们去交流做客，要抬一头猪，六七簸糯米。

吃完饭就到鼓楼集中，那时候又"多耶"了。等到 11 点，那就散堂了。如果歌师好的话，12 点、1 点都搞，如果歌师不好的话，有的 10 点钟、11 点就散了。老人小孩去睡觉，后生就弹琵琶，行歌坐夜。你到哪家吃饭就到哪家住，不管是腊汉还是老少都有住处，但住不住是你的事。如果我不住，就去唠姑娘（指行歌坐月）。他们村上有 20 多个姑娘，我们两个 1 点钟还在她（指姑娘）家。①

在这些丰富多彩的公共生活中，每一个堂安村民都会参与其中。无论是庄重严肃的祭萨，欢声笑语的踩歌堂，还是青年男女之间的"行歌坐月"，抑或是村寨之间的"月也"活动，在每一次"集体欢腾"中，堂安村民都会不断确认自己跟所属社区的关联，确证自己的村寨成员身份。

本章小结

本章从梯田社会的"人生仪礼"和"公共生活"两个方面，分析了堂安被整合为一个村落共同体的社会联结机制。如果把"人生仪礼"和"公共生活"都视为"民俗"，那么"民俗教育"就成为社区整合的重要方式。"民俗教育具有全员参与特性，是特定区域特定民众的集体活动，所以民俗个体或积极参与其中或作为热心的旁观者耳濡目染。"② "正是这些公共活动使村民接受了族群和区域的民俗文化教育，人民收获的是一种意义习得，村落社区价值观和社区精神也得到优化提升，进一步展示出民俗教育的文化襁褓作用。"③

而如果从"个人—家庭、家族—社会"视角来看，村落共同体必须有

---

① 2015 年 1 月 10 日，孙兆霞访谈 YQY 丈夫小陆。
② 柯玲：《民俗教育原理》，光明教育出版社，2015，第 41 页。
③ 陈斌、张定贵、吕燕平：《屯堡村社教育》，社会科学文献出版社，2019，第 191 页。

凝聚个体的能力，而且能够压抑家庭、家族可能对社会整体的分裂与撕扯。在堂安这个梯田社会，这一切都已经延续了几百年！在人生仪礼方面，个体的生命仪礼举办需要集体的互助合作才能完成，婚礼与诞生礼上糯米的循环流动机制，丧礼的"风水"观以及由此形成的社会协调机制就说明了这一点；而个体的社会身份、社会地位需要通过人生仪礼得到提升，"新腊汉"成人仪礼以及"年龄组"制度保证了这一点。在公共生活方面，群体与群体（青年男女）、村寨内部和村寨与村寨之间的各种公共交往、公共活动，体现出"结群""集体""跨域"等结构特征，保证了梯田社会共同体的社会整合、社会团结能力。

"由于在村落生活中、村民之间具有不基于血缘纽带的共同成员感和归属感，形成了超越个别利益、在生命意义之上的共同文化信仰。"① 堂安这个千人以内的小村落是典型的"小型社会"，这是堂安能够成为村落共同体的前提。而围绕着"人生仪礼"和"公共活动"所形成的风俗传统和社会制度，保证了村民对于梯田社会的认同感和归属感。梯田社会的公共生活，既是"圣俗一体""天地人共通"的村寨共同体纽带，又因与周边村寨共享的文化元素而具有一种"跨域联结"的社会整合功能，而这为理解"梯田社会"提供了崭新的视角和可能。

---

① 王露：《村落共同体——文化自觉视野中的古村落文化遗产保护》，《光明日报》2016 年 6 月 1 日。

第五章　梯田社会的精神世界
及其多维价值

　　针对学术史上对生活世界研究范式的概括，沃勒斯坦在《否思社会科学》一书中指出：将人类群体行为假定为经济、政治和社会结构三个领域，但这一范式没有给出精神价值的应有地位，才使得社会科学的研究所发现的事实是有其限度的。① 因此要实现一种更具人文理解精神意味的社会科学研究，宗教视角的加入正是一条有效路径。"对宗教的研究在社会科学内部其实有其充分的理论思想资源，大致而言可基于两种脉络出发，一是涂尔干式的通过将宗教生活视为一种集体表象从中发现其蕴含的总体社会事实的研究；一是韦伯式的将宗教信仰视为一种伦理价值从中理解其蕴含的时代文化精神的研究。前一种研究脉络重视的是揭示宗教生活促成社会整体得以凝聚与团结的可能，后一种研究脉络重视的是理解宗教信仰赋予社会制度以逻辑价值与意义的可能"，② 当我们将研究视角聚焦到堂安村社会事实的整体性上时，关注并深究其与涂尔干和韦伯两条路径在宗教领域的对话，则会发现：对于梯田社会的理解需要从象征体系（第三、四章）拓展到精神世界，这一精神世界是社会与自然互嵌而生的，是联结此岸世界与彼岸世界的地方智慧。对于梯田社会的精神世界及其多维价值的综合理解和阐释，具有沃勒斯坦"否思社会科学"分领域碎片化建构世界的理论意涵，也是在社会历

---

① 伊曼纽尔·沃勒斯坦：《否思社会科学》，刘琦岩、叶萌芽译，生活·读书·新知三联书店，2008。
② 孙兆霞等：《屯堡社会如何可能》，社会科学文献出版社，2016，"导论"，第25页。

史与现实中理解精神世界本质的马克思主义宗教观的主动对话与回应。从而也搭建起与马克思宗教理论相通达，使中国具有传统价值的地方性智慧走向与现代性同构的普遍性精神价值汇合的"意义"阐释之道。

处于急剧社会变迁中的堂安村，不但经历了村内生产、生活世界的重组与坚守，这种重组与坚守也参与了省区之间大跨度城乡互动的就业，生计选择及家庭重组的阵痛与不断的期待。无疑，如此大跨度的家庭和村庄的动态适应，与利奇在《缅甸高地诸政治体系》中指出的"钟摆模式"显示的动态社会结构生成过程的差异是明显的。如果说利奇考察的是一个小型区域内资源权利共享的两个利益群体博弈与平衡机制何以可能的话，堂安在中国沿海与内地，东部与西部大尺度城乡流动前提下，家乡的意义和价值何以延续、适应，从而成为人们心灵和肉体仍将安身立命的依托？堂安村民对于"家乡"的诉求，既是他们在乡土社会这一"小区域社会"保持社会稳定和秩序的精神架构，也是他们流动在异地他乡时寻求生命意义与人生价值的精神归宿。也是在这个意义上，对堂安村民精神世界的探讨，亦是对其自然世界、生活世界探讨的逻辑延伸，从而也才是"梯田社会"的完整内容。

"有意义的生产和生活"是堂安村民及他们在地不在地生产、生活叙述中给予我们最深刻的印象；不仅如此，与许多民族志或人类学经典著作中所考察和呈现的研究社群着重于生活世界的意义表征不同，堂安精神世界的内涵，更深入地延展到自然生态及家户、村庄共同体集体互动共生的层面，因而具有更丰富的表征维度及可感知的实践深度。正是在此意义上，我们将本章呈现和讨论的重心放在堂安村自然与社会，个体、家庭与村庄，过去、现在与未来，此岸与彼岸的多维度结构下，考察制度性因素与意义性内容如何相互嵌构，形成梯田社会独具特色的整体性精神世界。

第一节　祭萨与信仰发生学的梯田社会基础

侗族普遍信仰女性神，南部侗族方言区的村寨大多信仰"萨岁"，建有祭祀"萨岁"的祭坛，有"未建寨门，先设萨堂；未建房屋，先建鼓楼"之说。"萨岁"不仅是村寨的保护神，而且是侗族传统社会地位最高的神。

侗族"萨"崇拜实质是农耕社会的"土地崇拜","萨"不仅是村寨建立的基础，也是村寨居民团结合作的基石。对于堂安而言，"萨"崇拜也是重要的社会文化特征。

一 "萨"信仰及地域发生学

(一)"萨"信仰概述

"萨玛"(sax mags)，也称"萨岁"(sax siis)、"萨滕"(sax daengc)、"萨柄"(sax biin)、"萨玛庆岁"(sax mags jingp siis)等，或简称"萨"(sax)，均有大祖母、圣祖母之意，是侗族民间信仰的最高神祇，是侗族的圣祖母和保护神，可以保境安民，佑护村寨、人畜兴旺、五谷丰登。

萨坛有露天和室内两种。无论露天还是室内萨坛，都必须挖一个深度和宽度各 1 米多的穴，然后穴内安埋两口上下扣合的铁锅，锅内放银制的一些生活器具模型，如小锅、三脚架、碗、筷、杯、瓢、壶、剪子、坛等及纺纱织布的器具模型（如纺纱机、织布机等），四周放白米、茶叶、木炭、朱砂、五色线等物，以青砖或料石砌成直径 3 米左右的圆丘形墓，墓上有的铺一层白碎石，顶上栽一株四季常青的千年矮（即黄杨）或松柏、十二月花、冬常青、桂花树或四季花等，四周砌墙或置木栅栏围住，防止猪牛践踏。室内的即在坛顶上插一把半开半闭的大黑伞。安萨仪式非常讲究和隆重，事前要准备许多吉祥物，提前三天封寨，寨门前悬挂着柚枝或草标，严禁生人进寨。全寨忌火煮食三天，只吃粑粑、粽子、酸鱼、酸菜等冷食。凡寨上已出嫁的姑娘都必须赶回来参加。全寨人聚集在鼓楼进行讲款、弹琵琶、跳芦笙等活动。第三天，全寨男女身着盛装，聚集在萨堂房的芦笙坪上，歌颂萨神，祈求护佑。[①]

侗族"萨"神崇拜具有深厚的梯田社会基础：强调村寨之间的友好合作，集体走访，共同娱乐；村寨内部则将"萨"视为最高保护神，如同"寨神"，时刻护佑村寨平安。对于"萨"，堂安村民对其较有亲切感，赋予其浓厚的人格特征。萨就是神灵，我们把它比作人了。它喜欢娱乐，哪里有

---

① 杨筑慧编著《中国侗族》，宁夏人民出版社，2012，第 277 页。

娱乐，它就去哪里。我们为了纪念它，每年的正月初八祭萨就跟它一起，我们把它请来。老人家穿老人的衣服，女孩子穿民族服装，戴上银饰，到泉水上面那里去接它，然后到鼓楼那里踩歌堂，意思就是邀请它来一起参加这个活动。我们祭它，是要让它来保护整个村寨，不要让寨子发生意外，保护村里的大人、小孩，还有牲畜等，比如保护我们出去打工的，在外面能够挣到钱，能够平平安安的。① 由此可见，堂安侗寨对萨神极为崇拜，大家把萨神视为村寨的老祖母，不仅具有敬畏之心，而且具有亲切之情。认为萨神老祖母一直与村寨同在，护佑着全寨侗家儿女。

（二）"萨"的传说与来源

对于"萨"的来源，有不同说法，比如人类始祖传说、女英雄传说和社稷说等。侗族对"萨"尽管来源说法不同，但祭萨仪式和萨信仰的文化则基本一致，认同度较高。这应该是后人对萨来源的解释不同所导致的。

人类始祖传说：人间先有气，以后才有"萨"，"萨"是由"气"演变而来的，萨接着繁衍了人类及动物。侗族古歌记载："四个龟婆在坡脚，它们各孵蛋一个。三个寡蛋丢去了，剩个好蛋孵出壳。孵出一个男孩叫松恩，聪明又灵活。四个龟婆在寨脚，它们又孵蛋四个。三个寡蛋丢去了，剩个好蛋孵出壳。孵出一个姑娘叫松桑，美丽如花朵。就从那时起，人才世上落，松恩松桑传后代，世上的人儿渐渐多。"② 松桑和松恩结合生蛇、龙、虎、雷公、姜良、姜妹、猫等。洪水滔天时，虎进山，蛇进洞，雷公上天，猫抓岩，姜良姜妹坐在葫芦里，洪水退后，兄妹俩结婚再生人类。关于"萨岁"的研究，学术上大体有五说："日神说""蜘蛛神说""杏妮神说""冼夫人说"和"仰香化神说"。也有人认为萨岁既不是日神、蜘蛛神，也不是杏妮神，更不是反映阶级社会的英雄神化，而是更原始、更古老的女娲神的侗族称法，或说是侗族化的女娲神。③

女英雄传说：贵州黎平、湖南通道、广西三江大部分地方的传说为"萨"

---

① 2021 年 4 月 26 日，曾芸访谈 PZC。
② 黔东南苗族侗族自治州文艺研究室、贵州民间文艺研究会编《侗族祖先哪里来（侗族古歌）》，杨国仁整理，贵州人民出版社，1981，第 3 页。
③ 吴文志：《萨岁为女娲神考略》，《贵州民族研究》1990 年第 2 期。

是杏妮，本是一位下凡的仙女，一位为地方除暴安良的女首领，她在"弄塘概"（其中"弄"侗语意为"山弄"，"塘"为"田塘"，"概"为"浮萍"，"弄塘概"即"浮萍田塘的山弄"）附近率领侗族同敌作战，打了九天九夜，粮尽兵折，最后剩下杏妮母女三人，遂纵身跳下悬崖，化作三尊石像。侗家怀念这位女首领，村村寨寨用白布袋到弄塘概背回白石，招引母女灵魂回寨立坛尊祭，尊为"萨"（奶奶）。广西龙胜平等一带的侗族传说，"萨"是三国时期南蛮首领孟获的夫人，名叫培花。因她英勇不屈，死在与诸葛亮征蛮的战斗中，后来侗族封她为至高无上的保护神，设坛供祭。贵州从江"九洞"一带侗族传说，"萨"是两个同胞共母的亲姐妹，曾多次率领侗族同来犯的敌人进行英勇的斗争。因她俩有一把祖传的宝刀，因此每次出征都能把敌人打败，后来敌人盗去宝刀，再战失利，姐妹俩退兵到"塘概美黄"附近，跳下悬崖殉难。侗族人民出于对姐妹俩的敬仰和爱戴，把尸体埋在寨中，故为"萨岁"。

社稷说：龙耀宏认为侗族的"萨"应该就是中国上古时期的"社"。从"萨"的名称、神坛建置、祭祀仪轨等都能证明"萨"与上古"社"制信仰的密切关系。从各地所提供的调查报告和民族志资料来看，尽管各地"萨"的名称不一，来源传说各异，祭祀风俗不同，神坛底下的埋藏物有简有繁，安坛法师所念的祭词各异，但从神坛的特征和祭祀特征的象征意义来看，这些差异都改变不了"萨神"是侗族原始土地崇拜的实体。侗族的"萨神"与古代的"社"有着千丝万缕的联系。侗族凡新建或复修"萨坛"时，均须埋上一撮土，然后封成圆丘。这撮土不能随便就地挖掘，须到"弄塘概"或"登海梅玛"附近去掘，也可以从老坛处取来。埋上这撮土就表示得到了"萨"的灵气。湖南通道和广西三江安坛时则要到很远的贵州黎平县罗里孟彦的地方来取土，因为那些地方的侗族是从罗里孟彦一带迁出去的。象征"萨"的"土"得来后，全寨择吉日请安坛法师把土埋放在神坛坑里，然后再堆垒成圆形墓丘式的土坛。从历史来考察，这种封土为丘的方法，乃是古代"社神"崇拜最古老的表现。①

---

① 龙耀宏：《侗族"萨神"与原始"社"制之比较研究》，《贵州民族大学学报》（哲学社会科学版）2011 年第 2 期。

我们认为侗族"萨"崇拜来源于对土地之母的崇拜，在侗族梯田社会基础之上形成了一整套祭祀仪式与祭坛古歌。萨神来源的多元化，正是侗族人群不断迁徙和文化整合的结果。2015 年，堂安村支书 WKL 告诉课题组，堂安的萨神是从上地坪那请过来的。"八寨"就是肇兴、堂安、厦格、厦格上寨、上地坪、登江、纪堂、己伦八个侗寨，"一山"是萨岁山，在上地坪那里，我们（堂安的）请萨神就是从那里请过来的。①

（三）"萨"信仰的确立及发生学原理

　　侗族萨信仰来源于老祖母崇拜。祖母神的崇拜在中国南方山地民族中较为普遍，反映了生育与农耕文明的文化密码。美国学者金芭塔丝认为，在宗教艺术中，人体象征着性以外的多种功能，特别是生殖、哺育和强化生命力。对人体的艺术处理是在展示其他功能，尤其是女性身体的哺育、繁殖能力以及男性身体激发生命的能力。女性力量，如怀孕的植物女神，贴切地体现了土地的繁殖力。不过，那些表现新石器时代女神形象的做工精妙而又复杂的艺术品具有万花筒般变幻莫测的意义：她是生命、死亡及再生的每个阶段的化身，她是所有生命的创造者，人类、植物及动物源于她，又复归于她。②

　　侗族祭萨仪式中的土地崇拜较为明显，在背"萨"仪式中，侗族在取土时，一般到黎平肇洞的弄塘概萨灵山取一捧土，或者到老寨子的萨坛取土。侗族的"萨神"信仰的原初起源于侗族对土地的崇拜。土地崇拜是农业氏族原始宗教中自然崇拜的一个重要组成部分。古人对土地崇拜有很朴素的解释。《礼记·郊特牲》："地载万物，天垂象，取财于地，取法于天，是以尊天而亲地也，故教民美报焉。""人非土不立，非谷不食，土地广博，不可遍敬也，五谷众多，不可一一而祭也，故封土立社，示有土也。"（《白虎通·社稷》）侗族的"萨神"和社神都是土地之神，因此它们有共同的特征，汉族称为"社"，侗族称为"萨"。③

---

① 2015 年 1 月 12 日，曾芸访谈 WKL。

② 马丽加·金芭塔丝：《活着的女神》，叶舒宪译，广西师范大学出版社，2008，第 5 页。

③ 龙耀宏：《侗族"萨神"与原始"社"制之比较研究》，《贵州民族大学学报》（哲学社会科学版）2011 年第 2 期。

侗寨之间的村寨联盟"款"的形成，需要村寨与村寨、区域与区域之间的联合，而联合的基础和纽带则在于有共同的信仰"萨岁"崇拜。各村寨都有自己的"萨岁"崇拜，然而就这一崇拜的对象"老祖母"及崇拜仪式则各村寨类似，有共同的文化基础。同时，在"背萨"仪式中，人们形成了共同的祖先崇拜，如黔桂湘交界的大部分侗族村寨均到弄塘概的萨灵山去背萨。新寨需从老寨取土设置新萨坛。各村寨"萨岁"的姊妹关系、母女关系也为村寨与村寨之间的联合奠定了文化基础。"萨岁"崇拜在侗族各村寨之间形成了联结的纽带，"款"的联合以及侗族民众的联合正是在对"萨岁"这一"老祖母"崇拜的基础上达成的。如"款"的集会场所款坪一般有祭祀"萨岁"的祭坛，侗族村寨在起款和出征时，一般都要祭祀"萨岁"，请求最高神，以增强款的神圣性及保佑起款的顺利。

　　侗族"萨"信仰是侗族传统社会信仰体系的核心，其产生于农耕梯田社会的高度紧密团结。随着侗族人群的迁徙，"萨"逐渐成为村寨的保护神。这与湘黔桂三省坡一带的飞山信仰类似。飞山信仰主要是湘黔桂三省坡一带人群对五代时期土司杨再思的崇拜，最后飞山神成为村寨保护神。萨神崇拜不同于飞山神之处在于其仍保留有老祖母女性神崇拜的痕迹。

二　堂安"萨"崇拜的日常与节日庆典

　　堂安萨坛由厦格侗寨的老萨坛分出。相传，堂安建寨时，首先从母寨厦格取土建造新萨坛。堂安萨坛的建立标志着一个新的村寨成立，形成了一个独立的聚落群体。侗族《萨岁之歌》认为萨神是管理人间日常生活者："混沌之年天地开，木王太帝管天地，老虎管山龙管海，萨玛天子管地方。先管人民次管寨，三管牲畜鸡鸭和猪羊。"这等同于汉人社会的"社"，将侗族群体行为和农耕劳作等纳入其中，涉及侗族人农闲的"做人"交际行为和农民"做活"劳动对象。祭萨主要安排在春秋二祭，也是和侗族农耕生产节期相关。

（一）日常生活中的萨崇拜

　　关于萨崇拜，堂安侗寨均较熟悉，也经常参加。只是萨坛由什么构成，土堆下面到底埋藏什么，一般群众不了解。只有寨老和个别老人能够讲清楚。关于堂安萨信仰的来源，多数村民认为是一个女英雄，曾带领侗族群众抗击外来入侵者，侗族为了纪念自己的英雄，从而有了祭萨。

萨信仰的故事一般由家人或者老人在节日休闲场合讲述。但侗族音乐及曲艺中也有关于萨的传说。侗族群体对月也等娱乐活动的参与度较高，平时耳濡目染，对萨的认知度极高。

堂安侗寨将萨视为一个老祖母，如同自己家庭的老祖母，只是这一祖母神还是整个村寨共同的老祖母。侗族社会属于父系社会，但同时重视母系血缘，有舅舅为大之说。一个家庭，不仅需要儿子继承家业，也需要女儿扩大家庭交往的社会网络。

萨崇拜在家庭层面，更多地反映为女性神崇拜。梯田社会的侗族，女性在家庭及社会中具有重要地位，女性作为母亲、祖母，是家庭尊者；其所从事的劳动，如家务、纺织、水稻耕作等成为侗族社会劳动的主体。萨崇拜背后是侗族社会对家庭女性的尊重，是侗族家庭性别观念在神性系统中的反映。

侗寨"萨"信仰与村庄共同体紧密结合，萨神如同寨神，护佑村寨的平安幸福。萨神作为侗寨的寨神，严格区分村寨内外关系。涂尔干认为每一个社会都有集体共同形成的信仰，"真正的宗教信仰总是某个特定集体的共同信仰，这个集体不仅宣称效忠于这些信仰，而且还要奉行与这些信仰有关的各种仪式。这些仪式不仅为所有集体成员逐一接受；而且完全属于该群体本身，从而使这个集体成为一个统一体。使每个集体成员都能够感受到，他们有着共同的信念，他们可以借助这个信念团结起来"。①

（二）萨玛的祭祀礼仪流程

侗寨祭萨情形较多，以正月祭萨最为隆重。每月初一、十五由村中的寨老烧香、敬茶。每年正月初一，村民们由寨老率领，先到"萨岁坛"虔诚地祭祖"请萨"，然后方可进行踩歌堂等活动；正月十五要"送萨"；二月春社，年轻人要到六甲"赶萨"；六月初六要"敬萨"；八月十五吹芦笙，放牛打架，要先行"拜萨"。祭萨是侗寨居民共同精神信仰、共同信念的集

---

① 埃米尔·涂尔干：《宗教生活的基本形式》，渠东、汲喆译，上海人民出版社，1999，第50页。

中体现。寨中凡有重大活动，必先求"萨"护佑，以保平安。"萨"是侗族人精神领域中永远的"祖母"，是地方上的主管神。在堂安村，鼓楼后侧建有一间穿斗式木柱架小屋，高约一丈，宽约五六尺，这是堂安的萨岁坛。

正月祭萨仪式从其功能上可划分为三个部分："迎萨""颂萨""送萨"。初一为迎萨，以"萨堂献祭"为主；初二初三初四为"颂萨"，是以哆耶为主要活动而展开的颂神娱人的相关活动；初五为"送萨"，主要环节在于初五晚上的"鼓楼哆丢"，以"送萨"回萨堂来结束祭萨。

（1）"迎萨"即"萨堂献祭"。祭萨由萨师、寨老作代表，围着萨坛顺时针转三圈，然后每个人在自己面前的萨坛上插一支香，摆祭品，倒酒。同时萨师开始在萨坛前烧纸钱，并倒好三杯祭酒，然后将锣鼓队的锣拿到萨堆前顺时针转一圈，敲三下并念祭萨词，意为给村寨祈福，并讲明今日来意——请"萨"与各房族共同用餐；萨师轮流带领大家高呼对"萨"的赞语，众人齐声应和呼喊赞美"萨"。黎平从江一带迎萨诵词："丹阳地方萨坛，今请萨来管村庄。大小男女让萨管，六畜满山稻谷满仓。今天安坛去他乡，安设萨坛我吉祥。萨岁来到我们村，萨岁住此万年长。"

（2）"颂萨"是祭萨仪式的核心环节。从整体结构上又分为"进堂歌""转堂歌""散堂歌"。从内容上看，进堂歌和散堂歌主要为娱神，转堂歌主要为育人。哆耶进行时长不定，这要根据男女领唱的歌曲积累来定，听当地老人说，以前祭萨哆耶了一天一夜都没停。哆耶在展演结构上由"进堂歌""转堂歌"和"散堂歌"三个严格的环节构成。"进堂歌"以赞美萨玛的三段歌唱为固定内容，由男女歌班互相酬答，其目的是迎请萨玛来到歌堂与民同乐，并请她走在队伍的最前面保佑全寨平安；"转堂歌"是整个哆耶的主体部分，从演唱的时间比例来看，"根源歌"为转堂主体而"相骂歌"则穿插其中。"根源歌"自伦洞祖辈流传而来，之所以以"根源歌"相称是因为这些歌谣大部分唱咏万物之起源，但实际上其中还包含了侗族人对日常生活的认知以及重要的伦理观念；"散堂歌"由女歌班独立演唱，内容均是对萨玛的感恩，并以歌声将其送回神坛。简言之，"进堂歌"和"散堂歌"分别以"迎神、颂神和送神"为主旨，而"转堂歌"则含有"颂神、讲古、育人"的多重目标。①

进堂歌：歌词表述了"萨"的来历与始末，踩歌堂时要祖母来引路，说出了萨祖母的引导作用，以及人们心中对她的尊敬，歌词描写了萨岁的来历及英勇事迹，也阐述了耶歌的缘由，描写了耶歌的地点及歌坪的特点，耶歌中显现出了祖母是侗族人心目中的精神寄托，并用问答的方式说出了祖母的来历，及人们对萨祖母信仰的认同。一般称为开场白，以示踩堂歌的开始。如：进堂唱手牵着手踩歌堂，一踩左来二踩右，你唱我答喜洋洋。我们踩堂先请"祖母"来引路，有她引路人心才欢畅。……祖母引路进歌堂，古老规矩传侗乡，男女老少都把她怀念，是她领头抵抗李家和帝王，舍生忘死跳崖把身献，想起她来我们歌声更响亮，……何处首建祖母堂，尊敬的祖母住在哪地方，杉木纺车缠的什么线？纺车选在什么落处放……"邓麻、塘概"首建祖母堂，尊敬的祖母就住这地方，杉木纺车缠的金丝线，选在干净吉利落处放……

转堂歌：内容广泛、形式自由、生动有趣，常以对答的方式进行。如表现生产生活的：正月间，莫拿田地种叶烟；好田好土种禾谷，种田人家依靠粮为先；二月来，莫拿大田种白菜，莫拿棉地种芝麻，吃饭穿衣家家少不得。……十月里，河谷进仓喜洋洋，有了吃穿心里才踏实。转堂歌是内容最为丰富、涵盖最广、篇幅最长的部分，表现了侗族人民对生产、生活，爱情、处事等方面的积极态度，汇聚了他们的人生哲理。

散堂歌：表现了活动即将散场，要先把祖母送回"坛"安顿。可见，侗族踩歌堂不仅要先请萨，结束后还要送萨。表达了人们对祖母神的依依不舍之情。歌中唱到：散堂的歌唱起来，敬请"祖母"先离开；送她回"坛"我们再分散，明年踩堂再接她回来……今天唱支分散歌，莫像一群鹅仔散下河；鹅仔下河都长大，各自当家各分窝；我们友情的人分散去，怎不叫人眼泪落。②

---

① 杨晓：《圣俗之间，声谱之中：再论南侗祭萨仪式中的"哆耶"展演》，《民族学刊》2011年第4期。

② 赵开：《贵州侗族祭萨踩歌堂研究报告》，硕士学位论文，贵州师范大学，2015。

（3）"送萨"是祭萨仪式的最后环节，由一些娱乐节目组成。如乔装讨巧，此项是穿插在"绕寨游行"活动中的。村民乔装成滑稽的人，做一些滑稽动作、讲笑话来逗乐大家并讨要食物。三宝、高传、伦洞的祭萨都有这种类似"小丑"般的人物角色，三宝侗寨村民的说法是：这是忆苦思甜，让大家不要忘记以前的苦日子。伦洞寨村民的说法是还原当年乞讨时的情景。总之它是属于"娱人"这部分的活动。最后鬼师请萨，由鬼师、萨师、寨老、笙鼓队及青年男女齐聚鼓楼坪前，鬼师在事先准备好的供品桌前开始做法哆丢，依次请"萨"为主的各路神灵前来享用贡品，鬼师哆丢毕，笙鼓队奏伦萨乐曲三曲。宴席散后，萨师独自前往萨堂关闭大门，恭请萨玛回去，来年再来。至此，整个正月祭萨仪式结束。

（三）"祭萨"的多主体参与

萨神崇拜的原型记忆带有"大母神"和"地母神"的记忆痕迹。[1]侗寨相关的生殖、播种、丰收祭等均与萨神关联，尤其是侗寨正月祭萨，其宗旨是村庄共同体的集体祭祀，凝聚了侗寨的集体诉求和表达。萨神崇拜为南部侗族方言区较重要的信仰，尽管萨神渊源不同，但一般有"弄塘概"取土之说。湘黔桂村寨安萨坛仪式均需到黎平县龙额乡上地坪"弄塘概"之地背回"石头"。

萨神信仰逐渐与社会连接起来，堂安侗寨的祭萨与"赶社"趋同，成为群体多元参与的集体狂欢。当前，祭萨仪式不同于古老的传统，踩歌堂转变更大。传统上，踩歌堂是侗寨集体祭祀老祖母神，而现在成了娱乐节目中最后的群体狂欢。在村寨之间的互相做客中，不同村寨的群体集体围城圆圈，手拉着手，围着熊熊篝火，边唱边跳，集体"哆耶"。哆耶也由祭萨仪式转变为集体团结舞。堂安寨老 YWY 介绍了整个祭萨过程中的村民参与情况。

祭萨的时候，村里一两个老人跟着管萨神的老人一起去祭祀，敬茶、敬酒、敬干的腊肉、熟的饭，糯米饭、大米饭都可以，烧纸钱、烧

---

[1] 凯伦·阿姆斯特朗：《神话简史》，胡亚豳译，重庆出版社，2020。

香。两三个人去敬，意思是把萨神的魂接出来到鼓楼那里。管理萨神的人走在最前面，穿好侗衣的那些老人就到乐器手（吹芦笙、敲锣打鼓的人）那里，然后是穿好侗衣的姑娘，最后是男罗汉。他们接萨神出来，走到鼓楼那里，逆时针绕着那四根柱子转三圈，然后顺时针又绕三圈，然后老人家就坐到火堂旁边的凳子上，姑娘和罗汉们就继续围着走，逆时针转。这时候就有师傅（指寨老）领唱，大家就跟着合唱，唱的歌都是给萨神的歌，意思就说"我们要把萨神放在第一位，萨在前面我们在后面，它才保平安、保家畜"。接下来就是姑娘和小伙子对歌，不是唱一句对一句，而是（姑娘）唱完一首然后罗汉来对，姑娘唱的是"男孩子很傻"，罗汉就想办法用一首歌去对她们。姑娘牵着手边转边唱，在里面围着老人；男的在外面也牵着手围一圈。就这样一直唱到天黑的时候结束。然后男罗汉就回自己的家去做菜，一盘两盘都行，有什么菜做什么菜，（做完）端着菜、拿着饭和酒，到鼓楼那里一起搞聚餐，目的就是孝敬老人，老人辛苦了。姑娘也回家换衣服，穿便装出来吃饭，有时候太晚了不回家换衣服也可以。吃饭的时候也不按房族坐，会搞很多桌。①

三　祭萨的社会功能

（一）信仰社会的"温良恭俭让"

1. 侗族人的温顺性格与萨信仰

传统上侗族人临水而居，文化上强调宁静，崇尚自然。如侗族古歌：松恩和松桑，二人配成双，生下了十二个孩子，各是一个模样。虎、熊、蛇、龙、雷、猫、狐、猪、鸭、鸡，只有姜良和姜妹，才会喊甫乃（父母亲）。……姜良姜妹，开亲②成夫妻，生下盘古开天，生下马王开地；天上分四方，地下分八角；天上造明月，地下开江河；先造山林，再造人群；先造田地，再造

---

① 2015年1月10日，曹端波访谈 YWY。
② 开亲，方言，即结亲、订婚的意思。

男女；草木共山生，万物从地起。①

侗族人将世上万物与人类同构，认为山林是主，人是客。开天辟地后，先造山林，再造人群。人类在大自然面前，不是主人，而是共同的存在。堂安侗寨均对山林、河流等自然之物极为亲善，称大树为"树爷爷"，称河流为"河奶奶"。对待动物更是如此，侗族创世史诗将龙虎等视为人类的兄弟，各处其宜。侗族地理人格及其精神特质彰显了中国多元一体的民族分布格局和各美其美、美人之美的和谐共生文化。

占里《侗族古歌》也较清晰地表达了人口与自然的共生观念：山林是主，人是客。占里是一条船，多添人丁必打翻。有树才有水，有水才有船。祖公地盘好比一张桌子，人多了就会垮。一株树上只能有一窝雀，多了一窝就挨饿。一张桌子四个角，多坐几个人桌子就会塌。生男孩保护父亲，生女孩照顾母亲。占里侗寨制订了严格的人口生育款约："祖祖辈辈住山坡，没有坝子也没河。种好田地多植树，少生儿女多快活。告知子孙听我说，不要违反我款约。"都柳江流域很多地名前都冠有一个标识性的数字，如侗族地区有"三百往洞""四百曹滴""四百增冲""二百高增""二千九""千七""千三"等。这些数字代表"户数"（一般为男丁数），侗族地名的数字符号是地域社会对人口数的计划与规定，同时也是侗族对社会结群的标识。

侗寨 YJR 老人告诉我们：萨神歌都是祭祀时候唱的，歌颂萨玛，老家在哪，从哪里来，我们怎么领她（萨神）来，让她（萨神）到鼓楼下面，我们保村护寨，千年好万年好，穿的衣服有多亮，长得多漂亮，但为了我们的寨子，萨玛牺牲了，但在我们心中依然是很光鲜亮丽的，就是这些歌。

总而言之，侗族萨信仰是一种温和宁静的文化。作为英雄传说的萨，尽管有战争和暴力，但萨神是一种祥和静态的文化。萨神传说没有复仇，有的只是其神性护佑侗家儿女，让侗家儿女"诗意地"栖息于自然之中。

2. 家庭伦理

侗族重视社会规范和伦理，尤其是家庭伦理。侗族人对"家人"之

---

① 黔东南苗族侗族自治州文艺研究室编《民间文学资料（第一集）》，1985。

"情"特别深厚，父母子女之间非常强调"亲情"。侗族传统社会，姑娘很少"外嫁"，主要因素在于父母不愿女儿远嫁，难以互相走动。现代社会，大量年轻人外出打工，并远嫁外地，这对于留守村寨的年老父母确实是一个打击。老人们无可奈何，只有等过年、盼望正月祭萨时儿女们能回到身边。

侗族人认为，汉人重视书本，侗族人重视古根。没有祖先，就没有子孙后代；没有先人的教训，后代就难以有规矩。如《创世款》记载：我不说根，便不知尾；不说边缘，便无中间。不说祖先，便无父的时代。不说父的年月，便无我们的日子。不说孙辈，便无曾孙后代。不说混沌初开，便无当今世界。当初唐骆置根，唐登置岭；洪王置雨，吴王置姓。山上置土地，水下置龙王，置龙在河，置岩在山，置蛇居穴洞，置虎坐山林，置雷居天上，置云雾在山头，置人们居乡村。①

侗族《创世款》强调人类社会秩序的自然观，子孙听从父母，孝顺父母也是"自然"之规则：千条江河相汇成大海，千根树木相依成森林。千只蜜蜂相聚酿成蜜，千根纱线相绞搓成绳。为人须要讲和气，老的莫欺幼莫凌。兄弟不和金变土，全家和睦土变金。全家和睦穷变富，兄弟不和富变贫。父母的话须要听，兄弟姊妹要同心。和睦家庭人称赞，不和人家臭名声。②

当然，父母对待子女，也需关心，最为重要的是不可偏爱，要一视同仁。如《侗族大歌》：鸡蛋鸭蛋千万个，蛋黄有正也有偏。世间父母千千万，少的愚笨多的贤。有的父母不会当父母，对待儿女有酸甜。喜爱的儿女他（她）待如珍宝，厌恶的儿女他（她）讨嫌。做事光帮喜爱的儿女做，厌恶的儿女他（她）不管。带娃光帮女儿带，男儿的娃崽他（她）丢一边。家庭里面分彼此，这样的父母也得要改变。今晚唱歌言粗鲁，对的当酒错当烟。③

侗族家庭伦理并非只是单向的，而是具有双向责任和义务。侗族梯田社

---

① 湖南少数民族古籍办公室主编，杨锡光、杨锡、吴治德整理译释《侗款》，岳麓书社，1988，第 340 页。

② 龙耀宏、龙宇晓编《侗族大歌·琵琶歌》，贵州人民出版社，1997，第 142 页。

③ 龙耀宏、龙宇晓编《侗族大歌·琵琶歌》，贵州人民出版社，1997，第 143 页。

会对儿子与女儿同等重视，没有男女性别歧视观。侗族萨神本身为女性祖母神，关心侗寨的儿女，萨神模样慈祥，呈现一种宁静的祖母之爱。侗族梯田经营中家庭间的互助与萨信仰的规训相关，人与人之间只有和谐相处，互相帮助，才能共生。

（二）萨信仰与梯田社会"认同"

堂安侗寨流传建造梯田的开寨故事，造田的艰辛激励侗寨儿女继承祖先勤劳勇敢的品德。萨信仰的核心是"土地崇拜"，大家共处一个村寨，需要共同互助。侗寨人将村寨当作同一艘船，共一塘鱼，村寨群体只有高度合作，村寨和个体才能较好地生存。侗族古歌记载：鲤鱼要找塘中间做窝，人们要找好地方落脚。我们祖先开拓了"团寨"，建起鼓楼就像大鱼窝。①

侗寨流传的"农事歌"记载了农耕社会劳作的艰辛：四月到，农活追后没空寨中唠。燕子衔泥窝垒成，田工纷繁头绪没找到。天黑雨冷破衣单抢水打田急上后山包。家里无牛肥料少，土皮当粪还割嫩叶几大挑。冲脚②扯秧运到坡顶插沟渠漏水担心秧难保。男人耙田脸瘦黑，女人栽秧两腿僵硬难直腰。包饭上坡田工远，早出晚归勤操劳。年迈公婆不得闲，媳妇背崽鸭笼肩上挑。四月田工多得像牛毛，话没空讲两手没闲着。男女忙得转格螺③，谁图清闲秋季要糟糕。四月田间粗活不轻易，进至五月农家也是忙得难开交。④

合作互补而不内损成为一种行为规范和社区共识，家庭伦理中父母子女关系更是如此。人的一生需要父母照顾，也需要照顾父母，如《侗族大歌》：世间动物也是靠母生，劝告人们莫忘本。要讲老道敬双亲，天地虽大难比母恩大，海洋虽深怎比父恩深？父母养儿不容易，九月怀胎才出生。背的背来抱的抱，父母衣服破成烂筋筋。上坡得个山苞父母不舍吃，下田得条泥鳅父母不独吞。什么好吃都要留给崽，好不容易崽才长成人。长大成人须

---

① 黔东南苗族侗族自治州文艺研究室、贵州民间文艺研究会编《侗族祖先哪里来（侗族古歌）》，杨国仁整理，贵州人民出版社，1981，第169页。

② 冲脚，方言，即山冲底。

③ 格螺，汉语方言，即陀螺，一种儿童游戏器具。

④ 龙耀宏、龙宇晓编《侗族大歌·琵琶歌》，贵州人民出版社，1997，第129～130页。

要讲孝顺，切莫忘掉父母情。小鸟尚小围着父母转，翅膀长硬各飞腾。有人小时想孝顺，长大成人变了心。讨了婆娘听信婆娘话，父母恩情抛到脑后颈。下田得鱼害怕父母见，上山得果自己吞。有酒有肉自己吃，父母连不喊一声。父母死活他不管，这样的崽女还不比牲畜。父母在世不孝顺，死后烧香也白焚。这种败类不少见，每村每寨都有这样人。今晚唱歌来奉劝，希望转意又回心。①

侗族不同于其他民族之处在于，作为老祖母的萨神管理村寨大小事务，而具有公共性的"男人之事"则主要由寨老在鼓楼议决。堂安寨老 PZC 道："公神是一个男性，就是我们的一家之主，管家里面的大事。家里面的小事由萨来管。公神主要是管鼓楼这一块，有什么大事，都到鼓楼来议事。侗寨对神性的性别分属完全按照现实生活来关照。"② 老祖母分管所有大小事务，而男性则只管"大事"。萨神之所以成为侗寨最高神，就在于所有大小事，男人女人之事均由其负责。

都柳江流域侗族人以亲属关系和人群关系的分类为基础，同时将事物，尤其是糯禾，整合进这个分类系统。侗乡有"公造水田奶造塘""看女看布边，看男看田边"之说，也就是说，侗族人将稻作的"水田""鱼塘""织布""种田"等事物的分类转化成了对人的分类。侗族人社会用"男人的田，女人的地"建构了事物的社会性别。侗族人对物的分类隐含着文化的意义，侗族人往往利用"物"的"交换"实现人群关系的互动和转化，并构建新的关系。如侗族人婚姻仪式中男人向女人送出"糯禾"，女人则以"布"作为对男人的回礼，糯禾代表男性之"稻田"所提供的"物"，而织布代表女性之"土地"所提供的"物"，正是"物"的"交换"构建了两家之好，从一般关系转换为姻亲关系。

侗族尊重个体的、家庭的劳动。堂安侗寨 YGS 老人告知我们，在开梯田时各家造各家的田，同时也强调村寨共同体的合作。侗族有很多这方面的说法：独木不成林，滴水难成河；一根棉纱容易断，十根棉纱能把牯牛拴；

---

① 龙耀宏、龙宇晓编《侗族大歌·琵琶歌》，贵州人民出版社，1997，第 142～143 页。
② 2015 年 1 月 12 日，卯丹、曾芸访谈 PZC。

三人同行老虎怕；我们要像鸭脚板连块块，不要像鸡脚爪分叉叉。①

　　萨信仰自身包含了落地的社会秩序及组织机制和规则，其根本对应于梯田农耕节律。村寨内部合作，更是梯田社会的特点。侗寨强调村寨如同家庭，尽管分属不同的家族，或者家庭，但大家同属一个村寨。村寨成为侗族人最为重要的符号，也是稻田劳动生产合作的单位。如厦格村村民、原大湾工商局局长 Y，虽然已经离开厦格多年，但是仍然认为"大家就是一个整体"。我们这里现在大事小事不分你我，不分你是哪个寨子的，大家就是一个整体。这里就这些（住）户，可是比那个大寨子还要和谐，我举个例子说明：就是在大年三十晚上，大家放炮、喝酒会到三四点钟，有时候会到天亮。大家都斗钱，男女老少，不管人多人少，全部斗钱。②

　　（三）祭萨与"团体意识"养成

　　祭萨在形式上是祭神，其功能在于"社会团结"。堂安村民告诉我们，只有在祭萨时，堂安村民的特征才彰显出来。在祭萨仪式中，大家组成一个大歌队，在寨老（歌师）带领下一领众和，共同谱写堂安村民的乐章。由此可以看出，侗族人对于村庄共同体极为重视，很多村寨不仅把村庄当成一艘船，大家要同舟共济，而且成为具有紧密血缘和姻缘关系的亲属共同体。堂安侗寨对于社区认知度较高，整个村寨人群之间，不是家族血缘关系，就是姻亲关系，血缘与姻缘"重合"在一起，每个人按照自己的身份称谓村寨内不同的亲属。

　　祭萨具有三层互动关系：第一，以宇宙观和人伦观为基础的人神关系的建构；第二，以萨玛信仰为基础的村落共同体的建构；第三，以亲缘、地缘为基础的阶序关系和两性关系的区分。③ 萨神崇拜具有两个方面的社会结群，一是村寨内部的，如农历新年祭祀仪式举行时，出嫁姑娘均要提前回娘家，封寨三天，寨门上挂柚枝叶，严禁生人入寨。这期间，禁止烟火，全寨人吃事先准备好的糯米粑粑和酸菜、酸鱼。二是村寨之间的，如村寨之间的集体

---

① 黔东南苗族侗族自治州文艺研究室编《民间文学资料（第一集）》，1985。
② 2013 年 10 月 2 日，刘童、吴连会访谈厦格村村民、大湾工商局退休局长 Y。
③ 杨晓：《圣俗之间，声谱之中：再论南侗祭萨仪式中的"哆耶"展演》，《民族学刊》2011 年第 4 期。

走访"月也"。

1. 社区间团结

侗族的村寨之间通过"月也"方式巩固团结。月也是一个寨子到另外一个寨子去，必须先祭本寨的萨。如堂安侗寨的人出去集体做客，首先要祭自己寨子的萨，祭了萨以后才能出去，这样才能获得萨神保佑，获得安全。到了客人的村寨，客寨首先拦路，然后引导拜访者进村寨。进入村寨，最开始就是祭萨，即祭祀所拜访村寨的萨神。

侗寨集体走访的"月也"，注重集体性和团结性。一个村寨集体到另一个村寨做客，这不同于汉族的节日亲戚之间的家庭做客，而是村寨之间的集体交往。客寨的客人到了，好客的侗族人需要集体迎接和招待。做客期间会有祭萨、踩歌堂、对歌、唱戏等活动。这些祭祀和娱乐活动均以村寨集体的形式呈现。

> 约客就是大家相互做客的意思，寨老看日子带领大家去做客。全村寨都去，两个寨子属于合作友寨。解放前就有这个习惯了，别的寨子的寨老也会带领大家来这里做客。客寨来后，在鼓楼唱戏、踩歌堂。以组为单位，每个组均有节目安排。比如我们到厦格村做客，全体都去。我们喊他们也全部都上来。鼓楼前面的、外面的地方都可以坐人的，老人坐在里面。上付村以前跟我们发生过山林纠纷，但纠纷是纠纷，做客是做客，我们不记仇。解放前是三天，现在是一天。现在人忙了，你上来也一天，我下来也是一天。我们跟上地坪搞抬轿、抬官人。现在我们不带礼物了，以前是要带的。①

堂安侗寨有较多的歌队，歌队主要发挥沟通、交际功能。在"月也"对歌中，歌队加强了内部的合作，同时也促进了不同村寨歌队之间的感情。侗族社会的"团体意识"是建立在集体走访，互相合作的娱乐交友基础之上。梯田社会需要高度的合作，尤其是水利灌溉，如果没有全体居民的合

---

① 2014年3月19日，刘童访谈PYD。

作，梯田水利必将瘫痪。侗寨依靠共同的萨神崇拜和集体交友，巩固了社会合作的精神基础。

2. 社区内团结

堂安侗寨的正月祭萨仪式，目的指向"人"与"神"，"人"主要是指娱人育人。祭萨时正值新年，所有在外读书和打工的村民都会回来，是村子里人员最齐的时候，"正月祭萨"也自然成了侗寨人际交往的高峰期，人们"交流和互动"的情感诉求在其中得到满足。"神"主要指颂神，人们通过仪式行为、声音等完成与"萨"及诸神的交流，感念其恩德，诉诸其祈求。通过参与正月祭萨，不断加强族群记忆和身份认同，人们得以社会化，并建构起安身立命的精神家园，有枝可依。通过这样周期性的仪式反复、认同、归顺于"萨"，最终达成社会的整合与社群秩序的延续。①

祭萨仪式具有神圣性，不同年龄和身份的侗寨成员需穿符合自己身份的服饰。特别禁忌戴白帕穿白衣，服饰应端庄沉稳。村寨共同体成员在祭祀仪式中，既要表达个体在集体中的位置，也要融合为一个整体。这在哆耶中较为明显，当村寨全体集体进行"踩堂歌"时，不同身份的村寨群体具有严格的秩序，人们正是在社会空间秩序中达到紧密团结。

祭萨仪式如同"扫寨"，仪式期间，寨内群体集体参加祭祀，而将寨门封锁，严格禁止外寨人员进入。堂安侗寨集体祭祀村寨共同信仰的最高神，祈求萨神保佑村民的健康和村寨全体成员的幸福。祭祀仪式为村庄共同体集体行动的实践，在仪式实践中，个体成为共同体不可分割的组成部分，从而将个体情感纳入集体认同之中。

侗寨社区内的团结强化了人们对社区的认同。侗寨村民不仅忙于劳作，需要"做活"；更为重要的是"做人"，参与各种交友活动。如活动中祭萨礼仪，就有各层次人参与。我们访谈了一些农民工，他们认为参加祭萨仪式非常重要，不仅祈求萨神护佑自己和家人，也使一年的劳作得以放松，不像在外工厂务工，需面对陌生的人群与僵化的管理制度。一些侗族人告诉我们，他们很不习惯沿海工厂没有人情的管理制度，好像人就是机器，很少有

① 蔡君绮：《侗族祭萨仪式音乐及其文化阐释》，硕士学位论文，贵州师范大学，2019。

情感。只有回到堂安侗寨，才觉得回到了家，精神才得到放松。那些没有回家的，总觉得缺少什么，一年到头干活也没劲。一个侗族小伙告诉笔者，他之所以每年春节回家，主要是为了参加祭萨仪式。每到晚上，芦笙吹起，自己无论如何难以安静，马上换好衣服，加入村民狂欢的盛会。

第二节　侗寨地方精英与平权社会

一　"没有国王"的社会与侗族村寨联盟

侗族，自称为"干"（gaeml），或"更"（geml），或"金"（jiem）。也有些地方的侗族被称为"金佬"（jeml laox），"金绞"（jeml jaox），"金坦"（jeml tanx），汉族称之为"侗家"，苗族称之为"呆故"（daix guv）。新中国成立后称为侗族。[①] 在语言上，属于壮侗语系，在水族、布依族、壮族以及东南亚至华南的侗台语系民族中，属于最东北边的人群。其北部直到贵州湖南交界的北部，甚至进入湖北西部。

侗族人社会是建立在血缘、地缘基础之上的，侗族的"款"在侗族社会中的作用至关重要。民间流传的侗族地域名称往往就是以"款"来命名，如七百贯洞、高洋大款、六洞、九洞、四十八寨、四脚牛等。"款"是黔湘桂一带民族地区的社会组织，其基础是村寨，村寨与村寨之间形成一种固定的联盟。"款"的形成是一个长期的历史发展过程，即在侗族人溯河而上，迁入都柳江、清水江流域一带后，为形成稳定的社会秩序和应对外界的挑战，村寨与村寨之间联合起来，建立一种"无国家"的社会秩序。

> 史有款塞之语，亦曰纳款，读者略之，盖未睹其事尔。款者誓词也。今人谓中心之事为款，狱事以情实为款，蛮夷效顺，以其中心情实发为誓词，故曰款也。干道丁亥〔癸巳〕，静江猺人犯边，范石湖檄余白事帅府，与闻团结边民之事。猺人计穷，出而归命，乃诣帅府纳款。其词曰：

---

① 《侗族简史》编写组编《侗族简史》，民族出版社，2008，第 13 页。

"某等既充山职，今当铃束男女，男行把棒，女行把麻，任从出入，不得生事。若生事者，上有太阳，下有地宿，其翻背者，生男成驴，生女成猪，举家绝灭。不得翻面说好，背面说恶，不得偷寒送暖。上山同路，下水同船，男儿带刀同一边，一点一齐，同杀盗贼。不用此款，并依山例。"山例者，杀之也。他语甚鄙，不可记忆，聊记其所谓款者如此。[①]

"洞"和"款"是侗族社会两种重要的组织形式。村寨之间通过缔结盟约形成村落联合，称为"联款"或"合款"。"联款"的功能主要是联合与防范。防范外族入侵与盗匪掳掠是联合的重要目的。

侗族"款"是以"村寨"为基础的村寨联盟，也是一个区域的标志。如从江县、黎平县交界地带的"千七"，实为由 1700 户构建的一个区域性村寨联盟"千七"款。"千七"款又是由三个"款"组成，即"下六百""瀑上五百""湾河六百"；"下六百"其地包括德秋、弄吾、岑响、流架、平友、领高、岑桃、归中等 8 个自然村寨，因当时总户数为 600 户，加上这几个自然村寨处于款中心——平友款坪的后半部，故名"下六百"；"上五百"其地包括会里、则里、秧里、归屯、会里苗寨等 5 个自然村寨，因当时总户数为 500 户，加上地处则里、秧里两大瀑布之上而得名；"湾河六百"其地包括高千、山岗、高吊、表里苗寨、表里汉寨等几个自然村寨，因这一带溪河迂回不前，其总户数达 600 户而得名。[②]

侗族的"款"有大小，南侗一带流传有"头在古州，尾在柳州"的大款，也有一个"自然地方"的小款，如三龙就是一个小款。民国《三江县志·民间规约》记载，光绪时期，浔江、武洛河、林溪河、孟江沿岸各侗族村寨联成大款，制订各村寨需要遵守的规约，并解释了"款"的含义和起源："款"，团约也，俗习即以之称团。柳州志谓广西民兵曰款，指团练也。旧志称集款，则凡关于执行团约皆习用之。[③]"款"的大小和性质是根据社

---

① 符太浩：《溪蛮丛笑研究》，贵州民族出版社，2003。

② 潘永荣：《千七侗族卵卜调查报告》，载贵州省民族事务委员会、贵州省民族研究所编《贵州"六山六水"民族调查资料选编（侗族卷）》，贵州民族出版社，2008，第 386 页。

③ 魏任重修，姜玉笙纂：《三江县志》卷二，成文出版社，1975，第 158 页。

会环境的变化而变化的,如社会动乱之时,"款"主要为军事防御组织;如社会稳定,"款"更多地表现为自治组织;不管怎样,"款"在本质上就是村寨之间的联盟,联合起来,以合作的形式解决各种社会问题。

侗族"没有国王"的社会在于"款"的社会结构,即平等的村寨联盟关系。各村寨之间纯属友寨,没有高下等级之分。侗族人认同国家,侗寨的地方精英更多是配合国家对侗寨进行有效治理;同时,强调社会内部的团结与和谐。侗族人社会的政治体系在于"平权",各村寨是平等的友寨,不存在等级差序。村寨秩序的形成具有民主性和权威性,民主性来源于村寨内部的各家庭共同参与和共同遵守,其秩序的权威性则是款约的神圣性原则。"款"是在民众共同协商和立款血誓的基础上制订的,民主和权威共存,而不是二元对立。

二 侗族社会的地方精英

侗族社会的地方精英更多地表现为一种能力和威望,作为村寨成员,或者劳动者,与其他村民无二。地方精英只是因个体素质,如歌师戏师,擅长对音乐的把握、理解,加上个人的艺术才华,成为侗寨尊敬的长者。侗族社会是建立在民主平等原则基础上的村寨联盟。侗寨的寨老更是一种民间协会,现在大多数侗寨成立了"老年协会",其实质就是传统侗寨的寨老集团。

侗族社会的地方精英是一个值得关注的群体,探讨侗族社会的结构及其与周边族群的关系,需要对这一群体进行阐释。侗族"通灵"者较多,尤其以"转世"(有的地方称"再生人")引起外界关注。歌师、戏师等,是侗寨不可缺少的文化传播者和社会交际的纽带。而侗寨的寨老即是所有有威望、能公平评理断事的老人,其概念极其模糊,但在侗寨作用较大,是维系侗寨社会规范的代表。

(一) 通灵者"鬼师"

堂安生活世界中存在一类人群,即通灵者,又称"鬼师"。他们世代相传,在村民遭遇困厄时,总会以地方性专业知识执掌者的技艺和威望帮助需要者走出困境,恢复正常。

侗族认为人世间的"阳"与鬼魂世界的"阴"互相沟通,正如侗族古歌描述的,雷神在天上,龙王在水里,各按其所。人死后的鬼魂世界安顿在

"高圣雁鹅"（雁鹅落脚的地方），另外地下还有可爱友善调皮的"小矮人"。尽管居所不同，但不同界限的群体可以互相往来，和谐共生。鬼魂居住的"高圣雁鹅"，日有十八堂踩歌堂，夜有十八堂哆耶舞。小矮人的精灵世界也有鼓楼、花桥等，只是小矮人的鼓楼不是杉木所造，而是芦苇杆所造。

侗族"阴阳歌"描绘了"高圣雁鹅"所居场景："那里也有那里的人文景观，那里也有那里的心灵境界。"在侗族的"阴阳歌"中，传唱雁鹅落脚的地方"雁鹅寨"依山傍水，处处花红树绿，鸟唱蝉鸣，清美秀丽。那里有个花林山寨和花林大殿（与汉族传说中的阎王殿不同，没有阎王爷、地狱及酷刑等）。花林间有一条一边浑浊一边清澈的河流。阴魂投胎转世时，就由花林大殿里的"南堂父母"审批，然后由四位送子婆婆"四萨花林"撑船把阴魂渡过浑水河送到阳世间。因而有这样的说法，假如某山寨某时段生育一批孩子，其中女孩子多，便说这一船"四萨花林"专送女孩子，只是让一两个男孩子帮着撑船伐桨；如果生男孩子多，便说这一船"四萨花林"专送男孩子，只让几个女孩子帮着洗衣做饭。[1]

关于侗寨风水的看法，堂安村民认为："肇兴有一座风水山，山下人不允许上去盖房子。据说是清代一个鬼师看的，说这个地方是地形像鸟回头，能够保护你们肇兴这个地方。还有个压船石，具体在哪里，众说不一，可能就是停车场对面的那石头，那个是肇兴的压船石。如果动了那个石头，把它打碎了，这个船就不稳了，有可能会发生火灾或者别的什么情况，如果那个大石头被毁掉，就等于翻船了。所以一动那个石头，肇兴侗寨就失火。就像贯洞那个小坡那里还有两棵大树，为什么不允许别人去砍伐呢？就是为了预防危险。一种说法是那两棵树就像用一根绳子把船拴起来。如果那两棵树一倒，那个船就跑了，村民就要受灾了。"[2]

侗族人持有"万物有灵论"。侗族民谚说："老树护村，老人管寨"。人的日常生活常常与鬼神交织在一起。在侗族人看来，山、水、花、草、鸟、兽、风、雨、畜禽、雷、闪电、巨石、太阳、月亮、土地、树、洞穴，这些

---

① 择均·年浩曦：《侗族民间文化审美论》，广西人民出版社，1994，第30页。
② 2014年3月19日，刘童访谈YJR。

自然现象无一不被神灵所主宰，甚至对生产生活影响较大的桥梁、井等，都认为有某种神秘的力量在操纵，从而将它们视为神灵并加以崇拜。[①] 在侗族人的观念里，鬼神有时不分，有时又特指阴界魂灵或不好的神灵。如"树大成灵，物久成精"，侗族人认为村寨边的大树都有神灵附着，是吉祥物，孩子命中缺木，要拜树，认作干亲；村中风景树能保佑寨人平安、繁荣昌盛。乱砍滥伐神树，会败坏风水，人心涣散，鸡犬不宁，村寨遭殃。逢年过节均要祭祀，祈求护佑。

侗族对"通灵者"较为尊敬，多数通灵者同时也是寨老。寨老是对有威望能够公平断事的老人的一种称谓，并非职业。通灵者包括鬼师、风水先生、巫婆等，这些人均承担侗寨社会的许多职能。在传统侗族社会，巫、医不分，一些民间医生兼具部分通灵者的能力。

（二）歌师

侗族人喜爱唱歌，侗谚："汉人有字传书本，侗家无字传歌声；祖辈传唱到父辈，父辈传唱到儿孙。"这反映了无文字民族口传文学的发达与乐教在侗寨的盛行。

侗族音乐的民间传习内部存在一个自在的、有组织、有规模的传承体系，而相关的歌唱事项即是建立在这一地方性的音乐传承方式之中，这个传承体系中的关键一环是"歌师"。歌师，侗语称"杭嘎"。

有研究认为，歌师这一形象有以下认识：一是优秀歌手。"杭"本来就有"好歌手"和"歌师"双重含义，歌师基本都是曾被公认为"好歌手"并在歌班中曾经"担任稳定的重要角色"——赛嘎（领歌）或嗨嘎（高音）。二是大型曲库拥有者。传统侗族并无文字，重要的传承方式是凭借记忆以口耳相传。记忆能力成为判断歌师素质的重要标准。一般来说，歌师比一般歌者拥有一个更大型、集中和类型多样的侗歌曲库。三是长期教歌。侗寨人人能唱歌，有相当大部分人曾在血缘、地缘的关系下教养下代歌唱。因此，仅能教歌的师傅很难被尊为"歌师傅"。但那些有 15 年以上不间断的、稳定的教歌经历，曾为数个歌班授歌，且其所教歌班被村民公认为优秀的教

[①] 杨筑慧编著《中国侗族》，宁夏人民出版社，2012，第 273 页。

歌者，才有可能被看作或被戏称为"杭嘎"。四是歌词创编者。"杭当嘎"专司"编歌"一职，指具有创编歌词能力的歌师傅。这类歌师人数极少，受到很高的赞誉和尊敬。①

侗族传歌不传文，侗歌里面多是祖辈留下的经验和规矩，字字句句就刻在歌师们的心里，唱在他们的嘴上。后辈们以歌相聚，向歌师学习歌唱，也向他们学习何以为人、何以生活的经验。歌师及侗歌传承在侗族文化体系中的意义，关联着性别、年龄、地域、认同等侗族人生活的细节。不立文字的规矩后面，表达的是一个文化系统生成与繁衍的底蕴。"侗歌"是侗族人自我文化的记录和展演方式；"对歌"是社区人群的交往和婚恋途径；"教歌"是族群历史文化的沿革和记忆手段；"学歌"，则是当地男女老少互为团聚和彼此认同的根本方法。②

（三）侗族寨老

侗族属于农耕稻作社会，不仅注重"传统"，而且具有尊老习俗。老人在侗族社会中具有最尊贵的地位。在祭祀仪式中，寨老往往位于祭祀核心，其他群体围绕寨老进行歌舞表演。侗族古歌强调古老传统和尊敬长辈。

> 古典不说，丢了山坪成草坪，会失谱。恨由不讲，荒了山坪变刺坪，会荒疏。说到我地侗族根源，在那古州村脚，六方八拜村头。我们人丁兴旺，六婆撑伞，串村走寨，来到哪里？来到村头榕江。③

祖公过世将根源留给晚辈，牛死了也丢下双角做根据。祖父遗传给父亲，父亲又嘱咐我们，老的一辈过去，年轻一代继承，长辈留下的哆锦根因，青年一代要紧记在心。……前辈汉人的戏，一本一本世代长传，前辈侗家的锦，一首一首子孙继承。汉人有字千万出戏写成书，侗

---

① 杨晓：《南侗"歌师"述论——小黄侗寨的民族音乐学个案研究》，《中央音乐学院学报》2003 年第 1 期。

② 杨晓：《南侗"歌师"述论——小黄侗寨的民族音乐学个案研究》，《中央音乐学院学报》2003 年第 1 期。

③ 湖南少数民族古籍办公室主编，杨锡光、杨锡、吴治德整理译释《侗款》，岳麓书社，1988，第 322 页。

家无字千万首歌刻在心。他们用眼看书唱大戏。①

堂安侗寨 WKZ 老人告知主持祭萨的寨老是自然形成的：我们村是正月初八祭祀。我管了三年，现在不管了。现在是 LGC 老人管，他是大家在鼓楼共同选出来的。也不是谁叫的，在鼓楼你一言我一语的就同意干了。大家同意，我就干了三年。②

款组织并没有演化为统治机构或官僚组织，更没有征收任何税赋，款的领袖"款首"也几乎没有任何特权。寨老由各村寨推选，没有特殊的福利待遇，也没有专门的办事机构和办事地点，和普通村民一样在本寨参加劳动，只有遇到重大纠纷或者发生战争时才出面组织。他们没有可被世袭继承的权力和地位，完全靠自己的才华和品德赢得大家的信赖。侗乡历史上最显赫的款首是明史中称作吴面儿的起义领袖吴勉，明洪武年间不堪压迫，杀牛盟誓，率众起义，义军"二十万众"，"古州十二长官悉应之"。他们打仗不是为了征服和军功，更不是为了"打天下，坐江山"建立某种统治，打完仗放下武器他们仍是普通的农民，他们挺身而出是为了使自己的民族免于压迫。在此之后的林宽、吴金银、姜应芳等带头反抗朝廷压迫的款首莫不如此。在传统侗民眼中"耕田而食，凿井而饮，帝力于我何有哉"，当需要全体动员时，临时"做小款"或者"做大款"就可以了。③

寨老对外职能基本限于文化礼仪上的往来，如组织村民开展"吃相思"活动。"吃相思"习俗由来已久，至今兴盛不衰。所谓"吃相思"其实就是一种村寨之间集体做客的风俗习惯。做客时间视具体情况而定，通常为一天。每当逢年过节，村寨之间就会相互邀请，接到邀请的一方由寨老出面安排做客所要注意的各项细节。

村寨之间相互组织村民参与公共建筑，如鼓楼、风雨桥等落成大典。因为这些建筑不仅是村寨象征，更是全村人的大事，通常也是由村民们共同出

---

① 杨锡光，杨锡整理译注：《琵琶歌选》，岳麓书社，1993，第3~5页。
② 2014年3月18日，刘童访谈 WKZ。
③ 郭宇宽：《寨老制度：独特的农村基层组织——黔东南侗乡寨老制度复苏考察》，《中国乡村发现》2007年第2期。

资修建，落成后，自然希望邀请更多的人来，热热闹闹、风风光光地办一场庆祝典礼，以显示村里人在村寨建设中的积极态度和伟大功绩。此外，寨老们还在逢年过节时，组织村民在村寨之间互请戏班、唱侗戏等活动。这些活动加强了村寨之间的联系和友谊。

对内职能主要表现在制定和执行《村规民约》、传承民族文化、维护社会治安和公共秩序、调解民间纠纷，及制止乱砍滥伐、牲畜放养、村寨卫生、防火防盗、村寨公共建设等事务。侗族历史上的"九十九公款"针对婚姻制度不仅进行了改革，而且对男女恋爱行为进行了严格规定。

> 　　还有第二层：讲的是男女游玩的事，耳边插鸡尾，拉手哆耶。墙后弹琵琶，相依唱歌，依身在门边，细语悄言，不犯规矩、理所当然。倘有哪个男人伸脚踩右，伸手摸左，狗用脚爬，猫用爪抓，摸脚掐手，强摘黄花。这类事，事轻罚酒饭，事重罚金银，罚他一百过四两。如果和奸，你在刺蓬里弄，外面有人看见。有人偷偷做，也有人悄悄捕，捉得到手，罚他五十二两。[①]

堂安寨老 PZC 说：

> 　　每一次祭祀都必须得做到满意，因为这个责任比较大，帮人家择日子有没有出现什么差错也很难说。我们祭萨，每个月的初一、十五我都会去敬茶，到正月祭萨的时候我也会先上茶，然后就做法事，把萨玛请出来。我会拿一把伞，请萨神到我们这里，抱着那把伞就等于抱着萨神和我们一起踩歌堂。踩歌堂的时候，寨老全部坐在鼓楼里面，青年男女围在鼓楼周围，我每年都最先领唱，至少唱两首歌颂萨岁的歌。这是一个程序、原则问题，不是一进（鼓楼）就唱那些男女平时唱的歌，得先唱歌颂萨玛的歌。从最早到现在歌曲内容不是一模一样的，但一直都

---

① 湖南少数民族古籍办公室主编，杨锡光、杨锡、吴治德整理译释《侗款》，岳麓书社，1988，第 233 页。

是那样的歌。唱出来的歌就是法事（的内容），唱歌前先把法事做了，青年男女在举行大型活动的时候才能平平安安、没有什么意外的事情发生。法事（的过程）只是以歌的形式唱出来。记得最早主持这个节庆的寨老就是 B 的父亲，大家都是跟他学的。历届都是有 12 个师傅轮流主持祭祀。因为如果只有一个人管的话，如果他突然过世了，那其他人不知道怎么去祭祀，就没有人指导这个法事的过程了，所以以前都是轮流的。我其实已经有四五年没去萨坛敬茶了，都是 WKZ 老人接替，但是每年踩歌堂、做法事的时候，WKZ 老人还不是很会，所以大家就会请我帮个忙，我就"抱着"萨岁来踩歌堂。今年，接替 WKZ 老人的是 LGC 老人。按照房族、姓氏，大的房族、姓氏就有 2 个师傅，小的房族、姓氏就只有 1 个师傅，所以大家凑过来就有 12 个师傅了。这 12 个师傅都是寨老，有什么事情都会在一起商量，比如丧事，我们一共 7 个人，那天（指老人去世当天）大家就一起商量，因为这个责任很大；喜事的话基本上就是看日子，其他的没什么。

以前有 12 个师傅，现在只有 7 个师傅，因为年轻人不愿意学。这个东西不好学，心里面要有数，有的在书里面记载，现在年轻的人不怎么学。我十多岁就开始学了，一直学到了 30 岁左右，才基本上敢用。我的父亲、祖父都是寨老，都懂祭祀的。我小时候就在家里学，后来我的祖父、父亲过世了以后，我就跟 YGY 老人交流。我家三代人都懂祭祀的。我只知道我的祖父、父亲过世以后，我学会一些祭祀知识以后，那个时候我就跟 YGY 老人学。YGY 老人是跟 WKZ 老人的祖父和父亲一块的，有一次丧事有人请寨老去择时、做法事、看日子。YGY 老人和 WKZ 老人的父亲他们都去不了，因为当时是冷冻天气，路上结冰了，又是晚上，YGY 老人失明，根本就去不了，然后当时几个寨老就发话给主人家，让主人家来请，说："有 PZC 一个人就够了。"所以主人家就来请我去。然后我就去了，日子看好了，让他们能动的就动了，明天这个老人就得上山，大后天就能把墓地修好，就一个人帮人家看好这些东西、弄好了，但是过后我就想：就我一个人年纪小一点，其他寨老都比我年长，到时候如果年长的寨老过世了就我一个人担着。所以 YGY

老人和 WKZ 老人的父亲过世之后，我就把寨子里的几位老人都拉进来了，就叫他们学祭祀的知识，有一个老人比较腼腆，叫 YJY，他觉得自己做不了这个事情，后来就退出了。现在就是赢主任的父亲——YWG 在学习祭祀，60 岁了，也是师傅了。①

整合村寨群体，调解纠纷是寨老最为重要的职责。寨老的威望也是在评理断事的过程中形成的。

堂安 YGS 老人说：

> 如果家庭出现矛盾了，就到寨老说话了，请寨老调解。以前如果出现矛盾，基本上是先讲和，劝双方和好，如果实在调解不好，就得说好哪方来补偿另一方。结婚的时候就是成亲家的时候，用不着我们说什么，但是（结婚后）如果有矛盾了，那就轮到我们说了。以前都是请人去说亲的，都不一定是双方完全自愿的，不像现在，所以说矛盾可能就比现在多一些。现在是双方自愿的，矛盾就相对的来说要少一些，就不用寨老调解了。调解只有寨老才想得周到一些，不可能是年轻人当寨老，或者当调解员，因为年轻人还没有这个威望，看问题也不清楚。我和 PZC 两个人做调解工作。以前村子里事情很多，什么事都找我和 PZC（老人）去说。②

第三节　"人观"多维拓展的意义建构

堂安村民对"自我"的理解形成了一套话语系统。因为"自我"的理解形成的主体意义的"人观"，呈现出"多元一体"的特征，即沟通凡神两界，扎根自然并联结社会，贯通过去—现在并绵延至未来。这一立体多维的"人观"为堂安这一村落共同体世代相传并实践，反过来又成为形塑梯田社会的精神力量。

---

① 2014 年 3 月，刘童访谈多个老人。
② 2014 年 3 月 15 日，刘童访谈 YGS。

一　"四个 Gui" 人观

（一）关于"人观"

人类学家中最早关注人观研究的莫斯在《社会学与人类学》一书中认为"人"是社会赋予的观念，须将其放在相关社会脉络里理解。"确信人与人的结合是抵抗孤独的一种动力以及对人类起源的一种探究。"① 而同时作为人类学早期介入宗教研究的莫斯，又将社会脉络里的"人"与彼岸世界表征出的实质的"同一"，专门"通道"予以连通，指出二者是结构性的共生，即"中间物"的过渡仪式。

莫斯和休伯特在研究献祭仪式时，"他们发现了整体献祭的两个原则：一是所有的献祭仪式通过献祭物成为'神圣世界和世俗世界沟通的一个渠道'，但是在相同的表征下这两个世界被加以区分，因为献祭物先是被神圣地祭奠，然后是被杀掉，它不属于任何一个世界；二是献祭在把这两个世界分开的同时'也将它们整合在一起了'"。②

遗憾的是，莫斯和休伯特之后的人类学对人的关注一直受限于方法论上的实证主义，往往忽略被观察者主观的认识，即便如格尔茨这样的人类学家在讨论巴厘人的人观时，也只是从他们的名字、亲属称谓、身份之名位等方面探讨他们对人的看法，而对其主观观点的重视不够。③ 在人观研究上取得重大进展的案例，是杜蒙对印度种姓制度的研究。杜蒙认为印度人对人的观念源于其种姓制度；在此制度下，所有人是天生不平等的，这种不平等是存在于其社会体系中的，且不平等的观念源于其不平等的世界观，而正是西方人关于人的平等观念成为人们理解印度种姓制度最大的障碍。④

以莫斯和杜蒙的理路为参照系，我们在堂安村庄小型家户—房族—村庄共同体的社会结构中，关注其社会脉络的运势，探究其社会制度与生活世界

---

① 杰里·D. 穆尔：《人类学家的文化见解》，欧阳敏等译，商务印书馆，2009，第137页。
② 杰里·D. 穆尔：《人类学家的文化见解》，欧阳敏等译，商务印书馆，2009，第141页。
③ 克利福德·格尔茨：《文化的解释》，纳日碧力戈等译，上海人民出版社，1999。
④ 杜蒙：《阶序人 I：卡斯特体系及其衍生现象》，王志明译，远流出版事业股份有限公司，1992；杜蒙：《阶序人 II：卡斯特体系及其衍生现象》，王志明译，远流出版事业股份有限公司，1992。

互为嵌构的关系，聚焦于堂安村民意义世界的特点，剖析这一意义世界的发生学原理及其勾连此岸与彼岸世界的价值。

（二）堂安"四个Gui"人观的表征

堂安村民的"人观"，是通过他们自称的人死之后会变为"四个Gui"①叙述来表达的。关于"四个Gui"，调查组自从2013年第一次在访谈中获得此知识后，在2014、2015、2021年的跟踪调查、补充调查过程中都作为一个重要专题收集资料，向不同受访者询问、请教，经廓梳、汇集得到一个较完整的"说法"。作为堂安村民意义世界的核心内容，将"四个Gui"人观的当地人表述作为研究报告的基础性材料，无疑是分析的前提。

概括而言，堂安村民的"四个Gui"人观认为，人去世时会变为"四个Gui"：一个Gui升上云霄成为天上的星星；一个Gui永居村庄鼓楼静观后人的悲欢离合；一个Gui留守自己的墓穴却难以安分；一个Gui投胎转世再生成人。这"四个Gui"的人观，将人看作"四个Gui"的组合体，人在世时是潜藏的因素，人过世时便分裂，其中三个Gui成为未来世界的一部分，与现世的人有"世界"之别，只有一个Gui参与人世的轮回机制，投胎成人，又成为"四个Gui"在现世的组合体，即投胎的Gui本身就具有"四个Gui"的成分，但要成为人就必须通过母体投胎才行；在这个过程中，其他三个未参与轮回的Gui都成为永恒事物的一部分。堂安村民的这种人观同时也是他们的世界观，这种世界观形塑了他们对事物的看法，包括对人和社会的看法。

访谈对象1：PZC

将PZC在2013、2014、2015、2021年四次访谈的表述归纳为：人死了以后有四个灵魂。一个魂是投胎，一魂是守墓，还有一魂到天上去做星星，还有一魂去鼓楼顶上，鼓楼是令这些灵魂高兴、快乐的地方。

问：到鼓楼的那个Gui会不会害人？

---

① 关于"四个Gui"的Gui字，我们用拼音的语音为此项以及读音表达作为概念的内涵，"四个Gui"一词具有丰富的含义，本节会在接下来的考察分析中，逐渐展开其内涵所蕴。

答：他在那里那么开心，那是 Gui 高兴的地方，所以他就不会回来害人了。

问：人过世后要怎样才能投胎？为什么有些人能转世，有的人不能转世？不是侗族人能到这里来投胎吗？

答：我们这边讲投胎转世，是说老人过世之后投胎转世到另外一家去做人家的孙子，很少有人知道。但村里还是有几个记得非常清楚的，例如蓝 SZ 转世为陆 SL、LHY 转世为 PJL。LHY 是一个小学教师，是一个歌师。一般我们这边的小孩出生到会说话的时候，大人就会问他：你从哪里来？你家在哪里？小孩就能说出来。PJL 就是牵着奶奶的手走到 LHY 家，说他要回家，他有很多书，他还知道书放在哪里，上楼后知道他睡在哪里。投胎转世不分姓氏贫富、村界，都可以转的。非正常死亡的人不能投胎，都要经火烧成灰，也不能进正常逝去人的墓地，死后灵魂也回不到坟墓上，要靠先他而去的长辈在自己的墓碑上的灵魂来召唤和管制他，不要去害人。在村外正常死亡的人化成骨灰了，也有四个魂的，去投胎的那个他还是在投胎，上天的还是上天，守墓的就守墓，在鼓楼上游的就在那里游。在村内村外都可以投胎的，例如厦格就有一个是堂安投过去的，两个村的人都知道。一般知道谁投生到谁家的两户人家，关系就会好一些。

萨和土地公都是从天上来的。土地公管地底下的事，如梯田的生长，人的坟墓；萨管鼓楼里的一切事情，鼓楼是所有人都要进去的地方，就管了所有的人和事。所以鼓楼上的那个魂魄，是跟着萨在鼓楼上保护全村的。PZC87 岁了，是堂安村操办现世与"彼岸"世界"通达"仪式的重要人物之一，人们习惯将此执业者称为鬼师。事实上，担任鬼师的人也是村里各房族的首领，从而也是村级层面、民间社会的权威人士，即寨老。房族不止一个，堂安有六七个，寨老也不止一位，他们之间也就依据在村的公益能力和平常的权威性排序定位，PZC 是此时全村威望最高的寨老，也即民间领袖，村两委及乡镇以上领导按当地风俗，也非常尊重潘爷爷在村的地位及影响力。

如前文所述，课题组向堂安威望最高的寨老 PZC 请教每一块重要梯田的来源、地名和流传至今的梯田故事，以探讨梯田社会家族—房族—村庄关系的发生学原理。PZC 谈到鬼师的功能时，很自然地讲述了"四个 Gui"的具体内容，他对"四个 Gui"的贯通逻辑与整体理解，表征出梯田社会"人观"的系统性与精致性。

结合对其他寨老们进行的关于"为何葬礼如此重要"的访谈，课题组意识到，堂安这一梯田社会具有一整套制度与意义相互关联的观念体系，这一观念体系不但联结着前世今生，而且联结起家户与村庄，以及在村务农与外出务工的每个人，从而具有整合"经济—社会—文化"的整体性和动态适应性。

访谈个案 2：LGC

问：你们这边很多小孩是哪个转世的，知道的有多少？村里多不多？

答：我就是，我是我外公转世的。他死了两三年有我。

问：你怎么记得住？你多大的时候记住的？

答：会讲话的时候，我说我叫什么名字（我外公名字），我跟哪个做过朋友，他还教我"迷信"。我做 Gui 师是我爸爸教的，但爷爷是 LM 和老 Gui 师教的，他们俩是朋友。[①]

（三）同区域不同村的相关"印证"

2015 年，在跟踪调查中，为拓宽对"四个 Gui"的理解，我们依据文化传播学中区域（内、外）比较的路径，两次走访了家住厦格村、曾在黎平县某政府机构任职的非村民人士。访谈自然是关于肇兴九侗区域大背景中厦格村与堂安村的历史、自然、社会、经济、文化特征及一些"特殊文化事项"。"四个 Gui"是题中之意。[②]

---

① 2015 年 1 月 11 日，曹端波、曾芸、卯丹、周思宇访谈 LGC。

② 被访人从小在厦格村长大，读完初中后当兵，退伍后进入体制内机关工作，一步步成为某部门的领导，正科级干部。2013 年我们对他访谈时，他仍是这一区域五六个村任职最高的干部，这与我们调查过的贵州其他地区许多边远贫困少数民族村庄有所不同。在那些村庄，走出村庄到体制内当干部的人还不少，如在当地任职，往往会给当地带来一些发展资源，有一种为当地做贡献的成就感。但在黔东南六侗、九侗区域的苗、侗村庄，很少有在外任职干部。

我们对这位领导前后进行过 6 次访谈，分别是 2013 年 3 月 3 次，2014 年 5 月 1 次，2015 年 1 月 2 次。在最后一次涉及"四个 Gui"专题的访谈之前，我们已经有 8 人、5 次对赢局长进行了 10 余个专题的访谈，彼此之间有了较为默契的"研究"共识和信任。在 2015 年 1 月 14 日，最后一次访谈中（在黎平县城），涉及"四个 Gui"的投胎转世的内容。

问：你们不是说人死了会变为"四个 Gui"吗？投胎的那个 Gui 叫什么？

答：这些个 Gui 我都分不清了。

问：在整个九侗地区都知道有"四个 Gui"？

答：嗯，像老人一般都说你死了还可以投胎，不过车祸啊、非正常死亡的产妇啊都要"过火"，即火葬，过火后就不能投胎了。

问：其他的，比如他活着的时候做了坏事，这样的人死后能不能投胎？

答：可以的，只要是正常死亡。给你们讲一个关于我的故事。我家和死者那一家隔了前面一栋房子。死者是一个 60 多岁的男人，他们家在寨子上非常贫穷，祖宗盖的房子都没能力翻修，房子楼梯腐烂严重，下雨上楼梯都非常危险。我听母亲说，他死那一天是 1947 年 1 月 14 日，我母亲出来看，看他从我们家门口抬过去，当天晚上下半夜我母亲就生下了我，也就是 1947 年 1 月 15 日。我从会走路、会说话开始一直到 7 岁，都哭着闹着要去那一家，旁边许多好的、富的人家就是不去，不去那家我就哭不停。我现在还记得我母亲没办法就带我去，我赤着脚爬上楼梯到有床的房间。尽管那家人非常穷，但是每次去都给我一个鸡蛋拿回来。过两天我又闹着要去，还能够说出他们家一块大田在什么地方，到了田边说这块田是我的。那家特别穷，特别脏，我都非要去不可，还可以说出死者老婆的名字。我到现在都还有记忆，你说稀不稀奇。①

_____

① 2015 年 1 月 14 日，孙兆霞、曾芸、卯丹访谈 Y 局长。

二 "四个 Gui"人观对生活世界的超越性展开

堂安村民认为人死后会变为"四个 Gui",也即有四个灵魂分别驻守四个维度,形成梯田、鼓楼为中心的物质标识和村落集体行动为中心的社会情感共同体标识。这两个中心互为嵌构并具有超越性的精神共同体。如果从意识空间上看,这两个"中心"标识互为嵌构的功能恰好成为意义世界对现实生活世界超越性生成或逻辑延伸的对应性成果,即"四个 Gui"人观向神圣性的拓展。对于这种宗教观念,阿兰·邓迪斯认为:"那些在原始时代创造出来并反映在神话中的世界的秩序,作为一种范例和模式,对今天的人们仍有其价值。"①

恩格斯表述为:"一切宗教都不过是支配着人们日常生活的外部力量在人们头脑中的幻想的反映,在这种反映中,人间的力量采取了超人间的力量的形式。"②

具体分析"四个 Gui"人观,即对梯田社会生活世界之"超越性"部分的理解和阐释,可以加深对梯田社会立体性的认识。

(一)星宿维:拓展自然与社会、此岸与彼岸巨大空间的灵魂

堂安村民认为,成为天上星星的那个 Gui,与世界万物融为一体,贯通天地,成为世间永恒的一部分。农耕稻作社会中的"天人合一"是其精神世界的根本表述。在堂安普通人的生活世界里,"天"是神圣而无所不能的。萨玛住天上,代表天意来帮助村庄里的每一个人,是行善施业的图腾。天灾人祸,萨玛都能救侗民于危难之际。阎王也是住天上的,不时代表天公到世间来惩罚或收走坏人、表扬好人,是公平、公道的神圣执法者。而"天神"最大的恩赐,是关于稻种、水供、阳光、四季平安运行的主宰。萨玛即是管五谷的神。《族源款》中说,侗族人的土塘田埂,稻田耕作都是"萨玛"所赐。这是此岸村庄中的人对萨玛神的认识。此时是人与神的关系。人

---

① 阿兰·邓迪斯主编《西方神话学读本》,朝戈金等译,广西师范大学出版社,2006,第 62 页。
② 恩格斯:《反杜林论》,载于马克思、恩格斯:《马克思恩格斯选集》(第 3 卷),人民出版社,1975,第 354 页。

死后即可变为天上的一颗星宿,对此岸有了一个"身份"的转变,与萨玛一样居住于"天上",可跟随萨玛出入于、贡献于此岸世界。流传于榕江县七十二寨的《打猎敬神词》对萨玛诸天上之神对自然农耕、梯田产出的"支持"有极具体的表述。"饭摆桌上,酒摆凳上,舌头来舔,嘴唇来张。敬请诸神,光临品尝行营土地,大门土地,寨门土地,半路土地,广坪大坝土地,高山深谷土地,野薯葛根土地……我是后来的崽,新来的人,喊不完的人性,叫不完的鬼名。喊你们五个,你们就聚拢十个;喊你们十个,你们就聚拢百个。不是空吃,不是白吃,为我们人财两发,为我们渔猎得利……"① 这虽然是一项祭神活动,在请神时,在天"鬼魂"们也一并请来赴宴,原因是他们跟大神们一样,都来自天上,是天人合一的载体,因此可以满足此岸的诉求。哪怕喊你们五个,你们就聚拢十个……但深知你们不是空吃,不是白吃,而是可以帮助我们"人财两发,渔猎得利"。在堂安村民看来,"喊天"祭祀作为天人合一的一个环节、一场盛典,也是在沟通成百上千化为星宿的那一个个魂魄,请他们常回家看看,永恒守住自己彼岸中村庄人们的自然属性,与浩渺宇宙共存共助的共赢机理。

(二)鼓楼维:以灵魂对村庄生活空间标志性物质载体的驻守,拓展出此岸世界与彼岸世界互为通达的共同体聚集路径

堂安村民认为,永居鼓楼的那个 Gui,作为村落公共空间和文化象征物的一部分,成为见证人世喜怒哀乐、悲欢离合的超自然存在,它穿越时间,在特定的空间内与村寨每一个世系的社会个体及共同体永存。这样,以鼓楼为标志的村庄共同体与"永恒"的关联,便通过永居在标志物之上的一个个灵魂而上升到时间和空间的超越,同时也是对现世一个个家庭房族的超越,通过如第三章所述的鼓楼的社会文化功能,将具体的共同体上升为由现世具体的逝者拥有的延续共同体,共享共同体的超凡能力。这样,个人、家庭、房族在尘世历史中对共同体进行的一切创造便获得了永恒的、神性的加

---

① 贵州省民委、贵州省文联民研会编印《侗族文学资料》第五集,第 164~165 页,内部资料,载何光瑜、何昕:《原初智慧的年轮——西南少数民族原始宗教信仰与神话的文化阐释》,贵州人民出版社,2010,第 545 页。

持，年复一年、生生不息地共享共同体。

鼓楼对于堂安村民来说最重要的意义在于它是祭祀的中心点。而祭祀对于具有古老农耕文明传统的小型共同体具有整合社区的功能。何光瑜先生研究西南农耕民族原始宗教与人的生育、稻的生育，两种生育在宗教意识中怎样合二为一、形成循环互益机理的专题。他指出："社祭是与生产（农、渔、狩）有关而以村落之福祉为念的祭仪，而祖祭则是以村落内个别的亲属集团的团结与福祉为念的祭仪。这是一个十分重要的提示，也就是说，中国古代祭典的发展轨迹，是由'利国'而'利家'，由'利众'而'利己'的。""在西南各民族的农事活动中，农事之祭与祖先之祭总是相互交织，互为背景的。这种情况十分普遍，两种信仰在人们的观念中均占有十分重要的地位。"①

仅以堂安鼓楼的祭祀功能而言，它是整合村落各姓氏、各房族为一体的祖先之祭与共有诉求的农事之祭为一体的宗教场所所内含的应有之义，而"四个 Gui"人观中鼓楼维的灵魂之在，则将其个体性的超越功能嵌合于村落共同体的整合力之中，从而赋予鼓楼作为村庄共同体标识必然持有的神圣性意义，亦即生生不息的永恒意义。

（三）坟墓维：个人与家庭在社区秩序、位置中的神圣性、代表性标识

在村落共同体的生活世界中，每一个家庭，从而是房族和村庄的历史、位置、变故，均作为村庄故事的有机组成部分而进入村庄"档案"。在这里，村落的公平正义、好人坏人、可谅解和不可谅解，都会成为村庄规范人们行为和推进公共福利的社会资本、公共资源，从而获得传播下去的内生动力。村落共同体中不断增加的坟墓，作为共同体成员的载体和象征，与逝者的后人一起参与到建构村落社会共同性之中。

坟墓在村落文化中是一个永久的物质标识。标示着村落社区共通、共同的地方性公共生活内容。首先，标示着坟墓主人生前对家庭和村庄的贡献；其次，标示着坟墓主人家庭在长久村落生活中值得人们去标榜和排序的内部

---

① 何光瑜、何昕：《原初智慧的年轮——西南少数民族原始宗教信仰与神话的文化阐释》，贵州人民出版社，2010，第582页。

"竞争";最后,标示着现实生活世界中每一个人对村落和家庭关系的自信与自勉;等等。

因此,堂安人认为,在坟墓这一维,逝者灵魂在自己坟墓上的驻守,一是整合神性的力量,继续保护和参与村庄建构;二是以时时"在岗"的状态,与人为善、以人为本地在永恒世界中固守精神家园的意义。

(四) 投胎转世维:彰显家户相通,平权社会的"无间道"

堂安生活世界本质上是公开、无家庭私密的"透明"社会,所以堂安"四个Gui"人观中可以投胎转世、沟通此岸与彼岸的那个"Gui",可以理解为当下的家庭与过去的家庭、亲属与非亲属乃至整个社会"共享"的公共资讯。这个社会,经过"神性"的介入,是"血肉相连"的。

具体而言,由于这个维度的灵魂是投胎转世,再生成人,所以其可以跨越时间、空间,在此时—彼时、此地—彼地做轮回循环。在此种文化观念内建构成社会体系,便成了可不断轮回的社会观。堂安村民对这些投生之事是确信无疑的。这些案例中,有地主投生为穷人的,有穷人投生在地主之家的;有爷爷辈投生为孙辈,孙辈投生为爷爷辈的;有男性、女性之间交叉投生的;亦有姓氏之间混融投生的;有投生为猪、牛、马、雀的,亦有猪、牛、马、雀投生为人的;等等。而这些轮回都在表达着同一个主题——均衡,这种均衡表达为轮回后人的阶序、社会身份的公平,人与畜的对等,资源占有的公平等观念。更为重要的是轮回将时间与空间错置,使这种轮回观念循环往复,生生不息。此轮回观念最为重要的社会表达在于将整个堂安村民社会黏合成为一个命运共同体,你中有我,我中有你,世代相继不绝,生死交错而不惧。

同样地,这种"轮回"呈现在堂安村民的日常生活中,并形成一种支配性的社会体系。梯田的耕种年复一年,循环往复,稻米的流动永远处在"借—还—借"的循环中,人亦处在"生—死—生"的轮回中,而在这个轮回中人们都会经历相同的社会化过程,重复相同的社会文化生活,直至永远。此种轮回的社会观和人观,打破了人的阶序、社会身份、时空区隔、资源占有差异,甚至打破了人畜之别,呈现出资源相对有限的梯田社会如何以文化方式形塑为"平权"社会,并向"永恒"循环拓展的内在文化超越能力。

三　"四个 Gui" 人观对村落共同体观念的聚焦和整合

堂安村民的"四个 Gui"人观，将天、地、人、社会、时间、空间贯通为一体，使生活世界既永恒存在，又循环往复，拓展了人观的精神维度和意义维度，凸显出村落共同体的稳定性和感召力，彰显出共同体面对外界刺激时自组织机制及文化自主性的鲜明特点。其横向贯通生态空间、社会空间和发展空间，纵向贯通历史维度、精神和信仰维度、经济方式转型维度，是抵抗社会脆弱性的内生性力量，是维护生态建设的永持定力，因此也是本土知识体系的智慧结晶。从这个意义上，堂安村民的"四个 Gui"人观，一方面具有整合村落共同体观念的功能；另一方面，也使堂安村民心中有家，无论时代急剧变迁还是个体流动往复，都能够从容面对，充满希望。

（一）在城乡之间选择"家园"，亦有"四个 Gui"人观的浸染

从城乡互动已经成为堂安村民生计、就业及发展主题的当下来看，外出谋生存、多生计谋发展已成为家庭经济分工、就业结构的常态时，于外出打工者、发展者而言，精神和情感依托于"家园"的普适理念和行动逻辑都深浸着"四个 Gui"人观理念的痕迹。

案例一：客死他乡，排除万难仍要返乡安葬

堂安村民的墓地，自开村时就有了一套延续下来的规则。最初以开村赢、陆二姓的小规模居住地周边为界，分姓氏、不分房族择地进行安葬。后随家户繁衍，其他姓氏入村，墓地需求增大。伴随村落共同体的建构，墓地一方面往更远的山地集中，另一方面也弃姓氏独有制而混葬一体。到目前，全村有两个墓地是旧时留下的，上百年没有新坟进入。三个较大的村居空间之外的墓地，村民们按地界所属或互换，或购买获得使用权。不过，因这三个坟场也地方有限，墓地的选择已经在往厦格村地界拓展，相同的是，仍然不分姓氏、不分房族、不分"贵贱"混葬一起。不变的机理和规则包括一些特殊情况应对的共识，例如，无论在村或在外的非正常死亡，如车祸、妇女难产去世、自杀等，逝者必须"过火"，其骨灰另寻孤野外安葬，不得进

入公共墓地。堂安村民认为，非正常死亡的人，死后不能变为坟墓维的灵魂，他/她的灵魂由其父母的灵魂看管，因此不会出来"做坏事"。而在外地正常死亡的逝者回来可进入公共墓地安葬，其灵魂会成为"四个 Gui"之一。由于按规矩只有在村内正常死亡的老人才能享有进入鼓楼、全村参与的告别仪式，因此在外病重之人，或因病住院的老人，临终时自己和家人都会选择在断气之前往鼓楼里赶路。也只有参与了鼓楼仪式，其人才能顺利分型为"四个 Gui"。最后的人生告别仪式，即葬礼，均在鼓楼举行，体现出公共性和平权性特征。近二三十年中，随着外出打工、发展、读书的人数增多，在外去世的事件也时有发生，作为堂安村民，却坚定地要将外出去世者在第一时间接到堂安，按规矩举行仪式和安葬。否则，死者就回不了家、安不了魂、上不了天了。这样的人观既因村庄共同体是其前提，同时这种理念又能成为"家园"认同的精神资源，不断建构着村庄共同体。

内生的自内而外的"村界定义"规范着村民，只要是在村内正常死亡的人都可以进入鼓楼举办丧事，逝者也可通过仪式顺利转入四维灵魂的住所，这便形成村内与村外、正常与非正常死亡之间的亲属及本人焦虑的核心。因此，村里老人病重都不愿出村就医；在外断气的人，有的也想瞒天过海，说是到了家才断的气。但这种情况几乎难以发生，究其原因，被访人是这样说的："如果不能在鼓楼办丧事，村里世世代代都会说你家谁谁谁进不了鼓楼，这样大的面子问题。谁的爷爷进不了鼓楼，他自己会考虑对儿孙晚辈的影响，对家族的荣耀感是有影响的。"

在家里死的人跟在外边死的人不一样，在外面死的人，感觉他的骨头是凉的，身体是凉的，在家里感觉身体是比较热的，用侗话我们叫"骨头是热的"。[①]

堂安村民对逝者的葬礼的重视远超与通常理解的限于家庭、房族必须参加的边界，而是扩大到全村所有家户的范围。全村的人，比如像女性，跟他

---

① 2021 年 4 月 28 日，曾芸、徐磊、常宝访谈 PZC。

家没有一点亲戚关系，也会去买一两条毛巾去送行，就是说这位老人对我们家、对我们村都有过帮助，所以他走了，要去为他送行。无论远近，各户至少有一位能帮上忙的"罗汉"参加葬礼，外出到沿海打工的也得赶回。而葬礼这种超家庭、房族的礼仪文化，如何在仪式过程中体现出公共性的呢？带着这个问题，我们做了多个访谈，其中一段问答尤其典型。

案例二：蓝木匠

2013 年被访人蓝木匠 60 岁，是堂安村五六位领班木匠的大师傅，20 世纪 80 年代跟舅舅学艺，后来的 20 多年里，领着本村和外村 10 余位徒弟、合伙人在湖南、湖北、广西等地修建鼓楼。他父亲是在 2012 年 3 月去世的，离我们这次访谈已有 10 余个月。他告诉我们：

> 母亲很早就去世了，父亲是去年去世的，埋在归纳（厦格的小寨）那边，因为村附近已经没有坟地，只有靠亲戚在尚有坟地的厦格小寨去找合适的坟地。合适的地方得请先生来，用一本经书来算坟地的位置，看进得进不得。堂安村有 6 位先生会算，有姓陆的，姓赢的，姓潘的。村里有规定，看坟地、办丧事要这 6 位不同姓氏的先生一起来算计和商量，而不是各个姓氏只请各自的先生。他们代表全村的要求来操办这些"迷信"的事。从古到今，全村有人去世，都是这样办的，他们不要什么钱，过去有条件人家送他们每人三串腌鱼，没条件的送一串、两串也可以，他们就是来尽义务的，即便哪一家都是义务，这样丧家和去世的人才能各到其位，安心顺利。①

可见，从逝者到葬礼及分维为"四个 Gui"的过程，其实是现世中有"专业"分工的村庄"公益者"、权威人士按"规矩"打通现世与来世的"社区工作"。其间，逝者个人、逝者家庭、逝者房族、整个村落均在 6 位村庄公共权威的行动中走到一起，形成一种村庄层面的整体行动。

---

① 2013 年 3 月 30 日，孙兆霞访谈木匠 L、YSQ。

2015 年 4 月初，我们到堂安村实地调研时受邀参加陆氏一个房族的清明上坟活动。此次活动有 7 户人家共同举行，先到一个清代古墓群最早的"爷爷"坟举行仪式，即烧纸钱上香，按序跪拜，开餐合桌吃各家准备的 10 余个菜和五彩糯米饭、喝酒，边吃边说话，整个过程大约经历了 2 个小时。后又分开三拨各自给后续的"爷爷"上坟。碰巧的是，上坟者有一家是前一天乘坐同村一位嬴姓堂姐夫的自驾车从佛山开车专程过来上坟的，有三个孩子和夫人在佛山。自然，我们对这位男士进行了访谈。

案例三：清明返乡上坟的"罗汉"

受访者 LZG，36 岁，具有本村最高学历，是两位中专生之一。兄妹三人，弟弟在深圳打工，姐姐嫁到肇兴。父亲是村里最有经验和手艺较高的木工师傅和领头人。本人早先随父亲在武汉等地修建木楼 4 年，后来返乡当教师一年，再后来到佛山一个企业当工人，一个偶然的机会，到了目前这家做汽车配件和营销的日企工作，已有 4 年。每年都回家过年，清明节约了堂姐夫二人自驾车回村扫墓，明天又返回佛山。LZG 说："每到清明，一定会返乡上坟。特别是成了家的罗汉，更是'上坟'的主力军。按堂安的'四个 Gui'人观，上坟即是与逝去亲人的灵魂进行交流吧。"与 LZG 的交谈，你能感受到他虽身在闹市，却渴求家乡安全感和安宁感。

以地方性知识的视角去看以上几个故事，会发现堂安社区内生的社会文化体系不仅维持着人们的生活方式和行为，还固守着村庄与自然的平衡，维系着人们之间的情感，赋予人们共同生活和劳动的神圣意义。其以特有的、扎根的超越性，内生为建构社会秩序和形成村落共同体的重要基础。同样，理解堂安村落共同体所嵌生的具象形态，若只是聚焦于物质及文化形态，便会忽略营造同构的机理，亦即这些物质与文化体系中的社会。正是二者的结合才成为我们所理解的堂安梯田社会的核心构成。

（二）参透生死的人观对村落共同体的理念性建构

人死亡后灵魂居住的四个方位或驻扎的四个处所，正是人与自己的灵魂既对应又分离的自由性拓展。但是如果观察视角从家庭转移到社区，会发现个人和家庭之所以能够抵御自身脆弱性，获得外在于自身的强大力量，恰恰是因为村集体所赋予的集体行动支持与情感慰藉。因此，"四个 Gui"人观中人的生与死，构成村落共同体的永恒循环，而这一循环的标识与象征既包括鼓楼的灵魂，也包括每一个在坟茔上守望自己家庭后辈的灵魂。这些灵魂与其承载体——村落共同体的嵌构，其实是一种村庄社会资本的永续联结，也即堂安梯田社会价值的结构机理。为了更具体化地阐释这一意义，我们在调查中发现了两个故事。

故事一：盼儿归来的神圣性感知

2015 年，在堂安"四个 Gui"人观的故事和逻辑中，深感精神、文化意义参与构建整体社会的机理博大精深时，我们又听到另一个从现实中"走失"，又由"天"而降的贯通天地与时间的"人观"故事。当然，这里必须指出的是这个故事的"人观"与社会观的嵌构，似乎只适用于堂安村民社会文化体系内部的人们，一旦这里的人们脱离这一体系，便会产生脱嵌问题。

这个故事是：大约在 20 世纪 90 年代末，一位少年告别母亲，只身前往城市打工，就在他走出母亲视野的时候，他的母亲悲伤地认为儿子"不在了"，因为在她所感知的堂安的这个社会体系里寻不到儿子的任何踪迹。在这样悲伤的情绪中母亲度过了两年。终于，有一天与儿子同去打工归来的村人告知她，她的儿子就要回来了。思子心切的母亲自此每日在村头等待，直至半个月过后，儿子方才出现在村头的大路上。看着儿子熟悉的身影，母亲欣喜万分，认为儿子"像是从天上掉下来的，又有儿子了"。[①] 在此，"四个Gui"人观既体现出令人动容的母子之情，又体现出村庄的神圣性边界："村内"与天一体，而现实世界的"村外"则是能吞噬自己的可怕"外界"。

故事二：死去的人"在一起"与返乡的人"在一起"

几乎每一个村寨都有墓葬群。因为村寨的起源、姓氏的构成、内部的层

---

① 孙兆霞、曾芸、卯丹：《梯田社会及其遗产价值——以贵州堂安侗寨为例》，《中国农业大学学报》（社会科学版）2015 年第 6 期。

级分化而具有较大差异。以死者的"住所"反观活人的"地位"差异，似乎是近代以来屡试不爽的推理。但是在堂安则是另一种逻辑。PZC老人告诉我们："我们这里有几块墓地，没有说随便在哪块地、哪个位置葬，像我们的墓地都是集体的。要大家葬在一起，不要单独一个人葬在某个地方。你葬在某个地方，一个人在那里就是比较孤单的。为什么要那样子划墓地？以前老人家就那样划了，所以现在他们只在那里下葬，满了又得找其他地方。也是集体来看的，大家安葬又都集中在那个新的区域。"① 如果说PZC告诉了我们死去的人是如何"在一起"的话，乡镇派驻堂安村第一书记吴XX则告诉我们返乡的人如何"在一起"。"我们这个地方这些人他比较重感情，大家做什么事情都在一起。虽然是分有家家户户的，但是你在哪里都像是兄弟一样的。你帮我我帮你，他也不记什么，不是说我来帮你做一天就要你开什么钱，他不要的。还有一个情况是过年后全寨子都要你去我家吃饭，我去你家吃饭，摆好几桌，我从初一吃到十五，至少要去十五家吃饭。二三十个人吃一餐这个样子。所以他有这种感情在里头。有时候你想在家里面陪家人吃饭还成为一个难题。只有大年初一，还有大年三十晚上才一家人吃团圆饭，有的甚至连团圆饭的概念也没有。所以，我出去打工10年也好，20年也好，我还是想要回家。""比如让我离开家乡，到其他地方去工作，觉得没有归属感。""你看像这次疫情，其实大家都才清楚，原来我们追求的那些都是浮云，身边的人才是最重要的，是不是？"② 而堂安"四个Gui"人观，则将"身边的人"拓展到彼岸的神灵。但是，这样的人观还在受到现实的巨大挑战。这里负责接待我们调研的一位领导告诉我们他们的纠结。

省里来的领导、县文物局的领导就觉得堂安坟墓群在村庄中间，与住房在一起不雅观。这些坟还在，但是老百姓觉得没有什么不行。他们与坟为伴，互为邻里，标示着生生不息的村庄活力。③

---

① 2021年4月28日，曾芸、徐磊等访谈PZC。
② 2021年4月24日，孙兆霞、曾芸等访谈吴书记。
③ 2021年4月24日，孙兆霞、曾芸等访谈吴书记。

文化主体与外来强力之间因为文化理解的不同，确实存在对堂安未来发展产生巨大冲突的隐忧。认识堂安，理解堂安，似乎还任重而道远。

本章小结

堂安的"款"所蕴含的平权社会理念体现和形塑着村民们的活动与彼此之间的互动。其以平权理想为建构社会的原则，虽然存在着各类具有差异的人群范畴，但凭借各种生活实践中的行为、仪式来规范"差异"。[①] 款组织的运作秩序是侗族人在不同的人群结合（房族、寨集体、村寨联合）和日常生活中活动的秩序，这使得款有了莫斯（Marcel Mauss）所言的"整体性社会事实"的意义。[②] 基于共同生产组织之上的"仪式共同体"具有相同传统、信仰与道德、价值认同。定期或不定期举行的祭萨仪式形成的"祭祀圈""信仰圈"，往往是一种村落或村落之间的共同行为，强调的是共同观念和共同利益。堂安各种祭祀活动，最初是向超自然的各种神灵传达人们的祈愿，但仪式所具有的无形威严调节和制约着村民的生活方式和生产方式。基于信奉萨神而参加祭祀活动的村民，仪式强化了他们对社会文化的认同，表现出明显的社会性。款约强调的也同样是一种地缘组织关系、集团归属意识、凝固友好关系、村落之间的自律性和凝聚性。[③]

沿着费老对社会学学科品质定位及其四个维度结构性支撑的阐释，[④] 反观堂安精神世界的特点及功能，可能给予我们更为学理性的自觉和更为现实性的贯通。

首先，堂安以"文化"呈现出人与自然关系的观念，可以帮助人们发现"家园"的未来，即是生活和生产两个世界的"叠合"或"重合"，自然与社会的关系，是其文化所创造、所创造的"家园"的内容。朱启臻曾经

---

① 林淑蓉：《"平权"社会的阶序与权力：以中国侗族的人群关系为例》，《台湾人类学刊》2006
　年第 1 期。
② 孙旭：《集体中的自由：黔东南侗寨的人群关系与日常生活》，社会科学文献出版社，2019，
　第 13 ~ 14 页。
③ 管彦波：《水环境与西南民族村落关系的生态研究》，中国社会科学出版社，2021，第 142 页。
④ 费孝通：《试谈扩展社会学的传统界限》，《北京大学学报》（哲学社会科学版）2003 年第 3 期。

将文化背景下的"家园"描述为"生命、生产、生活"互构不可分离的完整"存在",不可拆分作片面理解。

其次,堂安以情感性包容的共同体形式呈现出的"乡愁",比"进城人"欲想返乡的"乡愁"更值得关注。这些在村庄中长大的共同体成员,无论留在村内还是外出,其共同的精神需求、心理需求,成为离乡人"乡愁"的另一个侧面。与信仰佛教的西藏人相似,"四个 Gui"人观是堂安自然世界、生活世界和精神世界整体性的表现,也成为每个堂安村民不惧生死、生生不息的精神支撑。

最后,发现社会的"心意"。费老在晚年提出"扩展社会学的传统界限",亦即"科学"与"人文"的双重观照。堂安这一梯田社会的"四个Gui"人观正是社会精神性的拓展。村庄共同的资源如何利用和分配?这不仅需要差序格局构成的人际关系分殊和制度来决定,因为这会构成社会不平等的根源,而梯田社会则将"将心比心",亦即村落社区中"心"之意识构建为社会的精神前提,也赋予"四个 Gui"人观之中的"人之心"神圣化的职能。因此,"四个 Gui"人观不仅是一种对于自然、社会的统一性的认识,而且是村落共同体的客观自然基础及其利用和分配的社会规则和社会公义。

堂安是一个活态的共同体,其群体性、文化性和历史性相结合而构成的社会特性,让每一个共同体成员能够在城乡流动、社会变迁、乡村衰败的时代背景中保持定力,守护这一神圣的"家园"。因为"四个 Gui"人观所具有的精神面向,我们更能感受到乡村的多种功能和多维价值,因此也更有信心来探讨乡村的振兴与可持续发展议题。

第六章　梯田社会变迁与村民
主体性的成长

　　在 20 世纪 90 年代之前，堂安世代依靠梯田维持着一套自给自足的生产生活体系，并建立了与之相适应的社会文化规范，梯田、鼓楼、礼俗和宗教信仰等，共同构成了堂安梯田社会的组成要素。1995 年，专家和政府成员组成的考察团体进入堂安，紧随其后市场力量的逐步开拓，堂安梯田社会开始系统性地接触外部世界。对于遭遇发展的堂安来讲，如何在传统与现代、地方与市场之间取得协调？王春光曾提出，村民主体性是主导村庄发展的关键变量，如果不能调动村民的积极性，不能确保村民的主体性地位，那么任何对农村发展设计的理想目标都难以获得地方认同，也就难以得到实现。[①]村民主体性是地方与外部力量有效互动的关键变量，但是对于西部大多数村庄而言，村民主体性不是本来就存在的。内生性力量的缺乏往往就是这些村庄难以发展的关键，这是外部力量容易进入村庄，但又难以真正见到成效的重要原因。然而，作为未曾预期的结果，遭遇发展的过程却促进了村民主体性的成长，梯田社会的韧性无疑有着举足轻重的作用。

　　本章聚焦堂安的现代变迁，主要分析对堂安发展有重要影响的"三大事件"——生态博物馆的建设、乡村旅游的初步开发和脱贫攻坚行动，分别对应着外部世界对堂安生态、经济和政治方面的干预。在生态方面，生态博物馆的建设是堂安现代变迁的原点，梯田社会构成了生态博物馆建设的资源性

[①]　王春光：《关于乡村振兴中农民主体性问题的思考》，《社会科学文摘》2018 年第 7 期。

要素，生态博物馆反过来也塑造了村民对村庄生态和文化的现代理解；在经济方面，世纪风华公司和明德公司对堂安旅游的初步开拓，是堂安现代变迁的加速器，堂安梯田社会构成了堂安市场开发的资源优势，同时也面临着旅游市场的片面解构；在政治方面，在堂安村，国家的在场，尤其是脱贫攻坚行动，深刻地塑造着村庄的现代变迁，为堂安发展奠定了良好的组织基础。通过"三大事件"的分析，我们发现，这些力量进入堂安有着各自的预设，由于未能调动村民的积极性，这些项目未曾达到理想预期，但在此过程中，村民的主体性却得到了成长，村民生态、文化、经济和政治主体性的逐渐成熟，使得堂安未来发展有了更多的可能性。

第一节　生态博物馆：堂安现代变迁的原点

生态博物馆的理念诞生于法国，并逐渐在发达国家中蔓延开来，是对传统博物馆实践的超越，而堂安生态博物馆的建设正是该理念在中国的实践延伸。就当时的发展环境而言，即使在发达国家，生态博物馆理念也具有超前性，而对于中国西部偏僻的村落来说，无论是在观念的革新，还是在具体的人才、技术和经济方面，实际上都缺乏建立生态博物馆的现实条件，然而，在学术界和政府的双重推动下，堂安生态博物馆建设仍然启动，堂安由此开始了系统性的现代变迁过程。生态博物馆建设是堂安现代变迁的原点，后续一系列的政治、经济和社会文化发展围绕着生态博物馆陆续展开。然而，堂安生态博物馆实践是不够成熟的，生态博物馆项目未能融入村庄，没有调动村民的积极性，甚至成为堂安现代发展中诸多利益矛盾的汇集点。当然，生态博物馆的建设仍然给村庄带来了发展的机遇，堂安由此能够进入国家和市场的核心地带，拥有了一张通往现代性的名片。这种机遇源自生态博物馆的实践理念与堂安梯田社会的亲和性。村民们能够从其传统的日常生活中，自然而然地转化出对于生态和文化的现代理解，而村民生态和文化主体性的成长，是堂安能够把机遇转化为现实的关键。

一　生态博物馆落地堂安

生态博物馆诞生于传统村落与社区保护的实践中。1981 年，生态博物馆的发祥地法国，对生态博物馆进行了官方定义："生态博物馆是一个文化机构，这个机构以一种永久的方式，在一块特定的土地上，伴随人们的参与，保证研究、保护和陈列的功能，强调自然和文化遗产的整体，以展现其代表性的某个领域及继承下来的生活方式。"①　此后，生态博物馆在世界范围内发展到 300 余家，这种文化遗产保护的形式得到世界各国认可，虽然具体实践各有不同，但均强调文化的原生地保护，以及由文化的主人自己来保护这些基本理念。生态博物馆理论的创立者和实践者之一的雨果·戴瓦兰就指出，"生态博物馆的遗产教育的最重要意义是当地居民懂得了他们自己所肩负的责任"。②

1986 年，苏东海主编的《中国博物馆》杂志陆续刊登了一些国外生态博物馆理论和实践的译文，学者们也开始呼吁在中国建立生态博物馆。1994 年，苏东海在国际博物馆学专业委员会上结识了挪威国家生态博物馆馆长约翰·阿格·杰斯特龙，并邀请他到中国贵州少数民族地区进行调研。1995 年 4 月，"关于在贵州省建立生态博物馆可行性论证"课题小组成立，成员包括中国博物馆学会常务理事苏东海（时任贵州省文化保护顾问）、中国博物馆学会安来顺、挪威生态博物馆专家约翰·阿格·杰斯特龙等人。课题组在贵州调研之后，撰写了《在贵州省梭戛乡建立中国第一座生态博物馆的可行性研究报告》。1997 年 1 月，时任国家主席江泽民与挪威国王哈拉尔五世在北京签署了在中国贵州建立梭戛生态博物馆的合作协议，生态博物馆的建设议程正式进入中国官方。

在中挪政府签署的文化合作项目下，课题组确立了包括梭戛苗族生态博物馆、镇山布依族生态博物馆、隆里生态博物馆和堂安侗族生态博物馆的首

---

① 转引自苏东海《国际生态博物馆运动述略及中国的实践》，《中国博物馆》2001 年第 2 期。

② 雨果·戴瓦兰：《生态博物馆和可持续发展》，张晋平译，载中国博物馆学会编《2005 年贵州生态博物馆国际论坛论文集》，紫禁城出版社，2006，第 84 页。

批生态博物馆群的建设。挪威博物馆学家约翰·阿格·杰斯特龙作为主要专家，按照他在挪威建立的图顿生态博物馆方式指导了生态博物馆群的建设，在他看来，每个生态博物馆均可分为村落和资料信息中心两个部分，其中，村落是村民日常生活的整个区域，包括寨里的居民、自然环境和文化景观，资料信息中心是在村落外围，距离村落有一定距离，是一座单独的建筑，主要用来展示村落的历史和文化，保存当地的物质和非物质文化遗产。这个指导规则基本框定了包括堂安在内的中国四个生态博物馆的空间结构。

堂安生态博物馆是我国首批生态博物馆之一。1995 年 4 月，课题组进入堂安进行考察，成员专家包括挪威生态博物馆专家约翰·阿格·杰斯特龙、中国博物馆学会常务理事苏东海、贵州省文化厅胡朝相等人。曾陪同课题小组进行考察的胡光华同志在记录中写道，杰斯特龙被那些蕴含着深厚的侗族文化内涵的实物所吸引，称赞"堂安侗寨是人类返璞归真的范例，从这个寨子的实物细细品味，完全可以证实它的历史悠久性"。堂安侗寨包含鼓楼、吊脚楼民居、祠堂、寨门、侗歌等侗族传统文化的所有构成元素，有着深远的历史研究价值，有着侗族文化以及侗族风俗研究价值，有着侗族旅游资源开发价值和人类生态保护价值。在苏东海看来，"肇兴堂安侗族文化体是相当成熟的，这个地方硬件也有，建筑什么都有，观念稍微转变一下，就是一个生态博物馆"。① 这次考察确立了堂安作为首批生态博物馆进行建设的初步意向。

1999 年 12 月 9 日，贵州省人民政府对省文化厅《关于申请建立镇山等三座生态博物馆的请示》以黔府函〔1999〕286 号做出了批复，同意在黎平县堂安侗寨建立贵州黎平堂安侗族生态博物馆。从此，一个起点高、代表侗族文化品牌与国际接轨的中挪文化合作项目——贵州黎平堂安侗族生态博物馆将在我国侗族地区诞生，生态博物馆将成为堂安侗寨的世界名片。

时任贵州生态博物馆群实施小组组长、贵州省文化厅文物局负责人胡朝相撰文，记录了这批生态博物馆的建设过程。他指出，从 1995 年中挪文博专家到贵州考察，到 2005 年堂安侗族生态博物馆建成开馆，共历经十年左

---

① 韦建丽、贺洪明主编《贵州民族风情荟萃》，贵州人民出版社，2012，第 81～82 页。

右时间。当时，在新建生态博物馆时，他们秉持着一些基本原则，包括：一是本土化，要建成具有中国特色的生态博物馆；二是政府主导、专家指导、村民参与；三是既要保护文化，又要发展经济。在这些原则的指导下，贵州生态博物馆群应该建立在少数民族生活地区，帮助民族民间文化更好应对现代市场经济的冲击，并发挥发现、保护民族民间艺人，培养文化传承人的重要功能。①

堂安生态博物馆大门上的贴画中也记录了堂安侗族生态博物馆的内容简介：堂安生态博物馆，主要以堂安侗寨为社区文化中心，延伸辐射周边厦格侗寨、肇兴侗寨、纪堂侗寨、己伦侗寨、登杠侗寨、登江侗寨等传统侗族文化社区，于2005年6月正式建成开馆，是中挪文化合作项目——贵州生态博物馆馆群建设的4个生态博物馆之一，2011年8月被国家文物局命名为全国首批生态（社区）博物馆示范点。在贴画的简介中，依稀能够看到堂安生态博物馆的实践理念，"生态博物馆产生于20世纪70年代，是区别于传统博物馆……新理念和新方法。它倡导自然环境、人文环境等……无形文化遗产在其原生地由当地居民自发保护……自然及文化处于固有的生态关系中并和谐发展……保留社会自然风貌、生产生活方式、风……"②

二　脱离村庄的生态博物馆

在2000年初制定的《中国贵州·黎平堂安生态博物馆保护规则》中，在总体布局规划上把堂安侗族生态博物馆分为三个功能区和一个资料信息中心，即鼓楼戏台中心区、传统民居聚落区、农耕作物田园区和生态博物馆资料信息中心，总占地面积为9.6公顷。这个功能布局有一定的合理性，能够在整体框架中呈现出堂安村民的信仰、生活和劳作，但时过境迁，二十年过去，这种功能划分已了无痕迹。就目前的堂安地景而言，我们只能粗略地把堂安生态博物馆划分为两个部分，一是活态的村落区域，包括了村民信仰、生活与劳作的整个聚落，是堂安主要的自然环境和文化景观的呈现；二是具

---

① 胡朝相：《贵州生态博物馆的实践与探索》，《中国博物馆》2005年第2期，第22～24页。

② 由于贴画已被撕毁，省略号部分的文字不能辨别。

有独立标识的资料信息中心，主要承担简单的陈列功能，是一栋二层小院，展示了侗族的物质文化遗产和非物质文化遗产，包括鼓楼、梯田、寨门、民居、戏台、花桥、古墓群、萨坛、古瓢井、风俗习惯、民间艺术以及生产生活等内容信息。

如图 6-1 所示，该图是堂安村口的旅游导览图。整个堂安由两条青石铺就的街道横穿东西，鼓楼、戏台和古井本是堂安传统民居聚落的中心区域，但后来由于火情以及人口的增加，主要的民居住宅和商业店铺均往西沿着两条街道南北分布延伸，成为堂安村民新的日常活动区域，但是鼓楼区域依然是村民精神和信仰的中心。两条街道往北、往南的广大区域，就是堂安梯田所在，这些地方是村民农耕劳作的主要区域，也是堂安农耕文化的主要承载空间。堂安生态博物馆的资料信息中心，本是位于原村口靠北的位置，现在则已经被囊括在村内，与约翰·阿格·杰斯特龙提出建在村落主要区域之外的设想已有所不同。实际上，堂安生态博物馆的资料信息中心本只是具有陈列功能，或者加上科学研究的作用。堂安生态博物馆真正之所在是整个堂安侗寨，然而多年过去，资料信息中心所在的这栋建筑早已成为堂安生态博物馆象征之所在，与村民的生活再难分割。

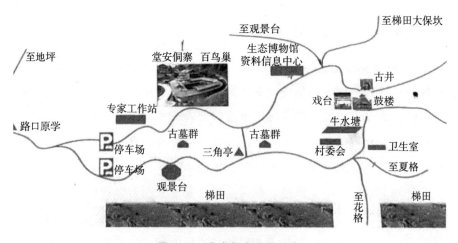

图 6-1　堂安侗寨线路示意

按照当时的规划，在初创阶段，资料信息中心应该建立由村民、专家和文化部门等几个方面组成的生态博物馆管理架构，然后历经过渡，在过渡阶段实现生态博物馆的本土化。在本土化过程中，生态博物馆建设既要发展社区经济，积极面对市场，同时也要培养社区居民的文化价值观，实施一个长期的文化遗产教育计划，使得村民达到文化自觉，最后进入成熟阶段。在成熟阶段，社区村民物质生活和精神生活极大提高，自觉捍卫民族文化，自觉传承、创新和发展民族文化。这是胡朝相当时提出的贵州生态博物馆群必要经历的三大阶段。①

2005 年，堂安生态博物馆正式开馆，诸多游客慕名而来，生态博物馆也逐渐成为堂安名片，村庄旅游也由此起步。然而，生态博物馆的实践理念并未能得到贯彻执行，堂安村民既未参与生态博物馆的管理，生态博物馆与社区之间的鸿沟也并未能够架通，生态博物馆是一栋房子（资料信息中心建筑），是展示堂安文化的窗口，却不是堂安的社区服务机构，也不是堂安的合作社，堂安生态博物馆的理想设计只是空中楼阁。

实际上，堂安生态博物馆建设之初对于堂安生态与文化的理解和阐释本身就存在着偏差。堂安的自然生态、农耕文化以及侗族生活确实都有着保护和研究的重大价值，然而当时对于堂安侗寨文化的理解并不深入，对于堂安侗寨的自然环境、社会结构以及文化宗教等内容及其内在的关联也未能够进行系统的呈现；堂安作为生态博物馆的遗产价值没有真正提炼出来；割裂了堂安自然生态、物质文化与村庄社会的内在关联性，使得堂安生态博物馆难以下潜到村庄内部；同时，又由于堂安生态博物馆本身的局限性，它片面强调遗产保护和发展的功能，忽略了当时堂安建设生态博物馆的经济条件与区域格局。在这种情况下，对堂安的发展进行外部的干预，无疑先天就具有诸多的不足。

更重要的是，堂安生态博物馆未曾调动村民的积极性，如此也就未能真正与村庄融合为一体。生态博物馆建设期间，人力、物力和财力均由政府部门和市场供给，村民不曾参与生态博物馆的建设和规划，专家和政府共同决策了堂安生态博物馆的布局和信息资料中心的内容展示。在运营过程中，原本村民主体性的培育就是生态博物馆的实践目标之一，也是其工作的重点，

---

① 胡朝相：《贵州生态博物馆的实践与探索》，《中国博物馆》2005 年第 2 期，第 22～24 页。

然而当时主要的负责专家和政府人员退出了生态博物馆的管理，"能生不能养"，无源之水不可长流，堂安生态博物馆项目实际上已经失败了。

三 村民生态与文化主体性的成长

从 1995 年专家进入堂安，堂安的发展轨迹便有了新的可能，生态博物馆带给堂安的不仅仅是一座博物馆，同时也是一个进入国家视野的机会。约翰·阿格·杰斯特龙等一行专家进入堂安，在堂安建立生态博物馆，村民们既是兴奋的，也是感激的。在如今堂安观景台边的石碑上，仍然清楚记录着村民们对杰斯特龙的感谢，"他不远万里，曾于 1995 年、2000 年两次到堂安进行考察，倾注了心血。杰斯特龙先生尊重侗族人民的风俗习惯，热爱侗族文化，受到了侗族人民的衷心爱戴和诚挚欢迎。"①

生态博物馆在堂安的建立过程，实际上是堂安的价值发现和呈现过程，堂安梯田社会本身就与生态博物馆的实践理念一致，具有亲和性。从当时专家考察来看，能够在堂安建立生态博物馆，堂安梯田社会构成了关键的资源性要素。这些要素包括以鼓楼为代表的侗族文化载体、以梯田为代表的农耕文化载体以及生活于其中的堂安村民，这些使得堂安这个村庄具有了深厚的历史性、文化性以及生动的生活气息，如此也就有了被生态博物馆呈现的可能性。2005 年在贵州召开的"贵州生态博物馆群建成暨生态博物馆国际学术论坛"上，曾提出中国生态博物馆发展的"六枝原则"②：

一、村民是其文化的拥有者，有权认同与解释其文化；

二、文化的含义与价值必须与人联系起来，并应予以加强；

三、生态博物馆的核心是公众参与，必须以民主方式管理；

四、当旅游和文化保护发生冲突时，应优先保护文化，不应出售文物，但鼓励以传统工艺制造纪念品出售；

五、长远和历史性规划永远是最重要的，损害长久文化的短期经济

---

① 引自堂安村约翰·阿格·杰斯特龙树下石碑简介原文。
② 胡朝相：《贵州生态博物馆纪实》，中央民族大学出版社，2011，第 212～218 页。

行为必须被制止；

　　六、对文化遗产进行整体保护，其中传统工艺技术和物质文化资料是核心；

　　七、观众有义务以尊重的态度遵守一定的行为准则；

　　八、生态博物馆没有固定的模式，因文化及社会的不同条件而千差万别；

　　九、促进社区经济发展，改善居民生活。

　　这些理论原则无疑具有重要意义，无论是对于村庄的遗产保护，还是推动村庄发展都具有重要的指导价值，然而在生态博物馆的建设过程中实践这些原则，是需要较长时间进行沉淀的。但是，对于拥有深厚积淀的堂安来说，他们在自己的村庄劳作，有着自己对于生态和文化的理解，只不过这种理解是无意识的，是日常生活化的，他们是不自觉地践行着生态博物馆的理念。当然，对自己的文化进行认同与解释，并在发展过程中主动参与和保护，堂安缺乏这种内生性的条件，而生态博物馆实践理念的传入，无疑就具有了重要意义。

　　2005 年，苏东海在总结中国生态博物馆的发展历程时，提出中国生态博物馆的代际分类特征。他认为，中国的第一代生态博物馆，主要是贵州生态博物馆群，这些生态博物馆建设的重要意义在于在文化的原生地建立了博物馆，突破了传统博物馆的局限性，实现了文化保护社区化和民主化的博物馆新理念的传播，就此而论，堂安生态博物馆确实让村民对生态和村落文化有了现代自觉。

　　在堂安生态博物馆的展示内容中，以鼓楼为代表的侗族文化和以梯田为代表的农耕生活，通过图片、文字、器物、音乐、舞蹈等诸多形式展现在世人面前，专家、政府人员、外来游客不断言说着堂安，这使得村民过去"日用而不知"的生态智慧和文化生活从"寂"到"显"、从后台走向了前台，村民们逐渐意识到，原来堂安村民祖祖辈辈的生产生活所形成的这些物质或非物质的东西，是具有现代价值的遗产，堂安在现代发展过程中需要保护这些传统，而保护的责任主体在于村民自己，"因为整座堂安就是一座博物馆"，这个"开放的围墙"只有村民自己才能够保护得更好。

在生态博物馆理念的审视下，村民主动认识到堂安是一座集合了侗族文化和农耕文化、具有丰富历史性的原生态村寨。这里远离市场，远离城市生活中心，自然环境保存良好，文化生活较为传统，需要进行保护的自然或文化遗产就在这里，不需要进行过多的外部干预，便能还原为一座生态博物馆。他们生活的地方就是博物馆本身，他们可以在资料信息中心中呈现自己的文化、表述自己的农耕生活、能够参与其中。这些已经形成了村民的生态和文化自觉。

2013 年，我们团队初次进入堂安调研，在黎平至肇兴的客车上，肇兴当地司机阿勇在和我们聊及生态博物馆时，就如此讲道："（堂安）的生态博物馆是不一样的，强调的是以前是怎样，现在就是怎样。我们这边的博物馆是整个村子，不像城市里的（博物馆）那样是一个房子。"① 司机阿勇的这段临时对话，展现出当地人对外来访客参观堂安生态博物馆的一般态度，他一方面强调堂安的原生性，另一方面强调这是城里看不到的博物馆。这两点无疑构成了堂安生态博物馆的生命力，也意味着当地人对原生态、文化遗产、生态博物馆等价值理念的认同。在后续的村民访谈中，男女老少基本都能如此谈上几句。可以说，源自法国的生态博物馆实践，那"强调文化的原生地保护，以及由文化的主人自己来保护"的基本理念已然深深印刻在村民的日常生活中，而堂安的现代变迁也由此打上了生态博物馆的鲜明烙印。

第二节　旅游开发：堂安现代变迁中的经济选择

一　香港明德有限公司的博物馆运营

2005 年，堂安生态博物馆建成开馆之后，自上而下的资源撤出，地方政府又没有维持博物馆运转的专项经费，堂安生态博物馆的正常运作即将陷入经济困境。考虑到这种现实情况，黎平县政府与香港明德有限公司签署合

———————————

① 2013 年 3 月 27 日，孙兆霞访谈司机阿勇。

作协议，由该公司全权负责堂安生态博物馆的经营管理，香港明德有限公司的负责人 RHX 成为堂安生态博物馆的第一任馆长。

据馆长 RHX 介绍，在落实堂安生态博物馆的运营过程中，挪威专家、地方政府、公司以及当地村民之间，如何能够紧密合作推进这场实验本身就是需要克服的困难。他讲道："当时的主要做法，就是把生态博物馆定位为类似于社区服务机构的平台或载体，政府、专家、外来资源通过这个平台，与村民一起，共同管理、共同参与，共同推进村庄的生态保护、文化保育和社区发展。在这套机制下，生态博物馆既是堂安的社区管理机构（该机构由政府人员、专家和村民共同担任管理人员，在政府和外来资源扶持下，促进堂安的文化传承和生态保护），同时也是堂安对外开放的合作社。依托合作社，可以发展旅游，也可以开发农特产品，来展现堂安的乡村价值。"①

结合当事人 RHX 的访谈，以及村民的回忆和一些二手研究资料，我们大致梳理了香港明德有限公司接手堂安生态博物馆运营期间的主要做法②。

一是处理各方责任主体的关系。堂安生态博物馆的实际出资方是挪威政府，设计规划者同样是挪威专家，从当时的政治背景来看，贵州生态博物馆群的建设无疑代表了中挪双方合作的友谊；实际执行者是贵州省文化厅和黎平县政府，代表的是官方的声音；实际的运营者是香港明德有限公司，该公司是按照市场行为进行决策的；实际涉及的受众则是堂安的村民，村民无疑是堂安生态博物馆实践理念的真正践行者。面对这些不同的责任主体，香港明德有限公司既很难接触挪威方面，同时又因为不通堂安本地的语言而难以下沉，它既代表政府行事，同时又有自己的利益诉求。在这样的错综复杂的关系体系中，RHX 期望建立一个"圆桌平台"，政府、专家、外来资源通过这个平台，与村民一起来推动生态博物馆在堂安落地。但是，挪威方面并不认同由公司来接管生态博物馆的运营，而村民当时没有任何的话语权，更难

---

① 2013 年 3 月 29 日，孙兆霞等访谈 RHX。

② 2005 年香港明德有限公司接手运营堂安生态博物馆，后续生态博物馆又经历过管理权的变更，相关资料保存较少，又加之各种人员变动，我们团队 2013 年进入堂安调研的时候，已经很难完全还原香港明德有限公司在堂安的实际做法，只能从 RHX 的访谈、堂安村民的回忆以及一些二手资料进行总结。

以参与到这个平台中，使得平台先天就不成熟。可以说，堂安生态博物馆能够建成开馆，得力于多方面关系的积极策划，然而也正因为责任主体的多元化，中间又没有组织或个人能够在其中协调各方面关系，使得堂安生态博物馆的发展先天不足，更是埋下了后续发展的隐患。

二是进行生态博物馆的宣传和教育。挪威方面撤出之后，香港明德有限公司直接代表贵州省文化厅和黎平县政府，以堂安生态博物馆的官方代言人身份推动相关事宜的展开。在贵州省文化厅的指导下，RHX 把资料信息中心比喻为堂安的社区服务机构，主抓堂安文化的保育和发展工作。在具体的做法方面，堂安生态博物馆招聘了一批人员专门负责来访学者和政府人员的接待工作。这项工作对于堂安的文化宣传有重要意义，当时很多学术团队包括学者、学生都纷纷来到堂安参观学习。然而这项工作主要是对外展开，香港明德有限公司既没有下沉到村民中发动村民参与堂安生态博物馆的管理运营，也没有在村庄中适时展开相关的宣传、教育和研究工作，不但没有能够成为社区服务机构，反而游离在堂安的正式组织村委会之外。

三是堂安旅游市场的开发。相比于前两项工作，如何开发堂安的旅游市场并从中获利正是香港明德有限公司的主要目的。当时主要做的是三件事情：(1) 对堂安生态博物馆的资料信息中心采取了收门票的政策；(2) 在堂安村口建立旅游接待中心，这个接待中心主要是堂安农特产品的展示和销售场所；(3) 成立合作社来推动村庄发展当地特色产业，主要是油茶和养牛。从结果来看，香港明德有限公司除了收门票和修建旅游接待中心之外，并没有其他的资源投入，要建的合作社也没有影子。实际上，RHX 认为，他是堂安生态博物馆的馆长，他不是来做生意的，"我们在这里，很多人喊我们老板，但我们这里，不接待陌生旅客，只接待学生或政府人员，旅行社的团队要来，即使每天给一千块，我们也不接待。①" RHX 是作为政府代表管理堂安的生态博物馆，因而不能总去考虑利润和经济发展的问题，然而一家公司不去努力做市场，生意人不去努力做生意，丢开专业的领域反而去做社区服务和文化研究，这对堂安的发展而言是不幸的。

① 2013 年 3 月 29 日，孙兆霞等访谈 RHX。

从上述做法中，我们可以看到，在香港明德有限公司运营下，堂安生态博物馆，对外是旅游发展、学术研究和交流的平台，对内是社区服务机构和带领村民发展的合作社，几乎什么都做了，但又什么都没有落实。在这过程中，香港明德有限公司努力遵循生态博物馆的实践理念，时刻考虑村民参与和堂安的文化保护和发展问题，然而整个博物馆的运营，在没有外来资源的投入下又不得不依靠旅游来实现经济的支撑。

二　世纪风华公司的旅游开拓

　　2008 年，黎平县进行招商引资，贵州世纪风华旅游投资有限责任公司与黎平县政府签署了旅游开发协议，负责对肇兴侗寨进行旅游开发，并由此接手堂安生态博物馆的运营，香港明德有限公司则退出堂安。据世纪风华公司总经理 HYY 介绍，在 2003 年左右，公司便已经在肇兴侗寨进行过投资，当时主要是把原乡政府所在的办公楼改建为贵宾楼，经营旅游接待服务。在他看来，肇兴的市场优势表现在三个方面：一是建筑，青瓦构筑的民居极有生命力；二是活生生的村民的原生态生活，当地生活体验本身就有吸引力；三是侗族大歌，侗族大歌最自然、多声部无伴奏合唱的形式富有表现力。肇兴独具一格的旅游资源显然有着极大的市场潜力。

　　与黎平县政府签订的"八寨一山"旅游开发协议涉及肇兴、堂安、厦格、厦格上寨、上地坪、登江、纪堂、己伦八个侗寨以及一座萨岁山，共囊括了肇兴周边 30 多平方公里的地理区域。2009 年，贵阳到肇兴的高速公路开通，时间从原来的 9 个小时缩短为 3 个小时，极大拓展了肇兴旅游市场的辐射范围。同年，世纪风华公司开始加大旅游投入，到 2013 年左右，公司的总投资为 3000 余万元。

　　根据世纪风华公司总经理 HYY 介绍，世纪风华公司在肇兴的主要做法包括两部分：一是肇兴侗寨的基础设施建设，包括旅游吸引物的打造、道路改建、河道治理、旅游接待设施如民宿和商铺的装修建设等以及承接政府的投资项目，比如当时肇兴景区各村寨之间的交通基础设施就是由世纪风华公司承包并组织建设的；二是景区的管理，包括肇兴景区的市场宣传、景区中基础的物业服务、景区门票的收取、民居和商铺的租金管理，也包括组织村民进行侗族文化方面的商业表演，世纪风华公司在肇兴景区的主要收益来源包括三个方面：一是自营的宾馆业务，当时公司开发的床位在130～140个，2013年世纪风华公司撤出肇兴时，外地人以及本村村民经营的床位已接近400个；二是民居和商铺的租金以及管理费用，由公司出资建设的商铺为十栋，其他商铺则更多；三是景区的门票收入。

对于堂安来说，香港明德有限公司退出之后，世纪风华公司接管了堂安生态博物馆的运营，继续向游客收取资料信息中心的参观费用，并开始带团进入堂安游览。对于世纪风华公司在堂安的做法，实在没有可圈可点的地方，堂安村老支书WKL认为：

> 世纪风华公司可能是在上级政府支持下来到肇兴搞开发的，他们来到这里，我们的旅游资源就被垄断了。当时我是村里的支书，连乡党委都没有提意见，我们更不能提。世纪风华来到堂安，什么事都没有做，他们"买"了博物馆，我们也根本不知道具体的事宜，没有听说卖了多少钱，世纪风华公司把钱给了县政府。另外，2009年，世纪风华公司在村里面也给铺了石板，但全村老百姓不感谢他，公司是承包给外面老板来做的，村里只有一小部分人参与，而哪些人能够参与，不是村里商定，是由老板选定的，老板和政府商量了就搞了。他们来修这个路，可能是民生工程，国家定下来，有专门的建设项目，各个村都有，项目拨款到了我们村，就给我们村修路。当然，这个路修好了，老百姓还是很高兴的，反正他做好了，不来破坏就行，这是没有什么可说的（底线）。①

从世纪风华公司的立场来看，随着肇兴旅游的起步，政府、公司和村民之间的利益分配和联结就很重要，一方面，旅游要发展就要注重市场开发；另一方面，又要兼顾村落和民族文化保护，如何协调和平衡各方面的利益是肇兴旅游发展的关键问题，在这方面，公司并非没有考虑。负责人HYY讲道："公司和政府、政府和农民怎么打交道是需要智慧的，政府如何集约化

---

① 2015年1月12日，曾芸访谈老支书WKL。

地对农村某一个项目进行开发，光靠政府来做显然不合适，但是公司离开政府单独做，开发成本也显著提升，那农民得到的实惠就会很少，因为政府掌握着行政资源，会极大降低经济成本，政府主导这样的项目开发，就肯定会对公司进行约束，只有三方紧密合作，才能最后实现政府、公司和村民三者间的利益最大化。"① 在这段讲述中，HYY 作为公司经营者，显然考虑到了村庄发展和村民利益的问题，但在实践上却更加重视政府作为，在他看来，公司与政府进行良性的合作便能够降低经营成本，如此自然就能够让村民获得收益。实际上，当公司选择开发乡村旅游、真正进入村庄时，与村民的互动与合作并非不能降低运营的成本。

　　进入堂安的两家公司，是明德先来，后来是风华，然而大家都很愿意明德公司在这里待着，他们经营方式还是跟我们这边的人比较合得来的，后面世纪风华来了，感觉就变味了。因为明德比较像个会生活的人，跟着我们这个节奏在走，然后世纪风华来的时候，他就打造他那一条路去了，我们怎么说他们也不采纳，他自己搞他的。最主要他们来打造的一些博物馆，之前他们的那些摆设都还是比较符合我们这地方情况的，比如说博物馆那里有一些耕田用的犁耙、纺织机等，一些什么古老的东西在那里摆着，用来装饰就很好看。后来世纪风华公司一来就把那些东西全部撤走了，就只是放几张照片在那里，好像就放一台电脑在那里，就放一些视频了解一下，其他就没什么了，反正博物馆现在就闲置着。

　　但是，明德的管理方式我们也不懂。他们不是开旅店，而是在那里有一个大的火塘，没事的时候有游客来的话，就在那里唱歌，就像那种对唱、表演，像类似于表演的一个东西，就不像肇兴下面那种商业一样的。游客来了，就让他们体验一下我们这边的生活方式，了解民族的文化风情。明德公司在时，我们是很乐意参与的，去给他们增加人气也好，我们愿意去。后来风华公司来这里，叫人去的话，比较物质，比如

---

① 2013 年 9 月 24 日，曾芸访谈世纪风华公司负责人 HYY。

说没有 100 或者是 200 块钱，是不会有人去的，很厌倦这种感觉，所有人到他那里去唱歌跳舞，完了就走了，游客在我们村里也没有消费，也不让我们去参加，如此做法，即使付钱给我们唱歌，我们也不愿意去。[①]

从堂安村民 LAJ 的言说来看，世纪风华公司的重心并不在堂安，但却能够极大影响堂安的旅游发展。在堂安生态博物馆的运营方面，世纪风华公司改变了原有的资料信息中心的展览方式，采用更加商业化的方式来迎合游客的参观需求，然而这对于村民来说，无疑是一种"变味"。对他们而言，资料信息中心展现的那些物质遗产，他们日常的对唱表演，都是堂安农耕生活和侗寨文化的"原味"呈现，当市场开发与这种原生态的生活发生冲突，同时村民又不能从中获得应有的利益时，一种"避之不及"的态度自然就展现出来。

三　旅游发展对堂安村民市场观念的影响

从 2005 年香港明德有限公司接手堂安生态博物馆的运营，到 2014 年世纪风华公司退出肇兴，接近十年的时间，堂安的旅游发展近乎处于停滞的状态，虽然两家公司没有给堂安带来实际的收入增长，但也没有破坏当地的自然生态和社会文化。在长达十年的发展中，未曾预料但又必然发生的是，过去远离市场的堂安村民，在与公司、游客、旅行团的不断接触和互动中，对于旅游市场的认识逐渐清晰起来，村民的市场观念得以缓慢成长。

在旅游发展的初期，堂安村民是十分好客的。村委会主任 LZG 讲道："堂安旅游刚发展的时候，村民与外面来我们村的人是真真正正的互动（指有感情的交流），有一些游客到咱们家，（我们）是一种很荣幸的感觉。但是，大概在 2010 年前后，整个村庄的社会风气就逐渐变了，开始碰到一些个别刁难的游客，或者一些不礼貌的游客，这种游客多了，开始我们比较客气，但是碰到一些刁钻的，这种问题不需要太多，只需要那么一两个案例，老百姓的心理就变化了。2010 年，我们村一个小伙子，16 岁，骑摩托车可

能碰到了一个游客，把他的相机摔掉了，也不是特别严重，那位游客就躺在路中间，一直要报警，等到警察来了才肯起身，然后一直还要赔偿，几万元的样子，您看那时候，两三万的话，对于村民来说是很难接受的，大家就觉得，我们对人家这么好，只是意外不小心的碰撞，他们就这么坑我们，当时村里很多村民都跑出去（围观），是有点气愤、怨恨的，最后赔了游客 1 万多元才协商下来。后来，那个游客可能是知道或者听说了些什么，他又寄款回来，5000 元还是 6000 元，退还了回来。其实，他提出这个事情之后，如果说当时要求不那么高，对于村民来说，对于村庄的整个氛围来说，可能就不会造成那么强烈（的影响）。"①

　　在村民与游客的日常互动中，类似的事情大大小小有很多，这些摩擦积聚起来，村民对于外来者的态度自然就变得冷淡。在 LZG 看来，究其原因，是大多数村民并没有从旅游发展中获利，反而不得不面对形形色色的游客的刁难，又没有相应的规范来协调两者的关系，那自然会出现种种的问题，他说："如果说当时从成立博物馆之初，就能够把这些事情做好，比如说，所有进来的一些游客，会有一个聚集点，一份说明书，把我们整个村子的旅游、我们的风俗民情或者旅游须知这些东西张贴（告知）出来，让大家（游客）知道这些东西，就会避免一些东西、一些负面影响的发生。"②

　　外来者来到堂安，必然会影响村民的日常生活。香港明德有限公司进行的学术团体或政府人员的接待，以及初期到这里来的旅游先行者，在当时交通十分不变的情况下，他们依然选择来到这里，大多便是出于对堂安生态与社会文化的一种兴趣，即想了解和体验堂安的原生态生活。短暂的停留难以深入到这个村庄的幕后，因而始终有着距离感，这种距离感使得外来者能够对这个地方保持一种敬畏。在这过程中，村民也在与这些被称作堂安"客人"的互动中，逐渐建立起"主人翁"的意识，并在游客的不断言说中，村民们获得了对村庄生态与社会文化的自信，因为这些是外来者不断肯定的东西。可以说，村民"主人翁"的意识正是源自外来者对堂安梯田社会的

①　2021 年 4 月 26 日，孙兆霞访谈村委会主任 LZG。

②　2021 年 4 月 26 日，孙兆霞访谈村委会主任 LZG。

认同，即使这些外来者的认识很多都是片面的，但堂安村民依然不吝于去主动展示自己的生活。

2009 年，贵阳到肇兴的高速公路以及随后肇兴到堂安的村道开通，在世纪风华公司的市场开拓下，大量游客涌入到肇兴侗寨，堂安随之也迎来了一个大众游客为主的市场阶段。当时，世纪风华公司的管理重心放在肇兴侗寨，堂安的旅游市场缺乏有组织的管理，又加之公司对侗寨文化的市场包装，浓厚的商业范围在景区蔓延开来，堂安生态文化以及传统的农耕生活也在这种市场化的片面解构中，在这个大众欢娱的旅游市场面前——在旅行社的宣传话语、导游词和游客们的旅游日记和摄影照片中，摘掉了神秘的面纱。游客与堂安的距离感逐渐消除了，对堂安真实生活的寻找让位于停留在表面的观光，在此情况下，村民对游客的热情降低也就能够得以理解。可以说，堂安还未从旅游发展中"尝到甜头"便首先品尝到了市场的残酷。

2014 年，国有独资企业黎平旅游投资有限公司从世纪风华公司那里接手了景区的经营权，并发动下辖村寨以村庄资源入股的方式加入公司，堂安是唯一一个没有资源入股的村庄。在当时的堂安鼓楼大会讨论中，大多数村民都不太赞成发展旅游，他们担心堂安也会像肇兴侗寨一样过度的商业化开发，从而严重影响村庄的日常生活，改变堂安的生态与社会文化。这种担心不无道理，在当时村民的生活经验中，是历次与游客相处得不愉快，是肇兴旅游发展对传统的背离，因而在市场面前保持了一种谨慎的态度，对于堂安来说，经济收益并不是决定是否进行旅游开发的唯一要素。

当然，对于旅游发展至关重要的堂安生态博物馆，村民们一直都非常重视，经过十余年的沉淀，在村民那里，这座生态博物馆的价值可能仅次于鼓楼，成为堂安生态与社会文化自觉的重要象征物，同时，在与两家公司的接触中，他们清晰地认识到这座生态博物馆之于堂安未来发展的巨大价值，也清晰地认识到这座生态博物馆应该属于村子所有，这是从建设堂安生态博物馆之初就讲好的"共同管理"。但是，堂安生态博物馆的管理权几经变更，原来的负责人也进行了各种人事变动，两家公司之间、公司与政府之间、各层级政府之间，不知道谁应该来进行具体的管理，而村民们想要进"拿回来"自己管理，逐级上报到镇政府之后，肇兴镇政府又没有相应的话语权和决策权，也就只能陷入"不闻不问"的无组织管理状态。

堂安生态博物馆的后续管理情况：2012 年，世界银行贷款"贵州省文化与自然遗产保护和发展项目"（简称世行项目）的子项目"少数民族文化遗产保护"在贵州选取了 17 个有深厚少数民族文化内涵的村寨进行社区建设。借此项目的资源，香港明德有限公司二进堂安，再次接手堂安生态博物馆的管理。2013 年世行项目中期评估撤资之后，香港明德有限公司再次退出堂安，但生态博物馆的管理权限却依然属于该公司。2014 年，随着国有独资企业肇兴旅游开发有限公司接手肇兴景区的运营，世纪风华公司也退出了肇兴辖区，几家公司轮转，堂安生态博物馆却陷入无组织管理的状态。

2015 年，我们团队进入堂安调研时，资料信息中心由村委会管理，具体则由民兵连长 LLC 负责。当外来游客有参观需求时，便直接从中心门口的宣传栏上获得 LLC 电话，每位游客缴纳 5 元参观费便可入室参观，此时信息资料中心只有陈列功能，但是在陈列物品方面，世纪风华公司投入的东西已经撤走，拿走的没有还回来，基本已经没有什么东西可参观了。

LLC 讲道，他只有看守大门的责任，拿着钥匙开门，顺便打扫卫生。他说："有些游客来了，他们不知道博物馆是什么意思，其实到这个信息资料中心里面才能看到这个侗族的一些风俗习惯，在信息资料中心里面才能看得清楚，很多客人认为那个信息资料中心就是博物馆，其实整个寨子才是博物馆。那个信息资料中心就像是一个图书馆，是传播信息、摆放信息的，到了这个信息资料中心你才能更多地了解堂安的风俗习惯、历史来源。但是这里根本没钱赚，明德公司和世纪风华公司相继接管这个景区，后来这个景区又归政府管了，都搞不清楚"。① 在这段叙述中，LLC 对信息资料中心的功能是有明确认识的，同时对于游客愿意来了解堂安的风俗习惯、历史来源，也是比较乐意的。在这里可以看到村民对这张名片的自豪，然而也饱含着无奈，村民 YWA 讲道："我们村搞旅游已经十年了，十年了才这样，人家那里（肇兴侗寨）搞旅游在我们后面，现在他们怎么样？（好很多）其实挪威来投资就是来我们堂安，我们占了地宜，先来我们这里，但是十年了我们不

---

① 2013 年 10 月 1 日，刘童访谈 LLC。

还是这个样？我们这些村民就是觉得麻木了。"①

2021 年 5 月，我们团队第五次进入堂安调查，堂安生态博物馆的资料信息中心大门紧锁，所有陈列均已老旧，保护尚且谈不上，更别说侗族物质或非物质遗产的传承和发展。据堂安村委会主任 LZG 介绍，信息资料中心的钥匙已经不归村委会管理，现在进入其中打扫卫生的资格都已经没有，钥匙重新回到了香港明德有限公司管理员手中，游客也已经不再能够参观这座似已走到尽头的信息资料中心建筑。

第三节　政府行动：堂安现代变迁中的组织治理

一　传统治理中的非正式组织

在过去很长一段时间中，通灵者、鬼师、歌师、戏师、寨老等都是村庄的传统权威，他们在村庄的宗教、文化和政治经济事务中都扮演着重要角色，是村庄整合的关键力量。其中，寨老又是村庄事务的实际管理者，其最为重要的职责就是调解纠纷，他们的威望实际也是在评理断事的过程中形成的。堂安 YGS 老人介绍了从 1949 年前到现在，寨老调解家庭矛盾的整个过程。

在 1949 年前，寨老里面有一二十个议事的寨老，没有专门的调解员，没有定职，村民家里有了矛盾可以请议事寨老里面的任意一个去调解，但说不说得成是你的事。新中国成立以后有专门的寨老调解员了，有事情就请两个调解员去说。

过了"文革"就恢复了调解主任这个职位。只有寨老才想得周到一些，不可能是年轻人当调解员，因为年轻人还没有这个威望，看问题也不清楚。村里就我和 PZC 两个人做调解工作。因为以前我们两个比较敢说敢做，是村民公选的。这个工作其实一点也不好做，去调解责任很

---

① 2013 年 10 月 1 日，刘童访谈 YWA。

大，要大公无私地去做，要想很多问题。去说事情肯定肩负重任，要把事情弄通。结婚的时候，就是成亲家的时候，用不着我们说什么；但是（结婚后）如果有矛盾了，那就轮到我们说了。如果家庭出现矛盾了，就请寨老调解。以前都是请人去说亲，不一定是双方完全自愿，不像现在，所以说矛盾可能比现在多一些。基本上是先劝双方和好，如果实在调解不好，就得说好哪方来补偿另一方。

我举一个我曾经处理过的家庭矛盾的例子。我们这个寨子的姑娘嫁到肇兴了，但两人结婚后要闹离婚，她老公就不要她了，东西全都扔出来了，婆婆也说不要她了，村里就让我去调解。我想了一夜，第二天就去了肇兴，先去找他们肇兴那边调解的人，一块儿说这事，一个一个地做工作。我主要是讲道理，我们承认是这边女方的错误，后来给人家（男方）送一桶酒、一桶糯米、一只鸭子，放了一些鞭炮，以很隆重的形式承认自己的错误。最后（两个孩子）也没分成，现在也好好的，家里面也感谢我当初去帮忙说通了，要不两个人早就分了。

我再举一个例子。这边的女孩嫁到对面的一个小寨子，结婚后家庭有矛盾了。先是家里面、房族的老人去说，结果没说通，后来这个姑娘的家里人让我和PZC去说，我们两个一直去说到天亮鸡都打鸣，才总算说通。我们准备回来的时候，人家不让走，要我们留下来吃饭。

我是五十多岁的时候做调解主任的，做了七八年，后来村里面的其他寨老也可以做调解工作了，各方面的制度逐渐完善了，我的作用就没以前那么明显了。以前肇兴还有一个老人名叫LHJ，是上地坪的人，那时候他是调解主任，而且管得很宽，管堂安（附近）这几个村子的调解，相当于现在的乡镇村干部。LHJ现在也有八十多岁了。①

除了调解家庭矛盾，临近的村寨之间相互争夺山林资源，但是边界并不清楚，所以导致很多山林纠纷，这时候，也是由双方村寨的寨老出面调解的。据寨老PZC和LPJ回忆，他们的父亲曾经调解过山林纠纷。

---

① 2014年3月15日，刘童访谈YGS。

以前基本上就是用石头确定山林边界的。最正规的山林界限标志是，在下面放一个石头，做成一个箱子的样子，两边都有石头，再往中间插一块石板，立成很正规的石碑，不是很正方形的那种。山脚下一个，山中间一个，山顶上一个，总共会有十来个。不是说立完石碑就算完了，还要懂法事的寨老杀鸡淋血、做法事。（村寨）双方的寨老都在场，这些事情我是记得的，我们的上辈做过，我没干过这事。[①]

以前寨老对山林管得要多一些。处理山林纠纷，寨老要议事，先讨论，比如说你知道哪里有那个石碑界限，然后就由主事寨老代表村民去谈判。但是现在，山林纠纷这些事情基本上没什么要寨老管了。[②]

对于村庄管理，除了寨老等传统权威的组织协调之外，村庄在面对偷盗、火灾等危机时也有相应的应对与自救机制，最突出的特征是"全民动员"，不仅本村寨内的所有家庭，邻近村寨的"利益相关者"也要主动参与其中。

（一）对偷盗的集体性应对

堂安村有八个寨门，每个寨门都可能成为偷盗者的入口。因此，过去靠近寨门的村民会在晚上睡觉前自觉地关闭寨门，以防止村外小偷入村偷牛盗马。随着人口增加和社会治安能力提升，偷盗行为越来越少，寨门不再关闭，甚至腐朽倒塌。但是，对于零星的偷盗者，村民们集体行动，找寻偷盗者的能力依旧较强。2013 年课题组第一次调研时发现，堂安三组一农户家三头牛被盗，损失上万元。户主半夜发现后，找寻偷盗者演变成为一场声势浩大的集体行动。

过去大家都是很自觉地关寨门，因为有偷牛盗马的。以前的寨门要关，根据哪家离得近就哪家负责。现在不关了，因为小偷比较少了，但是还是有小偷。前几天我们这里有一家的三头水牛被偷了，我们全村都

---

① 2014 年 3 月 17 日，刘童访谈 PZC。
② 2014 年 3 月 15 日，刘童访谈 LPJ。

自愿出来去（帮忙）追。全村青年男子都去了，有车的就开车去，没车的就骑摩托车、三轮车去追。如果你不去追，以后你家办什么事，就没有人帮忙。现在偷牛的都是拿车来拉，都没有痕迹（牛脚印）。①

堂安村木匠 LSQ 也讲到自己跟儿子骑摩托车追击偷盗者。LSQ 的儿子18 岁（2013 年），初中还没读完就辍学了。他杀马特的造型和慵懒的状态给课题组成员留下了深刻印象。为了方便出去玩，他跟父亲要了一辆摩托车，还要求父亲在家里配了一个消毒柜。但就是这样一个看起来无所事事的青年，在听到村里发生偷盗的广播后，也主动骑摩托车带父亲出去追击。

> 七几年的时候，偷盗太凶，经常丢牛之类的，所以搬到这里来就是混着住。前两天三组也被偷了两三头牛。夜里四点，他们拿村里面的喇叭喊，所有在家的男的都帮着去找了，有车的开车、骑车在公路上找，各条公路都找，有十几辆面的、皮卡、摩托、三轮车等车；没车的走路去找，我和儿子骑摩托车去找的。②

虽然经过一夜追击并没有发现偷盗者，但是村民们仍然觉得这样是有意义的，因为他们已经将这种"不惜代价的主动帮忙"视为集体生活对他们每个家庭乃至每个人的基本要求。

（二）火灾的系统性应对

除了偷盗，整个村寨最怕的就是火灾了。因为以前全村几乎所有家庭都是木质吊脚楼，受山势影响而建得鳞次栉比、密密麻麻，给火灾发生带来很大的隐患。虽然整个村寨一直将防火视为村寨的重大事项，村两委干部和寨老也每年都重点提醒，但是在新中国成立后仍然发生过四次重大火灾（见表6-1），20 世纪 60 年代发生的最严重的一次导致全村被烧光。但是，课题组通过深入实地调查发现，堂安不仅建立了比较系统、完善的防火体系，而

---

① 2013 年 3 月 27 日，孙兆霞、陈志永、陈维佳访谈村主任 Y。
② 2013 年 3 月 30 日，孙兆霞访谈木匠 LSQ。

且随着时代的变化而不断更新。同时，历次火灾都没有使整个村寨消亡，最关键的因素便是这一村寨共同体对受灾者的自发救助与后续支持。

表 6-1　新中国成立后堂安村历次火灾统计

火灾发生时间	全村受灾情况
20 世纪 50 年代	整个村子几乎被烧毁，仅有几户幸免于难。村庄的鼓楼也被烧毁
20 世纪 60 年代	整村被烧光，村中古墓群的石碑被烧裂
2001 年	村寨 19 户人家遭受火灾
2007 年	村寨 54 户人家遭受火灾

　　堂安村在传统农耕社会就建立起火灾预警系统。鼓楼上原来放置的大鼓，除了在外部势力入侵村寨时起到预警外，另个一重要功能便是在村庄发生火灾时击鼓传信。新中国成立前后，村里还曾请过专门的"敲锣人"负责传送信息，新中国成立后改为民兵连长。为了方便救火时取水，村里一直建有消防水塘，现在增加至五个。防火预警 + 救火水塘，构建起堂安火灾预警的基本架构。

　　　　新中国成立以前，（堂安）从外面请过敲锣人，有肇兴的、水口的，但是这些人都干不长，上年纪了跑不动就不愿意干了。新中国成立后敲锣人断断续续还存在了一两年，后来就没有了。建这个鼓楼的时候已经没有敲锣的人了，那时候都是民兵连长了。正月初八，（民兵连长）还要到"hái"那个池塘的位置转一圈。那个"hái"是锅底形状的，主要是为了防止村里面发生火灾，所以里面必须要存满水。如果没有水的话，很容易点燃，如果有水的话，就点不燃，所以那里必须有个水池，才不容易发生火灾。①

　　同时，无论是村两委干部还是寨老，每年都要多次提醒全体村民注意防火。如果因为个别家庭原因而导致火灾，这一家庭将要受到最高"三个一

---

① 2014 年 3 月 15 日，刘童访谈 YJR。

百"的处罚：一百斤酒，一百斤肉，一百斤米，请全村村民到鼓楼前就餐，同时当众向全体村民赔礼道歉。

当村寨火灾发生时，只要"敲锣人"、民兵连长或其他发现者将火灾发生的信息传递出来，不需要村委会或政府做任何安排，村民们会主动参与到救火队伍中。在救火过程中，男女形成自然分工，男性负责从水塘抬水，敲掉燃烧的房屋以控制火势蔓延，妇女则帮助着火家庭及临近家庭搬运财物。此外，当堂安发生火灾时，邻近村寨如厦格、肇兴镇的村民也会自带消防设施（如消防泵）到堂安参与救火。2013 年课题组调研时，小卖部老板详细介绍了堂安跟厦格互相帮忙救火防盗的故事。

> 厦格发生火灾时，我在村卫生室打点滴，听到有人打电话给这个村卫生室的护士，我发现民兵连长正在路那边，就让民兵连长快点用广播喊："现在厦格村发生火灾了，我们快点过去。"我赶快把针给拔了，刚好我们过去还赶得及时。我有车，直接送他们去，帮他们扛东西、帮他们把水袋打好。（到了之后），我们赶快爬上那个房子，把木板端了，如果太危险了就撤，能进去的就进去，根本不会等着谁来安排，那样就来不及了，我们还是很自觉的。因为厦格跟我们就像一家人一样，发生火灾了，如果那个时候我真的是起不来，那就没办法了；我能起得来，我就要去。这也是我们的一种精神。一说到这种急事，谁的心里都很着急，百分之九十的年轻人都会跑过去的。
>
> 如果我们村遇上这种事情，也是一样的。上次刚好在我家旁边（发生火灾），我正在吃饭，不知道发生火灾，我发现他们（厦格村的）扛着木头和桶上来，很多人都跑过来。他们说：发生火灾了！我赶快把饭碗一丢。他们这么积极，能够打动我们的心灵。晚上如果有偷牛的，我们一打电话，说盗贼偷牛了，或者广播通知了，如果时间还赶得上，他们（厦格村民）就过来帮忙，这是完全可以的。[①]

---

① 2014 年 4 月 3 日，陈志永访谈小卖部老板。

与小卖部老板一样，堂安木匠 LSQ 虽然没有参与这次救火，但是同样表达了知道后肯定会积极参与的态度："厦格火灾，我后来才知道，当时我在地里，也没有拿电话。要是我拿电话的话，我老婆肯定要告诉我，我儿子知道了，也会告诉我。没有在外打工的话，他们（代指村民）一定会去救火。比如大年初一，肇兴上面那边房子着火了，我们村知道的都去了，大家都是开摩托车下去救火，起码去了一百多个（人）。"[①]

二　政府的在场及其政治行动

（一）"村两委"的村庄行政

依靠堂安传统的非正式组织，实际上大多数宗教、文化和社会事务都能够在"村规民约"的礼俗规范中进行调解和应对，然而在现代政治和经济体系下，村庄集体经济的发展以及行政性事务的上传下达，却不是传统的村庄权威能够处理的，因而村庄的正式组织"村两委"，作为政府在村庄中的政治延伸，就扮演了重要的功能。其在村庄的合法性来源，除了上级政府的支持之外，也在于其对村庄发展做出的"业绩"——自下而上的村民认同对于"村两委"来说同样重要。然而在堂安，"村两委"一直面临威信不足的问题，他们既缺乏资源带动村民致富，在面对外来的公司时话语权又十分有限，严重影响了村庄内部的凝聚。

对于"村两委"来说，最大的困难是经费支持不足。2014 年之前，堂安的村集体经济基本为零，村委会的日常开支主要来源于四个方面：一是村中 5 个公共水塘的外包，大的 3 个租给鱼塘附近的村民养鱼，租金每年 200 元/个，小的每年 150 元/个，每年收入 900 元；二是村卫生室作为村庄公共设施，附近闲置的空房租给当地人开小卖部，租金每年 600 元；三是村委会一楼租给当地人开小卖部，租金为 360 元/年；四是当地政府拨款，当地政府给予村委会 1600 元的办公经费，2013 年增加为 2000 元，其中扣除当地政府规定必须订阅的报纸，以及一年中偶有的接待，基本处于入不敷出

的状态。①

村庄内部没有发展集体经济的资源条件，而政府在堂安的扶持项目也极少。没有项目支持，"村两委"就难以做出"政绩"。2010 年卸任的村支书 WKL 介绍，在他任期内国家在堂安的扶贫项目，只有 2009 年送猪仔的事情。

> 2009 年，国家的扶贫项目进来，送猪仔给我们搞养殖，我们村有四百多头，原来这个项目要以十户到二十户来养，必须要有村寨规模，然后国家才会投钱给补贴建猪圈，如果每家养三四只，就不符合要求。但是，村里面意见很大，给了其中的十几户，其他人没有，村民之间就要闹矛盾，最后我们还是把猪平均分下去了。那么，国家要求规模化养殖的才有补贴，那怎么办？我们村里就把政策进行公示，愿意来搞养殖建猪圈的就来报名，当时有 11 户愿意，每平方米猪圈国家就给了 100 多元的补贴，当时我家也修了猪圈，补了 5000 多元，村里面也有养殖大户的，补了 1 万多元。②

在这种情况下，国家扶持的规模养猪项目在堂安就难以创造可持续的经济收益，"村两委"自然没有能够带动村民致富，同时还由于规模养殖失败以及相应的资源分配不均问题，反而导致村民内部的利益分化，也进一步损害了"村两委"的权威。

对"村两委"打击比较严重的是"集体罢免村支书事件"。这个事件跟村支书的各种贪污腐败、优亲厚友所导致的民心"积怨"有关。据村民反映，上一任村支书在先后担任 3 年文书和 4 年支书期间，利用职务之便侵吞国家给予的退耕还林补贴；私自转租村集体用地并把租金据为己有；截留上级各类扶贫物资优亲厚友；从不公布村中账目。村民们对村支书的所作所为隐忍很久，终于在 2010 年春节前后爆发抗议活动。

---

① 孙兆霞、毛刚强等：《第四只眼：世界银行贷款贵州省文化与自然遗产保护和发展项目（中期）"社区参与工作"评估以及重点社区基线调查》，社会科学文献出版社，2014，第 184 ~ 185 页。
② 2013 年 3 月 30 日，孙兆霞、曾芸、李宗倩访谈 WKL。

参与罢免村支书事件的 YWH 详细介绍了事情的来龙去脉。

这个事情很复杂，没有人敢提出来。大家都在一个村子里，早不见面晚也见面，何必那样呢？但最后年轻人实在忍无可忍了，这口气他们咽不下去。你看那些低保，该给的他不给，那些五保户有的还不给，当时他自己得一部分，还有他的亲戚得一小部分。那时候快过年了，几个年轻人外出打工回来，通过村里的喇叭召集村民到鼓楼集合，要求村委干部交代账目情况。此后，村委干部才在鼓楼那里，把账目公布给我们看。年轻人都在那里，寨老也在旁边听。比如那个发票，问一下大家认可吗，认可的就举手。但公布的账目一塌糊涂，（公款）吃喝掉的也有，还有就是大家根本无法去核实。在那里算来算去还要补他的钱，（你说）好笑不好笑？当时吵得很厉害，他们在那里什么都不敢说。后来乡里面就来人了嘛，乡里面的态度是全部听从年轻人的，你们想怎么弄就怎么弄。乡里也不支持村委干部，其实乡政府干部心里也是知道情况的。下一年换届的时候，年轻人要求海选，就实行海选了。①

在这个事件中，当村庄的政治精英未能发挥凝聚示范作用，反而侵占村寨集体资源、损害村庄整体利益时，在外出打工者为主体的"青年团"的带领下，并在村庄传统权威的默许或者支持下，村民能够对"村两委"干部进行有效的监督，并以鼓楼大会的决议作为行动的合法性来源。

该事件之后，新一届"村两委"上任，这一届"村两委"主要开展了两项务实工作：一是 2011 年在农业部门的支持下，在村寨后山的后龙山上种植了 50 亩油茶。由于油茶只是适合 800 米左右的山坡，而堂安的海拔偏高，不太适宜，油茶种植并没有能够形成规模，此后也没有获得多少收益。二是在 2013 年实施了 50 余户村民的危房改造项目。当时由村里陪同政府人员挨家走访，直接观察便能确定损坏比较严重的房屋都列入了 50 户改造名额中，每户补贴 6000 元左右。这两个项目，分别涉及村庄的集体经济发展

---

① 2013 年 4 月 2 日，陈志永、陈维佳访谈 YWH。

和民生保障问题，是新一届"村两委"能够拿得出手的成绩，在一定程度上修复了"村两委"的政治形象，但并没有从根本上改变村庄的政治生态。

（二）国家脱贫攻坚行动对村庄政治的改变

2016 年，国家脱贫攻坚行动采取"五级书记"体系进行扎实推进。当时，肇兴镇下辖 22 个村，其中贫困村有 10 个。堂安并不在贫困村之列，作为非贫困村，堂安脱贫攻坚行动的主要目标是使贫困人口"不愁吃，不愁穿"，使其义务教育、基本医疗和住房安全得到保障。承担的政治任务在于确保贫困户年人均纯收入超过脱贫标准线。由于堂安精准识别的建档立卡贫困户 37 户 122 人，贫困户以及贫困人口只占全镇贫困户的 3% 和 2.5%，堂安村脱贫攻坚任务相对较容易完成，相应目标的压力相对较小。堂安不是肇兴脱贫攻坚行动的主战场，但脱贫攻坚依然对堂安的政治经济产生了巨大的影响。

脱贫攻坚最大的改变是村庄教育医疗和基础设施方面。村主任 LZG 讲道："教育、医疗、住房等方面都是配套的一些政策，脱贫攻坚必须要求的，教育必须要让没钱上学的能够上学、医疗的话就不能让有一些人有病了没钱看病、住房的话就不能让人家没有住房，还有饮水、吃饱住暖穿这些东西都要有保障。这几年，我们村庄饮水安全问题解决了，在脱贫攻坚以前，可能只有 1/3 的农户能够有自来水；现在是每一户都安装了自来水，然后是交通，2020 年我们把进村的硬化道路进行了翻修，路面损坏的情况得到了改善；住房的话，改造了五六十户人畜混居的情况。这些政策是非常好的，我以前在贵阳学院读大学，2008 年村里失火，弟弟也在上学，为了减轻家里面的负担，自己就退学回来，如果是现在的政策，就不会让没钱读书的人上不起学。"[1] 在脱贫攻坚行动中，教育、医疗等各项配套政策的推进，彰显的是国家和政府的在场。作为政府延伸的"村两委"也有了相应的事权，这对于树立"村两委"的政治权威具有重要意义。同时，为了完成脱贫攻坚任务，肇兴镇政府还派遣了驻村干部进村工作，驻村干部在"村两委"和肇兴镇政府之间起到了沟通的桥梁作用，村里面的事情就能及时向上反映，驻村干部的行政能力本身也是对"村两委"工作的有效补充，这些举

---

① 2021 年 4 月 25 日，徐磊访谈 LZG。

措都有利于"村两委"组织能力的提升。

在访谈中，我们询问了"第一书记"对于村庄发展的作用。堂安村委会主任 LZG 有着清醒的认识，他说："堂安是非贫困村，没有第一书记驻村。村里面有一些想法，反映的事情上头做不去的，就直接把你卡掉了。搞脱贫攻坚的时候，为什么派第一书记，第一书记是上面派下来的，他可以跟上面对接，又可以跟下面对接，他能够调动的东西就比较多。我们村只有驻村干部，驻村干部他只能跟镇上对接，有一些镇上的资源他没办法去调动，没办法去调动的话只能压着，压着就没法开展。像很多村有第一书记的话，推动的项目就比较顺利，而且对上对下能够衔接的好，对政策的领悟也比较准确。堂安是很需要这方面的人才的，而在市场方面的，我们堂安也需要去引进，现在也没有渠道。"①

村主任 LZG 是 2017 年堂安"村两委"换届选上的。在脱贫攻坚行动的关键时期，新一届"村两委"班子显然至关重要，而有经济头脑、有政治协调能力的年轻人更是成为政府考量的重要因素，村主任 LZG 正是村里年轻一代能力突出的人。在新一届"村两委"班子的积极行动下，三年时间推动诸多项目的落实，这些项目包括修建清洁水井和洗菜池、机耕道、消防水池、篮球场和老年活动中心等，如表 6-1 所示。这些项目金额不大，但都是村庄急需解决的公共事务，因而村民的反响很好。比如，"一事一议"项目中机耕道的修建，政府给沙子、水泥，村民们群策群力、投工投劳。机耕道的修建无疑极大便利了村民的梯田耕作，是很得人心的民生工程。

表 6-1 堂安近三年由"村两委"推动的项目

序号	参与部门（人员）	年份	项目内容	金额
1	村委会	2018	清洁井水和洗菜池	2 万元
2	村委会	2019	机耕道	政府直接给沙子、水泥
3	村委会	2019	消防水池维修	省政协 1 万元、县旅发办 6000 元，村公益林补剩下的费用
4	村委会	2020	篮球场、老年活动中心	11 万元

① 2021 年 4 月 25 日，徐磊访谈 LZG。

当然，在脱贫攻坚行动中，并非所有的项目都能够成功实施，村主任 LZG 介绍了产业扶贫项目绿壳蛋鸡养殖和生猪养殖的具体实施情况：

> 2017 年，肇兴镇在村庄主推绿壳鸡蛋的养殖。当时贫困村的贫困户，每户分批次获得的鸡苗接近 200 只，堂安村总共是获得了 2000 只鸡苗。这个项目下到村子里来，村委会没办法做，村民也不太愿意干。真正的贫困户，他确实没有劳动力或者精力来养，精力有的可能没有技能，虽然提供了培训，但是接受能力还是个问题，没办法做，但是镇里有要求。后来村里有三位年轻人比较积极，他们和 11 个贫困户签了代养的协议，但是最后也没有成功。他们没有管理经验，第一批鸡苗放下去，天气比较冷，鸡仔全都挤在一起，一堆堆的，踩死了一大批，第二批的时候就投资了 10 多万元，建了分栏分格的鸡舍。年轻人做事情有冲劲，但是顾头不顾尾，之前第一次就亏一点劳动力成本，这次就把积蓄填进去了。2018 年，这三个年轻人更加激进，接了生猪养殖的扶贫项目，贷款两三百万元，办了合作社，也是和贫困户签了协议，35 头生猪，最后还是没有成功，后来似乎也是因为钱的事情，都进了劳教所了。①

产业扶贫项目实施目的在于带动村庄贫困户脱贫，而堂安两个种养殖扶贫项目的"试错"，反而使得"村两委"对于发展规模化的"种养"产业有了警惕。2019 年之后，"村两委"主要采取与邻村或者镇级的种养殖合作社进行捆绑的方式来解决贫困户的收入达标问题。对于有劳动能力的贫困户，则通过劳动力输出、公益性岗位等方式来增加他们的收入。图 6 - 2 记录了堂安村 2020 年上半年贫困户劳动力就业的情况，在 37 个贫困户劳动力中，通过外出务工就业的 22 个，其中省外务工的 13 个，省内务工 9 个，10 个在家务农，2 个在村做临时工和护林员，2 个无劳动能力，1 个怀孕待产。

在非贫困户的发展方面，"村两委"也主要采取劳动力转移方式实现收

---

① 2021 年 4 月 25 日，徐磊访谈 LZG。

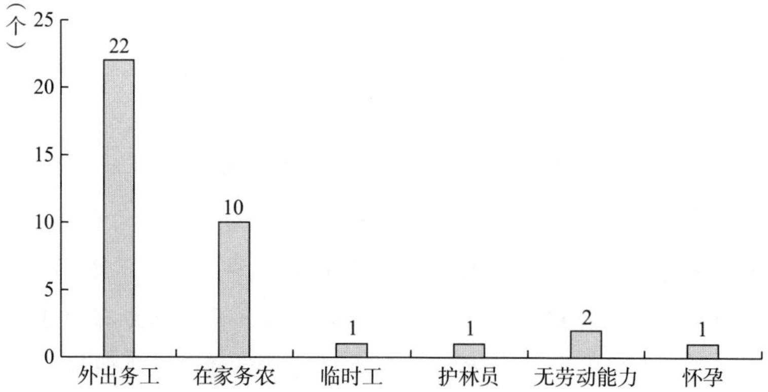

图 6－2　堂安村贫困户劳动力就业情况（2020 上半年）

数据来源：堂安村委会 YST2020 年 7 月填报的劳动力就业台账。

入提升。在 2020 年 7 月记录的台账中，另有易地搬迁地搬迁户 27 人、边缘户 6 人、一般户 349 人的就业状况，如表 6－2 所示。易地搬迁地搬迁户全村共计 11 户 55 人，在此次登记的 27 人中，18 人实现就业，其中，省外务工 11 人，省内 7 人；未就业 9 人，其中 6 人在家照顾家人，1 人务农，1 人怀孕，1 人取保候审。在登记的 6 位边缘户中，5 人实现就业，其中省外务工 2 人，省内务工 3 人，未就业 1 人，主要在家照顾家人。在登记的一般户中，有 349 人外出务工，占全村人口的 38.10%，其中省外 187 人、县内 156 人、省内县外 6 人。

表 6－2　易地搬迁户、边缘户和一般户就业情况

	就业人数（人）	就业去向	未就业人数（人）	未就业原因说明
易地搬迁户	18	①省外务工 11 人，其中制造业 7 人，空调安装 3 人，建筑业 1 人 ②省内务工 7 人，2 名建筑临工，1 名西部志愿者工作，1 位村干部，1 位驾驶员，1 位保洁员，1 位从事废品回收工作	9	6 人在家照顾家人 1 人务农、1 人怀孕 1 人取保候审
边缘户	5	①省外务工 2 人，分别从事建筑临工和空调安装 ②省内务工 3 人，其中建筑临工 2 人，消杀员 1 人	1	在家照顾家人
一般户	349	外出务工，其中省外 187 人，县内 156 人，省内县外 6 人		

当然，也有自谋出路的村民，包括油茶加工、糯米种植、侗布染织等。正是在这些由"村两委"或者村民进行的各种致富行动中，"村两委"干部的经济意识和发展观念得到了显著提升。在谈及村庄集体经济的未来发展时，村主任 LZG 进行了反思：

目前堂安没有发展集体产业。村集体没有土地资源，所有的林地都已经承包到户，梯田也是如此，没有土地，要发展集体经济就比较困难。然而村庄发展没有产业支撑不行，个别村民开客栈得了红利，其他农户得不到，那就会积累矛盾。我们非常想发展集体经济，从而带动全体村民共享村庄发展成果，但是很难，我们没有集体山地，全都承包到户了；种养殖的话，之前镇里其实一直主推我们种养殖，我们村搞种养殖的话，山地比较多，花费的人工就比较大，耗费时间比较多。投入比较多情况下，产出跟人家在平地上产出一样，那就没法跟人家竞争。镇里面搞种养殖的村子，我也没看到哪个村做得比较成功，所以我就一直不同意发展种养殖，这是吃力不讨好的事情。我们堂安的话，最大优势只能发展旅游，种养殖则可以作为旅游的辅助，通过旅游的方式带动我们种养殖的发展。打个比方，我们以旅游的方式体验农耕文化。一些旅行社过来，我们的一些客栈，现在是单打独斗的那种，有旅行社过来的时候，我们就会让他去体验，因为光转一圈在我们堂安是留不住的，必须要把农耕文化还有我们的民族文化融入里面，他才能够留得下来，留下来才能够去体验。比如说我们的稻花鱼，鱼的话如果光是吃，说了半天他也不知道什么味道，但是让他去体验，去田里面自己抓，田间抓稻花鱼，这样的话鱼的价钱它也上来了，品质、口碑也都上来了。所以说我们叫稻花鱼，就到田间去抓稻花鱼，这是一种体验。到田间去抓鱼回来，或者再打点糍粑，这些副业就能发展起来。"①

（三）村庄组织的整合：村民政治意识的成长

脱贫攻坚行动，使得堂安年轻干部的政治和经济能力得到快速成长，村中的正式组织"村两委"的政治权威也得以建立起来。然而对于村庄的社会整合而言，村主任 LZG 认为，脱贫攻坚行动的作用在于为村庄发展打下基

---

① 2021 年 4 月 25 日，徐磊访谈 LZG。

础，而国家推动的"扫黑除恶"行动，对于村民的人心凝聚有更直接的作用。他认为，"村庄治理的关键是人心，人心凝聚了，事情才好推动，过去几年，村民们是有些离心的，对外是一致的、是团结的，但是内部的分化就有些严重，过去要修一条村小组的机耕道，村民小组开会，投工投劳来搞建设，是没有办法团结起来做的，然而这几年，村委会做了一些事情，使得堂安的社会氛围得到了较大的改善，除了脱贫攻坚工作，影响较大的就是扫黑除恶行动。"①

　　以前一开始是打黑除恶，后来才是扫黑除恶。这个政策没有出台之前，在农村能够在黑白两道都吃得开的，村里的年轻人是比较佩服的，感觉这个人很厉害，黑白两道都能够吃得通。在农村所谓黑白两道，就是说他对村里赌博的、打架的、喜欢闹事的这些人都能够笼络起来，政府这边各个部门他也都能够笼络，我们就叫黑白两道，他能够都玩得转，相当于他就是中间人了。刚开始打黑除恶，就重点打击这种人，我们村打了三四个，带头闹事的人就少了，后来进行扫黑除恶行动，那就是说，只要有这种苗头的，就要全部扫掉，比如你打架之后，那么不管谁输谁赢，全部先拘留再说，就是按照这种程度扫。以前的话，随随便便评个低保或者什么，村民可能就会冲上村委会来闹，现在呢，村委会安装了摄像头，你来村里办事情、讲事情是可以的，但如果说是想找事的话，最好就不要来村委会了。找事的话这里有摄像头，我把这个事情上报，人家自然而然会来找你，这样很多人他就会尽量避免。要不然像以前，喝点酒或者故意撒点酒疯，故意把事情闹出来，矛盾激化，搞得村庄不团结，那肯定就不行。现在村民之间的矛盾，都会尽量通过协商，或者找村委会来调解，村民之间不会打架，不会闹得太厉害，这样慢慢地，村庄风气就改转变过来了。②

___

① 2021年4月26日，孙兆霞访谈 LZG。
② 2021年4月26日，孙兆霞访谈 LZG。

按照 LZG 的讲述，脱贫攻坚行动为村庄的人心凝聚奠定了基础，而"扫黑除恶"行动则完全剔除了村中"黑白两道吃得开的人"，并且通过摄像头的安装，使得"村两委"保留了向那些恶意闹事的村民采取强制措施的可能性，从而有效遏制了各种苗头和社会不良风气的扩散。两项行动，可以说相辅相成，一是正向激励村民的互助与合作，二是反向消除影响村民团结的不稳定因素，堂安"村两委"的政治和社会威望可以说是得到了空前的提升。

在脱贫攻坚任务完成以及人心初步凝聚之后，"村两委"进一步推动了村民协商和村民自治的政治决策。2016 年之后，村庄相继成立了多个非正式组织情况，如表 6 - 3 所示，共有 6 个，其中 4 个为侗歌、侗戏的兴趣组织，1 个是经营旅游表演场所的合伙人组织的百鸟巢（见第七章），"十三个房主"（还未正式定名）却是有政治参与功能的非正式组织。这个组织最开始是"村两委"为了应对新事务，即村庄新出现的两台旅游车的管理而发起成立的，但这个组织运转起来之后，其作用却远超了其原有的功能——它打通了村庄的传统权威体系和"村两委"正式组织之间的沟通渠道，使得各家户能够团结在"村两委"之下，真正"拧成一根绳子"，村民们联结起来，共同商议、共同决策村庄的发展。

表 6 - 3　堂安村非正式组织情况统计（2021）

序号	名称	成立时间	成员数量
1	侗歌、侗戏一队	2016	19
2	侗歌、侗戏二队	2016	21
3	侗歌、侗戏三队	2016	22
4	侗歌、侗戏四队	2016	19
5	百鸟巢	2019	19
6	十三个房主	2019	13

"十三个房主"情况：2019 年，为了堂安集体经济的发展，肇兴镇政府为堂安"村两委"协调了两台旅游车（由堂安村委向景区公司租借），专线运营肇兴侗寨至堂安的旅游线路。两台旅游车到了村里，却没有相应的组织

或人手能够承接旅游车的运营，村委干部也是分身乏术，那么按照一般的思维方式，这两台旅游车只能外包给公司或有能力的村民来做，但镇领导没有同意这个方案。

对于堂安"村两委"来讲，两台旅游车肯定是要运营的，这既是有利于村集体经济发展的事情，又是领导交代的任务，不能不做，但究竟如何运营却是不好解决的问题。在多次讨论之后，村支书提议建立一个新的村民组织来进行具体运营，而两台旅游车始终涉及利益分配的问题，那么这个村民组织的成员构成就是关键。最后，村支书便提出建立"房主组织"，按照村庄中五代之内的直系亲属为同一房——同属一个爷爷的爷爷的家庭组建为一房，那么堂安共有 13 房，每一房选 1 个房主，作为各房事务的协调者，与村委会、村民小组成员共同组成两台旅游车的管理委员会，村里称这个管理委员会为"管班会"，成员就是管班。

村主任 LZG 讲道："刚开始选任各房的协调者时，其实没有想好名字，有的提议是寨老，有的讲是管班，最后就确立为房主。这个房主和村里的寨老是不一样的，寨老在村中的权威是比较高的，一般都是年长的人担任，大家约定俗成都知道寨老是谁，而十三个房主都是推荐的年轻人，当然有时候开玩笑说我们村出了十三个年轻的寨老，但实际上不一样，这十三个房主是各房事务的协调者，许多事情村委会做不好，但是房主通知下去，效果就会不一样，各房内部自己协调商量，商量好了我们再在村委会里面商定。"[1]

堂安村"十三个房主"的成员信息如表 6-4 所示。十三个房主，年龄分布在 30~60 岁，均为男性，在生计方面，或者外出务工，或者做工程、开工程车，或者在务农之外还有兼业，专职务农的只有 1 位（其中有 1 位生计来源不清），其中 9 位以上均有外出打工的经历（另有 2 名打工经历不清），余下 2 位或者包工程或者在景区做保安，与寨老相比，他们与外部社会的接触更多，在现代经济体系下的工作能力也更强，他们的家庭经济也在各房中处于中等偏上的位置。

---

① 2021 年 4 月 27 日，孙兆霞、徐磊访谈 LZG。

表 6 - 4　十三个房主成员信息 （2021）

序号	姓名	年龄	性别	组别	生计来源	是否在村	是否外出打工
1	YJX	50 余	男	1	包工程	是	否
2	YWH	42	男	4	打工	否	是
3	YWY	37	男	3	客栈、务农	是	是
4	LAC	40	男	2	打工	否	是
5	LAZ	43	男	1	务农、泥工	是	是
6	LPX	43	男	1	开工程车	是	是
7	LMZ	50 余	男	5	打工	否	是
8	LKS	30 余	男	4		否	是
9	LAM	50 余	男	2	务农、木工、泥工		
10	PWX	30 余	男	4	承包客车		
11	PYG	50 余	男	4	务农	是	是
12	LMC	40 余	男	2	保安（肇兴景区）	是	否
13	LKP	50	男	1	打工	否	是

　　"十三个房主"刚成立时，本意是从各房中选出年轻的、有能力的来承担两台旅游车的运营事务，此后逐渐成为各房事务的实际协调者，是各家族利益的代表，有时候村里戏称他们是年轻的"寨老"。当然，"十三个房主"毕竟不是寨老，虽然他们都是各族、各房中比较有权威的人，都是家族、家庭事务的支配者和协调者，但是寨老的权威更多建立在传统之上，他们对传统、习俗的理解远超房主，而房主的权威则来自其本身的个人魅力，来自他们对各房经济发展、经济利益分配的各项明智决策。随着村庄现代化进程的推进，政治和经济事务日益成为村庄的常规议程，那么房主必然将扮演更加重要的角色。

　　此外，"十三个房主"与村民小组长的角色也不同，村民小组组长由村委会直接管辖，承担至上而下村庄行政事务的派遣工作，由各村民小组推选，按月能够拿一定补贴，是村庄行政的末梢，而十三个房主没有补贴，是村民自发推选成立的，主要义务是承担房族、家庭事务的协调管理，同时协助村委会、村民小组长的工作，对各房家庭成员负责，是村庄家庭、家族事务的代表。可以说,"十三个房主"的成立,使得村庄中已经分化的小家户重新粘合起来,与"村委会"一起,"一横一纵"——从村委会到小组长的一纵,从"十三个房主"到家族、家户的一横,勾连起了堂安村庄内部的村民家户,极大提升了村庄内部的凝聚力,也为村民参与村庄事务提供了新的组织平台。

本章小结

堂安自 1995 年挪威专家进入考察、1999 年获批建立生态博物馆之后,便开始持续地与外部世界进行互动,村庄现代变迁的历程不断加速。对于多数村庄的现代变迁而言,现代化似乎都是摆脱传统的过程,是在市场体系中逐渐丧失地方特性的过程,然而堂安的现代变迁过程却是特殊的。本章对堂安现代变迁过程中所经历的"三大事件"——生态博物馆的建设、乡村旅游的初步开发和脱贫攻坚行动进行了讨论,展现了堂安梯田社会要素与现代因素的交织碰撞过程。对于堂安来说,世代维系着的一套自给自足的农耕生产生活体系以及与之相适应的社会文化规范,构成了堂安现代变迁的资源性要素。传统不是现代化的包袱,地方性更是堂安在现代市场中立足的基石。然而,堂安在与外部力量的互动中,始终处于弱势地位,村庄现代变迁的过程始终由外部力量主导,这种发展也就难以获得村民认同,即使如此,村民的生态文化观念、市场观念和政治意识却得到了成长,这为村庄未来的现代变迁奠定了基础。

第一,堂安村民生态文化观念的觉醒。过去,村民们据守梯田,"日出而作、日落而息",人与自然和谐共处,建立了与之相适应的社会文化规范体系,然而这些"日用而不知"的生态智慧和文化生活始终处于沉寂状态。堂安生态博物馆的建立,虽然其中对堂安侗族文化和农耕社会体系的理解还有偏差,然而在专家的不断言说中,在外来游客的不断肯定中,村民们逐渐意识到,原来祖祖辈辈的生产生活所留下的这些物质或非物质的东西,是有现代价值的、需要保护的遗产,这些传统是可以被守护的,而保护的责任主体就在于村民自己。堂安生态博物馆的建立,使得村民们对自己的生态和文化传统有了自信，这种生态和文化的自信恰恰是"文化自觉"的前提。

第二，堂安村民市场观念的增强。过去，由于交通的阻隔，村民们极少接触外来者，村庄主要的交换体系都在村庄内部以及邻村之间。随着堂安生态博物馆的开馆，香港明德有限公司和世纪风华公司先后进入堂安进行旅游开发，一个大众旅游的蓬勃市场悄然到来。对于堂安而言，他们还未从这个旅游市场中"尝到甜头"便首先经历了市场的破坏性，看到了商品化发展可能给村庄生态和社会文化传统造成的负面影响，因而对市场有了自然的警惕。这种对市场的观感，使得堂安后续的经济决策更加谨慎，他们在考虑堂安的旅游发展时，经济利益不再是唯一的考量，如何能够在传统与市场之间取得平衡是他们需要时刻思考的问题。

第三，堂安村民政治意识的成长。在脱贫攻坚行动以前，通灵者、鬼师、歌师、戏师、寨老等村庄的传统权威依靠着村庄的礼俗规范，在村庄宗教、文化和社会事务中扮演着重要角色，同时村庄也建立了应对危机的全民动员机制，而正式组织"村两委"却面临着威望不足的问题，难以对村庄进行有效整合。2016年脱贫攻坚行动实施之后，尤其是2017年"村两委"换届堂安年青一代的干部上任之后，通过扎实推进教育、医疗等配套政策以及其他民生工程，"村两委"的政治威信显著提升。同时，在产业扶贫以及脱贫致富的各项举措中，"村两委"干部的经济观念也得到锤炼，国家脱贫攻坚行动在堂安的在场，无疑夯实了堂安的组织基础，也为"村两委"获得村民认同提供了条件。2019年，"十三个房主"组织的建立，贯通了村庄的传统权威体系和"村两委"正式组织之间的沟通渠道。各家户能够通过各房团结在"村两委"领导下，也能够通过该组织知悉和参与村庄的发展决策。"十三个房主"打通了村庄内部的联结，村民们真正"拧成一根绳子"，这是堂安村庄实践创新的政治智慧。

第七章　旅游发展：堂安的经济转向

　　在很长一段时间内，堂安梯田社会的经济面向都是建立在农耕稻种基础上，梯田既是梯田社会发展循环的经济基础，又是其社会凝聚和分工的核心意象。20 世纪 80 年代末之后，村民外出务工逐渐成为最为重要的生计方式，梯田在村庄和家户中扮演的核心功能仍未有大的转变。但是，2014 年肇兴千户侗寨景区建立之后，堂安旅游市场随之加速发展，旅游服务业逐渐成为堂安村民新的生计取向，旅游经济也逐渐成为堂安梯田社会的经济基础。

　　本章聚焦堂安的旅游发展。以 2014 年为时点，堂安的旅游发展可以分为前后两个阶段，在简略叙述堂安旅游的初步开发之后（第五章详细叙述了这一过程），本章重点分析肇兴侗寨旅游景区建成之后堂安旅游市场的变化：一是肇兴景区与堂安村庄的互动，二是堂安村民的市场自觉，三是外来者对堂安旅游的阐释，最后分析了堂安旅游的未来发展问题。课题组认为，梯田社会的资源要素是堂安经济转型不可分割的基础，堂安的旅游发展需要嵌入社会文化和生态系统中，通过村民的自决来更好地实现这种转型。

第一节　堂安与现代旅游市场的初步接触

　　2005 年之前，堂安基本被排斥在旅游市场之外，只有零星的背包客踏足这个地方。在堂安定居接近 20 年的堂安女婿也是微信公众号"侗族文化迷"的运营者 ZQW，在访谈中讲述了他对堂安旅游发展历程的观察：

　　我是 2002 年第一次来堂安。当时这里看不见任何一点水泥的痕迹，没有一个客栈，没有一个餐厅，没有吃饭的地方，当时肇兴镇上也只有三个客栈。我来到堂安，住的是村民家中，跟他们一起生活，我当时是背包客中的一员，是在论坛中看到肇兴和堂安的帖子来的，也还有其他背包客进入堂安。据我现在的了解，肇兴镇旅游是从 20 世纪 80 年代开始，1982 年左右肇兴政府接待了一个外国游客，住的是村民家中，没有招待所。80 后在回忆 90 年代的事情，说他们在上初中的时候，看到一车一车的老外到肇兴来，第一奇怪的是照相，第二奇怪的是他们会买很多绣片回去。堂安的话，最早进村的外国人可能就是生态博物馆的专家杰斯特龙，是在 1995 年，此外可能就是一些旅游探险者到过堂安。当时肇兴到堂安的路非常不好走，2004 年我第二次到堂安的时候，从肇兴过来就 1 个小时，一辆车都看不到，那时候车很少，当地人基本上从肇兴上来都是走小路的，走小路我亲测 4.2 公里路程，最快走下去要45 到 50 分钟。①

　　2005 年，堂安生态博物馆建成开馆，堂安逐渐进入游客的视野中，明德公司、世纪风华公司先后对堂安旅游市场进行开发（见第五章），使得堂安的游客多了，相应的旅游服务有了一定发展。ZQW 讲道："到 2007 年，堂安的游客就多了，当时肇兴去贵阳做了两周旅游宣传。2007 年"五一"期间，人最多的时候肇兴镇上有超过 1000 人，也是在这一年由于肇兴旅游的兴起，堂安也才有旅行团真正进来，当时堂安已经有了一个小客栈，10块钱一个床位，只接待背包客，旅行社带团进入，则是只看不吃饭、不住宿。2010 年的时候，堂安又开了一家客栈，就是现在的同福客栈。到了 2014 年 1月春节前夕，肇兴景区开始正式收门票，堂安的旅游发展就完全不一样了。"②

　　从这一时段来看，堂安旅游无论是在地理空间、文化特色还是旅游市场方面，都与肇兴旅游的发展密切关联，也可以说，堂安的旅游是伴随着肇兴

---

① 2021 年 4 月 25 日，徐磊访谈 ZQW。
② 2021 年 4 月 25 日，徐磊访谈 ZQW。

侗寨景区的发展而成长起来的。从官方资料来看，2012 年以前，肇兴景区的旅游处于缓慢增长期，辐射到堂安的游客量还比较少，直到黎平县政府设立景区管委会连同旅游开发公司全面负责景区的各项事宜，肇兴侗寨景区进入二次旅游开发阶段，政府投资项目的陆续落地，数百家旅行社、餐馆和旅馆在肇兴的涌现，"堂安梯田徒步游"才成为热点线路。2013 年，肇兴撤乡建镇，肇兴侗寨景区进入贵州省"100 个重点旅游景区"和"20 个示范景区"行列，并于 2014 年被列入国家 4A 级旅游景区和首批中国少数民族村寨。"八寨一山"特色旅游格局逐步形成："八寨"指肇兴、堂安、厦格上寨、厦格，纪堂、上地坪、登江、己伦八个侗族村寨，"一山"则是侗族的"麦加圣地"萨岁山。

在此基础上，堂安的游客才逐渐多起来，但是他们来到堂安并未能增加村庄收益，整个堂安的旅游运营仍处于无组织状态，不过村民自发建立的食宿接待还是有了零星的几家。LYF 的同福客栈是全村第二家民宿，起初，LYF 担任村支书期间，游客建议他开客栈提供吃住，于是提供 10 元/人的床位服务，后来随着肇兴侗寨景区的客流量增加，2013 年时，同福客栈才初具规模，一层提供餐食，二层用来住宿。2014 年，由于客栈对面新修的房子挡住了观看梯田的视线，全家合力耗费 10 余万元将客栈增修到四层。村中第三家民宿是 WKL（也曾担任过堂安村支书）所开的堂安侗味苑，他的客栈一共有八间房，其中四间标间，是在 2010 年房子建好的基础上又花费 20 余万元修建而成。

虽然堂安有了几家客栈，但是游客"只看不吃饭、不住宿"，堂安在肇兴景区依然处于市场附属的地位，并没有因为生态博物馆的名头而成为主导性的目的地市场，旅游给堂安带来的反倒是不少旅游垃圾。同福客栈 LYF 对此心中满是怨言，他认为游客从肇兴侗寨景区、厦格村上来之后，来到堂安村观光一圈很少消费，反倒享用村里的公共设施，留下一堆旅游垃圾给村民打扫，比如因为村里的公共厕所还不完善，游客常常借用他家厕所，他气愤地说要把自己家的厕所锁起来，不给外来游客使用。这一事件说明当时开客栈的村民还没有切实得到旅游的效益，反而要给肇兴景区收拾残局，堂安村民的生计仍然以耕田与外出打工为主，旅游在这一时段并未成为村民主要的经济来源。

第二节　堂安与现代旅游市场的全面互动

一　肇兴景区开发与堂安的发展自觉

（一）肇兴景区的再开发与市场繁荣

2014 年，贵阳至从江的高铁开通，使得贵阳到肇兴的车程缩短为 2 个小时，这条高铁线路，同时连接了贵阳、桂林、佛山和广州等重要城市，广州出发到从江的高铁时间不到 4 个小时，从江高铁站到肇兴则只需 20 分钟，高速公路、高铁线路的开通，极大拓展了肇兴景区的客源地市场。同年，肇兴侗寨旅游景区建立，并由肇兴旅游发展有限责任公司进行管理，该公司是贵州侗乡大健康产业示范区的龙头企业，属国有独资企业，为行政化的副县级单位。该公司在接手景区运营之后，对肇兴景区进行了二次开发，由政府主导、国有企业运营的肇兴景区的建立，使得贵州最大的侗寨旅游品牌快速形成，此后在政府大力投资之下，建设成为国家 4A 级旅游景区，肇兴旅游市场真正进入了大众视野。

肇兴侗寨景区得以快速发展，除了政府的高度重视与投入，还与两次重大引流事件的发生密不可分。2018 年 2 月 15 日除夕夜，中央电视台春节联欢晚会黔东南分会场在黎平肇兴侗寨惊艳亮相。习近平总书记说，贵州的发展，是党的十八大以来党和国家事业大踏步前进的一个缩影，而肇兴侗寨则是贵州多彩民族文化的一个缩影[1]，近年来贵州经济的飞速发展和对外展示的良好形象也为此次成功举办春晚的重要前提。同年 7 月 16 日，贵州省第十三届旅游产业发展大会在黔东南州从江县銮里召开，会上指出：黔东南州全年接待旅游总人数 10807.59 万人次，比上年增长 15.6%，其中接待国内旅游者 10802.95 万人次，增长 15.6%；入境游客 4.64 万人次，增长 11.1%，其中，外国人 2.02 万人次，港、澳、台同胞 2.62 万人次。旅游总

---

① 李思瑾：《春晚肇兴 7 分钟：打开世界记住贵州的窗口》，《当代贵州》2018 年第 8 期，第 30～31 页。

收入 937.23 亿元，增长 20.5%。2018 年，由于肇兴春晚分会场的带动，房租收入就从 1 万元直接涨到 9 万元甚至 10 多万元。

一方面，春晚以后，黎平被贴上了"最让人向往的旅行地""最美侗寨""最美侗族大歌之乡""最美鼓楼之乡"等赞许的标签。据统计，春节期间黔东南州累计接待游客 243.75 万人次，同比增长 35.12%，旅游总收入 11.34 亿元。以肇兴景区为例，春节期间游客为 12.8 万人次，比去年同期增长 3 倍多。春晚结束仅一个月内，肇兴侗寨就接待游客 32 万人次，同比增长 58.6%。另一方面，从第五届旅发大会开始，在推进举办地城市建设上，取得了显著提速效果；第七届旅发大会以来，更加注重带动全区域发展；"形成了保护一方山水、传承一方文化、促进一方经济、造福一方百姓、推动一方发展"的综合效应，成为促进全省经济社会全面发展的重要平台。[1] 加上 2018 年厦蓉高速的贯通，与贵广高速铁路、黎平机场初步形成了连接贵州周边省份、我国东部、南部以及东南部游客市场的交通网络格局，为输送更多游客前往黎平旅游提供了更加便利的条件。在上述因素影响下，2019 年，黎平的旅游人数和旅游收入都达到了历史新高，作为肇兴景区的一个重要分支，堂安村的旅游也达到了历史最好水平。

> 据观景梯田客栈老板回忆，2018 年春节晚会刚好在我们这里做分会场，那时候游客多，我开车拉客，开了 20 多天，挣了 3 万多元，那时候我们才有三四个客栈。想到他们搞客栈，可能赚到点钱，所以我就贷款来搞了一个客栈。我是开自己的私家车去接客人嘛，把他们从肇兴拉到堂安又送下去又或者其他各个景点，我全部都走过。就像人家喊那种滴滴私家车，带他们去到处玩。[2]

根据黎平县人民政府公布的数据（如表 7-1 所示），2016 年黎平县旅

---

① 中国社会科学院"贵州新型城镇化研究"课题组，"贵州省新型城镇化研究"，中国社会科学院与贵州省人民政府院省合作重大课题成果，2021 年 7 月 17 日。

② 2021 年 4 月 27 日，曾芸访谈观景梯田客栈老板娘 LBSh，加 h 区别于山水客栈老板娘 LBS，下同。

游人数首次突破 300 万人次，达到 328.22 万人，而旅游收入也首次迈入 20
亿元的行列。不断增长的态势一直持续到 2019 年，游客及收入分别达到了
580 万人次和 49.84 亿元的历史最佳成绩，是 2005 年 39.16 万人次的 14.8
倍，是 2005 年 0.74 亿元的 67.4 倍。受到新冠肺炎疫情的影响，上升势头
发生转折，但总量上依然比 2018 年的 535.27 万人次和 42.9 亿元要高。总体
上，2005～2020 年黎平的游客人数和旅游收入一直在同向增长。在旅游人数
方面，2005～2012 年处于缓慢上升阶段，2012～2016 年开始提速，2016～
2019 年增速进一步提升，并且在 2019 年达到顶峰，2020 年受新冠肺炎疫情
影响开始回落。旅游收入的变化也呈现出缓慢增长期、提速增长期和快速增
长期，收入随游客人数的下降而下降。

表 7-1　黎平县 2005～2020 年旅游发展情况

年份	旅游人数（万人次）	旅游收入（亿元）
2005	39.16	0.74
2006	48.12	0.88
2007	73.50	1.46
2008	85.00	1.69
2009	93.87	1.99
2010	90.00	1.98
2011	128.39	7.33
2012	128.00	7.94
2013	169.60	10.85
2014	213.86	13.48
2015	263.30	16.70
2016	328.22	24.63
2017	445.56	33.77
2018	535.27	42.90
2019	580.00	49.84
2020	562.85	47.84

数据来源：黎平县人民政府提供。

黎平县旅游快速发展的背后实际与出台的政策有关，2014～2018 年，黎

平县主要通过打造包括堂安在内的侗族文化旅游区，提出规划堂安村的五个关注点，从打造生活垃圾与生活污水治理示范点工程、实施打造"百里侗寨"精品旅游线路的五大工程、打造侗族文化主题式的山地体验旅游线路、打造旅游服务标准化试点、打造百里侗寨侗族文化国际旅游体验区的基础设施建设和旅游业态、发展全域旅游等方面，对堂安村的生活设施、旅游基础设施包括标识系统建设、旅游业态开发，对侗族文化开发和保护进行了前期充分的准备工作。2018～2020年，黎平县的政策开始倾向于旅游扶贫、传统村落保护、扶持精品民宿建设、公路旅游标识牌设置、景区改革、创建 A 级旅游景区群等方面。

（二）旅游资本与堂安传统权威的博弈

2014～2019年，在政府的强势支持下，黎平县、肇兴镇景区的游客市场逐年向好，在此大环境下，肇兴镇下辖堂安侗寨同样迎来旅游发展的黄金时期。根据调研统计，2015年之前，整个堂安侗寨只有三家客栈，均为本地人开设，而到了2021年，服务于游客的餐饮、住宿的营业场所增至16家，此外还有经营小卖部、土特产品、手工艺产品的商店8家，其中由外村人经营的有3家，在本村人开设的商业场所中，大部分为堂安返乡创业的村民所经营，如表7-2所示，这些主要服务于旅游市场的商业场所的兴起，一定程度上反映了肇兴景区带动下堂安旅游市场的稳步发展。

表7-2　堂安商业经营场所

序号	经营场所	主营业务	是否为本村人经营
1	黎平县肇兴镇堂安新客栈	食宿	是
2	黎平肇兴梳心牛角店（美人醉酒访）	手工艺品	否
3	黎平县龙秋小卖部	副食	是
4	黎平县新月客栈	食宿	是
5	黎平县肇兴镇堂安村同福客栈餐饮店	食宿	是
6	黎平县肇兴镇焕群小吃店（柴火客栈）	食宿	是
7	黎平县堂安百草土特产店	土特产品	是
8	黎平县如意客栈	食宿	是

续表

序号	经营场所	主营业务	是否为本村人经营
9	黎平县隆福客栈	食宿	是
10	黎平县潮黔伊家客栈	食宿	是
11	黎平县堂安梯田观景客栈	食宿	是
12	黎平县堂安潮黔蜡染工艺坊	手工艺品	是
13	黎平县同福观景客栈	食宿	是
14	黎平县肇兴镇进花百货店	副食	是
15	黎平县肇兴镇欣豪一号栈	食宿	是
16	黎平县肇兴镇醉酒客栈	食宿	是
17	黎平县堂安酒坊	酒	是
18	黎平县肇兴镇堂安山水客栈	食宿	是
19	黎平县肇兴镇张红梅服饰店	服饰	是
20	黎平县肇兴镇阿郎百草苗药店	土特产品	是
21	黎平县堂安侗家味餐馆	食宿	是
22	黎平县遇黔客栈	食宿	是
23	66 居堂安小院	食宿	否
24	星石屋	食宿	否

　　肇兴景区的辐射确实带动了堂安游客市场的增长，但是堂安并未与之融合一体，而是在旅游发展中保持了自身品牌的独立性。肇兴旅游发展有限责任公司投资运营的"八寨一山"的肇兴景区，是在县政府支持下、由肇兴镇下辖村寨以村庄资源入股的方式形成，各村寨与肇兴景区捆绑成了利益共同体，能够分享肇兴景区发展的红利，但同时也丧失了旅游发展的独立性，而堂安村民在当时召开的鼓楼大会中明确决议的内容是：不以村庄资产如生态博物馆、梯田、鼓楼等入股肇兴旅游发展有限责任公司，这个决策显然是把双刃剑。

　　就旅游市场的开发而言，鼓楼是侗族文化的象征物，作为旅游开发方自然要将其作为旅游吸引物进行重点打造，然而，堂安村民认为，鼓楼是老祖宗的东西，只有村民自己才具有话语权和使用权，对这个问题，寨老 PZC、田园客栈老板 LAJ 和村主任 LZG 发表了不同观点，但总体还是坚持反对鼓楼入股肇兴景区：

村主任 LZG 从旅游奖励金的角度看待鼓楼入股的问题，他认为在入股以后，鼓楼的使用权依然是以村民为主的，而且入股的话，能得到的分红更多，这笔钱对村庄的发展还是有一定作用的，坚持鼓楼不入股的人是思想还没转变过来，那时候是思想没有转变过来，如果现在的话，都同意。因为现在分的景区的奖励金比较少。肇兴那边分得比较多，然后问他们，为什么我们分得这么少，只说按照2%，具体是按照利润的2%还是总收入的2%，可能是利润的2%，如果是按照收入分红的话，就多一些，肇兴分的比我们多出一倍。他们就是拿鼓楼等公共场所去入股到景区公司，然后村民需要使用，就村民优先用，只是说景区需要一些公共场所来做宣传和表演。①

PZC：当时有旅游公司来这边和我们谈，想租我们鼓楼和戏台，我们寨老们都不同意，你出租出去了，你收人家的钱，你就得听人家管。人家说你不准进去就不准进，假如有老人过世，公司那边说我今天有客人来，你们不允许在鼓楼下面搞这样那样的活动。而老人家去世刚好那一天怎么办，这个鼓楼也是我们大家一起辛辛苦苦建起来的，那么如果是这样子的话，就不能给人家。但肇兴的村民同意了，他们拿几座鼓楼入股那家公司的。②

LAJ：肇兴想租我们鼓楼还有戏台，并入他们的景区资产，我们就不愿意，老一辈那些寨老，都不愿意，鼓楼一旦租出去，相当于说你整个寨子的一个权利就在别人的掌握之中，就不愿意这样去做。未来还有公司进来，最起码要以我们的为主，不是说是他们想怎么打造就怎么打造，比如说，他今天有团队来的话什么都好，有客人来这里玩，来体验生活的话，就是通过我们的村干部或者通过某一些人，来找我或是找其

---

① 2021 年 4 月 28 日，孙兆霞、徐磊访谈 LZG。
② 2021 年 4 月 28 日，曾芸访谈 PZC。

他人，我去带动一些人来参与，大家才都有得赚。①

村主任 LZG 认为，把鼓楼入股到肇兴景区可以为堂安增加收入，以前不同意入股是思想没有转变过来，入股以后，村民还是可以优先使用鼓楼的，但 PZC 和 LAJ 都坚持不入股，反映出三代人对鼓楼传统文化的坚守和维护，鼓楼凝结了侗族人民的精神和文化，它的价值无法用市场的逻辑来评估，如果入股给肇兴景区，不仅意味着鼓楼这一公共空间的私有化，更意味着堂安村民发展主动权的丧失，以后堂安村民的议事、生老病死、文化活动需要使用鼓楼，都会受到影响，长此以往，堂安社会的地方性都会逐渐丧失。

同样还存在梯田入股的情况。梯田的生态符号构成了当地特有的社会记忆，特别是借由形象的地名所表征和传承的地方经验。梯田知识很像是一种大量存乎日常生活场景、从凝视风景就会"触景生情"的潜藏情感，成为维系社会组织与文化价值的重要精神资产。当堂安梯田被当成单纯的自然资源来加以评估、开发与利用的时候，蕴藏于地景之中的生态知识与社会记忆，也就在不知不觉之中流失殆尽了。②

堂安没有入股肇兴景区从而不能参与分红，但在空间位置上依然构成了景区的旅游吸引物，如此便面临着肇兴景区门票收益分配的矛盾张力。肇兴侗寨景区经过政府主导的二次开发后，于 2014 年 1 月向外收取门票，堂安村被景区纳入参观点之一后也需要门票，换言之，只有购买肇兴景区的门票，才能进入堂安。目前肇兴侗寨景区给堂安的承诺是可以分得门票年利润的 2%，但是肇兴景区的实际利润是多少，堂安无从考证。

LAJ：我们这边和肇兴景区发展旅游的矛盾不算太大，但也有分歧。比如说上面来的项目，本来是投到我们这里来的，然后下来的时候那钱

---

① 2021 年 4 月 27 日，曾芸访谈 LAJ。
② 公民生态学研究团队：《兰屿地景人类学》，http://www.beha.tcu.edu.tw/lanyu，最后访问日期：2009 年 4 月 23 日。

不到这里，糊里糊涂地就被肇兴拉去搞项目了。主要的矛盾就在于他们下面那些有分红的鼓楼、戏台，等于是投资到他们公司名下去了，我们这里等于就给点旅游奖励金。然后他们说门票是我们能提2%，但是一年下来只有一点点，我们也没办法去查。①

　　YWS：关于门票的分配，是按堂安现有的人口来划分的。嫁出去的，如果已经订婚了，都还算在娘家，结婚了就没有；嫁进来的，只要喝了结婚酒也有。假设嫁出去又离婚了，回老妈家就没有。两口子在外边打工生了孩子，孩子有。上门女婿把户口迁进来的也有。这一套办法是5个组的13个寨老加上6个村干部开过会以后，再到鼓楼去开群众会，问大家是否接受这个方案得来的，像我们当支书，不可能每个人讲什么就是什么，没有这回事。当时所有的群众都得来，每家都出人，要是不去的，到时候看到不满意的也不能反对。②

在此情况下，矛盾冲突就会凸显，现在从肇兴景区去堂安，不仅要购买门票，还要在限制定的时间内，分为早中午三个时间段，不论是村民还是游客，都只能在这个时间段进出大家对此褒贬不一。

村主任LZG可以理解景区的做法，他认为游客在堂安消费的多少与上来的时间并没有直接关系："肇兴景区方面设门票，不能进车，我个人觉得不是说景区故意的，是客观条件不允许，它是考虑整个景区的，它不可能只考虑堂安一小众人，从整个大景区环境来考虑的话，如果车子车辆全部放行，像以前的那种大网络通车的话，景区就没意义了，也就不成为景区，然后如果真正的放车上来的话，像堂安这么小的地方，它也无法容纳那么多车辆，车子一开到这里，他不一定就到这里来消费或者住宿什么的。"③

LBS认为限制游客上来的时间导致堂安的游客量大幅减少："这几年肇兴景区对我们比较大的影响就是不让外地的车上来，只能把车停在停车场，

---

　① 2021年4月27日，曾芸访谈LAJ。

　② 2021年4月27日，曾芸访谈YWS。

　③ 2021年4月26日，徐磊访谈LZG。

然后你自己搭车上来。现在自己开车的外地游客都不上来，直接就住在肇兴了，也没有另外一条路给他们上来。是去年还是前年开始的，而且我们本地人开车还要限时间，我们的车是说早上 8 点到 9 点可以过去，中午 11 点才可以过，晚上又是 7 点还是到几点了，就是说限时间给我们过的。他就从那边把客人堵在那里了，所以把客人都留在下面了，这对我们影响很大。"①

　　LMC 认为肇兴景区设置上堂安的门票会导致游客减少，还认为堂安本身就是一个与肇兴景区相区别的景点，堂安有的梯田、生态博物馆，肇兴景区都没有，所以不该设置上来的门票，他说："肇兴景区设置门票，对堂安肯定有影响，比如一些客人定了我的房间，按导航过来的，就必须经过肇兴侗寨买了门票才能进来。肇兴搞这个门票对我们影响还是很大的，要是肇兴没有这样搞，我们上面（堂安）的生意可能比肇兴景区那更好，他那里（肇兴）没什么看的，就是山沟沟里面，都是商业街，都是开饭店的。我们这里还能够看到梯田是不是？不管肇兴景区分不分我们旅游奖励金，我们这里也是一个景点，客人都会上来玩的。反正政府拦住的，其实肇兴老百姓也是有意见，他们需要什么工程车之类的也不让过，他们自己也没办法。"②

（三）肇兴景区与堂安的联结与再割裂

　　在这样的情况下，作为肇兴镇下辖村寨的堂安，与其他周边村寨如厦格等，在旅游发展道路的选择上，就有了极大的不同。堂安并没有以村寨资源入股景区，从而不能参与肇兴景区的分红，这使得堂安的旅游发展保持了独立性，但同时也举步维艰。对于堂安来说，其旅游开发失去了外援性资源，既没有政府扶持，也没有其他公司进入堂安开发旅游，从而陷入十分尴尬的处境，堂安客观上依然是景区游客游览的目的地，游客只有购买了肇兴景区的门票，才能进入堂安，景区的门票成了堂安旅游的门槛，实质上堂安构成了肇兴旅游吸引物的组成部分，但却不能参与景区公司的年终分红，而另一方面，肇兴景区旅游发展的火爆，也确实给堂安带来了大量游客，即使这些游客来到堂安，并不能增加堂安的村集体收入和村民收入，堂安的消费、娱

---

① 2021 年 4 月 25 日，孙兆霞访谈 LBS。
② 2021 年 4 月 26 日，孙兆霞访谈 LMC。

乐业的不成熟留不住路过的游客,然而客观上也确实比以往好了许多。

考虑到堂安所处的这种境况,为了缓和潜在的利益矛盾,肇兴景区设立了旅游奖励金的款项,在各入股村寨获得年底分红的基础上,每年再按照整个景区的旅游收益,按照各村人口分配旅游奖励金。堂安作为景区实质的旅游目的地,也获得了该项奖励金的扶持。2018年,堂安获得旅游奖励金36.2万元,包括2016、2017年两个年度的奖励金结算。2019年发2018年度奖励金15万元,2020年还未曾结算。这是堂安村历年来最大笔的村集体收入,堂安以这些款项,改善了旅游的基础设施,同时举办了村寨联谊活动,使得村庄的内部凝聚有了经济基础。

> LZG:关于旅游奖励金,目前肇兴景区只在2018年一年给我们分了36.2万元,分的是2016、2017年的。应该是按照景区利润的2%,这个比例是他们来定的,因为当时要我们村一起入股,我们没有同意,所以这个钱得的比较少。现在2%是叫旅游奖励金,不是分红。如果是分红,是有一定入股,当时的话,他们要我们拿一些集体的公共场所去入股景区,比如说戏台、鼓楼、花桥,然后就分红。据说,当时一些老观念还扭转不过来,以为发展旅游、入股就是拿着祖宗的东西卖给人家。所以有这种观念就没有同意。但其实借给景区并没有太大影响,村民需要用的,景区公司肯定不能干涉。只有当村民不用的情况下,景区公司才可以使用。2020年应该分2018、2019年的奖励金。这一笔钱我们想用它来做一个食堂。这个是通过在鼓楼大会的群众投票得出的意见,当时全村只有5户不同意。打算就在村委会建,一二楼做食堂,三楼办公。①

2019年,肇兴镇政府为了进一步扶持堂安的村集体经济,使村庄能够分享肇兴旅游发展的红利,为堂安专门拨了两台旅游车,专营肇兴镇到堂安村的旅游线路,由堂安以村委会的名义向景区公司租借,所获收入则归堂安

---

① 2021年4月28日,徐磊访谈LZG。

村集体所有。据堂安村委会主任 LZG 介绍，当时村里面非常重视这个事情，这是村里面增加收入的主要形式之一，在得到镇政府领导的肯定之后，村里面便召开了多次会议，商议这件事情的落实事宜。

　　当时政府给了这个政策，村里面也很想做，但是没有经验，刚开始呢，就是决定把这两台车招标，承包给村民来运营，这个方案汇报给镇委书记之后，书记不同意，认为村委会应该担起责任来，要让村委会来管，让全体村民共享收益。村委会就两三个人，压力很大，这个事情如何能做好呢？最后，村支书很有经验，他讲堂安村 6 个小组，就有 6 个小组长，然后村里同一个爷爷的爷爷算一房，那么村里算下来就有 13 房，每房推选一个房主，就是 13 个房主，加上村委会的三个人，那么这两台车就是这批人来共同管理了。组里协调组里的事情、房主协调各房的事宜，那整个利益分配就理顺了，各方面的关系都能照顾到。当然，小组长和房主要运营车子，我们得在收益中开工资，工资太高，人人都争着要做；不给工资，谁都不愿意做，最后我们按照市场上一天的工钱 100 元，打个对折定了 50 元一天的工钱，然后大家来做，就是给村里做贡献，村里就是象征性的补贴，大家也就都服气了。①

　　LZG 这一届是 2017 年上任的，由于做成了这两件事情，村民们比较满意，在村里权威就比往届更高了些，在村里推动事情就容易得多，同时也理顺了堂安与肇兴景区之间的关系，堂安既保持了旅游主体的独立性，同时也能分享肇兴景区带来的旅游收益，在这方面也可以说是各得其所。两台车从 2019 年 5 月开始运营，可惜好景不长，LZG 讲道："四五个月之后，镇里的领导、景区的领导都换了，然后景区公司就要我们把车退回去，我们当时签了暂借的协议，车子产权属于景区，确实有理由让我们退回去，但是我们落实这个事情，整个村子的管理班子都动起来了，现在突然退回去，赚不了钱是小事情，怎么向成立的管班会交代，又怎么向村里交代？我们村委会就不

---

　　① 2021 年 4 月 27 日，徐磊访谈 LZG。

同意退车，事情也没告诉管班会，我们自己把责任扛起来，景区公司把两台车的司机撤走，我们没敢告诉村民车子要收回去，我们只说景区公司司机另有安排，需要村里自己请司机。我们就这样继续运营两台车，出了风险我们村委会自己承担，持续了五六个月，直到新冠肺炎疫情突袭而至才停运。一年多时间，我们收益11万元，但是这笔钱我们也不敢动，后续如果不再经营两台旅游车，那整个管班会，6个组长和13个房主就散伙了，这对村庄治理不好，我们至今没有动这笔钱，就这么放着。"①

二 堂安旅游市场中的村民自觉

肇兴千户侗寨旅游品牌所创造的巨大市场，也促使堂安村民思考其中可能带来的经济收益，过去扎根于土地的农耕思维开始向市场思维转变。

(一) 堂安村民的客栈营生

在堂安较早进入旅游市场的是同福客栈的经营者——原村支部书记老吴。吴书记父亲户口本上的成分为贫农，家里兄妹五人，过去整个家庭并不充裕。他小学毕业，曾外出黎平县城，在工厂做过鞋子，二十多岁回村结婚，便再没出过村子，现育有一儿一女。1997年，吴入了党，先后在村里做文书、当民兵连长，任村里的支书，2011年换届便退下来，吴书记任职的这十几年基本上也是堂安变化最快的时段。

2009年，贵阳到肇兴的高速开通，堂安的客源地市场也随之扩大，不仅是世纪风华公司看好侗寨旅游的前景，村里人实际上对堂安的旅游也是有期待的。他们不懂具体的商业经营，只是看到游客进了堂安，没有地方吃饭，没有地方住宿，便自然想到了要经营游客的食宿服务。吴书记考虑到了这些，便在2010年开始修建客栈，客栈房子就选址建在了堂安的主街道旁，离村口不远，当时为了不影响整个村庄的风貌，主要是用木头建的，只在二层用了石砖，整个房子的风格与村庄风貌保持一致，房子所用木头皆出自自家的两百余亩林地。按照吴书记的估算，整个房子用了70多根木头，按照当时的价格800元一根计算，得值5.6万元，加上砖头、人工的成本，他估

---

① 2021年4月27日，徐磊访谈LZG。

算修建这个客栈花了 20 多万元。同福客栈三层楼，底层经营餐饮，做简单的农家菜，二三层是客房，共 8 间，其中双人床房间 4 间，均没有卫生间和淋浴设施，游客来了，就是提供简单的食宿，实际上，客栈也是吴书记家的自住房，对于如何经营客栈，当时其实是不清楚的，游客来与不来，客栈均在此处，原来也没有把客栈收入作为全家主要的生计来源。

　　同福客栈斜对角的山水客栈老板娘 LBS 也讲述了她经营客栈的原因，她叙述说："家里姊妹四人，全都下不了田，只有父亲一个人种田，土地也不多，家里生活比较困难，我 14 岁就外出打工，17 岁出嫁，18 岁就有了儿子，当时我不想那么早嫁人，但是长辈总是催我，也是没有办法。儿子大点之后，就交给公婆，老公和我就外出打工赚钱，前后七八年，中间生了女儿。这几年期间，靠打工节省的钱，以及卖了家里的牛、猪以及老人的存钱，陆陆续续把住的房子建好了，估计得花了 20 余万元，地下室不好建，工钱就花了七八万，木头的钱也是买的，五六百元一根，也在 10 万元左右，加上装修，就差不多这样子。2015 年左右，我母亲病重，打工攒的最后 1 万元现钱，就全用在母亲治病上，没有任何积蓄了，然而我就得留下来照顾母亲，没办法外出打工，就只有老公一个人在外面打工了。那么，我在家里照顾母亲，又没法下地干活，不能干坐着，总得做点事情，这才想着开客栈，看看有没有客人，如果有客人就不用出去打工了，就可以在家里照顾老人和小孩。"①

　　山水客栈就是在自家住房基础上改建的，一层是餐饮，二三层是客房，有 6 间 10 张床，也只是简单的食宿功能。LBS 讲道："客栈经营的第一年，什么都不懂，生意并不好，是需要桌子去买桌子，需要床才去买床，都是临时有了需要，才会去想到做这些，那么，我自己一个人在家，亲戚帮帮忙，一两桌客人还能忙过来，但如果是假期，十一假期，客人来得多，但亲戚都得去忙收割，那店里就没办法接待这些客人，不是旺季的时候，客人就更少，自己家生意也不好。在这种情况下，那公婆就当然希望我还是出去打工，打工挣的钱多，不然自己在家里还是多一张嘴，又不能下地，但是没办

---

① 2015 年 1 月 12 日，孙兆霞访谈 LBS。

法，我出不去，就只能坚持做客栈的生意了，就勉强赚点生活费。"①

开设客栈，对于村民来说，确实是在种养殖、打工之外的一个生计选择，而这个选择也只是在原来家务劳作基础上的延伸。游客来了，就像家里来了客人一样，应该怎么招待，就怎么招待，W 书记、LBS 招待游客的菜品，也是自家常做的、觉得好吃的菜去招待，都是家里养的、地里种的，住的房间，打扫得干干净净，即使家里来了客人，也便是同样如此的招待，LBS 讲道："我收游客多少钱，我就凭心来做多少事情，我做得不好，给多了我就不好意思收，我用我的心来服务他们就可以了。侗族人招待客人都是很热情的。"②

2017 年肇兴景区游客开始激增，每个周末景区接待的游客都在 3000 人左右，进入肇兴的游客增加也使得堂安的旅游发展进入快车道，在这种情况下，外出打工的年轻人也开始返乡，一种面向市场的客栈经营方式滋长起来，客栈从生计补充开始向生计的主要来源转变。

同福客栈最大的变化是，客栈老板退了下来，儿子接了班，客房实现了标准化，客人来源也从被动等待转变为主动出击，积极开发了团队游客的客源市场。客栈老板的儿子 LMC 讲道："我一直在外面打工，并在外面取了媳妇，跟媳妇在广西那边定居了，现在儿子也还在桂林上学，那边教育更好一些。后来我们离婚了，堂安也开始发展旅游，状况比以前好多了，我就回到家里经营起了客栈。原来的客栈是三层，太矮看不到梯田，我加高了一层，又把所有的房间标准化，有卫生间、有淋浴设施，餐饮和住宿都标准化了。我们把房间价格和菜品价格给旅行社，也会有散客从网上预订过来，游客也有比较，同样是吃鸡，肇兴那里的价格是 78 元，我们这里只要 48 元，便宜很多，旅行社和游客就愿意来。然后我们还与广西那边的朋友合作，搞直播带货，卖堂安的土特产如腊肉、糯米和香菇这些。2018、2019 年的黄金时段，客房都是订满的，人很多，这两年至少都在 10 万元以上的收入，比在

---

① 2015 年 1 月 12 日，孙兆霞访谈 LBS。
② 2015 年 1 月 12 日，孙兆霞访谈 LBS。

外面打工 3000 元 1 个月好。"①

山水客栈的经营也有了变化，老板 LHL 称他的经营是有一套东西的。刚开始老板娘 LBS 管理的时候，只是简单的食宿，但看到堂安旅游发展的潜力之后，她丈夫 LHL 便不再外出打工，开始主管整个客栈的经营。LHL 老板也同样主动开拓游客的市场来源，最初是在美团、携程等平台上发布客栈信息来吸引游客，但随之发现，这些平台过来的游客，消费能力有限，同时他觉得素质比较低，把客房搞得很脏乱，不太好服务，也由此客人与游客便有了明确的区分，客人来了是人情，游客来了是生意，两者不再混同。

然后，LHL 开始做小红书，在小红书上推广堂安的视频和摄影，以此来吸引较为高端的摄影爱好者，并为他们量身规划整个堂安和肇兴侗寨旅行的线路，以此走出了自己独特的经营路线。LHL 微信的视频号上写道："山水客栈、山水木屋位于堂安侗寨的中心位置，风景秀美的堂安梯田，观景房落地窗，白天可远看梯田，夜晚可仰望星月。晴天，落地窗处可观数里之外，太阳下山可观晚霞、日落；雨后，窗前云雾飘荡，若隐若现，犹如仙境。"在 LHL 看来，只要客人看到了他的小红书或者视频号后联系他，他总是有办法让想来的游客更想来，春夏秋冬、晴天雨后，都是堂安最美风景之所在，摄影所需取的美景无时无刻无处不在，只是你是否善于发现而已，而他则是游客发现这些美景的带领者。

在做了游客市场的区分之后，他的客房定价就有了不同，不同的价位，提供的服务也不一样。在这种市场细分中，他把客栈的餐饮、住宿和景区导游打包为一体，客房的价格便不再只是住宿的价格，而是围绕客房而展开的系列服务的价格。山水客栈如今的客房都是标准的，24 小时热水，空调、网络、电视等设施齐备。在这样的情况下，餐饮和后续服务就是拉开价格的关键，同样是吃鸡，本地鸡和市场上买的鸡，价格就不一样，同样的，住宿 2 天及以上的，山水客栈就会负责接送，还会告知游客不去购买肇兴景区门票而进入堂安的方式，同时如果需要陆老板带着游览的，那价格就会包含在房价中，或者单独结算导游的价格。而对于其中的常客，尤其是高端的摄影

①　2021 年 4 月 26 日，孙兆霞访谈 LMC。

爱好者，LHL 也通过贴心服务，逐渐把游客发展成了客人，在堂安的摄影、视频爱好者圈子中建立起了客栈口碑。

（二）互联网经营带来的新发展

伴随互联网和智能手机的普及，游客热衷于在网络平台订房，搜索攻略，针对这一市场需求，堂安村的客栈老板们不再局限于老一辈的熟人推荐和等客上门，早已各自在多个 App 进行客房和景观推广营销（见表 7-3）。

1. 渠道多样化

表 7-3　堂安返乡创业者客栈的互联网营销情况

名称	开业年份	房间数量（间）	携程	美团	去哪儿	艺龙	同程	飞猪	爱彼迎	马蜂窝	抖音	拍摄内容
同福客栈	2013	10	有	有	有	有	有	无	有	有	是	个人生活
山水客栈	2014	10	有	有	有	有	有	有	有	有	是	堂安风景，客房装饰
欣豪一号客栈	2015	6	有	有	有	有	有	无	有	无	无	
田园客栈	2016	2	有	无	无	无	无	无	有	无	无	
堂安侗味苑	2016	6	有	有	有	有	有	无	有	有	是	美食，个人生活，梯田风景
醉酒客栈	2018	8	有	有	有	有	有	无	有	有	无	
如意客栈	2019	3	有	无	有	有	无	无	有	无	是	房屋装饰，个人生活
梯田观景客栈	2019	4	有	有	无	无	无	无	有	无	是	梯田风光，农家菜，侗族民俗
隆福客栈	2019	5	有	有	有	有	有	无	有	有	无	
潮黔伊家客栈	2019	7	无	无	有	有	有	无	有	无	无	
观景梯田客栈	2019	8	有	有	有	有	有	无	有	无	是	梯田风光，民俗活动

续表

名称	开业年份	房间数量（间）	携程	美团	去哪儿	艺龙	同程	飞猪	爱彼迎	马蜂窝	抖音	拍摄内容
新月客栈	2020	6	有	有	有	有	有	无	无	无	无	
遇黔客栈	2020	8	无	无	无	无	无	无	有	无	无	

数据来源：五次实地调研访谈录音、堂安村委会数据及各大旅游 App 和网站。

从不同平台来看：13 家客栈中，携程是客栈老板们选择最多的一个平台，只有 2 家客栈没有在上面销售；美团有 9 家使用；去哪儿有 10 家使用；艺龙有 9 家使用；同程有 9 家使用；飞猪有 5 家使用；爱彼迎有 5 家使用；马蜂窝有 6 家使用；抖音有 6 家使用。

从不同客栈来看：9 个旅游平台中，同福客栈使用了 8 个，但抖音没有用来宣传；山水客栈每一个平台都有使用；欣豪一号栈使用了 7 个平台；田园客栈使用了 1 个平台；堂安侗味苑使用了 8 个平台；醉酒客栈使用了 8 个平台；如意客栈使用了 5 个平台；梯田观景客栈使用了 3 个平台；隆福客栈使用了 7 个平台；潮黔伊家客栈使用了 1 个平台；观景梯田客栈使用了 7 个平台；新月客栈使用了 5 个平台；遇黔客栈使用了 1 个平台。

因此，表格所列的平台中，携程是堂安客栈信息最全面的平台，其次是去哪儿、美团、艺龙和同程；在 13 家客栈中，山水客栈是网络营销渠道最多元的客栈，其次是同福客栈、堂安侗味苑和醉酒客栈。

2. 堂安旅游的推广

山水客栈是堂安最早开设的客栈之一。在客栈的经营方面，老板在小红书发堂安的摄影照片，以此吸引较为高端的摄影爱好者，并为他们量身规划整个堂安旅行的线路，从此走出了自己独特的经营方式。

通过分析客栈老板的朋友圈会发现，这里已经演变为一个十足的营销空间。内容以梯田风景、侗族民俗、客栈菜式、游客体验活动为主，其中观景梯田客栈老板 LBSh 几乎是堂安村的"宣传委员"，每天至少 1 条朋友圈，不论是自己拍摄制作的，还是他人拍摄制作的，以及与有关肇兴侗寨景区的活动他都会及时转发，可谁知道这些都是他自己摸索从零学起：

269

像电脑我不会玩，那时候真的都不知道。像手机，以前也不会玩的，出去以后才会的，现在用手机，拼音我不会，现在就只会用手写，有时候也用语音的；像玩电脑，我 2003 年、2004 年的时候就玩 QQ 了，那时候我就可以上去玩一下，我会一点点，那时候电脑就打的比别人慢一点。我真的就是读书读得少，那时候真不知道，把书多读一点。我现在不是吹的，我出去见的世面比那些大学生多，像现在那些大学生，我比他们还有经验，而且我字写得好。我在 2003 年、2004 年的时候，客人儿子（大学生）写的字，都没有我漂亮，也没有我会开那个单，我出去这么久，见过世面多，我会开单，那些我懂。虽然有经历，但是我们读书少，还是要多走一些弯路。①

　　山水客栈老板 LHL 在使用网站营销时就走了不少弯路，但现在他家已经成为当地客栈里营销渠道最丰富的客栈。他回忆说："刚开始，携程派了两个人来，就说帮我弄网上的订购服务，我不怎么懂，后来村里有几家客栈开始有网上订单，我们才跟进，我们家接单比较多一点，但是我不会操作，订单进来会忘了，后面其他客人下单，我们如果拒绝了，携程就把我们排到搜索的后面，之后订单就没有那么多了，试了才知道这些情况。今年我们扩建房子，携程又安排客人过来，但我们不方便接待，只能拒绝，然后携程就会罚款，这个我们也是才知道的。"②

（三）百鸟巢：堂安文化的前台呈现

　　2018 年，堂安村民自己组织起来，修建了百鸟巢，堂安由此多了一个以表演侗族大歌为主的侗寨文化展演场所，并在堂安村庄的旅游导览图上以非常醒目的标识提醒游客注意这个景观，体现出堂安村民对这个本是商业娱乐场所的重视。

　　对于百鸟巢的初衷，发起人 LYG 给我们讲述道："我在堂安组建了一个表演侗族大歌的歌队，有二十个人左右，我们都是对演唱有兴趣的，过去我

---

① 2021 年 4 月 27 日，曾芸访谈 LBSh。
② 2015 年 1 月 12 日，孙兆霞、徐磊访谈 LHL。

们歌队与别的公司合作，到处去表演，去过广西、湖南、陕西、贵阳等地，我们这个歌队，唱法比较原生态，人家比较喜欢，一两年我们就会出去表演一次。后来，堂安旅游起来了，我们堂安是个旅游村，我想来想去，我们不如自己建一个表演场，堂安有吃的、住的，但还没有娱乐的，那我们就是一个机会。我们歌队 19 户，那就是 19 个人，大家开会，有没有兴趣搞，大家一起商量，商量好了，到时候不管有没有收益，大家就一起承担结果，结果就一致决定搞这个表演场，反正就是大家都有爱好，就是有热情来做这个事情。"①

要建设这个表演场，首先需要有地。按照正常程序，需要首先向政府申请获得用地审批，但是这个程序不好走。LYG 认为，整个程序走完就得需要一两年的时间，这样就会错过旅游发展最好的时机。他解释说道："过去我们村庄要建一个集体食堂，建好之后，红白喜事，不管下雨也好，大太阳也好，就有个地方落脚了，然后村里面全票通过，便向镇里面申请，那时候是 2016 年，当时镇里的书记也来我们村开会，说现在搞新农村示范建设，我们请几个专家来设计，该'一砖两木'、还是'两砖一木'，就按他的方案进行建设，以后堂安建设就按他们的标准来建，然而直到现在也都没有结果。"② 在此逻辑下，他觉得可以先建起来，再去走程序，只要整个建设过程不违反规定就行。这个表演场的用地，就在村民之间进行了私下协调，表演场以一年 1000 元的租金，租借了潘某的梯田。在整个建设中，用木头把整个建筑支撑在梯田之上，形成立体的建筑风格，底层依然是梯田，按照这种做法，就不算毁坏粮田，占用农用地，也就不能算是违规建筑，这是 LYG 对土地利用问题的看法。

用地问题解决之后，就是建筑的材料问题。百鸟巢主体结构得采用木头，从而保持侗族建筑和村庄风格的整体性，但是木头的价格很贵，600～800 元一根，这是歌队难以承担的。LYG 再次动用关系，联系了邻近村庄的亲戚，以 4000 元的低价购买了他家林地中的木头，将近 100 根，也是未等相

---

① 2021 年 4 月 26 日，曾芸访谈百鸟巢发起人 LYG。
② 2021 年 4 月 26 日，曾芸访谈百鸟巢发起人 LYG。

关手续办齐，就召集人手去砍运木头回来了。LYG 讲道："那时候我们就号召大家，19 户的人，早上五六点钟起来，女的把米饭蒸上，男的年轻一点，体力好一点就爬到山上去砍，坡陡，其他人就拉出来，再把树捆好。这 100 根不够，我们又联系了别的村庄，前前后后拉了三次，大概 20 多天，其中有的投工投劳，那如果劳工不够，钱不够，就自己从自家林地砍相应的木头充抵过来，我自己家也出了三根木头。我们就是这样解决这些问题的。"①

然后就是施工，百鸟巢的建筑请了邻村的师傅帮忙设计，村里懂木工的也动员起来。LYG 讲道："我们队里也有懂木工的，就投工投劳，人不够我们就请木工，一天 120～150 元的工价，大家都投这笔钱。当时我们是有兴趣，都很积极，家里有什么困难都不管，全部都要去克服，最后我们 19 户，每一户差不多都花了 1.4 万元，这个投入在建设之初也是没想到的。但是建成之后，大家就很高兴。百鸟巢的名字，是我们在贵阳表演认识的朱老师取的。我们在百鸟巢中摆放了一些传统的物件，又请人做了水车，展示水车舂米、碾米的传统工艺，很有意思。当时省政协下来的代理副县长也来看了，觉得我们的做法好，能够带动堂安的旅游，景区管委会也来看了，也没说什么，也是鼓励我们做，村里其他人也很高兴，我们总算是建成了。"②

2018 年五一、国庆的黄金假期，加上暑假这段时间的游客，百鸟巢收益就近 8 万元。只要有游客愿意来看表演，不管几个人，一场演出近 1 个多小时，百鸟巢收演出费为 500 元，如果是入院参观，参观的费用每个人是 5～10 元不等，人多或者团队进来的，价格就低一些，此外，百鸟巢本也提供住宿和餐饮，但目前主要能做的是餐饮接待。而在收益分配方面，收入所得的 10% 用于百鸟巢的运营，其余则在 19 户中按劳分配，比如一场演出 500 元，50 元就提成到百鸟巢，剩下的 450 元，如果是 8 个人参与演出，就由这 8 人平均分配，其余人的收益就从 50 元中出。整个百鸟巢的运营，还是停留在传统的旅游接待方面。侗族文化的呈现，主要就是侗歌和陈列的传统物件。这样的运营方式能够吸引大众游客，而对于深度体验的游客来说就

① 2021 年 4 月 26 日，曾芸访谈百鸟巢发起人 LYG。
② 2021 年 4 月 26 日，曾芸访谈百鸟巢发起人 LYG。

只是停留在表层，然而能够众志成城把这件事情做好，主动去呈现堂安的文化，就是非常难得的事情。

19位百鸟巢村民的详情见表7-4。这19位村民股东中，年龄最小的是37岁，男性10名，女性9名，在5个村民小组中均有分布。除了百鸟巢的管理和演出，这些村民的主要生计是务农，其次为打工，打工地点主要在广东，此外也有经营客栈和木工建造的师傅的各1位，务农并兼职博物馆管理的1位，务农并兼营客栈的1位。2021年，在我们调查的时候，19位村民中，8位都曾有过外出打工的经历，其中5位仍在外务工。在访谈中知道，百鸟巢的这些村民主要时间和精力还是投入到自己的主要生计方式上，只有在旅游的黄金时段，一般是五一、暑假、国庆和春节期间，才会全力投入到百鸟巢的运营上面。

表7-4　百鸟巢19位村民股东详情（2021）

序号	姓名	年龄（岁）	性别	组别	生计来源	职务	是否在村	是否外出打工
1	LYG	55	男	2	务农、客栈	吹芦笙、弹琵琶、侗歌	是	是
2	YWH	43	男	4	打工	唱琵琶歌、侗歌	是	是
3	YWC	53	男	3	务农		是	否
4	PXP	48	男	2	务农		是	否
5	YYW	43	男	1	管理博物馆、务农		是	否
6	LAZ	47	男	1	打工、务农		否	是
7	WHM	47	女	3	务农		是	否
8	KJ的母亲*		女	3	务农		是	否
9	LFY的母亲		女	5	务农		是	否
10	YYX的母亲		女	5	务农		是	否
11	LAX的母亲		女	1	务农		是	否
12	YPW的母亲		女	1	务农	唱侗歌	是	否
13	LZC		男	2	打工		否	是
14	PYQ		女	1	打工		否	是
15	WYN的母亲		女	5	务农		是	否
16	LCA的母亲		女	1	打工		否	是

续表

序号	姓名	年龄（岁）	性别	组别	生计来源	职务	是否在村	是否外出打工
17	LAY	53	男	4	邻省古建维修	百鸟巢建造师傅	否	是
18	LAM	52	男	2	务农		是	否
19	YWY	37	男	3	客栈经营		是	是

注：*由于调研时间相对紧张，相关人物没能联系上，不曾访谈到 KJ 母亲的具体姓名。

百鸟巢如今作为堂安侗族大歌的表演场所，与鼓楼戏台、生态博物馆有着明确的功能区分。在堂安村民看来，鼓楼戏台是庄重的地方，是村里面的公共资产，在鼓楼戏台进行的表演，都是村庄的公共活动，是集体参与的，是村民日常生活和重要仪式的中心场所，而百鸟巢是 19 户村民的资产，在其中上演的侗族大歌等文化节目都是面向游客的，是展演堂安侗族文化的一个商业场所，两者有着明确的区分。而与生态博物馆资料信息中心（或称为陈列馆）的功能相比，在这方面村民的心里是矛盾的，资料信息中心也有对外展示的功能，本来也是对外接待的重要场所，然而这个中心虽在堂安，堂安村民却没有使用和运营的权利，因而如果百鸟巢能够取代这个资料信息中心，游客都到这里来体验堂安的传统与生态魅力，在百鸟巢中去展示堂安传统的、原生的、生态的生活，把民族性和世界性进行有机融合，那么村民就可以主动掌握生态博物馆这张世界名片，从而使堂安的旅游达到更高的阶段，现在的堂安旅游正是缺这样的人才和机会。

案例：新旧"生态"博物馆的更替

1. **准备木材**：修建整个场馆的木材是 19 户人家一起出动，分三批，历经 20 余天砍伐、上车、运输回来的。第一批木材是从龙额运回来的，历时一个多星期，第二批木材是从三河运回来的，也花费了一个多星期，最后一批木材是从锦雄运回来的，只花了三天时间。去之前，大家请建筑师傅做好用料规划和尺寸把握。其间，有人负责在下面砍树，力气大的就上坡砍树，要是有压到高压线的，就先用绳子捆好，再慢慢放倒，大大小小、长短不一的木材就是这样凑齐的。

2. 场地与租金： 场地是租村民 PXP 的农田，租金 1000 元/年，相当于补偿他不能种粮的损失，稻米按照 1 元/斤的价格。之所以选择在农田上修建百鸟巢，是考虑到如果使用其他集体用地获取自己的利益，容易受到他人的非议，加上 PXP 本人作为 19 户股东之一，也非常喜爱歌舞表演，自身有一定的才艺，所以双方协商后很爽快地同意把农田租给百鸟巢，并且确定了十年的租期。

3. 出工分配： 修建百鸟巢期间，除去 LAY 负责整体建筑的规划和设计，每一户要出工 15 天左右，实际情况根据家庭劳动力，经济水平和技术而定。对于时间和劳力足够的家庭，做满 15 天，多出的工由集体额外支付薪资，一天 120～150 元不等；对于抽不出时间的家庭，可以请人把剩下的工时补齐；对于没有劳动力或者技术的家庭来说，全程需要请人来做；对于经济条件困难的家庭，可以提供木材。此外，每天安排的木工人数也不一样，这些都是根据实际灵活调整的。

4. 施工过程： 施工前期需要集体合力打桩，后期就进入建木房的常规流程。由于百鸟巢下面是水田，需要在田里立好地基，首先要把水田的水放干，再把水田里的泥巴推到两边，把混凝土倒在相应的位置，等到硬化以后，就可以在水泥墩上立房了。弧形的构造，狭小的空间为施工增加了难度。

5. 后勤保障： 为了保证集体的吃饭问题，大家是这样协商的，砍树期间，早上 5 点多钟起来把米饭蒸好、菜做好，有糯米饭、咸鸭蛋、腌鱼腌肉，都是侗族人重要时刻吃的食物；建房期间，轮流到每家安排伙食，轮流一遍还没有建完，再轮第二遍。

6. 成本分摊： 资金方面，每户股东耗费一万四千多元，比最初的计划多得多，即便如此，大家还是坚持下来，合力完成了百鸟巢的修建。最后结账的时候，出工少的补给出工多的，没有任何怨言。

7. 打造水车： 以前堂安有 7 个水车，后来由于基础设施的修建拆除了。LYG 在全县考察以后，发现很少看见水车，于是请修建水车的师傅，耗费 1 万多元打造了这一传统农业景观，想让游客感受体验堂安过去水车碾米和舂米的场景。

8. **发展规划**：整个场馆分为侗族人原始生活老物件展示区，侗族民俗文化艺术表演区，长桌宴就餐区，侗族文化生活体验区，侗族民族生活休闲区，徒手抓鱼区等。具体体验内容包括参观老物件、抬花轿、徒手抓稻花鱼、观看民俗表演和学习侗族乐器等。

在修建百鸟巢的过程中，每一个步骤都是村民集体参与的结晶，遇到了很多困难，但大家依然乐此不疲。LYG 介绍道："我们大雨不去，小雨一定去，太阳天也去。当时在公路下边砍树的时候，雨下个不停，我们该砍长的就砍长的，该砍短的就砍短的，全部用绳子一起拉上来。拉上来以后有的人出一身汗，有的人淋雨全身都湿了……到那边从山下把木材拉上来，可能也有 100 多个人，有的说笑，有的累了没有笑，真是哭笑不得。总之，过程中累也是愿意做，大家都有兴趣，累也好，苦也好，甜也好，一样要做出来，就是喜欢这个事情。"①

19 户股东之一 YWY 一边展示当时拍的照片，一边描述当时的情景："你们是没看到，我们当时有说有笑的，那时候不知道什么叫苦，就从坡底到上面，男男女女分工合作，休息的时候有几个年轻妇女在那里跳舞，感觉太开心了，当时还下着雨，我们都是淋雨搞的，还有这张是 LYG，你看他肩膀上弄得脏兮兮的，还面带微笑的样子。"②

目前，百鸟巢的收益很不理想，但是大家从未埋怨过 LYG，好几户股东本身有着几十万元的贷款压力，也从不觉得后悔，反而回忆起来当初齐心协力干活的场景，开心依然溢于言表。平日里就算不接待游客，大家忙完手头的事就会来这里自娱自乐，甚至像 LAY，只要接到电话，立马放下手头承包的建筑工程，哪怕耽误了主业，也不耽误百鸟巢的演出。现如今，游客来到堂安除了寻找生态博物馆，也会主动寻找百鸟巢，一个新的生态博物馆正在兴起。

当前的困境

根据《中华人民共和国土地管理法》第三十六条第二款规定："禁

---

① 2021 年 4 月 26 日，曾芸访谈百鸟巢发起人 LYG。
② 2021 年 4 月 25 日，孙兆霞、曾芸、杜星梅、徐磊访谈 YWY。

止占用耕地建窑、建坟或者擅自在耕地上建房、挖砂、采石、采矿、取土等。"从法律角度看，百鸟巢属于违章建筑，虽然到今天还没有拆除，但是因为没有经营许可证而使运营变得举步维艰，现在主要的收益来源仅靠股东的女儿 YYX 介绍过来的零星旅游团，每场演出 500 元，除去 10% 的场馆维修费，分到每个人头上就是微乎其微。

原本对百鸟巢信心满满的 LYG 谈到这个问题，也一筹莫展："到现在还没成功，我怕人家怪我，是我带动他们搞，现在搞不成，也没什么收入，没什么效果，虽然他们什么也没说，可我心里不怎么踏实，很忐忑，对不起他们。我们人多，19 个人，想法是不一样的，客人是有，天天去表演，但是效益低。本来我们演出一场 500 块钱到 600 块钱，这 10 多个人，有的去干活了，有的没去干活，有时候 8、10、12 个人能来，我们去换衣服，化妆什么的加表演节目就要花 3 个小时，500 块钱到 600 块钱，百鸟巢的维修费用提 10%，只有 450 了，最后到一个人头上才 30 多块钱。我以为我们把特色做出来，吸引游客，就会有收入进来，其他地方是没有我们这个特色的，之前我们都有考察，比如水车在我们全县应该都没有了，现在我们专门做了水车，用水车在舂米，这就是特色，但是其实没有我们想象的这么好。实际上，我们搞这个也是没破坏到农田，就在农田上面，下面可以栽秧，可以放鱼。当时肇兴有一个管委会天天过来，一句话不说，我认为他们是同意我们带动旅游的，村委会也没有反对，是希望我们发展起来的，他说我们搞这个好，后来省政协的、是我们黎平的代理副县长，上来也跟我说搞这个真的可以，又迈上了新一步。本来我们要接文管局来这边做活动，现在那边说我们没有手续，没办法扶持我们，每个人都说好，但跟政府打交道想去办什么事就难了，办不到。"①

对未来的打算

基于日常经营客栈与游客的交流，YWY 首先认为游客对百鸟巢的表演是感兴趣的，如果百鸟巢能够持续运营下去，他希望百鸟巢和肇兴

---

① 2021 年 4 月 26 日，曾芸访谈百鸟巢发起人 LYG。

侗寨景区的表演时间能够错开；另外，由于年轻人外出打工，政府和企业的力量还是很重要的，他们能给堂安规划一些新的旅游吸引物，让游客的旅游体验丰富起来，从而产生更多消费。

YWY 说道："像我们客人多的时候，我们推荐晚上去百鸟巢看表演，他们都愿意去看，那时候我们收了 20 块钱一个人，他们喜欢看，所以感觉从这一点上来看我们觉得还是可以做，但是光靠我们百鸟巢也是不行。表演的时间上，可以跟政府做个沟通，如果肇兴景区表演的时间是 11 点，我们的时间必须是 1 点或者 2 点，因为他坐车上来要花时间；如果客人是上午 8 点到 9 点就开始上来了，我们的表演也可以安排在 10 点。再比如晚上的话，肇兴景区表演是 8 点开始，我们也可以是 8 点，毕竟我们上面也有住宿，有喜欢在（山）上面住的客人。我觉得如果光靠我们堂安的农户的话肯定做不来，肯定要有招商引资或者政府来帮扶支持，再结合一些专家的意见，把我们村分区规划，让游客体验的内容多一点，花的时间多了他就会消费，就算没有住，也会吃个中饭。"①

YWY 考虑的是百鸟巢未来的经营方式和整个村的旅游开发理念。对 LYG 来说，百鸟巢的未来并不明朗，如果要拆除百鸟巢，他一定要为 19 户股东讨一个合情合理的说法，至少要拿到大家的赔偿款："现在百鸟巢就放在那里，他也不说要强拆，就说要补办手续。如果后面要拆了，有道理说道理，就跟他们说，如果拆，你为什么要拆？我们农田没有毁坏，我们也不是一家人做的，我们 19 户投工投劳辛辛苦苦修建出来，违法了可以拆，但你们肯定要给我们补偿；如果你不补偿，强拆有什么道理？当时我们建的时候，管委会工作人员天天在这走来走去，也从没跟我说一句做这个不行。既然不说，大概是觉得我们做得好，我认为我们做的事情，对农村百姓增收、带动旅游发展，是好的，应该合情合理。"②

---

① 2021 年 4 月 25 日，孙兆霞、曾芸、杜星梅、徐磊访谈 YWY。
② 2021 年 4 月 26 日，曾芸访谈百鸟巢发起人 LYG。

三　堂安旅游市场中的外来者

肇兴千户侗寨旅游的介绍中指出，"无论你坐车还是徒步来，位于山顶的堂安侗寨是肇兴旅游区中必访的一站。这座'没有围墙的博物馆'由挪威政府资助，目的在于维系传统的风貌和习俗，因此整个寨子的人、物、景都是博物馆的展览内容，那座门票 5 元的陈列室反倒不必进入。面向肇兴方向，气势恢宏的梯田也是堂安的招牌景观。一年四季美景更迭，春如镜、夏如翠、秋金黄、冬被雪，恰逢云海更是如在仙境。"① 这段描述极具渲染色彩，影响着大量的游客观感，在诸多的堂安游记和摄影照片中，游客们反复聚焦着对"无围墙博物馆"和"堂安梯田"的凝视。在马蜂窝《风土与山河：时光边缘的村落》这篇游记中，游客写道："农舍、鼓楼、风雨桥、梯田、水井、石板路以及古墓群都聚集在一起、相互吸引，或者说天神、地祇、人鬼和尘世的炊烟交织在一起，整个寨子像是从土里长出来的"②。在这位游客的笔下，堂安是远离市场喧嚣、远离现代时光的农耕社会遗存，而其核心映像，也正是这座无围墙的博物馆和建于梯田之上的农耕文明。

对于未曾入股肇兴旅游景区的堂安来说，虽然丧失了市场开发带来的商业发展，然而却保留了最具原味的侗族文化遗存和农耕地景，反而增添了堂安的魅力。游客们来到堂安，发现、体验着堂安的传统生活，也定义、书写着堂安的现代价值。各种迎合乡村旅游、民族村寨旅游的前台表演也开始在这里呈现。

如表 7-5 所示，外来经营者与本地经营者创业的时间都集中于 2018～2020 年这三年，也即堂安旅游人数较多的几年，4 家外来经营者有两家经营小规模的客栈，一家经营银饰，一家经营多种杂货，而且这家杂货店在堂安村开有两家店铺，在肇兴景区也开有两间店铺。经营者多为初中毕业，年龄相近，只有一位创业者学历为大专，且年龄相对较小。

---

① 《Lonely Planet 孤独星球：贵州（2016 年版）》，中国地图出版社，2016，第 132 页。
② 博主 Eniao：《风土与山河：时光边缘的村落》，http://www.mafengwo.cn/i/8105986.html，最后访问日期：2022 年 3 月 25 日。

关于外来经营者的动机：XJJ 并不是起初就来到堂安村创业，最初她来到堂安负责项目工作，经过几番工作转折以后，选择在这里种红米、卖红米、做工作室再到开客栈，一步步走到今天。美人醉酒坊老板 LJ 最初上堂安是通过嫂子的父亲介绍过来的，现在和二哥、父亲一起在堂安开了两家店铺，肇兴景区也有两家店铺，由大哥大嫂经营。他告诉我们，堂安银缘阁也是这样通过朋友的介绍开起来的。六六小居老板 GB 早期没有接触过旅游，后来跟着朋友在惠水、平塘开始学习乡村旅游。2015 年开始接触民宿改造，现在来到堂安，想通过六六小居做一个民宿的样板。

表 7 - 5　堂安村外来经营者情况

姓名	婚姻状况	创业内容	规模	文化素质	年龄	籍贯	创业年份	备注
HN	已婚	银缘阁	50～60平方米	初中	40岁左右	河北	2018	与醉酒坊老板李洁是亲戚关系
GB	已婚	六六小居	4间房	初中	40多岁	湖南	2020	在贵州多个村庄经营民宿
XJJ	未婚	星石屋	4间房	大专	30多岁	湖南	2019	创业内容还有联合农户种红米以及销售红米
LJ	已婚	美人醉酒坊	60平方米	初中	40岁左右	河南	2019	经营茶叶、酒、银饰、衣服、帽子、牛角梳等，有两家

资料来源：五次实地调研访谈录音、堂安村委会数据及美团 App。

（一）星石屋民宿

星石屋是最早在堂安经营的民宿，老板是 XJJ。2017 年，XJJ 因生态博物馆的创意乡村项目而结缘堂安，当时她负责接待高校、政府等参访人员、讲解堂安的风土人情，后来又接触堂安本地产品的销售，对堂安的粮种有了更清晰的认识。2018 年，XJJ 离开堂安生态博物馆，开始独立做堂安红米的销售。红米是堂安比较古老的粮种。她通过租住的房东联系了堂安另外三家农户，带着他们种植红米。在此过程中，她意识到了堂安梯田耕耘中人地相处的自然魅力，开始真正想要扎根堂安的土地。

她向我们讲述，堂安村寨是一个活的文化，它完全依照二十四节气运作。稻米种植，完全依赖天时地利人和，比如，谷雨季节到了，村民们就要在这几天把秧苗插好，错过时节便会损失一年的丰收，而在育秧的过程中，村民们 7 户搭一个棚子，轮流值守，每家都会拿自己的柴，把柴火撑好，守一个晚上，哪一户出现了差错，都会造成不可挽回的损失。XJJ 讲到一件令她非常感动的事情，在她与村民合作种植红米的第一年，育秧过程中正好遇上大雨，而守职的大姐整个夜晚都勤勤恳恳守护着秧苗，铲积水、护秧苗，这就是她的责任。

在 XJJ 看来，堂安这种人地之间的自然联系，正是城市生活所缺失的。她所种植和销售的红米，是人地之间能量交换的载体，是连续性的。堂安红米的成熟饱含着天地之间的自然能量，这是经过人工干预的稻米难以替代的。在城市里，人和自然的源头被切断，稻米只是一个信息碎片，只剩下商业的包装，不知米之源头，人与土地之间的联系被切断，认知断层出现；但是在堂安，种植稻米的水是他们维护整片森林，几代人才有的那口泉水，他们本身的信仰对这里的敬畏才有了这片人与自然的和谐，人与土地、自然是系统性维系着的，这是堂安的价值之所在。

这种发现，让 XJJ 有了想要讲述堂安的渴望。2019 年，她开始改造租住的民居，本来是想做工作室，设计、包装和讲述堂安的这种人地关系，但红米的种植和销售均不稳定，为了维持运营，便把房间改造成了民宿。在星石屋的介绍中，XJJ 写道："星石屋，位于堂安侗寨，是一栋旧屋改造的生活美学空间，也是人心可以扎根的自然护佑之所。它遵循着侗族天人和谐的艺术追求，从世代延续的生活秩序中探寻在地文化的根脉……"① 这种通过文字、图片和短视频，对堂安村自然系统的讲述，从中发现堂安的传统价值，无疑吸引诸多游客慕名而来。除去新冠肺炎疫情影响，每年的夏秋两季，她的客房都要提前一个星期预定，而游客来这里住宿又会带走有着故事的红米，以及其他本地的手工艺品。

XJJ 的星石屋，无疑迎合了许多寻找乡村价值体验的游客需求。但是，XJJ 讲述的堂安，是真实的堂安吗？当然，真实性一直都是游客体验中的核心问题，在这里，我们更加关心的是星石屋对堂安村庄的影响。根据我们的访谈，大多数村民都知道星石屋，这是一个外村人开设的客栈，老板是一个

---

① 来源于星石屋公众号简介。

女孩，邻近的村民家里遇到红白喜事也会邀请她参加，除此以外最深的一次接触应该就是 2019 年星石屋失火，由于旧屋电线老化失火。村民们集体出动救火之后，便要求她在鼓楼前给全体村民道歉。整个仪式均按照失火的赔礼流程进行，寨老列了赔礼的清单（酒与肉），村民们帮着她砍了柴在火塘里烧。仪式过后，村庄又重新接纳了她的星石屋，此后村庄生活又回归日常状态。XJJ 是堂安里一家客栈的经营者，一切人事对待无有例外，星石屋的讲述不会影响村庄的日常生活。

案例：XJJ 讲述她的星石屋

种红米与卖红米

生态博物馆有一个二十四节气表，我其实也被那个二十四节气表打动了，因为这个村寨是一个活的文化，完全依照二十四节气而作息。我在记录种子发芽的过程，还记录天时地利，就是去感知当地的人文，他们是怎样的一个顺天时而作，比如说前几天谷雨的时候就下雨了，村民就必须要在那两天把小秧插好，如果过了这个节气，你今年一年的产量就没有了，所以当地人不管当时下多大雨，他们的种子都是要插下去的，当你看到这样的人在土地上和天的合作、和地的合作时，就这一股力量很激发我，我看到了一种真实，所以我来到了堂安。

最开始我是与村民一起种红米、卖红米，第一年挺顺利的，三户人家的地种了红米，我负责销售，都卖得挺好；到第二年，红米熟得早，被鸟吃了很多，然后我再发出去的时候，到天气热的地方就长虫子了，别人会说你给我的是陈米，我说我没有陈米，我去年的陈米都发完了，客人就会不满意。我也是给人家赔礼道歉，包括它的损失还是我自己承担，退回来的米我自己在承担，去年（第三年）种的米也是一样，天气不好，雨太多，发到深圳这样的地方，可能没有存好，潮热它就发霉了，这些都是碰到的问题。

今年还要接着种红米，我今年还跟附近的一些村子开始合作了，不只是堂安了，今年堂安可能有 5 户合作。其实我觉得堂安是有发展潜力的，它这里靠旅游，所以我想要把它的旅游附加值做出来。但是当地村民会把红米按正常价格卖出去，这里面还有很多困难。

开客栈

我 2019 年开始做客栈的，我原来是想做工作室，但是自己投入就像我们是做设计的，投着投着钱都超了三倍了，然后就想着把它收回来，就把这几个房间拿出来，然后才慢慢做的客栈。

我们从 2019 年就开始困难了，当年就没什么客人，然后到 2020 年又是新冠肺炎疫情，客人更少，然后还有一个很尴尬的事情，我只有 4 间房，一到过节你又没有房，到五一我都拒绝了很多批人了，在五一之前两个月我的房子就被定完了。3 层高，但是我只有 4 间房，你看我的收入打到头就是 1 天最好。你可以算我的收入，一天你全部买的话也才 1000 多块钱，你一个月才几万元，而且一年才有几个月会有生意，所以如果我一年的收入能够到一二十万元，我觉得是可以的，就已经能够包住自己了，现在我都没有。

2019 年 10 月 6 号，我的客栈还起了火灾，我这个小房子因为电线起火被烧了。我是第一个在这开客栈外地的女性，去鼓楼给他们道歉，因为这个房子是我不小心把它烧了，人家下面都是房子，你这样一烧的话就整个连排的。我当时吓死了，哭着给村民们鞠躬，在那里道歉，然后村民就商议怎么来处罚这个事情，他们有村规民约，不是针对个人，然后给了我一个清单，多少斤肉多少斤酒，因为我没有车，我租这个房子的主人家帮我去肇兴买的，那个老爷爷看到我在这里一个人这么可怜，就帮我去砍树，然后在鼓楼搞了一个仪式。仪式过了，他们其实也没有看得很重，依然还是接纳我的，我后来也是和他们各家各户买米，因为那个时候正好是秋收。

我本来真的想逃走，我不想待在这里了，当时很痛苦，但是我感觉我走不了，因为我和村民种的粮食还没收，不能辜负了人家的期望，我没有走。我对他们是有责任的，我就没有逃离，我把事情全部处理好了，包括火灾之后的垃圾，包括政府来换电线，之前好不容易赚的钱就全没了，电脑也烧了，衣服也烧了，直到 11 月份，我把这些事情全部善后好，我去浙江走了一圈，后来又回了家，后来又回来这边。

未来的规划

我这房子不是不能动，但是没有必要去动这个老房子，你还得往上面加，我就不想加，为什么？我就不想破坏这些和谐，就让它这样就挺好的，它和周边的环境是融合在一起的。我不想去做网红，因为当你整个东西，还没有准备好的时候，就想把大的东西引进来，最后是撑不住的，就会乱了你的步调，所以我是稳一点，稳扎稳打来，然后就来做这些事情，那我是尽我自己的能力去做，所以也是通过自己的这些朋友能够帮我带动一些，其实就是这种关系不断不断地往外面扩散。

我想的话，第一就是做好媒体渠道，就是做好视频号，我觉得还有就是说要在文创包装上升级，我的米要去升级包装，就是做好文创，我还要把蜡染做起来，蜡染可能利润会高一点。米的这一块，就是你的包装，你的文案我要提升出来，这是一个需要做的事情，因为不出来的话，我就天天朋友圈卖米，其实也不会有很大的空间。其实，堂安的社会文化最深的就是糯米，糯米是他们的一个信仰，是他们的一个文化，是他们的一个礼节，我们要挖掘出来。

与村民社会的融入

种红米的那三户人家我是通过熟人认识的，然后再找他的熟人，我们一起种地，我们其实没有签任何合约的这个东西，他们相信我是因为我在这里都两三年了，他也知道我有很多年了，我不会坑蒙拐骗，我也没有多去要人家的东西，我反而会多给他们。

现在我和村民是很融洽的，这种信任度也好。我什么都没有，来到这里，我建房子，工人10万元的工钱开给他们了，我的客人来了，他们去接一趟，接客人的钱也给到村民，我的粮食也是村民的，我所有东西都是村民的，就是说我来到这里，我没有独揽这份钱，我和大家是共享的，我所有的东西都是他们的，然后他们的东西给我，我拿一份钱，他们拿一份钱，大家就是这样一种关系，其实就是说你要给别人机会，而不是自己全部揽断了，就是这样的。

所以其实我和当地的关系是非常紧密的，他们在看我怎么做事情，看你这个人怎么样，包括一到过节，奶奶们就喊我去吃饭，那种情感就是因为你真心对他们，包括只要我有东西，不管我从哪里来的，我就全部给他们，有时候口袋里揣个糖，然后往下面走，给孩子们点儿糖这样子的，这个东西不是因为我是外地人，我做这个事情要比他们高一等，我要比他们厉害，我和他们是一样的，我有什么东西会和他们分享。所以，他们对我的接纳程度就像周边村民一样，包括前几天老爷爷去世了，他们喊我去吃饭，我也随个礼钱。因为人都是相互的，你用你的善良，用你的真心去对待人家，人家也是知道的。①

（二）六六小居

2021 年 4 月底，六六小居也开始在堂安试营业。六六小居租的村民家的老房子，有 70 年的历史，是一个独立的小院子，历史感比较强。在民宿装修上尽可能保持了老屋的原有格局，只是进行了简单的设计，在一些墙面损毁的地方，用了牛皮纸进行保护，一些地方则用花草进行修饰，院中、房子里则摆放了一些代表侗族文化的物件，包括琵琶、芦笙等，也有农耕田园劳作的工具和侗族日常生活中的用品，都是些老物件。在访谈中，六六小居的创建者 GB 也向我们讲述了他的经营理念。根据他的陈述，我们做了一些谈话顺序、语言方面的梳理，并提取了他话语中比较重要的关键词来总结他的民宿理念，如下：

　　一是低成本运营。我是 2013 年年底到贵州才接触乡村旅游的概念，以前的工作和这个没有关系。我这个房子，最希望达到的一个效果，就是在农村、在乡村改造里面，能不能实现一种低成本，就是两三万元——这个钱每个家庭都能出，他能够用自己的房屋进行装修，然后适当地朝着旅游接待发展，去迎合游客的那种审美，或者是这方面的功能需求去打造，这个钱也是花在自己家里面，没有乱花，这就是我讲的低成本运营。我希望在这个房子里面，最起码在堂安能够呈现出来以后，

然后周围的村民能够来看看，看看老房子还有没有价值，看看这个到底需要投资多少钱，到底这样一个投入的话，有没有游客来，我们5月就是试营业，我觉得应该是可以传递一些价值理念，就是他们最起码能看到一些东西，我希望能够起到这样一个作用。

二是文化装修、艺术乡建。真正的乡村旅游，首先要有乡村民宿，就是要解决住宿问题，如果住宿没有，客人留不下来，一切其他产业无从说起，他首先要住下来，所以我觉得真正搞乡村旅游，就是要从民宿开始做。民宿真正的要在乡村推广，就要具备两个条件，一个是运用文化装修、艺术乡建的概念去进行低成本改造。比如，这个农村用的斗，我再一张玻璃，160块钱一个平方米，可能就是大概两百块钱左右的成本，然后拼出来的这个桌子，它是很有意思的，而且它的档次并不低，它是旧物利用，就是因地制宜的一个旧物利用，它做出来客人觉得还有点意思，说不定想拍张照片，是吧？您到外面买个两三百的桌子可能没有这样的感觉，这就是把文化的东西加进去了。

三是按照标准提升村民能力。民宿建好之后的管理和服务，就只能村民做，外面的人来搞旅游接待不适合。村民这里有劳动力、有房子，他也有一定的资金，多的可能没有，两三万、三四万、四五万元，他只要想做这个事儿，他也能想办法。刚开始，村民也是没有经验的，我这房子就是租的村民YC家的，刚开始YC是比较害羞的，后来慢慢教她，现在她基本上也能简单地泡个茶，待人接物也稳妥很多，性格比较活泼了，然后还要教她餐饮，就是在房子原来的灶台上，做柴火饭吃，烧农村的菜，再就是客房了。我对落实要求很高，我需要这个地方一定要管好，您管不好，我觉得是对来的人不尊重，像现在这个状态，我觉得如果是营业当中是这个状态，我肯定是通不过的。现在是乱的，凳子也摆得不好，然后这桌子上面有些东西也可以收了。就像一个企业培训一样，遇到问题我们对员工进行当场教育，当然以后有些东西可以制度化，比如说每天进来第一件事是干吗，公共区域如何保持随时迎客的状态等等，现在我都会告诉YC怎么做，等她的能力提升上来，我就不用来这里了，完全就可以交给她来管理。目前，我支付给YC的保底收入，平均每月也有 2000 元，也就是先干一年，实际上她知道，她学到的东西远比这个收入重要，通过这个平台，她认识的朋友、开阔的眼界、学到的本领都会超过这个收入。[1]

六六小居这一套民宿经营的理念，目前堂安村民了解的还比较少，改变最大的应该就是村民 YC，她从一个比较害羞的农村年轻妈妈，变得逐渐大方起来，在接待我们的到访时也比较热情，甚至于有些过于热情。从整个民宿的运作来看，六六小居并非是扎根在堂安的土地上，它是一种民宿经营的商业模式，迎合的是城市游客对乡村原生态文化的价值诉求，这套模式在任何一个有旅游价值的村庄都可以做，只需要适当的本地化，比如来到侗族的村寨，加入一些侗族文化的元素，它本身是不太需要与本地村民进行过多的互动。但是，它来到了堂安，在游客的接待中就会不断讲述堂安的故事，对堂安文化进行迎合游客的商业加工，同样的，它所讲述的堂安会对村庄产生何种影响，还有待进行研究。

第三节　堂安旅游再前行

一　新冠肺炎疫情突袭而至之后的发展

2020 年新冠肺炎疫情突袭而至，堂安客栈的经营同样遭遇打击，面对这种不可预知的市场风险，堂安经营客栈的村民对旅游市场的变化有了较为冷静的认识，但是在投资方面，他们依然加大了对客栈的投资。山水客栈老板娘 LBS 讲道："我们现在一共贷款 50 多万元，在疫情期间把原来的三层加高为四层，顶层的视野更加开阔，游客住宿的体验也会更好。疫情期间，一个客人都没有，我们两个也不招工，有什么我们就自己弄，那些想外出打工的人也出不去了，因为也是疫情，都没什么活干，就来帮我们一起弄。如果在其他时间改建客栈，就会损失客人，装修一年，就要损失 10 万 ~ 20 万元，

---

① 2021 年 4 月 29 日，徐磊访谈 GB。

但是我们在疫情期间弄，那我们就不会损失这笔钱，等疫情结束了，客人来了体验更好，就会宣传我们的客栈，到时候就能赚回来。"①

堂安欣豪一号客栈的老板陆主任也讲道："当时看到堂安旅游市场的潜力，在 2014 年左右也建了房子搞客栈。后来旅游发展起来，正常情况下我的客栈一年有 20 多万元收入，疫情期间没有客人，就损失了那么多，所以鸡蛋不能放在一个篮子里。来了疫情家里基本就没收入了，打击很大，现在还有贷款 20 多万元，如果不做客栈，我出去打工，不知道多少年才能还得起。后来某一天，突然就想要装修客栈了，就去银行贷了 10 多万元，投入到客栈的装修上去，我觉得还是做客栈，即使后面实在没有生意，我就出去打工慢慢还这些贷款了。"②

这样的经济决策，显然更加看好堂安旅游市场发展的未来。同在 2021 年，更大的投资项目选择了进入堂安。据村主任 LZG 介绍，一个是省住建的 200 万元乡村振兴项目，堂安是两个项目村之一，目前已有 5 万元到了村子，村里商量准备用这笔钱建一个励志超市，另外则是中青旅和中科院的设计研究院，由国家投 1.5 亿元、贵州省里再补 3.5 亿元，分别实施 5 个村庄的乡村建设规划，堂安也可能是其中之一，这两个机构来堂安考察，想和村子商议，在目前堂安村寨之外再建一条旅游街道，专供游客的游览和消费。如果这两个项目能够在堂安实施，那么堂安旅游的发展又有了诸多可能，而以梯田为基础的农耕经济向旅游经济的转向将更快，其中的分寸仍需各参与方把握。

当下，堂安的旅游显然已然处于十字路口。2014 年至 2020 年，即使堂安村集体收入并未由于发展旅游有所增加，但村庄的旅游接待已然初具规模，相应的旅游从业人员也逐渐增多，旅游服务日渐成为家户的主要生计来源。在未来的发展过程中，如何在肇兴景区中找准自己的市场定位，同时合理应对各种外来力量对堂安旅游市场的文化诠释，以及如何与新一轮的资本博弈，都是堂安村民需要解决的关键问题。

---

① 2021 年 4 月 25 日，孙兆霞、徐磊访谈 LBS。
② 2021 年 4 月 27 日，孙兆霞、徐磊访谈 LZG。

二　堂安经济转向中的社会文化支撑

在堂安旅游发展的初期，游客出于猎奇的心态来到堂安旅游，凝视着堂安的一景一物。为了谋得一份生计，村民在游客的凝视下穿上侗家盛装，站在鼓楼下展示民族歌舞，游客想看什么，他们就演什么。游客长期在主客关系中占据上风，不知不觉中已经伤害到村民的利益。村民 PXZ 回忆道："曾经有一个游客把村民母亲送给女儿的耳环给偷了，这样的旅游关系让村民突然无所适从。又如每一年的 10 月份，正好是村民收割稻谷的时间，而为了欣赏梯田，许多游客直接把车停在路边，挡住了村民的路，耽误了他们抢收的时间，村民很是不满。古瓢井是村中历史最悠久的文化景观，井旁边的木牌上已经写有"禁止游客嬉戏"，可游客常常视而不见，继续在那打闹，寨老坐在鼓楼都会悄声议论，游客又在胡闹。"①

之所以出现这些问题，是因为在旅游的市场开发过程中，堂安的这些文化景观被简化为单一的文化符号，使得其背后的意义被解构，并表现出一种碎片式的散落状态，失去了彼此之间的文化勾连和层次性。这种商品化的开发导向，让游客停留在对某个文化景观的表面认知，而碎片背后的文化全貌与深层的文化精神内涵却无法深入理解。文化景观以人的"在场"为前提，但"物质性"的视角，往往会使我们忽略创造这些文化景观的群体。在商业化的文化景观旅游开发中，当地人处于文化生产的末端，他们并不能掌握文化生产的话语权，文化生产更容易被"他者"所操纵。这种未经文化主体认同的开发，最终只成为"摆设"，文化景观内隐含的族群凝聚力和认同作用越来越小。

随着对深度旅游体验的向往，游客开始主动寻找真实的乡村生活，开始对自身经验进行反省，慢慢放下了固有的成见，逐渐寻求乡村的传统价值。在此过程中，以堂安社会文化为支撑、具有主客体互动的旅游体验所具有的市场潜力将远超过去这种单一文化商品化的旅游开发。堂安经济的转向不是完全舍弃传统的农业生产，而是在新的城乡融合背景下，如何把旅游发展真

---

① 2013 年 9 月 29 日，曾芸访谈 PXZ。

正嵌入到村庄的社会文化体系中，使堂安梯田社会的构成要素成为支撑旅游发展的社会文化和生态基础，而不是需要剥离的发展包袱。

堂安旅游副产品大米的交换明显揭示了梯田社会的传统价值。过去，由于资源的稀缺，堂安村民以糯米这种较为珍贵的粮食，通过在重要的场合互相流动将整个社会网络关联起来。旅游在堂安发展以来，源于对堂安村自然生态价值的认同，购买原生态的有机大米也成为游客的首选。不论是本地人还是客人，都对堂安的老古种给予很高的评价。LZG 在经营客栈期间还兼业售卖农产品，其中大米包括红米、红粞米、红糯米、黑糯、香糯五种，他介绍道：

> 我看了别人说我们的米的故事，他们说得比我们都好，能够吸引人家。我们的米确确实实就是自己老古种种的米，不是杂交的。老古种的话，不要施太多的肥就可以。像黑糯米那种东西，必须要在一定的海拔高度上种植，如果海拔低了，它可能就长不出来，即使能长出来，它可能只有一点点收成或者没有收成。它有选择性区域的，我们这几年弄的，它只能在那一片区，我们所说的香糯米那不是像其他地方说的糯米一样，我们只有那个片区，那个香糯米是最香的，你在其他地方都没法比。①

堂安的大米常常供不应求，例如在观景梯田客栈存货不足的情况下，老板 LBSh 还会去村寨其他农户家买米再卖给游客，从而带动其他农户增收：

> 前段时间一个上海客人来，他问我这个米怎么这么好吃，软软糯糯的，他问多少钱一斤呢？我说我们这里卖 4 块钱一斤，他说那便宜，马上叫我打（打谷子）100 斤，他现场在看我，还跟着我去打，打好了又寄回去，他都怕我搞假，他说他老爸老妈老了，七八十岁的人，但他们

---

① 2021 年 4 月 26 日，孙兆霞、徐磊在村委会访谈 LZG；2021 年 4 月 25 日，徐磊在村委会访谈 LZG。

290

知道以前是怎么种米，他老爸老妈说这才是真正有机大米。我家的田、一亩多都没有，我自己种的米都不够吃，吃完以后还跟村里面买。我没有到市场去买。在我们寨子里面买一斤大米一块多钱，是谷子。那天还有江苏人过来玩，他说他吃我的米饭，怎么嚼劲口味和平常在家吃的不一样，我说我们这是有机的，都是自己用牛粪、猪粪种的，然后他还说这个米没有打过蜡什么的，他一吃就知道了。[①]

现如今，堂安的大米不仅面向来到堂安的游客，借助口碑效应和社交网络已经走出堂安村，包括贵阳市、深圳市等地，欣豪一号栈的老板 LZG 说：

去年是卖了几千斤，是一些比较熟悉的人介绍的，一个老板他来到我们这里，然后我们比较聊得来，聊着聊着就聊到我们这边有这些东西了，然后我就说我叫这些村民种这些东西，现在滞销了，还不知道怎么弄。他就说他回去的时候想办法看看能不能帮点忙，然后他就介绍一个南明区的一个行长，就帮我把这个推出去了，解决了一部分。银行的话他们就是去送客户，量就比较大一点。然后还有一个公司大概定了有几百斤作为员工礼品，公司是贵阳的什么科技公司。

总体还不是很成熟，我们现在就没有把比较吸引客人的东西推荐好，或者说我们应该做的一些东西，我们也没注意好，还有一些附加产品没有弄好，我们的一些特产如腊肉、酒、米等农副产品的附加值的方面，不是说我这一家，整个堂安现在做得都不行。现在要考虑了，如果说真正能够把这一方面跟上去的话，对于我们客栈或者对推销我们的农产品也是很不错的。之前有一个老师（2019 年北京来的侗族爱好学者，住了几晚）跟我说，你们这几家客栈要真正把自己的特色体现出来，不一定说人家吃了多少，而且还能够让游客看过、吃过、住过以后，会把你家推广出去，介绍给朋友，或者说逢年过节，也会跟你们购买一些产品去送亲戚朋友，所以这方面是值得我们考虑的一个问题。目前每一家

---

① 2021 年 4 月 27 日，曾芸访谈 LBSh。

都做了点，但是做得不怎么到位，比如说腊肉、米、酒都做了点，但是做得不怎么规范。①

在堂安的大米交换中，借助旅游市场的延伸，堂安村庄农耕稻作的生态价值意义被游客重新认识。同时如果深度挖掘堂安大米背后的村庄故事，例如糯米流动所建构的社会关系以及随之而形成的各种礼俗规范，那么在旅游市场中交换的大米，便可将整个堂安梯田社会与外界的游客社会以及更广远的市场勾连起来。大米交换拉近了游客与东道主的关系，同时维护或加强了游客自身的社会网络关系，促进了地域共同体的生成，这是堂安旅游产业发展嵌入当地社会关系网络的典型，也是未来堂安旅游进一步发展需要思考的关键问题。

本章小结

堂安旅游的发展是在与肇兴景区的冲突与联结中前进的，越来越多的村民进入旅游服务市场，客栈、手工艺品商店、文化表演场所等商业经营形式逐渐成为堂安家户重要的生计来源，同时村庄外来的旅游经营者也在不断解释和消费堂安梯田社会的市场潜力。新冠肺炎疫情之后巨量资本进入堂安，传统梯田社会还将面临新的冲击和调适。

在此过程中，堂安如何在村庄的原生性和市场开发之间重新创造和定位梯田社会的价值，如何在地方传统与旅游市场的博弈中取得新的地景调适，使梯田的农耕功能和旅游意象能够有机结合，仍然是堂安旅游发展面临的主要问题。堂安的旅游发展是适度的，既没有过度商业化，也没有完全被政府规划所裹挟，梯田社会的传统要素构成了堂安旅游发展的社会文化和生态基础，并与现代市场交织，共同决定了堂安旅游发展的可能方向。

第一，堂安旅游发展的市场定位。堂安梯田社会独特的生态与文化要素构成了堂安旅游发展的重要资源，也是堂安能够在整个肇兴侗寨景区中保持

---

① 2021 年 4 月 25 日，徐磊访谈 LZG。

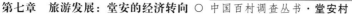

优势的重要底气，如何在肇兴景区的旅游发展中细分游客市场，打造堂安独特的旅游品牌，同时又与肇兴景区保持紧密的合作，共同打造区域性的侗寨旅游的组合优势，构成了堂安未来旅游振兴的关键问题。

第二，堂安旅游地景的功能调适。村庄中的重要物态标识如梯田、鼓楼等，是堂安梯田社会文化象征的重要物质载体，但是在旅游发展过程中却面临着来自市场与各种外来文化的多种阐释，如何既保持这些物态标识之于村庄的整合功能，同时也在新的市场文化中获得新的功能调适，使得村庄在传统要素维护与现代发展之间达成新的平衡，是堂安旅游可持续的关键问题。

第三，堂安旅游发展中的村民自觉。随着堂安经济基础的转向，从事旅游服务的村民逐渐增加，他们开始内化市场文化，主动参与并主导堂安的旅游发展。在此过程中，如何建立新的联结方式，使村民能够共享旅游发展的成果，从而达成内部力量与外部资源的有效衔接，使旅游市场真正嵌入到村庄的社会与文化结构中，构成了堂安经济转向的决定性因素。

第八章 堂安村民的生计结构转型 与整合式发展

与贵州乃至整个西部地区的农村一样，堂安这一"梯田社会"也面临从传统农耕社会向现代社会转型的挑战。堂安村民通过对村域内水土与人力资源的精致组合可以最大限度提高糯米产量，满足家庭日常所需，但在市场经济中却难以通过销售糯米而获得足够的现金收入，反而因为劳动效率的降低而导致农业生产的"过密化"①。因此，随着市场经济改革的深入，堂安村民也开始离土进城，务工谋生。农民进城从事非农业的经济活动获得了改善家庭经济状况的收入支持，在一定程度上缓解了乡村发展的压力，却面临两难困境：城市对于流动人口与当地居民采取的身份化差别政策，导致流动人口的"半城市化"② 问题突出，通俗地表达为"进不去的城市，留不下的乡村"；农村则因为青壮年劳动力的流出而成为"386199部队"等留守人口③的聚居地，甚至出现"空心化"④

---

① 黄宗智：《长江三角洲的小农家庭与乡村发展》，中华书局，2000。
② 参见王春光《农村流动人口的"半城市化"问题研究》，《社会学研究》2006年第5期；杨昕：《新生代农民工的"半城市化"问题研究》，《当代青年研究》2008年第9期；王春光：《对中国农村流动人口"半城市化"的实证分析》，《学习与探索》2009年第5期；杨永华：《民工荒、半城市化模式和城市化模式》，《经济学家》2010年第9期。
③ 参见叶敬忠、吴惠芳《阡陌独舞 中国农村留守妇女》，社会科学文献出版社，2008；叶敬忠、潘璐：《别样童年 中国农村留守儿童》，社会科学文献出版社，2008；叶敬忠、贺聪志：《静寞夕阳 中国农村留守老人》，社会科学文献出版社，2008；叶敬忠、吴惠芳、孟祥丹主编《中国农村留守人口 反思发展主义的视角》，社会科学文献出版社，2015。
④ 薛力：《城市化背景下的"空心村"现象及其对策探讨——以江苏省为例》，《城市规划》2010年第6期；刘彦随、刘玉、翟荣新：《中国农村空心化的地理学研究与整治实践》，《地理学报》2009年第10期；刘彦随、刘玉：《中国农村空心化问题研究的进展与展望》，《地理研究》2010年第1期。

"空壳村"① 等共同体衰弱甚至瓦解的新问题。因此，有研究指出，依靠外出流动并非为解决农村发展问题的长久之计，而只能是一种阶段性的过渡方式。② 在这样的村庄发展脉络中展望堂安的未来，分析的视角便需要将区域、城乡等宏观维度与每一个农民家庭生计方式的微观维度相结合。这样的梯田社会共同体在当前乡村社会的经济发展中，村民的生计结构如何转型？新的生计结构如何实现村落共同体的整合而非削弱甚至瓦解？

　　本章聚焦堂安村民的生计整合与发展问题，主要要从三个方面进行分析：第一，"农耕生产＋手工副业＋外出务工"的生计活动安排，是堂安村民的主要收入来源，农业生产主要解决生存和温饱问题，外出务工是堂安村民改善家庭经济生活的重要方式，而手工副业则是家庭经济的重要补充，这样的生计结构跨越了城乡、跨越了一二三产业，但却是低度整合的，不是长久之计；第二，2014 年以来随着乡村旅游市场的发展，以经营乡村旅游服务为主要方式的返乡创业活动成为越来越多村民新的生计选择，这种新的生计方式具有整合个体、家庭和村庄共同体，实现乡村生产的一二三产业融合，联结农村的传统、现在与未来的重要特征，是堂安解决发展问题的重要经济方式；第三，堂安传统的生态、社会与文化资源——"梯田社会"的系统要素支撑了堂安旅游市场的发展，村民的生计整合具有了更多的可能性，然而又不得不面临传统建筑保护、耕地红线、荒地占用等现实问题，如何在城乡融合发展的现实背景下统合乡村人地关系的矛盾是堂安未来发展需要解决的关键问题。

第一节　堂安家户生计的结构安排

一　"半工半耕"：家户主要生计模式③

　　与贵州省众多农村一样，堂安"吃饭靠种田，花钱靠打工"，以代际分

①　彭智勇：《空壳村：特征、成因及治理》，《理论探索》2007 年第 5 期。

②　陆益龙：《后乡土中国的基本问题及其出路》，《社会科学研究》2015 年第 1 期。

③　以下调查资料源自：孙兆霞、毛刚强等《第四只眼：世界银行贷款贵州省文化与自然遗产保护和发展项目（中期）"社区参与工作"评估以及重点社区基线调查》，社会科学文献出版社，2014。

工为基础的"半工半耕"模式[1]是堂安大多数家户的主要生计来源，其中，农业生产是村民们的"兜底型"生计，主要解决生存和温饱问题，外出务工则是村民们的"发展型"生计，房屋修建、家庭教育、耐用消费品（如电视机、洗衣机、手机、摩托车等）等现金支出主要依赖于外出务工。

（一）传统农耕生计是维持家庭生存的基础生计

对堂安来说，以粮食种植为主的农业生产活动，在家庭经济活动中始终占据重要地位。2013 年，课题组对全村家户进行的问卷调查数据显示[2]，在所抽样的 63 户家庭中，除 2 户家庭脱离农业生产之外（这两户家庭的土地已经流转），剩下的 61 户家庭均把农业生产作为家庭的生计来源，依然从事农业生产的家户占比高达 97%，见表 8-1。完全以种粮为生计来源的家庭有 6 户，占抽样总数的 9.5%；种粮的同时外出务工的家庭有 25 户，占抽样总数的 39.7%；种粮的同时在本村或周边村寨从事建筑业的家庭有 6 户，占抽样总数的 9.5%；种粮的同时兼做其他行业的也占据一定比例，但相对分散。完全放弃种粮，通过外出务工和从事服务业与手工业获得生计的农户仅有 2 户。可以说，从生计选择上，种粮的同时外出务工，是堂安家庭生计的主要来源。

表 8-1 堂安侗寨家庭生计来源情况

生计来源	户数（户）	占比（%）
种粮	6	9.5
种粮+外出务工	25	39.7
种粮+外出务工+服务业与手工业	7	11.0
种粮+建筑业	6	9.5
种粮+服务业及手工业	3	4.8
种粮+经济作物种植	2	3.2
种粮+养殖	2	3.2

---

① 杨华：《中国农村的"半工半耕"结构》，《农业经济问题》2015 年第 9 期。

② 在 2013 年的抽象调查中，全村共计 202 户，我们按照农户收支、住房条件、职业状况等评价因素，以及当地村干部的佐证，把堂安村的家庭分为了经济生活条件好、条件中等、条件差的三种类型，并从中各抽取 21 户、共计 63 户家庭，进行了家庭经济情况、家庭人口结构、生计来源等方面的问卷调查，调查数据在一定程度上反映了全村的普遍情况。

续表

生计来源	户数（户）	占比（%）
种粮＋外出务工＋商业	2	3.2
种粮＋商业	1	1.6
种粮＋外出务工＋牧业	1	1.6
种粮＋外出务工＋建筑业	1	1.6
种粮＋外出务工＋国家干部	1	1.6
种粮＋外出务工＋服务业与手工业＋村干部	1	1.6
种粮＋经济作物种植＋牧业＋建筑业	1	1.6
种粮＋牧业＋村干部	1	1.6
种粮＋商业＋村干部＋其他（预备役）	1	1.6
外出务工＋服务业与手工业	2	3.2

资料来源：63 户样本（注：由于四舍五入的影响，每一行相加的百分比不一定是100%）

2021 年，课题组在堂安对村民进行访谈时发现，虽然家庭的经济活动更加多元化，但是农业生产依然是大多数家庭的基础生计来源，脱离农业生产或者土地抛荒的情况并不多见。农业生产是堂安家户生计的首要选择，但农业方面的现金收入却并不高。对 2013 年的数据进行统计分析，可知堂安村民在农业方面的收入主要来源于三个方面。

一是粮食种植。在 61 户从事农业种植的家庭中，平均每户的种植面积为 2.3 亩，主要种植作物为稻谷，平均每亩的收成是 683 斤，按当时的市价折算（每公斤 5 元），平均每亩为 1707 元，每户家庭粮食种植方面的收入为 3926 元。

二是农业养殖。堂安主要的家庭养殖有牛、猪、鱼等。养牛主要用于耕作积肥，节庆时也会宰杀。在所调查的 63 户家庭中，平均每户养牛 0.83 头，每头的市价约 6060 元；养猪除了积肥外，也用于食用和出售，卖猪的收入是部分农户家庭现金来源的重要构成，户均养猪 0.8 头，每头的市价约 1456 元；养鱼在堂安侗寨也较为普遍，稻田、房前屋后有水的地方都会养鱼。村民养鱼主要是自己食用，仅有少部分家庭会拿到市场上销售换取现金。平均每户养鱼 30 斤，每斤按照 20 元出售，每户有 600 元收入。堂安家庭种养殖业方面的市价折算总额，户均年收入为 6794.6 元。

三是种粮直补和各类综合补贴。堂安村民每亩有 136.4 元的农业补贴（2013 年综合补贴和种粮补贴标准），户均 2.3 亩，总计为 313.7 元。

以上三方面的收入合计约等于 11034 元，其中牛和粮食所折算的市价占比达到 90.5%，然而养牛的主要目的是用于耕地，并非每年都有一头牛可供销售，而粮食主要用于家庭消费，按照堂安每户 4 人[①]、人均粮食消费量 130 公斤（原粮）计算，每户粮食消费每年需要 520 公斤，再加之酿酒（自饮）、喂猪、家庭储备粮等，实际上每户家庭可供销售的粮食并不多，折算收入不到 1000 元。对于堂安大多数家庭而言，农业生产能够获得的年度现金收入仅有 2500～3000 元。

然而，在家庭的饮食需求中，除了主食之外，也要包括肉食、蔬菜、烟、酒、奶制品以及食用油等，据统计调查，在这方面较大的支出项有肉食 1856 元、烟 916.85 元、食用油 671 元、酒 575 元，这些支出合计 4018.85 元[②]。堂安村民农业生产的现金收入不足以维持家庭的食品支出，当然，排除烟酒这些非必需品，对于大多数家庭而言，实现温饱却是问题不大。

此外，对于堂安来说，"靠山吃山"，丰富的林业资源同样是一笔重要的财富，它是堂安村民盖房的用料来源，林业面积的大小以及树木的多少是堂安家庭潜在财富的重要象征。在抽样调查的 63 户家庭中，户均拥有林地 1.25 亩、195 棵树，按照市场价格，户均潜在收入为 13227 元。但是，实际上，按照《森林法》规定，需要办理林木采伐许可证才可以砍伐，采伐的限额也要根据当地森林资源清查的数据来决定，采伐量不得大于生长量。因此，除了自建房屋的林木用料外，真正能够用于市场交换获取的现金收入数量并不多，林业资源是一笔象征性财富。

由上，粮食种植、养殖与林业生产构成的传统农耕生计是堂安家户经济生产的主要形式，这种传统生计并不能够带来可观的现金收入，主要作用在

---

① 2013 年堂安全村 202 户，842 人，平均每户约为 4 人。
② 孙兆霞、毛刚强等：《第四只眼：世界银行贷款贵州省文化与自然遗产保护和发展项目（中期）"社区参与工作"评估以及重点社区基线调查》，社会科学文献出版社，2014，第 151 页。

于满足家庭的主食、肉食等的食品需求，解决的是家庭的基本生存问题，农业生产剩余仅仅能够维持基本的温饱，传统农耕生计在堂安家庭的维系中发挥着重要的兜底功能。

（二）外出务工是改善家庭经济状况的主要方式

外出务工是堂安家户农耕生计之外最重要的生计来源。家庭联产承包责任制以来，随着农业技术的发展，农业生产率极大提高，农村劳动力过剩，与此同时，市场经济的浪潮扩散到堂安侗寨，东西部以及城乡发展的巨大差异吸引着农村大量青壮年劳动力不断流向东部和城市地区。从 20 世纪 80 年代末开始，堂安村民逐渐走出村庄，外出务工日益成为重要的生计来源。2013 年抽样调查的 63 户家庭中，有 40 户将外出务工作为家庭的重要生计来源，占总户数的 63.5%；2020 年在堂安村委会登记的部分就业台账中（还未完全统计完成），如表 8 - 2 所示：已登记 419 人，实现就业 406 人，其中 389 人就业去向是外出务工，占到全村人口的 42.5%，省外务工人数则是 222 人，占全村人口的 24.2%，如果排除老人和儿童等非劳动年龄人口，堂安外出务工人口比例只会更高。[①]

表 8 - 2　堂安村就业情况

类型	就业人数	就业去向	未就业人数	未就业原因说明
贫困户	34	①外出务工 19 人，省外 13 人，省内 6 人；②在家务农 10 人；③村内临时工和护林员岗位 2 人	3	2 人无劳动能力，1 人怀孕代产
异地搬迁户	18	①省外务工 11 人，其中制造业 7 人，空调安装 3 人，建筑工 1 人；②省内务工 7 人，2 名建筑临工，1 个西部志愿者工作，1 个村干，1 个驾驶员，1 个保洁员，1 个从事废品回收工作	9	①6 人在家照顾家人；②1 人务农、1 人怀孕；③1 人取保候审
边缘户	5	①省外务工 2 人，分别从事建筑临工和空调安装；②省内务工 3 人，其中建筑临工 2 人，消杀员 1 人	1	在家照顾家人

---

① 2020 年堂安全村 190 户 916 人，如果参照 2019 年全国劳动年龄人口（16 至 59 周岁）的比例 64.0% 计算，堂安村的劳动年龄人口是 586 人。

类型	就业人数	就业去向	未就业人数	未就业原因说明
一般户	349	外出务工，其中省外 187 人，省内县内 156 人，省内县外 6 人		
合计	406		13	

根据堂安村委会登记的部分就业台账数据整理。

外出务工收入是堂安大部分家庭现金收入的重要来源。2013 年 63 户的抽样调查数据显示，种粮所得收入仅占家庭现金收入的 11%，用当地人的话讲，"吃饭靠种田，花钱靠打工"，外出务工是堂安村民谋求发展、实现增收的主要途径。由于靠近广东，堂安村民主要的外出地点基本在广东，主要从事的职业包括手工劳动、泥瓦工、建筑工人等等。由于外出时间、所从事的职业以及职业技能和技术熟练程度的不同，各家庭的打工收入差距较大，有的家庭年收入能达到 10 万元，有的则只有不到 1 万元，但收入占比达到各家庭现金收入的 80% 以上。

案例　堂安外出打工人员的特征

自 20 世纪 80 年代末期以来，堂安村民开始走出寨门，外出务工或者经商，根据村文书提供的《黎平县堂安村外出务工人员情况统计表》(2013)，堂安外出打工人员呈现一下主要特征：

①打工取向：省外居多，几乎集中在广东省，留在省内的仅占 12%。打工去向的集中，一方面说明当地村民之间具有的社会关系网络，如亲戚、邻里关系，构成了打工目的地选择的主要变量；另一方面，广东省相比其他地方，在地缘关系、经济发展程度方面，对堂安而言都更有吸引力。

②文化素质：外出务工人员以中小学文化为主，文盲占 2.5%，小学占 62%，初中占 33%，后两者合计为 95%，说明文化水平偏低，而这无疑将会影响到打工者的职业选择与职业成长以及收入水平的提升。此外，也有高中及中专受教育程度的务工者，但这种受教育程度本身也很难带来优势。中专生 LZG，其毕业后跟随父亲到武汉做民族建筑，在

武汉当地一家建筑公司上班，与公司里的工程师一起负责规划设计，但由于公司要求规范严格，而自身技术水平没有能够跟上，迫于种种压力选择了离职。

③职业：以到工厂从事手工劳动、做泥瓦工、捡废铁为主，也有个别从事垒窗户、房屋装修、焊接及加工方面稍具技术含量的工作。

④性别和婚姻状况：女性占36%，男性占64%。在婚姻状况方面，外出男性已婚者多于未婚者，两者比例分别是74%和26%，相较而言，外出女性大多为已婚妇女，外出女性中已婚者占比为94.5%。

外出务工的现金收入是堂安村民改善家庭经济生活的重要来源。对于一般家庭而言，住房和耐用消费品都是家庭生活改善的重要标志。在住房改善方面，从2013年63户的统抽样调查数据来看，堂安有8个家庭建新房，花费最高达到10万元，最低的也达1.8万元，有16户进行房屋维修与完善，维修费用从200元到5万元不等，这些资金多来源于多年外出务工收入的积累。2021年的走访中，我们发现堂安村民新建房屋的价格已经在20万元以上。而在耐用消费品方面，家用电器（电冰箱、洗衣机、电视机）、信息和通信产品（手机、电脑）、交通工具（摩托车、三轮车、农用车、汽车）的购买以及更新换代都是现代家庭生活中不可或缺的支出，这些产品购买次数少，但价格往往较贵，需要大量的资金支持。

教育支出也是家庭经济改善的重要指标，在一定财力基础上，堂安村民往往会选择对孩子进行更高的教育投入。2013年，堂安条件较好的家庭教育支出为2944元，条件中等的家庭教育花费为1033元，条件相对较差的家庭，最低的教育支出也在840元左右。2021年，我们在堂安调查时，经济条件较好的家庭倾向于把孩子送到县城接受更好的教育，其中必要的教育投入则更高，条件中等的家庭倾向于送往中心镇读书，在城乡教育条件差距仍然较大的情况下，这种趋势还会持续，而逐渐增加的家庭收入是支持这笔投入的关键。

二 木工手艺：家户生计方式的拓展

从家户生计结构来观察农村的社会结构时，很容易发现所谓"农耕社会"也不仅仅靠农业为生，而是具有农副业混合、农工混合的特征，开弦弓村即是如此[①]。在堂安，同样有一些人，他们未曾外出打工，而是靠着祖辈传承的手艺，利用农闲时间接一些"木活"做，技术好的当地人称"木匠师傅"，技术一般的则是"木工"。他们的存在，并不完全关乎家庭收入问题，有活干的时候，一般木工的日均工资为 100～150 元，并不比其他日结的小工收入更多。但是，木工这门手艺与当地传统民居、鼓楼等民族建筑的修缮有关，对于手艺较好的"木匠师傅"，他们除了靠此增加家庭的收入之外，更重要的是能够积累乡望，毕竟会修缮侗族传统建筑的能工巧匠越来越少，他们既需要了解鼓楼、风雨桥等传统建筑中内蕴的民族文化，同时还要通过恰当的方式呈现出来。

据村里的木匠师傅 LAY 说，现在村里面能够掌师带徒弟接木工干活的师傅有 6 个，他们每年都会带着十余个徒弟，在村子里或者去附近村寨修建鼓楼、风雨桥、传统民居等木结构建筑。在收入方面，如果按照点工计价，技术成熟度较高的木匠（大师傅），每天工钱为 180～200 元，技术程度稍欠一点（师傅或者普通木工）的每天工钱为 120～150 元，每年平均工作 3～4 个月，这块收入最低是 1.08 万元（年度），最高是 2.4 万元（年度），如果按月计算，最低工资能拿到每月 3600 元（木工），最高 6000 元（大师傅）。

案例　木匠 LAY

LAY 现年 53 岁，兄妹四人，一个哥哥、一个姐姐和一个弟弟。兄弟三人从小跟随父亲学习木工。由于木工的收入不高，也不稳定，尤其比不上外出务工赚的钱，现在弟弟在广东加工厂工作，只有哥哥和 LAY 依然在村子附近做些木工赚钱。现在 LAY 是村里的木工师傅，这十年

---

① 参见费孝通《江村经济：中国农民的生活》，商务印书馆，2001。

来一直带着徒弟，每年都会带着十余个徒弟接木工活，所带徒弟基本都是本村人。他们修建侗族的传统建筑，如修建鼓楼，15 层、17 层高的，不算材料，只是木工的工钱，能有 10 多万元，8 个人一起干，三四个月可以做完，算下来每个人每月的工钱在 3000 元左右。LAY 这十年来负责建造的鼓楼差不多就有 20 个，其中在湖南建造的鼓楼 5 个、凯里的 5 个、长廊的 1 个、从江县的 4 个，黎平的 5 个，此外进行装修的鼓楼也有 10 余个。对于 LAY 来说，他的主要职业就是木工，年景好的时候，每年能拿到三四万元，除此之外家里也会种几分田，所得粮食基本就是家里自己消费。

　　LAY 有两个儿子，大儿子 1993 年出生，今年 28 岁，已经结婚，育有两个孙子，大孙子 4 岁，念幼儿园，小孙子则出生四个多月；小儿子还在读高中，高二。LAY 的大儿子一年大多数时候都在广东打工，现在基本连农活儿也不会干，更没有学过木工，小儿子则正在努力考大学，将来也是希望他能够找份好的工作。对于 LAY 来说，两个儿子是很难再学习木工了，他的木工手艺传给了徒弟，但这些徒弟现在也都四十出头了，有的跟他是一般年岁的，将来村里的年轻人是否还愿意做木工，做木工能否比其他职业赚钱，都是未知的事情。①

　　木工活计的收入除了作为家庭收入的补充之外，还是家庭代际传承中的重要纽带。过去，堂安侗寨几乎每个男性都懂得木工，多多少少都会点，既能帮助村里修建鼓楼，更重要的是自家房子的建造也离不开这门技术，所以，是大多数家庭都掌握的技艺。47 岁的 YGJ 讲述了他家木工传承的事情。他说："我家爷爷曾经就是村里的木匠师傅，是手艺比较好的，当时那一辈的大师傅有七八个。父亲没有向爷爷学这个木工，他年轻的时候就去武汉打工了，家里的这门手艺就没有传下来。我 18 岁结婚，过了两年家里就得建栋房子住，最开始我是去请村里的木匠师傅来帮忙，当时每天的工钱是 1.5 元，那时候村里会做这个的不多，他们要帮很多人家建房子，今天帮你做，

---

① 2020 年 4 月 28 日，孙兆霞访谈 LAY。

明天又帮他做，我看不过去，就把爷爷留下的那套木匠工具翻出来，生锈了的重新磨一下，我就开始自己学，慢慢摸索，也会请教那些师傅，慢慢就学会了。这套爷爷留下的工具，我一直用，又用了6年，后来大家开始建泥瓦的房子，我就转做泥瓦工了。这套工具我一直珍藏在家里，现在我孩子也没做木工，这套工具可能再不会使用了，但是我还保存在家里，不会扔掉，我还拍了照片。"①

三 城乡之间：家户生计的低度整合

在堂安，青壮年劳动力在城乡之间往返，通过合理分配家里的劳动，合理安排农忙与农闲时间，形成了农耕生计、手工副业与外出务工结合的生计结构，这种家户生计的整合形式实际上也是西部诸多农村的社会现实。

土地是农村家户安身立命的本钱。在堂安，虽然农业生产并不能带来可观的经济收入，但是留在家中的妇女或者老人依然可以承担这部分劳作。在农忙时外出务工者也可能临时归家来保证农业生产，这种劳动力和时间的分配使得家庭一年下来至少可以维持温饱，不会因为外出务工收入的波动影响到家庭的生存。在我们的访谈中有一位50余岁的妇女，她年轻时跟随丈夫长期在外务工，随着年龄增长、体力下降而选择留在家中，既能够照顾孙辈，也能承担起家里的土地耕作。土地实际上为她提供了在家安度晚年的可能性，也能让她在外的丈夫、儿子、儿媳可以安心工作。这样的安排在她看来是满意的，农闲时候带着孙女串串门、拉拉家常，无疑是比较好的生活状态。

外出务工是家庭能够改变经济生活状况的主要方式，也为家庭的发展提供了更多的可能性。一是通过外出务工实现家庭增收，这些收入既用于家庭住房条件、生活条件的改善，同时也用于改善后代的教育条件。在访谈中，村民们在经济能力许可的条件下，都期望子女能够接受更好的教育，将来不用再走外出务工的老路。二是村民们通过外出务工增长了见识，对未来生活有了更多考虑，对生活质量的追求也更加主动。

---

① 2021年4月26日，徐磊访谈 YGJ。

村民的木工手艺既能在农闲的时候为家庭获得部分补充收入，又能与家庭的代际传承息息相关。对于这些家庭来说，这门手艺以及相关的"木匠"工具，就是代际沟通和情感维系的纽带，即使手艺没有传承下来，但是睹物而思人，同样是血缘亲情之间代际记忆的重要载体。对于"大师傅"来说，他们既熟知鼓楼、民居等传统建筑的文化内涵，同时还掌握着呈现这些文化要素的木工手艺，他们的存在同样是堂安建筑文化的重要组成部分。

因此，堂安农耕生计、手工副业与外出务工的生计整合结构，使得堂安的家庭生产跨越了城乡差别、行业差别，联结了家庭的过去和未来。青壮年劳动力外出务工的现金收入是家庭经济状况改善的主要生计来源，而在村里从事农耕的妇女和老人确保了家庭的基本生存和温饱问题，使得外出务工的家庭成员没有了后顾之忧。在城乡之间，他们既扎根在农村，又通过外出不断了解和熟知城市，为未来城乡不同生活方式的适应和融合奠定了基础。

有学者对"以代际分工为基础的半工半耕"生计模式的意义进行了总结：在这种家庭再生产过程中，农民在城乡之间双向流动和通过代际接力方式快速城市化，农村社会保持了有序分化和稳定，避免了发展中大国普遍出现的"贫民窟"及由此引发的社会动荡，形成独具中国特色和优势的渐进城镇化。[①] 但是，这绝不能遮蔽这种生计模式的脆弱性。这种低度整合的生计结构，一方面导致农民家庭在地域、城乡、代际用工市场的分离；另一方面可能导致对东部沿海地区市场的过度依赖，特别是对东部企业外部用工市场稳定性的依赖。在中国逐渐寻求高质量发展的新征程上，越来越多的劳动密集型产业逐渐向资本密集型、智慧密集型产业转型，靠出卖劳动力赚取低廉收入的方式本身就是不可持续的。何况通过外出务工改善家庭经济状况的同时，留下的是一个"空心化"的村子，村庄的公共服务、社会治理缺乏人才，妇女、儿童和老人等群体缺乏有效照顾。对于夫妻长期分离、亲子长期分离的家庭，情感联结也面临着撕裂的危机。

2020 年新冠肺炎疫情突袭而至，外出务工机会减少，许多青壮年劳动

---

① 夏柱智、贺雪峰：《半工半耕与中国渐进城镇化模式》，《中国社会科学》2017 年第 12 期。

力滞留家中。面对这部分劳动力，在现有的人地紧张关系条件下，堂安并没有相应的接纳或容纳这部分劳动力的应对机制。依靠原有的社会经济结构，堂安的生计整合难以应对这种遍及范围较广的全球危机，许多青壮年在家中只能"玩耍"。对外部市场的过度依赖使得这种低度整合的生计结构时刻面临着危险，这也是很多家庭不得不面对的现实。

第二节　返乡创业：堂安村民新的生计选择

一　返乡创业选择

2014 年之后，在肇兴景区旅游带动下，堂安游客逐年增多。在此市场形势下，一部分外出务工的村民看到了在家创业的机会，他们陆续开始返乡。在他们的创业选择中，客栈经营服务是首选，返乡创业经营客栈的老板共有 15 人。他们的具体情况：20 ~ 30 岁的有 2 人，2010 年左右外出务工；30 ~ 40 岁的有 8 人，2000 年左右外出务工；40 ~ 50 岁的有 4 人；50 ~ 60 岁的有 1 人；在学历方面，10 人为初中毕业，2 人为大专毕业，1 人为小学毕业，1 人为中专毕业；在婚姻状态方面，14 人已经结婚，1 人未婚；他们过去打工的地点主要在广东，而且多人在同一个城市，甚至同一个厂。

在他们返乡开设客栈的时间方面，大致可分为两个阶段：第一阶段是 2013 ~ 2018 年，这段时间村民经营的客栈数量较少，且呈现兼业化特征，在旅游旺季之外，村民依然会选择外出打工来作为旅游经营的生计补充；第二阶段是 2019 ~ 2020 年，这段时间是堂安村民经营客栈的快速增长期，两年时间新增 7 家，且客栈经营走向专业化，旅游经营成为家庭主要的生计来源，这些新增客栈老板多为返乡创业的村民。

在资金来源方面，如表 8 - 3 所示，他们多是通过贷款获得客栈建设的资金，只有 1 家是完全靠自己的打工积蓄。贷款 20 万元以上的有 9 家客栈，贷款 10 万元的有 1 家客栈，贷款不到 10 万元的有 1 家客栈；年效益方面，有 1 家可以达到 10 万元，4 家可以达到 5 万 ~ 8 万元，其余客栈都是 3 万元以下。对每一家客栈来说，还款压力最小的是同福客栈，最大的是遇黔客栈，其余客栈至少要花 5 年以上才能还清贷款。他们愿意贷这么多钱，一方面是基于对堂安旅游市场将越来越好的判断，进一步说，是内心对本土生态价值的自信；另一方面是因为在堂安，仅五一、暑假和国庆节就能把一年的贷款利息和生计赚够。对此，堂安百鸟巢的合伙人之一 LYG 是这样解释的：

> 2018 年的时候，五一节、国庆节还有暑假加起来不到三个月的时间，我们（百鸟巢）纯利润有个 7 万～8 万元，没有住宿，这只是餐饮的收入，相当于一个月 2 万多，每天最少的营业额都有 2000～3000 元，别人做得好的，有 3000～5000 元的营业额，折中算，30 天就是 9 万元的毛利润，除去成本，一个月拿 4.5 万元是肯定的。这就是说，每天最高能有 2000 多元纯利（进账）。当然，游客在我们这里消费不算贵，肇兴那边还要贵，一般来说，如果两个人来的话，消费 60～70 元也有，70～80 元的也有，主要依靠人多，人多的时候我手炒菜都能累坏了。①

表 8-3　堂安村客栈经营情况

名称	开业年份	房间数量（间）	经营方式（雇佣、自主）	创业金额及来源	年效益（万元）	备注
同福客栈	2013	10	自主	贷款	10	
山水客栈	2014	10	自主	贷款	5～8	
欣豪一号栈	2015	6	自主	贷款	5～8	
田园客栈	2016	2	自主	自有	5～8	主要靠餐饮
堂安侗味苑	2016	6	自主	贷款	1～2	
醉酒客栈	2018	8	自主	贷款 40 万元	2～3	
如意客栈	2019	3	自主	贷款 10 万元	1	
梯田观景客栈	2019	4	自主	贷款 50 万元	2～3	
隆福客栈	2019	5	自主	贷款 40 万元	1	
潮黔伊家客栈	2019	7	自主	贷款不到 10 万元	1	
观景梯田客栈	2019	8	自主	贷款	5～8	

---

① 2021 年 4 月 26 日，曾芸访谈 LYG。

续表

名称	开业年份	房间数量（间）	经营方式（雇佣、自主）	创业金额及来源	年效益（万元）	备注
新月客栈	2020	6	自主	贷款	1	
遇黔客栈	2020	8	自主	贷款 100 多万元	2～3	

数据来源：实地调研。

新冠肺炎疫情期间，在大量客栈停业的情况下，堂安的客栈不仅没有停业，例如观景梯田客栈，他们还能保持每天订出一间客房，每天有客人来吃饭的经营状态，而且，多家客栈在还没有还清贷款的情况下继续贷款扩建客栈。他们坚信疫情总会过去的，疫情过后游客量会比以前还多。扩建增收在多家客栈都得到验证，以同福客栈为例，LMX 介绍道：

> 2013 年的时候，我家那边全是木房，楼下开餐厅，楼上住客。现在这个房子，原本是没有四层的，2014 年我家对面房子建起来了，挡住了看梯田的视线，我就只能把自己房子升高，就是加了一层砖房。加起来之后，游客在顶楼就能看到梯田了。修建到 4 层，花了 10 多万元。那时候我们大家一起，包括我爸、我妈还有我老婆，我们家人一起做，把它升起来了，楼层升高以后生意就好了，每年都能存点钱。①

山水客栈是堂安第三家营业的客栈，据老板娘 LBS 说，近年来隔壁新建的居民住宅挡住了她家观景客房的视线，疫情期间客人比较少，她家就决定贷款把房子修高一点，另外把没有卫生间的客房增加卫生间，把卫生间空间小的再改大一些，重新进行标准化装修：

> 现在我们客栈 1～2 层都是吃饭的，3～4 层是房间，现在有 10 间房，其中只有几间观景房，能看到梯田。外面在修的这栋是别人家用来自住的，2019 年开始修的，现在他们装修声音太大都影响我们做生意

---

① 2021 年 4 月 26 日，孙兆霞访谈 LMX。

了，还把我们家观景的视野挡住，慢慢就没客人了。他们升高了，我们也得要升高。我们家去年开始扩建，钢筋什么的自己弄，有的也要请人，比如设计装饰性的字幅之类，我们现在正在装空调，增加或者弄大一点卫生间，快到五一了，尽量这几天把房间弄好，现在我们家五一期间的房间都已经定出去了，我们总共贷款 20 多万元。①

他们在疫情期间继续追加投资，无疑是对堂安旅游市场抱有较好的预期，但较大的贷款还是让人意外和担心。在对这些客栈老板访谈时，他们不约而同地表示，先尝试一下，如果不行就外出打工挣利息钱，挣够利息钱就回来继续做，如果经营不下去，再外出打工还债，即使打不了工，还可以回来种田，总不会活不下去。不难发现，"农耕生计 + 外出务工"的"托底"逻辑是他们能够继续追加投资的底气。

二　返乡创业的影响因素分析

随着村庄旅游市场的发展，部分村民开始选择返乡创业，并把经营旅游食宿服务作为家庭新的生计来源，在此过程中，返乡创业显然比农耕生产、外出务工更加冒险，如果创业失败，极有可能给家庭带来巨额的负债。在堂安返乡创业村民的个案研究中，我们发现外出务工的经历对他们创业的选择影响巨大，同时个体的事业抱负、家庭的信任和支持、外部人事资源的链接能力，都对他们的经营决策和成功与否具有重要的影响。

（一）个体事业追求的获得感

在堂安众多返乡创业案例当中，有从小到大一步一步做出口碑的农家乐，也有时而开张时而关门的兼业型农家乐，还有收效甚微继而关门的特产商店。选择创业需要勇气，持之以恒地做下去需要克服困难的毅力和坚守的决心。他们长期在外打工，没有事业的成就感，而在家创业能够"挣得一份家业"，这种事业追求的获得感是他们勇敢前行的重要动力。观景梯田客栈老板 LBSh 回忆他的创业经历，认为他与弟弟开客栈的决心不一样：

① 2021 年 4 月 25 日，孙兆霞访谈 LBS。

前几天客人订了七间房，把网上的房都订满了还不够，我都接了客人定金了，后来我问我老弟有没有房，可他在网上也订完了，我老弟就说："那就不要接客人了"。家里面的事情他不管，淡季就出去打工，我对他说："你搞旅游，你自己要在家里管好，慢慢地搞，不是一时的兴趣做一做。"我都觉得老弟是冲动，搞旅游不能一步登天，要慢慢地经营。当然，过去的时候，我也和老弟一样，我们没钱了，也是出去打工，赚够利息钱回来接着做客栈，但是后来客人给我讲，他说你要搞客栈就认真搞，不能半途而废，认真做，一定能把生意做好。我说没钱了怎么办？他说："没钱，客人今天不来，明天有人来嘛，总还有别的客人。"他这样说我就挺激动，我就在家里搞起来，不管怎么样，今年搞不起，明年搞不起，第3年、第4年或者10年以后，我一直这样做下去，如果还是做不好生意，那我就人都老了，就让儿子接着做，我现在就是这样子想的。还有一个游客，也是这样讲，他说你出去打工，受苦受累，何必折腾呢？就在家里，这个旅游，不会倒下的，会往上走的。①

LBSh 能有这份创业的坚持，与他早年在外打工所经历的艰难困苦有很大关系。艰难的谋生经历让他形成了刻苦钻研的品质，凡事都有自学的耐心，同时也让他认识到外面的世界再精彩却始终没有自己心灵安放的位置。最重要的是，他是把经营观景梯田客栈当作一份家业，如果他失败了，就让儿子接力，儿子之后还有孙子。作为比较对象的弟弟，老弟小时候是倍受宠爱的那一个，没有像哥哥外出打工一样经历过那么多的磨砺，他只是把客栈当作一种谋生方式，他只关心客栈能否在短期内带来效益，经营管理上不愿意多花时间，因此当客房不够的时候直接让哥哥拒绝客人。是否作为事业来做，在经营方式上有着极大的区别，也是他们能不能定下心来创业的关键。

（二）城乡比较下的乡土情感

对于返乡创业的村民来说，只要能够维持一定的经济收入，至少与外出打工收入持平，他们就愿意回到家乡工作。在下述 LAJ 的创业案例中，对他

---

① 2021 年 4 月 27 日，曾芸访谈 LBSh。

而言，外出打工是不得不做出的选择，没有人愿意在外漂泊，收入再高也始终没有家的归属感，返乡创业既能够照顾老人和孩子，田地也不会荒废，家庭、乡土都是理由。城市只是提供工作机会的地方，如果村里也有这样的机会，他们就愿意回乡试一试。如果说个体的事业追求是内在动力，那么这种对城市打工的厌倦、对乡土家庭的留恋无疑是促使个体返乡创业的外在动力。

案例　观景梯田老板 LBSh

LAJ 是 2018 年返乡经营客栈的，他有 20 年的打工经历，因为读小学时看到别人打工赚钱回家，自己早早辍学也开始打工，然而 20 年的辛酸冷暖让他认识到家乡才是自己最终的归宿，恰好堂安的旅游正处于上升期，于是选择回家。

打工的困苦

1996 年出去的时候，一个月才七八十块钱，100 块钱都是工资高的。我做了很多工作，建筑啊，工厂啊，那时候打工条件很差，有时候还要帮老板收大米、收稻谷。刚出去的时候，那些老板押工资，押一个月工资，到时候我们要走了，工资也不结，很多都是这样的，白做。我遇到很多次，那时候出去，做事又累，钱又不给，在厂里吃那个饭，你吃得下？大包菜，油都没有，只放一点盐，用白开水煮一下就添在饭里，那个米饭怎么吃得了？那时候治安还很乱，到处打架，晚上出去吃夜宵，一两句说不好就用啤酒瓶打起来。我那时候也被人家搞了两刀，缝了 10 多针。后来，2009 年左右，条件好些了，住的地方都有热水、空调了，以前打工都是大长铺，然后吃的饭菜有点油水了。

自学技能

炒菜我是从小就会一点，后来在打工的时候又学了一点，刚好来这旅游的广东游客特别多，我可能比较了解他们的口味，所以来我这儿吃饭的人比较多。我出去打工这么久，广东话我也会说，像这些上网啊，携程啊都是我自己琢磨的。后来又有些平台打电话过来告诉我应该怎么做，我就自己放几张照片，慢慢地做，都要自己学的。现在电脑、QQ、手机上网，我都学会了。我过去就是读书少，很多都不知道，现在我不是吹的，我出去见的世面比那些大学生还多——像现在那些大学生，我比他们还要有经验，我写的字也很好，得靠自己学。

返乡创业

我是 18 岁结婚，年轻时候爱玩，有一块钱用一块钱，现在知道要存点钱给小孩了，但是存不下钱。我有贷款，每年利息都在 1 万 ~ 2 万块钱，两个小孩一年下来的花费也要一两万。我和老婆如果长期在外面打工，对小孩子教育影响不好，在外打工，你再有钱，孩子的教育不行，那也还是不行。所以，我回家经营客栈，这能照顾好孩子，也能照顾家里的老人，帮衬家里种地。我们试着做，看能不能做起来，行的话就留在家里；不行的话，那没办法，就还是得出去打工。[①]

（三）家庭的合作与信任

在返乡创业过程中，家庭成员之间的合作与信任，是创业成功的重要保障。在下述潮黔服饰店的创业故事中可以看到，姐姐大学毕业之后返乡创业的资金来源于父母的支持，在旅游淡季，以及遭遇新冠肺炎疫情之后，门店生意变得冷清，依然在村的父母、妹妹就会帮忙"看店"。她自己则继续进城工作，只提供服饰设计方面的技术支持，借此机会教会了母亲如何设计侗布的图案、如何蜡染等。通过这种家庭成员之间的劳动分工，门店生意不好的时候也不会过于影响到全家的经济收入。

案例　潮黔服饰创业的历程[②]

LLH 是潮黔服饰老板的妹妹，现为大二学生，毕业后也打算跟着姐姐一起创业。由于姐姐在城里工作，我们只能对妹妹进行了相关情况的访谈：

---

① 2021 年 4 月 27 日，曾芸访谈 LBSh。
② 2021 年 4 月 29 日，徐磊访谈 LLH。

312

这家店是我姐开的，现在她在黎平县城工作，和几个同学开了一个小朋友的绘画培训班，受新冠肺炎疫情的影响，没有什么游客，她就在县城忙培训班的事情。我姐1998年出生，凯里学院大专毕业，学的美术，毕业之后她和同学一起创业，就开了这个店。资金的话，是我们爸妈还有她同学爸妈一起筹集的。大家没有经验，她们同学，一个负责设计、一个负责花纹，我姐主要负责销售、染布、上色这些。2019年创业，现在有两三年了，目前主要就是我妈，天天在这边帮忙看店，我姐有空的时候才会回到家里看店。

我妈不会做服饰方面的设计，只会简单一些的鸟、花的图案，她不会画，她会表达出来，比如，我们画好之后，她说这个要改一点什么我们就会听意见改。店里这些设计，有的是我姐做的，有的是她同学做的，也有我自己染色的，我们都自己在家里面染，这件我穿的是我自己画的。我妈50多岁了，因为过来帮我们看店，然后又遇到那些游客是说普通话，她也跟我们一步一步学说普通话。

技术工艺

做侗布的话，有很多步骤，比如第一步，它也是跟我们这个是一样的上色，要去山上收集一种树叶来煮，有的还放鸡蛋，放鸡蛋的话它就能提亮一点，这样成本会很高，然后花费的时间也很久。现在我们自己穿侗布服装的次数也越来越少，但节日的话我们是必须要穿的。我们做蜡染和扎染是一起的，蜡染它是用蜡去画那些花纹，扎染是用手去扎出那些花纹，蜡染更加复杂，因为蜡染我们第一次画要先描绘一下，然后再染；扎染的话，直接用手去扎出来一染就可以了。蜡染还有上蜡、退蜡很麻烦的。我姐姐是自己学的，然后也跟妈妈说把那些传统图案画进去，我妈妈不太懂这个蜡染，姐姐教一点，慢慢学。

经营情况

刚开始做的时候，没有生意，几乎都没有卖出去，然后租门面、电费都要花钱，姐姐她不能完全把精力耗在这里，就出去工作了，这里交给我妈看着就行了。有时整天没有收入，有时整天就卖出去一件衣服，现在生意很难做。我们这家店，其实是比较有特点的，比如别人做，都不知道这个材料是什么，一个颜料可以拿出来做好几件衣服，但是我们这个衣服是真正用的蜡染。同样的店，在肇兴也有很多人开，他们价格肯定要稍微贵一点，他们租的门面比我们贵，而且我们的设计大部分都不一样，这个模仿不出来，有的游客是能看出来是设计的。

这两年给姐姐看店，总体上生意一般，尚且可以维持店的运营。游客多的时候，"五一"、暑假和"十一"，姐姐肯定是要回来帮忙的。我妈她不会讲解衣服上图案的意思，但是每一个设计作品，如果都给游客介绍一下为什么是这个样子，就更有故事性，游客可能就会有兴趣购买。姐姐回来讲一讲，生意肯定会更好一些，等过了旅游旺季，她又去县城，这样两边其实都可以铺开来做。

（四）外部市场的链接能力

在返乡创业中，如果仅仅依靠内部市场，缺乏内外市场的有效互动，缺乏链接外部资源的能力，那么创业过程将面临巨大的风险。在堂安大学生兄妹的文创店的创业案例中，他们首先扎根在村庄的社会文化中，利用侗族的文化元素进行文创设计，并支持村庄的孩子教育。以此为基础，积极与外部资源进行合作，拓展外部市场渠道，把文创、民宿、奶茶吧等经营形态进行融合，通过文创与旅游的结合以及以分店形式吸引客流量。在推广和传播融入侗族文化的同时实现经济效益的提升，无疑是重要的开创方向。

案例　大学生兄妹文创店的经营

厦格村的返乡创业大学生 XL

我刚开始过来的时候，对于我们这些传统的侗绣、蜡染的这些技术，我觉得还是需要传承下去。如果我不来做，我们村的人也不来做，这个东西可能以后就会失传。就像唱侗族大歌，因为现在很多人没有去跟歌师学这些东西，就会失传。我的初衷，就是把我们侗族的民族文化传扬出去，然后就想到用插画的形式来传承。如果只是这样子的话，其实是经营不下去的，因为没有收益来源。除非你能找到一个团队，然后把你的品牌做大。其实我们刚开始做的时候，政府也不知道的，他们也是后面看到我们做出来了，像这些民族文创产品，他们才觉得也还蛮不错的。

扎根村庄的研学项目

有一次和支书吃饭，刚好聊起这个事情，就说现在乡村教育这个问题，真是不知道怎么去做，当时中国旅行社的一个负责人也在，谈到想做一个义工支教旅行的路线图出来看一下，在黔东南这边，在一个传统村落寻找一个点，做一个试点。后来，我就承接了这个项目，跟上海盖克国际义工旅行合作。现在，我们这边也算是义工之家，他们在这住 7 天 6 晚，给他们提供食宿，还有各种体验，比如蜡染体验、刺绣体验、农耕体验等，体验一下侗族人的生活，我们每一天的行程安排都会安排得很满。晚上的时候，或者等小朋友下课的时候，我就带他们一起去教小朋友读书，很多都是村里的留守儿童。我们创建了一个图书室，联系了很多资源，包括游客、旅行社还有政府的资源，他们给村里面的小朋友们捐赠了很多图书，还有一些多媒体设备，供他们阅读和使用。义工支教也有地方，有一些简单的设备，孩子们通过他们，可以了解一些外面的知识。

LCS 的文创设计

文创的话，都是我哥（LCS）在负责，他把我们侗族的文化元素用插画的形式比较生动地呈现出来，比如设计明信片这些，他从 2015 年毕业就开始做文创了。他毕业于重庆工商大学，学的是视觉传达，毕业后在广告公司上班，后面又去旅行社做一些文案，画一些 logo，他从小就很喜欢画这些，可能是受到我们初中美术老师的影响，你去百度上，可以搜到他的名字，有些媒体对他进行过访谈。对于文创这方面，他比我知道得更多，我是一个半路出家的，我的主要任务不在设计，我主要负责门店的经营。

经营情况

目前，我们兄妹三人，文创店有三个，村里一个，肇兴有两个。收入方面，平均下来，一个月每人还不到 2000 元。我想说，如果实在不行就把店转出去，我们继续去外面上班。

我们现在做的这个东西没有故事性，给人的印象不深刻。我哥他就是想尽力以插画的形式把侗族文化推广出去，让更多人了解。但是侗族文化，包括传说和其他的东西，其实说真的我都不了解。现在确实非常缺少人才，因为我们很难找到合适的人，哪怕我们愿意培养，他们都不愿意回来，所以这个就是一个非常困惑的地方。之前我去找绣娘的时候就觉得特别的吃力，因为很多人不愿意去做，因为她只会做那种传统的侗绣，那可能需要花两三个月的时间，卖出去的价格是很低的，她就觉得还不如直接去外面务工，所以如果一直按这种状况发展下去的话，以后连绣娘都没有了。

我想招人帮我做公众号，做小红书、抖音这方面，因为之前我们跟广东少儿频道，还有嘉行那边做过一些公益直播，反馈还蛮好的。村里秋收的时候，收新米、辣椒、腊肉，他们过来帮我们直播，大概就直播了三天，就把这所有的东西全部卖出去了，我们有很多素材，但没有人去帮忙做推广。如果我只是在外面请一个人兼职，那也不行，因为他不了解这些东西，不知道怎么去记录这些东西，也不能吸引眼球。需要他在这边住一段时间，然后慢慢地去拍这些素材，然后深入地了解，比如整个蜡染、侗布、刺绣的制作过程，这些东西其实就是要记录，还是很艰难。

市场拓展

现在我们想着怎么进一步拓展市场的问题。本来今年打算在青岩（贵阳，旅游古镇）开一家民宿，然后可以在民宿展示堂安的情况，游客直接通过我们的民宿了解堂安，可以选择来堂安、来我家这里玩。我们也找到投资人了，可以投100万元，但是要把我们三个文创门店合并起来，他投的100万元，与我们各占50%。我觉得不能保证是盈利的状态，因为疫情的原因，具体怎么样，也还要看今年的市场情况再去决定要不要做这个事情。

另外，在丹寨那边（贵州省丹寨县），丹寨万达广场有招商，他们一直在找文创类的店入驻，总负责人跟我哥刚好是校友，我们过去开店，能得到免一年房租的优惠，我们也准备去那边开发一下市场，与一些酒店合作，开发一些产品，可以接一些设计产品，从而把丹寨和我们堂安也链接起来。但是，我们精力不够，我很担心我哥，他一个人根本操心不过来，现在就已经有点精神崩溃了。[1]

三　返乡创业的社会文化基础

随着堂安旅游市场的发展，返乡从事旅游经营服务成为村民们越来越重要的生计选择，然而返乡创业不完全是一家一户的事情，还与整个村庄发展相关。在他们旅游经营的创业行动中，他们的利益逐渐与村庄共同体联系在一起，通过发展旅游来促进村庄社会经济的整体发展具有了新的可能性。

（一）通过发展旅游来解决村庄的社会问题

对于返乡创业而言，能否获得村庄政治资源的支持以及在多大程度上能够获得支持，是村民选择返乡创业的重要影响因素。同时，在获得村庄政治资源支持的条件下，如果能把创业项目与村庄发展问题结合起来，无疑能够实现互利共赢。在下述 XL 的创业案例中，她本身接受了较好的家庭教育，在外工作也能获得相对稳定的收入，然而在村支书的介入下，她选择了返乡创业，在村庄经营起了以侗族元素为主的手绘产品文创店。在她的创业过程中，村支书整合了村内相关的资源来支持她的发展，同时又通过她的创业推动村庄中留守儿童照顾问题的解决。

案例　返乡创业与留守儿童照顾

XL 是厦格村的返乡创业大学生，家庭教育十分重视读书，初中逃学去打工的经历让她更加深刻地体会到读书的重要性。在外已经工作积累了一定人脉和资金的她，为了照顾孩子，为了家乡的留守儿童有一个读书的好环境，在家乡文创坊即将关门之际回来创业。

家庭重视教育

我小学在厦格，高中在县城，大学在贵阳，工作的地点在广州。其实像我们家庭在村里面来说相对说是比较好的，因为我爸他是做包工头的，他之前也是在我们村带了很多的徒弟出来，所以他在教育方面其实还是蛮注重的，比如像我们这一届的读大学出来的女孩子只有我一个人。

我是2013年考的大学，现在村里面大学生就比较多了，二三十个应该是有的。我哥他是学画画的，我学医，我还有一个妹妹是学厨师的，所以说我爸对于教育很重视，我爷爷也是师范大学毕业的，以前就当老师的。但是我妈没有读过书，她以前去读书的时候被我外婆发现了，然后就被拧着耳朵领回去干活，就是不让她去读书。她只去学校待了三天，她觉得这个经历让她很难过。我妈嫁给我爸之后，刚开始的时候也是生活得非常艰辛，所以我妈一直教育我们一定要读书，一定要读出来。

心态的转变

我刚开始的时候也是有点叛逆，读到初中的时候就不想读了，因为村里面跟我同届的全部都去外面打工了。回来过年的时候看到她们都穿新衣服，打扮得漂漂亮亮的，我就觉得还蛮好的。她们也没有说在外面有多辛苦，但是回来的时候都是光鲜艳丽的。我们就觉得外面的世界可能是非常好的，然后我也不想读书了，高一的时候就跑出去了。去了三水那边，做那种牛仔裤的扣子。一天都在打扣子，第一天上班上了16个小时，非常累，除了出去吃饭的时间，剩下时间一直在重复一个动作。我在那边大概待了一个礼拜就真的扛不住了，我觉得太辛苦了。因为那时候是跑去的，我爸妈都不知道，决定回来才打电话跟他们说，我说我现在在三水，你们打点钱过来，我要买车票回家，我真的扛不了。我在外面的经历就是这样，回来之后就开始重新读书，从那以后就比较用心，然后也比较努力。

返乡原因

我之所以愿意回来，是因为我们的书记来了之后，村里确实改变了很多，像我们现在看到的这些石板路什么的，都是之前没有的，都是那种泥巴路，或者是用沙子去铺平的那种路。我回来之前，刚开始的时候这里是4个人一起做的工作室，他们之前也是学工艺这一块的，在凯里学院那边。但是他们经营了不到一年的时间就经营不下去了。那时我在外面上班，我哥说三个人全部撤退了，没有人去经营了，问我要不要回来。然后我们书记又跟我谈了一下，他也说因为现在也确实是一个困难的阶段，希望我能回来。而且我之前在外面积累了一些人脉，也有一些钱，我在外面工资还蛮高的。我在整形医院的皮肤科，是很挣钱的，我那时候我刚去的时候第一个月就拿到七八千，到后面的时候差不多是2万元，在外面也是攒了有差不多25万元。

我哥和书记都说，现在我们村里面都是留守儿童，如果我愿意回来跟他们一起去做这个事情的话还是很有意义的。我觉得还是可以，我就在想，因为自己也有了小孩，在那边上班确实也非常忙，没有时间陪伴小孩，我就说我回来先看一下前期的一些建设。我回来了之后就这些也都没有弄好，也全部都没有搞起来，然后我就听他的一些理念，还有一些方案，我就看他怎么讲。我刚来的时候，省政协还有新华书店那边捐了一些书籍过来。刚好那些小朋友全部都在门口，就是用那种眼光，一直看着我们，看我们在干吗。我们把那一箱一箱的书全部打开，他们就很开心，小朋友说："姐，能不能把这个书给我，我觉得这个书还蛮有意思的。"我看到孩子们很开心的那种样子就觉得我回来做这个东西可能也是不错的。他们也讲了，我回来的话，可以跟政府做一些事，比如把我的资源对接出去，再跟小学的尹校长他们一起去把这个事情做了，借助外面的大学生做这种公益类的。我们这儿现在过来做支教的一些人，他们文化水平，学历这些要求其实都是蛮高的。①

（二）通过发展旅游带动村民共同致富

在堂安，家族、邻里之间的血缘、地缘关系优先于市场中的同行竞争关

---

① 2021年4月24日，曾芸访谈 XL。

系，这种共同体的情感联结对于他们创业经验的积累具有正向作用。他们不是孤军奋战，而是彼此互相交流经营客栈、营销产品的经验：

> 当时没有经验就这样开起来了，也没有什么地方可以去学，就跟着人家做呗，人家怎么做，然后也跟着学一点，有时候就跟他们聊天、看他们怎么做。起初客栈刚开起来，还不会做菜单，于是我就去村里做得好的那几家客栈学习，拍下照片再自己模仿着做。村上的这些关系都是像平常一样的，寨子又不大，比如我们之前也聊：怎么在网上推销，然后客人来我们这边喜欢哪些东西，喜欢吃些什么，需要注意哪些方面；另外我也到肇兴景区看过，有朋友的话也会跟他们聊点。经过两年的摸索，到2017年，客人多起来，会和旅行社做一个对接，肇兴那边也推荐客人过来，慢慢地就有一些固定的人会介绍到店上来，主要就是靠一些比较熟的朋友的互相介绍，然后要把卫生这方面的搞上去。①

又比如打印发票的事情，由于越来越多的游客有打印发票的需求，客栈老板陆续购入打印机。整个发票打印的流程以及各种税务报账的问题，他们也是彼此学习，如此大家就能很快掌握这些技巧。观景梯田客栈老板LBSh打算请同福客栈老板来教他怎么开发票：

> 现在是信息化时代，我也买了电脑，自己在那里搞，客人不是要打发票嘛，我就买了设备。现在只有山水客栈老板会开发票，我不会搞，叫他来教我，他有时间就来教，他也太忙了，电子发票我还不会，反正有人教，搞一下就懂了，那也不是很大的麻烦。我觉得也很简单了，开一次、两次、三次就会了，人都要学嘛。②

为了避免恶性竞争，村里开客栈的几家还相互商量定价，信息共享。在

---

① 2021年4月25日，曾芸访谈LZG。
② 2021年4月27日，曾芸访谈LBSh。

价格差不多的情况下，各家各凭本事招揽客人。实际上，在旅游旺季的时候基本不愁客人，因而更没有彼此竞争的必要性：

> 住宿、吃饭的这些我们都是差不多的，人家收多少，我们也是收多少，都是一样的，我也不是定高的价格，也不是定低的价格。价格是我们自己几个人定的，说多少是多少，宰一只鸡多少钱，一顿饭多少钱，一个房间多少钱都是我们商量了的。新开的店，都是来问一下，反正是差不多的（价格），客人来了，在哪里消费都是价格一样的，愿意来我这里，比如要吃饭，人多的时候就得等，有的客人不愿意就可以去其他客栈，有的客人说愿意等我做的（菜），说等得很值得，饭菜很好，我就是认真地做出来，他们知道好不好吃，不靠价格吸引人。①

这种合作是全方位的，不仅是协商价格和信息共享方面，比如，在五一假期前夕，客栈老板一般都会提前准备菜品，"炒田螺"就是堂安村的一道特色菜，但是每户农田里的田螺有限，山水客栈老板 LHL 准备了两百多斤田螺迎接游客高峰的到来，但数量还是不够，临时又没法收购到田螺，她就去田园客栈家借，只要事后还回相同斤数的田螺即可，即使高峰期过后田螺的收购价格会降低。这样的回答，在醉酒客栈老板 LWY 口中得到类似的验证，他也经常遇到借进或借出相关食材的事情，田螺的这种流动既是堂安村人情社会的表征，也是彼此之间的社会联结的强化。

这些创业经营者之间彼此合作，共同分享经营的经验，无疑极大降低了创业的门槛，能够极大促进堂安整个旅游服务市场的快速发展。当然，除了创业者之间的合作，这些客栈经营者与村民之间的关系如何呢？关于旅游如何带动全村人致富，观景梯田客栈老板 LBSh 思考过这个问题，他认为大家现在处于未达成共识的阶段，所以想法一直难以实施：

> 我的客栈是 2019 年 9 月 16 号开业的，我有 8 个房间，一直都是爆

---

① 2015 年 1 月 12 日，孙兆霞访谈 LHL。

满的。疫情期间，受到一些影响，但至少每天能订出一间，吃饭的客人每天都有，住宿的少一点，礼拜六礼拜天能订出一两间。我跟我老婆说，让她出去打工，我自己在家里经营。我在家经营对家里面好，对整个村子也好。村子里面比如那些老人种菜什么的卖给我，这等于是大家都有事做。其实我出去打工，一个月是那么多钱，我在家里面一个月差不多也是这个样子。反正我想在家创业，到时候能把他们全部带动起来。毕竟我去广东打过工，我有经验。以前有一个和我一起打工的四川朋友，现在自己创业，身价几百万了。他和我同年生的，他回家种土豆，把整个村子租下来，达到几百万元的规模，还种生姜。现在我都佩服他了。①

当然，在旅游发展中，并非全村所有人都持相同的看法，创业者们赚到了钱，其他村民则未必能够从旅游发展中获利，LBSh 认为：

现在寨子里的人的想法跟我不一样，而且人越多越不好说，人少就好说。本来大家都是能够达成一致意见的，一到发展旅游的时候就变得这样，主要是觉得自己没有赚到钱。我说："如果思想还不开放，你一辈子都这样子了。"他们又觉得都是套路。他们会说："我何必来听你们开客栈的。"我说："你们讲错了，我们搞这个客栈不光是为了我们，也是为了大家一起，比如今天有人来钓鱼，清理田藻，你有的赚了；你今晚去搞活动，你有钱赚了，大家都有得赚。我都是为了大家，有钱一起赚。"现在习总书记重视农民，所以我现在只想入党，我已经写申请了，等审核一两年就是入党积极分子了。我经常跟我老婆说，要带动大家发展，入党也是挺好的一个事情，还便于我去了解一些政策。那些驻村干部天天来找我，都说我有积极分子的带头作用。②

---

① 2021 年 4 月 27 日，曾芸访谈 LBSh。
② 2021 年 4 月 27 日，曾芸访谈 LBSh。

实际上，如何通过自己的创业，带动其他村民一起致富，是这些创业的村民共有的想法。只有大家都能赚到钱，村庄的旅游环境才能改善，这样才能吸引到更多的游客，如此才能进入到良性的发展过程中。欣豪一号客栈的老板 LZG 是这样看待旅游带动全村共同富裕的问题的：

> 关于推销农产品的问题，现在还在摸索，不知道怎么做这个。像我们现在有十几家客栈，还是我家做我家的，他家做他家的，没有个统一。理想情况的话，先要有一家做出精品，然后带动他们。像我们这种想让大家全部集中起来讨论，形成一个共识的话，对于农村人思想我觉得不太现实。因为农村它有一种跟风的心理，如果说非让大家形成一种共识，他会觉得我自己做我自己的，干吗要听你的，如果说你形成一个龙头了，如果说你价钱卖得比他高，而且卖得比较好，他就自然而然地会相信你；如果说你的价钱比他低，即使你卖得多，他也不会认可你。就是先要做一个样板出来，让他们意识到这个东西有好处，有盼头了才会跟着你，如果没盼头，我干吗要跟着你，自己干还好一点。[①]

由此可知，客栈老板们是带着以旅游实现全村共同富裕的心态进行创业的。现在由于没有谁家的模式特别典型值得推广，其他人无法受益，所以短期内没有形成这种合力。但长期来看，大家的目标是一致的，因此在未来的发展中如何把这种利益联结的机制建立起来，带动村民共同致富，是需要在实践中不断探索和解决的实际问题。他们既有这样的"心"，相信这一天不会等太久。

第三节　村庄生计结构的再整合及其问题

一　村庄生计结构实现整合式发展的可能性

乡村旅游市场的发展在堂安村民的经济生活中日渐重要，乡村旅游产业

---

① 2021 年 4 月 25 日，徐磊访谈 LZG。

的发展为村民提供了新的生计选择，以此为契机，如何整合固有的生计结构，实现收入结构的整合式发展，是堂安现代发展过程中面临的重要问题。在当前城乡融合发展的背景下，我们需要以新的视角来讨论堂安的生计整合问题。

我们需要重新评估堂安农耕生计的重要性。农耕文化及其相应的社会基础是堂安"梯田社会"系统的核心要素。堂安有史以来的梯田稻作形成了用水管理的合作。对生态环境的保护，就地取材的木结构建筑，以稻米为主要原料的特色食品的生产，以耕种、收获为主题的仪式和传统活动，丰富多样的传统种质资源等都具有极高的文化价值、生态价值和经济价值。

在旅游发展中整合传统的农耕生计，既能有效地回应生态需求，也能保护乡村社区旅游的农业景观，支撑乡村旅游的观光需求，亦能为当地村民带来直接的收益。更为重要的是，农耕生产活动既在历史传承上支持了社区的团结和合作，也是社区传统在未来得以延续的基础。基于稻作农耕的传统食品、节庆、活动、仪式等，也是乡村旅游发展的重要支持元素。

因此，在堂安未来的发展中，通过"农耕生计＋旅游服务"的整合，能够在外出务工之外为村民创造新的增收可能，也为外出务工的青壮年劳动力返乡提供了新的就业机会。当然，在此过程中，需要实现稻作农耕向生态产业的转化，实现现代生态农业与村庄传统的结合，提升农产品的市场价值和经济价值，从而找到农耕生计与旅游产业发展的契合点，在新的城乡融合发展中实现生计结构的高质量整合。

二 传统建筑保护与客栈经营之间的张力

在堂安生计的高质量整合发展中，不仅关系到生计系统本身的调整和转型，也与整个国家的政策环境相关联。

2012 年 12 月，堂安村入选我国第一批传统村落名录。传统村落是指拥有物质形态和非物质形态文化遗产，具有较高的历史、文化、科学、艺术、社会、经济价值的村落。2012 年住房和城乡建设部等三部门发布的《关于加强传统村落保护发展工作的指导意见》（以下简称《意见》）指出：传统村落保护应保持文化遗产的真实性、完整性和可持续性，尊重传统建筑风貌，不改变传统建筑形式。2014 年住房城乡建设部、文化部、国家文物局《关于做好传统村落保护项目实施工作的意见》指出：对传统格局、历史风貌及其所依存的整体环境造成破坏的建设项目，不得核发乡村建设规划许可，未经许可建设的各类违章建筑应予拆除。这些政策意味着堂安村宅基地上的传统民居不能轻易改变建筑形式和风貌。

　　然而政策在堂安村实施过程中成了比较为难的问题。村民更多地从生活的需求出发而将木房改建为砖房，但国家主要从传统村落未来的发展出发提出要保护木房。因此，D 镇长认为全木和全砖结构都是不符合实际情况的，两砖一木（两层砖房、一层木房）的结构比较切实，D 镇长介绍道：

　　　　自旅游发展以来，在堂安村庄建设方面，家庭住宅的理想情况是"两砖一木"，最上面的建筑用木材，墙体用砖。这样住比较舒适，但这个跟国家发布的农村传统村落保护意见相违背。《意见》要求建木房，要保护传统，但村民有他自己的建房需求。如果你全部搞木结构，主要是不防火、不安全。群众出去打工，10 多年才建好一栋房子，二三十万块钱的成本，一不小心一把火就完了。如果建砖房的话，防火肯定要好一点。如果能够允许，我们就建"两砖一木"，这个想法是比较结合实际的。全部都搞砖房肯定不行，这个传统风貌全部破坏了，对以后的发展是不利的，所以可以结合两个方面一起做（未来的发展和村民的需求）。目前我们一直在阻止建砖房，可因为还没有具体的标准和要求，我们不敢乱搞，所以现在你们看对面这些都建有砖房了，现在我们只能批建"一砖两木"，这样他们又觉得不够用，村民要求起码"两砖一木"。①

　　L 干部是半年前来到堂安的驻村干部，关于违章建筑的问题，他认为不能"一刀切"，还是要多和群众做思想工作，因地制宜地设计与修建：

_____

　　① 2021 年 4 月 24 日，孙兆霞、曾芸访谈 D 镇长。

说到建房的整体规划，之前我们说"两砖一木"，但有些老百姓他还是有想法的，比如你一家 5 口人住房占地面积才 120 平方米，你随便数一下，很多家都有五六口、七八口人的。所以应该在建之前做一个整体的设计，看看具体情况符不符合，怎么建才符合，群众愿不愿意？我们可能要不断做思想工作，比如说 LLS，我来报到（村里工作）的时候，他家房子就被拆了。当时他报批到镇政府，要重新修建，但当时刚好是"两违检查"比较严格的时候，他打完申请（报告）还未提交，第二天房子就被拆了。后面，我去了解到这个情况：他老妈帮他带两个娃娃，他们两口子是在外面打工，房子差不多有个 90 平方米，一层半的木房子东倒西歪的，所以不拆不行。（当然，）现在他已经（把房子）盖起来了。只有改善解决群众问题，才是最开心的，如果我们解决不了群众反映的问题，我们觉得来这里（村里）工作是没用的，但是我们有困难，政府的困难就是跟群众沟通的时候群众不理解你，相当不理解，所以也有一些苦恼。①

　　现在堂安村不少客栈是"两砖一木"，或者"两砖两木"，因为有的村民在政府监管前就已经建好了，而田园客栈老板 LAJ 正处于政府严加规范违建的时期，因为他的客栈是在宅基地上修建起来的，这种传统建筑受到严格保护：

　　我现在这个田园客栈想再接一层砖，在顶层盖房屋。我有去申请的，但是他们不批，他说你这个房子最起码要保持 10 年不动。我看有些人家也是"两砖一木"，这个就是不公平的。他们就是瞒着建，建好了也就那样了，他们也没有天天来盯着，像我们那里，只要你今天有人在那里干活，他一天都在那里守着你，好像就是故意的一样。

　　如果能建房子，即使让我去贷款我都愿意。就像停车场外面那个，我跟我哥一个人可能要贷 30 万~40 万元，如果要搞那种精品民宿的话，就是要有独立卫生间啊，带空调之类的，有的人是喜欢住木房子，但 10

---

① 2021 年 4 月 25 日，孙兆霞访谈驻村干部 L。

个人当中可能有 8 个就不愿意住木房子，这里到晚上比较冷，木房装空调也没有效果。要这么多钱是因为我最起码要搞"两砖一木"，现在只有一层就不给建了，如果给建的话，采光又好，景点又好，视野又宽广。现在纯粹木房的也有，但是比较少了，大多数人都开始修砖房了。①

事实上，除了村民有建砖房的诉求，游客也有住砖房的需要，因为木房是透风的，而且游客越来越多，不扩建砖房也接待不了。此外，据 P 文书介绍，2018 年的时候，向信用社借 50 万元、100 万元建房，都没有太大问题，但是近几年保护传统村落的力度加大，加上旅游发展的形势不如前几年，收入难以支撑农户按时还款，信用社压力很大，所以贷款建房也不如从前了。因此，在传统民居保护与旅游开发上还存在着多重张力。

三 客栈经营中的人地关系调整与适应

在耕地方面，《中华人民共和国土地管理法》第三十七条规定："……禁止占用耕地建窑、建坟或者擅自在耕地上建房、挖砂、采石、采矿、取土等。……"但是在堂安旅游发展过程中，也面临着占用耕地的情况，这种新的服务业态是过去的土地使用规划中未曾考虑到的情况。

田园客栈老板 LAJ 想重新建一个精品民宿，但由于房子占到耕地，一直不被政府批准，现在房子建到一半，停工快 6 年了都没有解决办法：

> 我家外面，在靠近村庄停车场的位置，准备建一个房子，如果可以建的话，把那个房子建起来，做精品民宿是可以赚钱的，那里位置好，风景好。但是现在他们不让建，好几年了，好像是他们规划了那里，可能就是不允许吧，那个地方观景的话比较好看。这里以前是粮田，我们2015 年开始建房子，但一直被停工，停了都快 6 年了（但实际上 2018年文件才规定不能占用粮田）。那块田就在停车场下面，以前到处都是垃圾，现在还好。小孩子去玩的时候把啤酒瓶子砸碎了，丢下去，我们

---

① 2021 年 4 月 27 日，曾芸访谈 LAJ。

犁田的时候很危险，所以想把那边改成一个客栈。①

LYG 组织修建的百鸟巢也有类似的问题，因为百鸟巢占用了农户的水田，政府一直不批营业执照，导致无法接待更多游客，现在的收益不甚理想，办证成了百鸟巢目前最大的困扰，管委会、村委会、文管局多方都曾认可修建这一文化场所的价值，但是一涉及问题的根本，谁也没办法解决。

此外，在荒地方面，《中华人民共和国土地管理法》第十三条规定："……不宜采取家庭承包方式的荒山、荒沟、荒丘、荒滩等，可以采取招标、拍卖、公开协商等方式承包，从事种植业、林业、畜牧业、渔业生产。……"观景梯田客栈老板 LBSh 于 2014 年就把房子建好了，地基是一块荒地，修建的时候政府并没有禁止，现在认定他的客栈是违章建筑，用电问题一直困扰着他：

> 我最大的问题就是现在开太多空调容易起火，申请也申不上，因为他说我是违建，空调只能开两三台，开多了就跳闸，我需要 380 伏电，现在我用的是 220 伏，没办法使用这些电器。其实，好像还是这个房子的定性问题，属不属于违规建筑，但我们大部分都是"两砖一木"的结构，基本上是这个情况，政府说我们占了荒地，是违建，没有办法。②

用地矛盾是农村建设的一个长期存在的问题。一方面国家要保护传统村落风貌，保护粮食供应安全，有避免违章建筑导致的安全隐患的责任；另一方面村民有发展的诉求，有提高生活水准的愿望，更何况很多违章建筑是在管理制度还不健全时修建的。因此，伴随着大波返乡创业者的回归，用地需求只会越来越多，缓解用地供需矛盾，回应村民的发展诉求是政府亟待考虑的问题。

---

① 2021 年 4 月 27 日，曾芸访谈 LAJ。
② 2021 年 4 月 27 日，曾芸访谈 LBSh。

本章小结

本章主要分析堂安村民的生计结构与生计整合的问题。通过研究，可以说堂安村民的生计方式正在经历着结构性的调整，呈现出一些典型特征：

第一，低度整合的生计结构在村民的生计系统中依然是主流。对于堂安村民的经济生产而言，"农耕生计 + 外出务工"依然是大多数村民家庭的主要经济来源，这样的生计结构跨越了城乡，通过"兜底性"的农耕生产来满足家庭的生存需要，而通过"外出务工"来改善家庭的经济条件，然而这样的生计保障是低水平的，虽然在一定程度上解决了家庭的发展问题，但是很难对村庄的未来发展带来正向的效益，也很难帮助村民实现真正的生活富裕。

第二，返乡创业经营旅游服务逐渐成为堂安村民新的生计选择。随着堂安旅游市场的逐步发展，许多外出务工的村民看到了回乡发展的机会，陆陆续续返乡创业，投入到旅游发展行业中，"旅游经营服务"日渐成为诸多家庭新兴的生计选择。对于这些返乡创业的村民而言，"旅游经营服务"是一份家业，他们经营旅游服务之余也能够继续耕植土地，同时带动村民共同致富。目前来看，"外出务工 + 旅游经营服务"，或者"农耕生计 + 旅游经营服务"，抑或是完全从事旅游经营的创业案例都有，对于堂安的未来发展而言，如果以旅游服务整合固有的生计系统，实现高质量的生计结构整合无疑是重要的问题。

第三，要实现高质量的生计结构整合，还需要对相关政策进行调整。如何在保护与发展之间取得协调，因地制宜出台相关的政策，是堂安发展需要解决的问题。在当前村庄的创业行动中，村民们遇到的重要问题包括传统建筑保护与发展问题、人地关系的调整问题等，这需要在城乡融合发展的背景下进行统筹考虑。

当然，目前堂安的生计结构，主要还是为了满足家庭的基本生存和发展问题。无论是农耕生产、外出务工还是返乡创业，村民们依然还是在生计的框架中打转，只有少部分村民从生计走向了"生意"，真正从市场的角度来理解他们的创业行动。贵州省在"十四五"规划纲要（专栏 13）中指出，把肇兴侗寨列为重点景区度假区提升工程之一，推进该景区创建国家级旅游度假区。① 因此，如何借助旅游发展机遇来实现村庄资源的整合，推进一二三产业的融合，推动生计结构的高质量发展，最终实现共同富裕，是堂安未来发展需要解决的问题。

---

① 《贵州省国民经济和社会发展第十四个五年规划和 2035 年远景目标纲要》。

第九章　梯田社会与乡村振兴

稻作文化一直被认为是中国村落文化的原点，核心是"合作"，也就是一种命运"共同体"的意识。随着调研的深入和反复的研讨我们逐渐聚焦到了"村落共同体"这一问题意识上。堂安梯田社会是以水稻生产所需灌溉用水和村落拥有的梯田为基础的自给自足的小型地域社会。随着现代化进程加快、人口流动的加速，村落共同体出现解体危机。当下，堂安与其他传统村落一样，处于前现代遗存、现代化发展和后现代需求的三重结构中，村落共同体是否还能够维系？如何维系？人们逐渐意识到传统"村落共同体"的价值和意义，开始反思如何认识和评价"村落共同体"。堂安梯田社会无疑是对以上两个问题最好的回应。①

第一节　梯田社会系统理论的拓展空间

一　理论视角：基于核心家庭的社会合作品质研究

当中国农业文化遗产研究的价值已经在物质文化遗产和非物质文化遗产的保护与利用方面取得重大进展并在国际社会上引起高度重视之时，假设将农业文化遗产与之附着的载体比喻为皮毛关系，那么，它依附的"皮"该如何界定和廓清似乎还是一个悬而未决的问题。就中国而言，"自西周开始，以农立国一直是中国古代社会经济发展的基础，中国社会的'超稳定结构'

---

① 李晶：《稻作传统与社会延续》，生活·读书·新知三联书店，2019，第43、45页。

正得益于此，农业文化也因此成为中国农耕文明的底色"。① 孙庆忠洞察到农业与中国社会超稳定结构的共嵌关系，但他的取向在于探讨"农业文化"与"中华农耕文明底色"的关联，从文化遗产的角度看，中国社会的超稳定结构与农业文明共嵌关系的细节，没有得到与上一个问题一样的深究。

就此思维进路，20 世纪 80 年代，金观涛提出"中国超稳定结构"命题，从历史哲学的宏观层面建构了中国农业社会结构周期性循环的边界分析模型。② 从而启发我们：如果在农业文明与社会结构稳定性关联之间建立微观与宏观贯通的实证方法论通道，需要先从社会学鼻祖之一的涂尔干那里获取理论滋养。从发生学意义上看涂尔干，当他将"社会学"的阐释聚焦于"机械团结"与"有机团结"所指称的不同的产业社会的时候，其实也将前现代社会与现代社会的社会结构分别嵌入了传统农业与现代工业的"自然"产业属性之中，并指出二者的根本区别及不同的文化演进路径。③ 从农业文化遗产的皮毛关系看涂尔干的社会学贡献，更在于他对社会"本身的阐释"，即机械团结的社会与有机团结的社会之间的差异，只不过是不同合作结构的差异而已。

历经几十年的跨学科学术共同体的研究，美国桑塔费研究所（SFI）近十几年不断发布关于社会合作的哲学成果，集复杂性科学中的数学、生物学、经济学、社会学、计算机科学、物理学等古老的、年轻的学科共同研究于一体，以追求卓越而引领前沿。其愈加清晰的问题意识是："为什么说我们彼此之间的合作是人类的基本特点？"其最为前沿的对此问题意识的回应是："合作能将生命体提升为更高层次的组织。通过创造新的特化机体，新的生态位和劳动分工，合作为丰富的多样性打开了更大的空间。合作让进化更富有建设性，更加开放"。④

农业活动包含了生命体的自然和人与社会，农业文化遗产无非是人与自

---

① 孙庆忠：《农业文化的生态属性与乡土社会的文化格局》，《农业考古》2009 年第 4 期。
② 金观涛：《在历史的表象背后：对中国封建社会超稳定结构的探索》，四川人民出版社，1984，第 177～193 页。
③ 埃米尔·涂尔干：《社会分工论》，渠敬东译，生活·读书·新知三联书店，2000，第 33～92 页。
④ 马丁·诺瓦克：《超级合作者》，龙志勇、魏薇译，浙江人民出版社，2013，第 332 页。

然互嵌互动的丰富多元成果的表征。因此，只有形成将宏观如具有超越性的生命哲学，微观如推动农业文明变化的每一项社会合作的机制，二者之间的打通式思维才可能引领我们获得农业文化遗产皮毛关系认知在历史与逻辑一致基础上的理论共识。

经过30多年的城乡发展与改革的路径探索，中国农业和农村发展道路有无独特性？如果有，其独特性是什么？这一问题意识愈加嵌入到下一步农村改革政策导向的选择之中。以美国式"家庭农场"道路通向快速城市化和城乡一体化的选择以及以核心家庭为基底的中国式适度规模小家庭农场的道路之争，看似在回应未来的城乡结构于当下如何起步的选择问题，实际上已牵连到如何重建农村社区的道路选择及未来如何为人民提供健康食物的同样是小而精的绿色农业道路选择问题。①

毋庸置疑，这样的思维进路必然通向农业文化遗产在当下和未来的命运，以及农村社会的品质重建以什么样的社会结构为支撑的问题。因为以机器大工业为牵引的资本下乡这一美国家庭农场通向现代化的道路，是以消灭小生产、小而精的小农家庭生产和经济模式及社会结构为前提的。由此，目前至少在学术界和相关政策界还视为珍宝的中国农业文化遗产也将随之灰飞烟灭。

这样的选题仍会回到与农业文明相关的社会合作方式及其基础理论的论域之中，回到关于农业文化遗产在中国深化改革道路上皮与毛关系的历史启示与现实逻辑所包含的理论贯通之中。堂安稻作水利系统与"家"为基底的社会合作共嵌模式的探讨，或许能使我们在历史与现实相衔接的社会转型案例中获得一些中国经验的理论元素，以助力于责任重大的道路选择和农业文化遗产保护与利用的政策思考。而与其相关的关于村落共同体及其变迁的理论资源，则是深化相关理论对话并使理论得到增进的依托和基础。②

① 黄宗智：《实践与理论：中国社会、经济与法律的历史与现实研究》，法律出版社，2015，第364~390页。
② 孙兆霞：《黔中屯堡农耕社会合作机制及价值研究》，《中国农业大学学报》（社会科学版）2016年第3期。

二 分析框架:"家—村—国"关系下的村落共同体

社会学家滕尼斯对"共同体"和"社会(社区)"进行了对比,认为:"血缘共同体、地缘共同体和宗教共同体等作为共同体的基本形式,不仅是它们的各个组成部分加起来的总和,而且是有机地浑然生长在一起的整体。与此相反,社会产生于众多的个人的思想和行为的有计划的协调,个人预计共同实现某一种特定的目的会于己有利,因而聚合起来共同行动。社会是一种有目的的联合体。'共同体是古老的,社会是新的'。"① 在韦伯和滕尼斯看来,进入工业化时代,原先的共同体就会消失或者弱化。当前的乡村社会由于人口流动、并村撤村,原有的熟人关系在淡化,有人称之为"半熟人社会",还有人用"无主体熟人社会"来表述,还有人视其为"个体化""原子化"变迁。②

在当下的乡村,家庭生产生活的实体依然是"家",掌握着地域生产生活主体的实体依旧是"村"。如果缺少"家"与"村"关系的问题意识,村落共同体也就失去了讨论的原点。堂安无论是生活的共同体,还是农业生产共同体,都是在"家"与"村"的框架下展开活动的。但是,伴随着"家"和"村"关系的变化,"家、村理论"不断被扩展。当下处于现代与后现代、产业化与后产业化之间的摇摆时期,也是适应信息化、全球化及流动性趋势并转型的时期,这为"家—村理论"创新提供了环境和条件。堂安村经历了有着共同生活意识和生产组织的"家"联合,到外出型的"家"联系,再到返乡型的"家"联结,不断变化的"家"和"村"关系,形塑出新的村落共同体。此时,"村落共同体"早已不是传统意义上的"村落共同体",而是具有传统"共同体"精神和新时代特征的"村落共同体"。③

通过制度化改革,个体从传统家庭、集体主义中脱嵌,村民选择外出务工。但由于社会机制的持续弱化,个体无法独立面对系统性问题。当个体在

---

① 斐迪南·滕尼斯:《共同体与社会》,张巍卓译,商务印书馆,2019,第 3 页.

② 王春光:《社会治理"共同体化"的日常生活实践机制和路径》,《社会科学研究》2021 年第 4 期。

③ 李晶:《稻作传统与社会延续》,生活·读书·新知三联书店,2019,第 20~21、197 页。

寻求再嵌入资源时发现只有家庭才是不离不弃的保护伞，于是新家庭主义兴起。但是，新家庭主义无法为个体提供私人生活领域之外的庇护，更不能产生社会意义，而原有的村落共同体填补了这个空白，使得彼此之间重新建立一种公共性纽带。源于家国天下的文化传统，同时，人们强烈感受到中国崛起带来的荣誉，并借力传统的家国同构的话语在嵌入到现代民族—国家这个超大共同体之中，获得心理精神方面的安全感和物质上的满足感。① 而随着国家力量深入，村寨人群对权威的认同处于地方传统和国家的二元并立的状态。基层政府掌握资源分配的权力，村寨对之产生了依赖，而基层政府为了维持秩序和推行政策，又需要依托村落原有的社会联结和规则，从而形成双向的依赖关系。基层的自治组织（如村民小组设置）为村寨人群的区界增加了新的分类模式，而原有的基于血缘和地缘的社群结合方式仍在延续着。②

因此，在对堂安梯田社会研究中，通过动态的"家—村—国"分析框架，将结构乃至文明的变迁过程、互动和主体性纳入其中，这为考察中国乡村复杂的现实情况和乡村振兴的有效路径提供了重要的理论立场和视角。

三 梯田社会的生态逻辑

农业是唯一一个人与自然相交换并具有多功能的行业，农业逻辑本应是市场逻辑嵌入社会逻辑，社会逻辑受制于自然逻辑。但在市场化进程中，市场逻辑凌驾于社会逻辑和自然逻辑之上，这导致了"农业体系的逻辑倒置"。③ 足立原贯等曾提出工业的逻辑，一是集中，二是大量，三是高效率；而农业的逻辑，一是分散，二是适量，三是永存性；同时认为农业的逻辑是一种生命的逻辑。④ 在地球生物圈中，生命系统和生态系统紧密相连，生命是生态的中心，

---

① 阎云翔：《从新家庭主义到中国个体化的 2.0 版本》，澎湃新闻，2021 – 08 – 03。
② 孙旭：《集体中的自由：黔东南侗寨的人群关系与日常生活》，社会科学文献出版社，2019，第 6 ~ 7 页。
③ 周立：《农业体系的逻辑倒置及多元化农业的兴起》，《绿叶》2012 年第 11 期。
④ 足立原贯、赵光远、陈星灿：《工业的逻辑与农业的逻辑——人类文明何处去》，《农业考古》1991 年第 3 期。

生态是生命的依托。由此，农业的生命逻辑也是一种生态逻辑。[①]

日本学者坂本庆一提出从人的生命活动的意义上理解农业生活。他以"生"为贯穿一切农业活动的中心，强调"农的原理即是生的原理"，并指出："这里的'生'是指生命、生活、人生，或者说性命、过日子、活法的全部。"[②] 在梯田社会中，人与自然是以生命为中心而融为一体的。表现为人的生产节律和自然的韵律的高度契合，人的生命活动与大自然的生命循环的相互交融。强调这个生命共同体中人和天地万物相互联系的整体性及其循环运动。[③]

正如日本学者祖田修所言："人类通过造物来创造自己。因此，可以将农业生产视为一种自我创造和自我形成的过程。"[④] 由此，造田实质上就是创造梯田社会。梯田是村民主要的生产基地，村落则是村民主要的生活基地。梯田主要承载物质资料的生产，村落则主要承载人类自身的生活。村落生活与梯田耕作相互渗透，人的生命活动与自然的生命循环相互交融。梯田耕作有利于人与人之间建立一种朴素的互助和传承的关系，也有利于在工业文明中迷失了的人性的回归。[⑤] 可见，未来人类发展的最后目标一定是奔向生态文明，如果不能走向生态文明，整个社会都不可能持续发展。[⑥]

第二节　梯田社会的合作基础与价值

一　梯田农业的社会基础

建立在生产与经济层面的合作，几乎是农民社会抵抗脆弱性的最初和基

---

① 李根蟠：《农业生命逻辑与农业的特点——农业生命逻辑丛谈之一》，《中国农史》2017 年第 2 期。

② 坂本庆一编《农业之于人类的意义》，学阳书房，1989。转自《农学原论》中译本，中国人民大学出版社，2003，第 49 页。

③ 李根蟠：《从生命逻辑看农业生活特点及相关问题——农业生命逻辑丛谈之三》，《中国农史》2017 年第 4 期。

④ 祖田修：《农学原论》，张玉林等译，中国人民大学出版社，2003，第 153 页。

⑤ 李根蟠：《农业生活功能与中国传统的大生命观（上）——农业生命逻辑丛谈之四》，《中国农史》2017 年第 6 期。

⑥ 方李莉主编《艺术介入乡村建设——人类学家与艺术家对话录之二》，文化艺术出版社，2021，第 49 页。

本方式。与家族式的生产单位相比，小家庭在经济活动中的活跃性和经济能量上的不足必然导致家庭功能的外移，需要社区作为第二环境对家庭经济功能进行补充，以实现家庭功能的完整性。由于小家庭功能不全，且没有提供资源的余地，因而只能求助于社会性的互助互惠方式。如果社会中原先没有相应的方式，就会根据需要创造出来。各种丰富多元的社会互助形式会不断地完成使命又不断创生。堂安稻作系统及其与之互嵌的支持系统如婚姻圈、祭祀圈、生态圈、糯米圈等，均为整体性中不可或缺的有机组成部分。

比如，"糯米流动"创立了一套与熟人社会互惠交往同构的理性计算规则。依此规则形成机理，房族间的交往一般都能得到对等的回报，而兑换原理总能将新的内容包容进自己的换算体系，使之成为本土的知识。懂得和遵循这些知识成为道义和情感交往的理性基础。在社区生活中，以"物"流动实现的社会交往，遵循的规则就是"循环"。

再比如梯田、鼓楼、"四个 Gui"的内嵌结构及其社会价值。梯田是人与自然、社会与生态资源互惠关系的平台。它构成堂安村民有史以来生计来源的资源前提，亦是其与社会共同体生成互嵌机理的基础。即便在当下外出打工已占家庭生计主要来源的前提下，堂安村民对梯田的执着养护与利用，以及坚守糯米流动的循环观念，都有力地为乡村家园的固守提供了可持续的社会基础。

鼓楼是堂安侗寨社会生活的中心，或为社会公共空间的物质表达。鼓楼是社区社会参与、社会共识、社会合作、社会秩序、社会组织、集体行动能力的成长平台，亦是社区社会资本积聚、聚合并增殖为"社会何以可能"的直观展演场，更是堂安村民向历史和当下宣誓自己坚守"家园"价值的地方。而这些社会机理的结构性逻辑，是以个体—家庭—家族—社区的社会系统，在鼓楼的文化象征意义中奠定的社会基础。

而堂安村民"四个 Gui"人观，将天、地、人、社会、时间、空间贯通成为一体，既永恒存在，又循环往复。其中，投胎转世的那个"Gui"建构出的"轮回社会观"打破了人的阶序、社会身份、时间与空间区隔、资源占有、人畜之别，显现了一个资源相对局限环境中相应文化形塑平权社会以达至均衡、物质资源依托社会共识合理利用和分享的生态智慧，充分体现了梯田农耕文化的自我适应能力。更重要的是，其将整个堂安村民社会黏合成为一个命运共同体，你中有我，我中有你，世代相继不绝。

堂安侗寨梯田、鼓楼和"四个 Gui"人观的相互嵌入，有力地形成了堂安侗寨农耕文明知识体系的结构性因子。它们各自独特的功能及其自组织结构机理形成了堂安侗寨文化自主性，横向贯通生态空间、社会空间和发展空间，纵向贯通历史维度、精神和信仰维度、经济方式转型维度，是抵抗社会脆弱性的内生性力量，是本土知识体系的智慧结晶。

当下，联合国教科文组织对"发展"目标的战略定位已在增加物质资本和人力资本基础上创造性地加入社区社会资本。其战略目标是在社区发展及农业文化遗产保护中引入社区主体性力量。这个主体性力量的营造必须嵌生于社区社会文化体系内才能够形成可持续的社会基础。从社会政策生产资源的角度来看，社会福利的自我生产和社区照顾的自我实现均与文化传递方式互嵌，与人们对自然资源保护和利用的理念互嵌。梯田世代相继营造铸就的社会合作和鼓楼形塑出的文化主体性与轮回社会观将堂安的农业文化体系融为一个命运共同体，相互关怀与互助，外加对社区的敬畏和贡献之情，形成绵绵不绝的社区可持续内生动力。堂安的社区社会资本在面临现代性考验的实践中仍然具有完整性、内生性和鲜活性，亦可为自身和人类做出示范性贡献。[①]

二 梯田稻作系统蕴含的社会合作价值

联合国粮食及农业组织（FAO）将全球重要农业文化遗产（GIAHS）定义为"农村与其所处环境长期协同进化和动态适应下所形成的独特的土地利用系统和农业景观，这种系统与景观具有丰富的生物多样性，而且可以满足当地社会经济与文化发展的需要，有利于促进区域可持续发展"。

如果更多偏向于从物质文化遗产的维度，从注重景观、物质资源与生态系统的保护与利用上去理解此定义，就会对系统性中文化和社会视角进行遮

---

① 孙兆霞、曾芸、卯丹：《梯田社会及其遗产价值——以贵州堂安侗寨为例》，《中国农业大学学报》（社会科学版）2015 年第 6 期。

蔽。而堂安稻作系统案例，由于其自身品质的彰显，恰好能够凸显出基于自然和人与社会的互动向度的遗产价值。

堂安农耕社会中多层次、多维度、广参与、重叠多的合作机制是使合作成为社会永续和"遗产"不朽的根本依托。形成"皮"之结构，支撑着、养育着寄于自身的"毛"，是整体性与基础性的合一，是生态系统和人与社会系统共嵌关系的载体。

黄宗智"小农家庭经济"与"农业隐性革命"从经济结构入手讨论中国农业的前途与方向如何抉择的问题，但未能看到重建乡村生活的价值和意义，还需要对农业文化遗产有更为深刻的认知。至少，在中国未完成城市化进程中，在投入大量公共财政资金进行"硬性投入"实操时，应更多关注类似与堂安梯田社会的生成和价值机理，也许能走出一条中国后现代的道路。因为关心最基础、最悠久的生计方式和其中人与自然合作共进的关系，才能走出一条适合中国国情的发展之路。或许是人类共同体的希望之路。①

在经历了前现代社会、现代社会、后现代社会诸阶段之后，我们也开始认识到具有前现代社会色彩的"村落共同体"并非不可取。现代社会的村落离不开"村落共同体"，而支撑"村落共同体"的是村落社会组织和家庭的温情。如今的堂安村早已超越了传统意义上的"村落共同体"，是一个被注入了现代性的"共同体"，传统的延续，是不断被注入时代特色。如今，堂安"村落共同体"依然是当地社会秩序的维系力量。只要梯田农业不消失，梯田文化传统中的核心"共同体意识"就难以消失。梯田文化传统的存在必然会影响到村民的行为和认知，由此重新讨论村落共同体的问题就显得非常有意义。② 传统文化对村落的影响依然是非常重要的，其使得村民的行为和选择表现出按图索骥的结构与文化路径。传统文化更像是一个"行动处方"，渗透到人们的心理和认知中。同时，堂安的传统文化还具有很强的调适能力，这也是其仍然保有生机的重要原因。

---

① 孙兆霞：《黔中屯堡农耕社会合作机制及价值研究》，《中国农业大学学报》（社会科学版）2016 年第 3 期。
② 李晶：《稻作传统与社会延续》，生活·读书·新知三联书店，2019，第 250、340 ~ 341 页。

第三节　城乡融合视角下探寻接续根脉的路径

中国社会的"乡土性"，指涉的是传统文化的深层结构及其对社会构造原理的影响，而非强调二元对立的城乡之别。① 从 20 世纪 80 年代开始，堂安的青壮年们加入打工浪潮中。城市融入的限制、外出务工者的定期回流、现代通信工具生成的"在场"感以及来自家乡的文化认同同构了"跨空间"的联系和整体性。他们在不同的社会文化空间中往返，是一种人与其深植其间的文化意义体系和社会关系的互动过程。而随着村落基础设施改善，外来资本进入、自主创业大量涌现，村落面临着传统社会秩序限制、市场开发竞争、区域内发展不平衡等问题。在城乡格局变化的宏观背景下，共同构成了堂安及其所属更大区域未来的变迁底色。②

一　对源于祖先崇拜的"家"观念的认识

乡村是透过日积月累的家族的生命成长而来的。家是乡村的基本单位，乡村中如果没有了家，也就失去了价值。"家"是堂安的核心价值，"家园"对于他们而言，依然守望于心。"中国人这种极为强烈的乡土情结自从其产生之后，几千年以来便世世代代被丰富着、扩展着、加强着，形成了一种对他们来说如同宗教般的东西。它被最终归结到一点，就是一种对乡土的回归。生生死死，那都是每一位中国人的神圣追求。当然，这种现象与所谓的'祖先崇拜'（Worship of Ancestors）有不可分割的联系。"③

人们通过传宗接代，将有限的生命达至无限的生命意义。在"宗"之上形成的乡村社会，构建了一个完整的文化体系，将个人价值、家庭生活、社会价值在这生命行为中融合为一。堂安村民非常强调血脉传承的重要性与合理性，并把它作为整个族群的价值信仰。在生生不息的血脉轮回中，敬祖

---

①　张颖：《中国艺术乡建二十年：本土化问题与方法论困境》，《民族艺术》2021 年第 5 期。

②　孙旭：《集体中的自由：黔东南侗寨的人群关系与日常生活》，社会科学文献出版社，2019，第 11、31～32、382、437 页。

③　何天爵：《真正的中国佬》，鞠方安译，中华书局，2006，第 64 页。

与崇拜成为其真正的价值和信仰。"四个 Gui"人观超越了生死限定，信仰也在追寻生命意义中形成，生命价值的血脉自证成为乡村传统文化的核心价值。

虽然祖先在有限的生命中逝去，但他们坚信祖先的灵魂依然存在并且作为超自然的力量而加以崇拜。尊祖敬宗升华为一种崇高的信仰习惯。此岸活着的家庭是彼岸世界的现实存在，轮回转世又成为未来家族的接续点，延续血脉，循环往复。敬祖和祖荫庇护是堂安村民的信仰，后辈与祖宗相通的途径是通过祭萨的仪式来实现的。对土地神和山神 sa yang 的崇拜是村民敬畏自然的结果，从耕种庄稼到选址建房，堂安村民的生产和生活都是在土地神的准许与护佑中完成的。山神则保佑着堂安的五谷丰登，让村民不用忍受饥饿之苦。在快速的工业化和城市化进程中，依托于传统农耕文化的乡村日渐式微，如果人们逐渐脱离对神和土地的敬仰，与祖先失去联系，与土地失去亲近，也终将失去生命的根脉。①

家庭本位是指一个人的伦理责任、道德义务乃至生命价值都以他与家庭的关系为基础建立起来。② 尽管堂安村民也离开了土地，但仍然对祖先和土地充满了发自内心的敬重和信仰。那是因为堂安村民在血脉传承中形成了"家"的观念，土地是世代祖先传给子孙的家产，生死不离田早已成为他们的信条。虽然无嗣为不孝，但更大的不孝是对祖业的放弃，是不守护祖宗的灵位。所以，"家业"必须要有人继承，包括祖先的灵位和祖坟、土地和祖屋、社会记忆和耕种技术。③ 堂安梯田抛荒较少的原因也正是和堂安村民的"家"观念有关。梯田对于他们来说，既能够满足生计的需要，又代表着家族兴旺与繁荣昌盛，这份家业是必须传承下去的。而对于外出人员来说，农忙时回家耕作既体现了传统文化中的"孝道"，又给自己留了一条"后路"。可见，以"家为核心"的农耕文化价值体系是可以与现代的生活方式相适应的。

---

① 渠岩：《艺术乡建：许村重塑启示录》，东南大学出版社，2015，第 23、52～55、60～69 页。
② 周飞舟：《行动伦理与"关系社会"：社会学中国化的路径》，《社会学研究》2018 年第 1 期。
③ 李晶：《稻作传统与社会延续》，生活·读书·新知三联书店，2019，第 142、162～163 页。

二 艺术介入乡村社会的路径

正如马克斯·韦伯所言,在"社会"状态,人与人的关系疏远了,那是"社会化",与此相对的是"共同体化",即将疏远的人际关系回归紧密的交往关系。① 所以,从这个意义上说,艺术乡建就是通过"共同体化"重新形成一种紧密的日常生活形态。

艺术介入社会可追溯到 20 世纪 70 年代,从博伊斯的"社会雕塑"到伯瑞奥德的"关系美学"。"关系美学突出了介入性艺术'修复断裂的社会纽带''链接人际交往'的社会功能。"② 由此,艺术乡建更重要的是社群关系的重建,以及重新建立人们之间的信任和乡土关系。③

艺术介入乡村的实践,是借助艺术形态重建人与人、人与自然、人与祖先、人与家、人与神、人与圣贤的关系。这一过程超出了单一的审美实践,它是在社会的现实场域中,构建一种能与地方生态、历史文脉、权力网络、社会秩序和信仰体系发生持续关系的重要力量。修复乡村的社会秩序和信仰体系,让乡村苏醒和恢复人的生命感觉,从而确立人们对生活的参与感、主体性和对祖先崇拜,重新接续文明根脉。村民跟外部介入之间是一个互动过程,这是一个从信任到信心再到信仰,逐步建构的一个过程,通过实用价值的导入介入到文明价值。④ 正如渠岩所言,与近代以来乡村运动的根本不同在于,艺术乡村建设不再把乡村作为被否定的对象,而是肯定了乡村存在的价值和意义,并使之与当今时代与生活相衔接。⑤ 艺术乡建的核心在于,弥合因社会裂变造成的"文化失调"与其波及的社会整体失能问题,对乡土文化生态、社会功能和在地主体性进行修复,在保存乡土社会主体性和整体

① 王春光:《社会治理"共同体化"的日常生活实践机制和路径》,《社会科学研究》2021 年第 4 期。
② 尼古拉斯·伯瑞奥德:《关系美学》,黄建宏译,金城出版社,2013,第 3、5 页。
③ 方李莉主编《艺术介入乡村建设——人类学家与艺术家对话录之二》,文化艺术出版社,2021,第 79 页。
④ 邓小南、渠敬东、渠岩等:《当代乡村建设中的艺术实践》,《学术研究》2016 年第 10 期。
⑤ 渠岩:《艺术乡建:许村重塑启示录》,东南大学出版社,2015,第 1、5 页。

性的基础上，通过多主体联动推动乡村振兴的实践。①

　　首先，展开对堂安传统村落共同体价值的探讨。探讨堂安村如何能以自然的方式在山水中静谧地留存下来。如今的堂安村，依然是以"家"为核心的血缘纽带，这是乡村并未真正衰败的原因。乡村保留了社会秩序的维系和权威的管理，保留了村民引以为豪的祖先信仰和道德支撑，乡村主体性价值得以彰显。② 各种礼俗活动和仪式赋予了人们敬畏之心，传承着尊卑上下、远近亲疏的观念。

　　其次，透过丰富的艺术表达与在地叙事接续文明根脉。以文化主体性视角来呈现凝缩于堂安地景之中的社会与象征意义，理解堂安村民如何透过梯田运作与组合特定地景元素，形塑当地的自然观、社会规范与文化价值。从而让村民成为自身文化的持有者，重拾传统知识以及当代发展的发言权。具体落实于在地人才培育、传统知识传承、凝聚村落共识以及辅助乡村规划等不同层次，以回应全球化趋势下的村落共同体瓦解与地方性文化流失等问题。深究堂安村"永续"的价值内涵、守望于心的乡土情结和共同的历史记忆，将传统文化价值与现代生态感受相结合，满足人们对美好生活的追求，获取更多"后发展"的可能性。③

　　最后，实现生计、生态和生活互嵌的价值。为了协调彼此之间的关系，需要把农业置于"地域空间"之内，④ 将信仰、公共空间、生态环境和新生活意义等进行统合。其核心价值在于，以着眼于日常生活的幸福为前提，以重建乡村社会关系为指向，创造一个充满人性和彼此互信的生活空间。⑤ 例如，在堂安农家乐这样的空间内，实际上是中国城乡转型的过程中，城市人跟乡村人一次直面的文化碰撞和深度交流。生态博物馆这个空间不仅具有生态展示的功能，其意义是把堂安连接到世界，部分村民也因参与其中，建立

①　张颖：《中国艺术乡建二十年：本土化问题与方法论困境》，《民族艺术》2021 年第 5 期。
②　渠岩：《艺术乡建：许村重塑启示录》，东南大学出版社，2015，第 15 页。
③　公民生态学研究团队：《兰屿地景人类学》，http://www.beha.tcu.edu.tw/lanyu，最后访问日期：2009 年 4 月 23 日。
④　祖田修：《农学原论》，张玉林译，中国人民大学出版社，2003，第 150~155 页。
⑤　李根蟠：《农业生活功能与中国传统的大生命观（上）——农业生命逻辑丛谈之四》，《中国农史》2017 年第 6 期。

了新的社会网络，成为推动农耕文明现代化转型和乡村振兴实践的主体力量。①

三 构建新型城乡关系

当今中国的现代性困境体现在乡村危机上，最根本的表现就在于城乡之间的复杂关系，其制约着中国如何从传统走来，并终将走向何方，② 这是一个关涉文化主体性之存续的文明本体问题。农民工进城解决不了落地的问题，于是就出现了一个钟摆式的流动。他们大部分人都和城乡发生关联，都会在城乡之间不断往返与迁徙，而他们的家和根一直都在原来那个地方，这也正是费孝通先生所言的"离乡不背井"。③

有边界的生活空间和共同经历所形成的情感相通成为"共同体"的核心。当下，村落作为小型、紧密的地方性共同体仍然被需要，这是一种人们寻找确定性的需要。村落共同体能否在现代社会继续留存，关键在于村落共同体是否有联结社会的可能性，即村落共同体关系能否被发展成韦伯所说的"合理性的'结合体关系'"。④ 正如梁漱溟先生所言，中国既非个人主义社会，亦非集体主义社会，而是一个关系社会。乡村和城市的未来也许是在重塑人与土地、人与人、人与环境的关系，并将有价值的乡村文化输出到城市，再将城市资源吸引到乡村，从而不断推演出新的生活方式与社会结构。乡村与城市必将重新成为相互依存的，并与自然共存的生态共同体。⑤

在乡村振兴实践不断推进中，"艺术乡建"将成为统合不同社会群体尊重和认同乡村价值观，推动农耕文明的现代化转型和乡村振兴的重要切入点。以互融共生关系为底色，通过艺术活动创造地域共生社会，形成新的农业文化价值与社会形态。⑥ 伴随乡村在生态、生活层面的多功能价值作为地

---

① 邓小南、渠敬东、渠岩等：《当代乡村建设中的艺术实践》，《学术研究》2016 年第 10 期。
② 渠岩：《艺术乡建：许村重塑启示录》，东南大学出版社，2015，第 20 页。
③ 邓小南、渠敬东、渠岩等：《当代乡村建设中的艺术实践》，《学术研究》2016 年第 10 期。
④ 毛丹：《村落共同体的当代命运：四个观察维度》，《社会学研究》2010 年第 1 期。
⑤ 左靖：《乡村工作——以大南坡为例》，讲座文稿，服务器艺术公众号，最后访问日期，2022 年 6 月 7 日。
⑥ 张颖：《异质与共生：日本当代艺术乡建诸模式》，《民族艺术》2020 年第 3 期。

方性资源受到关注和利用，乡村也慢慢地进入"后生产型乡村"，出现许多新的功能。① 随着生态博物馆和旅游的外向化发展，堂安村逐渐转变为主客共享的空间。农业文化遗产多元价值和功能的拓展，资源和基础设施的共享使得地方性进入一个多主体共创的阶段。② 通过联结本土的农业和手工技艺从业者，以及艺术家和设计师，重新发现传统农耕文化的魅力，赋予当地特色产品更好的价值内涵、包装设计以及品牌规划。③ 在此，乡村与城市建立起某种新型社会关联，人们共同重建某种社会关系，地方认同和情感依恋不断再创造，并以此改变社会形态和纽带。④

　　在堂安故事的书写中，记录了人与自然、社会与生态的调适，岁月留存在这片土地上的每一寸记忆，村民的生活形态和生命情感，既回望了故土乡情，也诠释了堂安村之于中国的存在价值。从自在自然到城乡互嵌、农耕业态多维度更替中，发现了农业文化遗产和时代衔接的可能性，回应了推动地方主体性成长，重新接续文明根脉的问题。而农旅融合、康养休闲、文化创意等新业态的出现，本质是传统向现代的内在延展，这种延展依托着堂安农业文化动态积淀的深厚资源。

① 邓小南、渠敬东、渠岩等：《当代乡村建设中的艺术实践》，《学术研究》2016 年第 10 期。
② 苏明明、杨伦、何思源：《农业文化遗产地旅游发展与社区参与路径》，《旅游学刊》2022 年第 6 期。
③ 左靖主编《碧绿 02：去国还乡》，金城出版社，2013，第 112 页。
④ 方李莉主编《艺术介入乡村建设——人类学家与艺术家对话录之二》，文化艺术出版社，2021，第 92~93 页。

附　录

附录一　黎平县堂安村各组家庭土地情况统计

附表1　黎平县堂安村家庭土地情况统计（一组）

| 户主姓名 | 继承关系（从土地下放起） | | 旱地、水田 | | | | | 林地 | 备注 |
| | | | 代种（含送亲戚种） | | | | 自种 | | |
	第一代（亩）	第二代（亩）	面积	对象	收入分配	补贴享用	面积（亩）	面积（亩）	
YWY									
YWK	7.76	7.76					7.76	10	YWY 两兄弟土地未分
YYX	2.22	2.22					2.22	4	其父 YYY
LAL	5.39	1.65					1.65	2.7	
YWW	3.55						3.55	3	
PYS	2.53						1.06	4	
YWZ	2.78						2.78	3	
YYW	3.5	1.75					1.75	2.25	
LAZ	3.66	3.66					3.66	4	其父 LJK
LHX	2.35						2.35	3	
YWY	4.33	2.23					2.23	3	
YWJ	1.51						1.51	3	
YWJ	2.92						2.92	5	

续表

户主姓名	继承关系（从土地下放起）		旱地、水田					林地	备注
			代种（含送亲戚种）				自种	面积（亩）	
	第一代（亩）	第二代（亩）	面积	对象	收入分配	补贴享用	面积（亩）		
LKP	2.19						2.19	3	
LAZ	3.03						3.03	3	
YJW	1.49	1.49					1.49	3	
LXK	3.56	3.56					3.56	3	
LJR	1.94	1.94					1.94	3	其岳父 YWX
LAR	1.9						1.9	2	
PYZ	1.47						1.47	3	
LKX	2.82						2.82	4	
LKH	3.55	3.55					3.55	4	
LAZ	5.39	1.77					1.77	2.5	
LPX	1.86	0.93					0.93	1.5	其父 LXD 0.93
LPZ	1.86	0.93					0.92	1.5	其父 LXD
LAG	1.9						1.9	2	
LHL	1.56	1.56					1.56	2	人数 PZQ 家
LLM	5.7	2.54					2.54	2	其夫亡
LAQ	5.7	2.53					2.53	2	
YWS	2.98	1.49					1.49	2	
LCL	2.88	1.44					1.44	2	
SCZ	2.88	1.44					1.44	2	
PZW	1.9	1.9					1.9	2	父亡 妻亡
PYE	2.62	2.62					2.62	3	
YWK	4.33	2.1					2.1	2	
LHG	2.82	2.82					2.82	2	
LAK	1.9						1.9	2	
PYL	2.11	2.11					2.11	2	其父 PZF
LAR	1.9						1.9	2	

续表

户主姓名	继承关系（从土地下放起）		旱地、水田					林地	备注
			代种（含送亲戚种）				自种	面积（亩）	
	第一代（亩）	第二代（亩）	面积	对象	收入分配	补贴享用	面积（亩）		
LAL	2.86	2.86					2.86	3	
PYG	2.1	2.1					2.1	2	
LAZ	5.39	1.97					1.97	2.7	
YJX	4.36	2.18					2.18	2.2	
LKH									死亡
YJH	4.36	2.18					2.18	2.2	其父 YWS
YJX	1.99	1.99					1.99	2	其父 YWA
YJR	1.66	1.66	1.66	女儿	给土地主人	给土地主人	0	2	
YWR	3.44	3.44					3.44	2	
YYJ	3.5	1.75					1.75	2.25	YYW 为其弟
LBK									其父 LAL 有地1.65 亩
LYT	无								
YJL									其父 YWJ 有1.51 亩，此处不记
LCY	1.86	0.93							
KYJ							0.93	1	其父 LYF 有地3.55，已记录

资料来源：堂安村委会。

附表2　黎平县堂安村家庭土地情况统计（二组）

户主姓名	继承关系（从土地下放起）		旱地、水田							林地	备注
			代种（含送亲戚种）				自种	抛荒		面积（亩）	
	第一代（亩）	第二代（亩）	面积	对象	收入分配	补贴享用	面积（亩）	面积（亩）	原因	坐落地	
LAP	4.04	4.04					3.54	0.5	无水路远	登当赖	1.7	

续表

户主姓名	继承关系（从土地下放起）		旱地、水田							林地	备注
			代种（含送亲戚种）				自种	抛荒			
	第一代（亩）	第二代（亩）	面积	对象	收入分配	补贴享用	面积（亩）	面积（亩）	原因	坐落地	面积（亩）	
LWP	2.94	2.94					2.44	0.5	无水路远	登当赖	1.3	
LAY	2.42						2.42	0.6			0.6	
PXT	4.6	2.3					2	0.3	无水	金鸡	1.1	两兄弟
PXG	4.6	2.3					2	0.3	无水	金鸡	0.9	
YYM	2.95	1.48					1.48				1.25	两兄弟
YYH	2.95	1.48					1.48				1.25	父：YWZ
LKZ	2.2	2.2					1.95	0.25	无水路远	归双		
LZG	2.93	2.93					2.48	0.45	无水路远	归双	2	
LAJ	2.57	1.29					1.14	0.15	无水路远	归双	0.65	
LLY	3.2	3.2					2.47	0.55	无水路远	登当赖，归双	0.9	孤儿
LAM	3.07						2.72	0.35	无水路远	归双	0.6	
PXP	2.75	2.75					2.6	0.15	无水路远	归双	1.6	
LYK	1.69	1.69					1.59	0.1	无水路远	归双	1.6	
LRY	3.3	1.65					1.52	0.14	无水路远	归双	0.3	
PGX	2.1	2.1					1.66	0.35	无人管田不好	地上	0.4	
LZK	2.86						2.61	0.25	无水路远	归双	0.8	
WYG	3.6	1.8					1.4	0.4	无水	地上	0.6	父：WKZ
WYS	3.6	1.8					1.4	0.4	无水	地上	0.6	父：WKZ

续表

户主姓名	继承关系（从土地下放起）		旱地、水田							林地	备注
			代种（含送亲戚种）				自种	抛荒			
	第一代（亩）	第二代（亩）	面积	对象	收入分配	补贴享用	面积（亩）	面积（亩）	原因	坐落地	面积（亩）	
PXF	1.9	1.9					1.9				1.1	
PBN	1.6	1.6					1.35	0.25	无水路远	归双	0.8	父：PXW
LMZ	5.28						5.28				2.5	
YJH	2.94	2.94					2.69	0.25	无水路远	归双	1.1	父：YWG
PZK	2.2						2.1	0.1	无水路远	归双	0.9	
LAH	2.94	2.94	2.44	姐妹	5/5 分	土地主人	0.5				0.8	
LJY	1.47		1.47	女儿	7/3 分	土地主人	0				0.4	五保户
LAY	3.3	3.3									1.5	
YJF	4.33		4.33	堂兄弟		土地主人	0				3	五保户
LZX	3.01	3.01					2.56	0.45	无水路远	归双		
LMG	2.38	2.38					2.38				1.5	
LXY	3.45	3.45					3.15	0.3	无水路远	归双	1.7	
YWG	2.94	2.94					2.84	0.1	无水路远	归双	1.2	父：YCH
LBW	2.98	2.98					2.98			归双	1.1	
LZR	3.24	1.62						0.2	无水路远	归双	0.45	
LYB	0.74						0.64	0.1	无水路远	归双	0.35	
PGS	1.47						1.35	0.12	无水路远		0.8	
LLC	2.2	2.2					2.2				0.4	

续表

户主姓名	继承关系（从土地下放起）		旱地、水田								林地	备注
			代种（含送亲戚种）				自种	抛荒			面积（亩）	
	第一代（亩）	第二代（亩）	面积	对象	收入分配	补贴享用	面积（亩）	面积（亩）	原因	坐落地		
PYH	4.4	2.2					2.03	0.18	无水路远	归双，登当赖	0.75	
LBS	3.3	1.65					1.52	0.14	无水路远	归双	0.3	
LAM	2.57	1.29					1.14	0.15	无水路远	归双	0.65	
LZH	3.24	1.62					1.6	0.2	无水路远	归双	0.4	
PYA	4.4	2.2					2.03	0.18	无水路远	归双，登当赖	0.75	

资料来源：堂安村委会。

附表3　黎平县堂安村家庭土地情况统计（三组）

户主姓名	继承关系（从土地下放起）				旱地、水田				林地	备注
					自种	抛荒			面积（亩）	
	第一代（亩）	第二代（亩）	第三代（亩）	其他	面积（亩）	面积（亩）	原因	坐落地		
YZH	4.68	2.16			1.96	0.2	无水	今赶		
LLS	3.52	3.52			2.42	1.1	无水	今赶		
YWC	6.63	1.56			1.06	0.5	无水	今赶		
PBX	4.06	1.95			1.95					
PHL	6.19	3.09			3.09					
YJH	5.24	2.62			1.97	0.65	无水	今赶，几瓦		
YJG	3.66	3.66			3.36	0.3	无水	亚冲		
LBY	2.81	2.81			2.81					
LXY	1.57				1.57					
LRG	0.79				0.79					
LRQ	1.95				1.65	0.3	无水	今赶		
LKH	3.12				3.12					

续表

户主姓名	继承关系（从土地下放起）				旱地、水田				林地	备注
	第一代（亩）	第二代（亩）	第三代（亩）	其他	自种面积（亩）	抛荒面积（亩）	原因	坐落地	面积（亩）	
YWS	6.63	1.95			0.85	1	无水	井亚		
LAG	4.06	3.11			3.01	0.1	无水	几瓦		
PDX	3.89	3.89			3.39	0.5	无水	归那		
YLS	5.24	2.62			2.02	0.6	无水	亚冲，今赶		
LKZ	1.1									
YMZ	3.12				2.82	0.3		亚冲，龙团	0.8	
YWM	6.63	1.56			1.36	0.2	无水	奔故，广对	0.8	
PQH	1.9	3.1			2.3	0.8	无水	广对，已在	0.8	
LAH	1.76				1.76				0.8	
LAX	2.06				2.06				0.8	
LLP	3.12	3.12			2.92	0.2	无水	几瓦	0.8	父：LXH
YJF	2.35				2.35				0.8	
YWC	6.63	1.56			1.16	0.4	无水	今赶	0.8	
YZX	4.68	2.52			2.02	0.5	无水	今赶，几瓦	0.8	
YYS	4.32	4.32			4.12	0.2	无水	归那	0.8	
LHJ	3.12	3.12			2.62	0.5	无水	广对，已在	0.8	
PZX	3.88	3.28			3.82	0.6	无水	亚冲，今赶	0.8	
YH	3.12	3.12			2.52	0.6	无水	广对，奔故	0.8	
YZW	4.68	2.16	2.16		1.96	0.2	无水	今赶	0.8	
YXX	6.63	1.95	1.95		0.85	1.1	无水	井亚		
LZG	1.57	1.57			1.57				0.8	
LXG										

资料来源：堂安村委会。

附表4　黎平县堂安村家庭土地情况统计（四组）

户主姓名	继承关系（从土地下放起）		旱地、水田						林地	备注
			代种（含送亲戚种）				自种	抛荒		面积（亩）	
	第一代（亩）	第二代（亩）	面积	对象	收入分配	补贴享用	面积（亩）	面积（亩）	原因	坐落地		

户主姓名	第一代（亩）	第二代（亩）	面积	对象	收入分配	补贴享用	面积（亩）	面积（亩）	原因	坐落地	面积（亩）	备注
PYG	4							0.5	无水，远	弄团	1	自述3.2亩
LSM	4.91						4.51	0.4	无水，远	弄团	5	
LRZ	1.81						1.51	0.3	无水	弄团	1	
YWG	4.55	1.2					0.9	0.3	无水	弄团	0.5	
YWK	2.4						2.4					
YJK	3.2						3.2					
LXL	3.42	3.42					3.42				0.8	
PZW	3.2						3.2					
LCM	3.15	3.15					1.95	1.2	无劳动力	告大龙端登面井山	3	
LHL	4	4	0.3	水口	无偿	土地主人	2.3	1.4	公路占用	广对在而	2	
LJS	1.6						1.6					
YCB	3.07						2.77	0.3	无水	母需	0.4	
YJF	3.05	3.05					1.6	1.45	路远	弄团	4	
LYC	1.6						1.6					
LHS	3.44	3.44					3.04	0.4	无水	巴了在而	0.4	
LML		2.29					2.29				1.2	
PYZ	3.23						2.94	0.29	无水	弄团	0.9	
LAQ	3.2	2.4					3.2					
LSX	4.12										1.2	
LAY	6.4	2.4					6.4					
YWD	3.21						2.57	0.64	无水	巴动巴了井能密	0.5	

续表

户主姓名	继承关系（从土地下放起）		旱地、水田							林地	备注
			代种（含送亲戚种）			自种	抛荒			面积（亩）	
	第一代（亩）	第二代（亩）	面积	对象	收入分配	补贴享用	面积（亩）	面积（亩）	原因	坐落地		
LKM	2.61						2.41	0.2	路远	班弄	0.99	
YYQ	3.96	3.96					3.46	0.5	公路占用	定界	0.2	
PXZ	2.61						2.41	0.2	公路占用	归进	0.5	
PWX	3.11	3.11					3.11				1	
LJH		1					1					
LAX		1.68						0.5	无水	几瓦	0.4	
LMF		2.32					2.32				2.15	
LJR	3.2	1.6					3.2					
LCY	4		0.3	水口	无偿	土地主人	2.3	1.4	公路占用	巴动广对在而	2	
YWY	3.2						3.2					
LAB	2.4	2.4					2.4					
LAC	4.77		0.3	丈人	给种地人	土地主人				弄团	0.4	

资料来源：堂安村委会。

附表5　黎平县堂安村家庭土地情况统计（五组）

户主姓名	继承关系（从土地下放起）			旱地、水田							林地	备注
				代种（含送亲戚种）			自种	抛荒			面积（亩）	
	第一代（亩）	第二代（亩）	第三代（亩）	面积	对象	收入分配	补贴享用	面积（亩）	面积（亩）	原因	坐落地		
LXM	4.27	1.4						1.4				1.5	
YWQ	4.84							4.81				1.9	
YWL	5.45	2.2						2.2				0.45	
LMG	3.9			1.4	姐夫	2:8分配		2.5				1	
LXK	5.41	1.09						1.09				0.4	

354

续表

户主姓名	继承关系（从土地下放起）			旱地、水田								林地	备注
	第一代（亩）	第二代（亩）	第三代（亩）	代种（含送亲戚种）				自种	抛荒			面积（亩）	
				面积	对象	收入分配	补贴享用	面积（亩）	面积（亩）	原因	坐落地		
LXZ	4.27	1.53		0.7		3：7分配		0.83				0.4	
LXE	5.41	1.56						1.56				0.5	
LXG	2.3	2.3						2.3				0.8	
PFZ	3.97	1.4						1.4				0.4	
LMZ	5.63	2.28						2.23	0.05	无收成	抱对	0.6	
PFL	3.97	2.57						2.57				0.6	
LHS	6.33	3.57						3.27	0.3	无水	告归	0.4	
LXM	3.56	3.56						2.32	1.24	无水劳动力不足	广快告归	0.7	
LAH	3.9							3.9				0.8	
LKX	4.88	2.45						2.45				0.5	
LLS	4.27	2.6						2.3	0.3	无水	报对	0.5	
WKX	7.03	3.7						1.5	2.2	无劳动力	任香旧付本任转报归显	0.6	
LXH	4.88	4.88						4.66	0.22	无水	旧付	1.1	
LMX	5.63	3.35		0.7	哥哥	3：7分	土地主人	1.9	0.75	无水	抱对	0.3	
LKX	4.88	2.43						2.43				0.8	
WKL	7.03	3.33						2.82	0.51	无水	抱对	0.42	
YWY	5.45	3.25						3.15	0.1	无水	几瓦	0.6	
LXL	5.41	2.76						2.51	0.25	无水	抱对	0.4	
YWQ	1.75							1.5	0.25	无水	归些	0.2	

续表

户主姓名	继承关系（从土地下放起）			旱地、水田								林地	备注
				代种（含送亲戚种）				自种	抛荒			面积（亩）	
	第一代（亩）	第二代（亩）	第三代（亩）	面积	对象	收入分配	补贴享用	面积（亩）	面积（亩）	原因	坐落地		
LZG	4.88	4.88	4.88					4.66	0.22	无水	抱对	1.1	
LLH	6.33	2.76		0.55	表兄弟	2:8分	土地主人	0	2.1	无劳动力	巴动转报	0.3	
LZS	4.88	4.88	4.88					4.66	0.22	无水	任香抱对	1.1	
YYC	5.45	3.25	3.25					3.15	0.1	无水	抱对	0.6	
YJS	0.87								0.87	无劳动力	告归任香	0.17	

资料来源：堂安村委会。

附录二　2014～2018 年黎平县发展旅游相关政策文件

年份	印发的文件	相关内容（节选）
2014	《黎平县肇兴景区正式开放运营》	肇兴景区是黎平侗乡国家级风景名胜区的核心景区，景区以肇兴侗寨为核心，辐射周边堂安、纪堂、厦格、己伦、纪堂、登江、上地坪等 7 个村寨和萨岁山及皮林容洞群，构成约 38 平方公里的侗族文化旅游区
2014	《黎平"四注重"为堂安、四寨示范村规划保驾护航》	一是注重历史文化遗产的传承；二是注重和谐自然景观的保护；三是注重浓郁侗族乡风民俗的传承和开发；四是注重优美田园风光的利用
2015	《黎平县传统村落农村环境综合整治项目（垃圾和污水处理示范工程）实施方案》	按照"全面提升，示范推进，重点整治，沿线配置"的方法，以"百里侗寨"精品旅游线路为核心，结合传统村落项目的建设，打造"亮丽村庄"，实施试点示范工程，建设肇兴镇堂安村（肇兴村）、德凤街道蒲洞村、茅贡乡寨头村和地扪村、双江镇黄岗村、坝寨乡青寨村、九潮镇高寅村、岩洞镇述洞村等 8 个村寨的生活垃圾与生活污水治理示范点工程

续表

年份	印发的文件	相关内容（节选）
2015	《黎平县加快打造"百里侗寨"精品旅游线路》	主要实施五大工程：一是"村庄亮丽"工程。主要开展环境提升专项行动、村寨绿化美化专项行动、对村容寨貌进行集中整治。二是"设施提升"工程。重点围绕完善村落的"水、电、路、讯、房、消防、厕所、环保"等基础设施进行建设，改善村民生产生活条件。三是"文化保育"工程。按照"国际视野、中国高度、黎平特色"的理念，推动传统村落的保护与发展，同时深度挖掘各个村寨的特色文化，并将其开发成为可供游客体验观赏的旅游产品。四是"产业发展"工程。以培育旅游产业链为核心，配齐旅游要素，丰富旅游业态，围绕旅游发展农业和手工文创产业。五是其他工程。包括：1. 林业项目。编制并实施公路沿线山体、重要节点和村寨的绿化计划，选择观赏性强的乡土树种，因地制宜、分门别类进行绿化美化，营造出不同季节有不同看点的林业景观带，突显黎平林业大县的地位；2. 宣传营销。建立各村寨的文化旅游资源数据库，注册"百里侗寨踏歌行"商标，建立专门的宣传网站和微信平台，并与各旅游门户网站开展合作业务，编制"百里侗寨踏歌行"旅游品牌规划并实施，邀请旅行社踩线并签约推广，邀请专家学者、艺术家、学校研究生到访，引进5所高校实习基地、5家旅游运营商和5家旅游要素开发商；3. 机制体制。各村寨的规划建设和经营管理以乡镇和村民为主体，组成"百里侗寨"规划建设和经营管理领导小组，村级成立"文化保护与旅游发展协会"和产业发展专业合作社，并建章立制，做好各村寨的规划建设和经营管理工作
2016	《我县多举措加快推进山地体验旅游发展》	同时，坚持侗族文化主题，启动"百里侗寨"精品旅游线路建设，以肇兴景区为门户，集合堂安、黄岗、四寨、三龙、铜关、述洞、地扪等传统村落的民族文化资源，以及沿线山地风光资源，打造一条集侗族村寨风貌、侗族文化风情、山地风貌观光为一体的侗族文化主题式的山地体验旅游线路。我县计划用三年的时间，建设完善沿线各村寨的基础设施和旅游服务设施，将各重点景区及民族村寨串联起来，进一步带动全县的旅游发展
2016	《黎府办发〔2016〕407号县人民政府办公室关于印发黎平旅游服务标准化试点实施方案的通知》	1. 建立健全标准化体系；2. 制定并组织实施旅游标准化体系；3. 开展标准宣传培训；4. 开展旅游标准化评价活动；5. 制定持续改进措施；6. 培育和树立景区旅游产品和服务品牌
2016	《黎平党办通〔2016〕99号黎平县加快推进全域旅游发展打造国内外知名民族文化旅游目的地工作实施方案（全域旅游三台发动机）》	1. 八舟河国际康养度假区、翘街古城历史记忆街区、百里侗寨侗文化国际旅游体验区的基础设施建设和旅游业态打造；2. 发展"旅游+"产业，延长旅游产业链

续表

年份	印发的文件	相关内容（节选）
2016	《黎平党发〔2016〕13号 印发关于加快黎平全域旅游发展的实施意见》	1. 以"文化引领"确立旅游发展方向；2. 以全域旅游编制发展规划；3. 以高端产品承载旅游集散；4. 以开放创新助推旅游产业化；5. 以高位嫁接拓宽旅游营销渠道；6. 以智慧旅游提升管理水平；7. 以融合发展提升旅游产业附加值
2016	《黎平党通〔2016〕5号关于明确县旅游发展委员会组成人员的通知》	黎平县旅游发展委员会内设 5 个职能机构：办公室、旅游管理处、规划建设处、景区管理处和执法大队
2017	《黎府办发〔2017〕304号县人民政府办公室关于印发黎平县地西特色小镇旅游业打造实施方案的通知》	1. 地西村标志项目；2. 入口休憩亭项目；3. 地西红军井整治项目；4. 休憩廊项目；5. 原地西卫生院改造项目；6. 原地西乡政府改造项目；7. 豆腐传统加工体验点项目；8. 豆腐加工厂厂房项目
2017	《黎府办发〔2017〕377号县人民政府办公室关于印发黎平县公路旅游标识牌建设方案的通知》	1. 高速公路标识牌；2. 普通干线公路标识牌
2017	《黎府办函〔2017〕410号县人民政府办公室关于印发黎平县创建 A 级旅游景区群工作实施方案的通知》	1. 加强景区资源（古民居、鼓楼、花桥）保护与整治；2. 加快旅游标识系统建设，提升景区整体环境；3. 扎实推进优质服务，全面提升景区服务水平；4. 开展环境综合整治，不断改善景区环境面貌；5. 加大市场开发力度，提高景区知名度
2017	《黎平党办发〔2017〕123号关于印发《黎平县旅游扶贫三年攻坚方案（2017 年—2019 年）》的通知》	1. 实施旅游项目建设扶贫工程；2. 实施景区带动旅游扶贫工程；3. 实施旅游资源开发扶贫工程；4. 实施乡村旅游扶贫工程；5. 实施旅游商品扶贫工程；6. 实施"旅游＋"多产业融合发展扶贫工程；7. 实施旅游结对帮扶工程；8. 实施乡村旅游标准化建设扶贫工程；9. 实施旅游教育培训扶贫工程；10. 实施品牌提升扶贫工程
2017	《黎平党发〔2017〕17号（关于以"三变"为引擎对肇兴大景区旅游文化资源实施共享改革的指导意见）》	1. 全面盘活景区资源要素；2. 全面理顺景区运行管理机制；3. 全面优化景区利益分配机制；4. 全面整治景区"两违"建筑；5. 全面发挥群众参与大景区建设管理的主观能动性
2018	《黎府办发〔2018〕53号县人民政府办公室关于印发黎平县支持乡村民居旅馆（精品客栈）示范建设助推旅游扶贫工作实施方案的通知》	按照民居旅馆（精品客栈）标准化建设标准，大力扶持县内重点旅游村寨、乡村旅游扶贫示范点实施民居旅馆（精品客栈）建设，年内引导扶持县内旅游村寨和乡村旅游扶贫示范点建设民居旅馆（精品客栈）20 家以上，新增接待床位 200 个以上，直接带动贫困人员就业达到 20 人以上，间接带动贫困人员就业达到 150 人以上

续表

年份	印发的文件	相关内容（节选）
2018	《县人民政府办公室关于印发黎平县翘街景区创建国家 AAAA 级旅游景区工作方的通知》	1. 学习标准，统一认识；2. 分片包干，落实责任；3. 狠抓宣传，营造氛围；4. 加强协调，通力合作；5. 强化督查，狠抓落实
2018	《黎平县大力实施乡村旅游扶贫工程》	加大乡村旅游策划规划力度。按照"文化引领，民生为本，保护优先，合理利用，持续发展"的原则，完成肇兴、堂安、厦格、纪堂、黄岗、四寨等 12 个乡村旅游示范点的规划编制工作和百里侗寨踏歌行精品旅游线路的策划编制，为乡村旅游发展描绘了蓝图，指明了方向和路径
2018	《黎平县统筹谋划全面推进传统村落保护》	加强体制机制创新；加快基础设施完善；强化文化业态培育；挖掘民族文化产品；推进"生态博物馆＋传统村落"工程；推进"互联网＋乡村记忆"工程；推进"互联网＋创意乡村"工程

附录三　实地调查典型个案访谈录

个案一　PZC 关于"四个 Gui"/访谈录①

第一次访谈

访谈人：曾芸

访谈对象：PZC

翻译：YWY

访谈时间：2015 年 1 月 12 日

个人生命史

Z：以前你读过书，你的知识和文化怎么来的？是老一辈传下来的还是自己学习的？

P：读私塾。《大学》《中庸》《孟子》等（部分内容省略，无法翻译）。

Y：他（PZC）说他读私塾读了六年。

---

① 注：因被访人 PZC 年龄已 80 多岁岁，不能说汉语，访谈时专门请了汉侗语翻译 YWY。2015 年 1 月第一次访谈的录音整理，以 PZC 身份叙述；2021 年 4 月第二次访谈，以 YWY 当场直译的内容表述。

Z：在哪读的？

P：在家贤家、崇武家、光强家、晋安家、晋深家、於贤家（皆音译）。

Z：读私塾的时候有付学费吗？

P：以前读私塾是要钱的，当时是老师来问有没有学生读书，如果有，他们（老师）就看哪家房子宽一点，就去那家教，一年的学费是一元钱，两年的是一块五，三年两块，一年五毛钱的加。

Z：当时家里面有什么经济来源可以供人读书，是不是每家都能进这个私塾？

P：卖自家的鸡鸭、鸡蛋、鸭蛋、菜啊，来供自己读书。以前不是所有小孩都可以上私学，经济条件差的就上不起，因为没读过书，所以有的人就没有学名，只有父母起的小名。

Z：在爷爷这一辈人中，大概有多少小孩可以读私学？

P：以前小的时候，整个寨子120户，有40个小孩读书，不是每天都去，有些小孩会旷课。

Z：为什么你当时不旷课，是因为你喜欢读书还是家里人要求的？

P：我也有旷课的情况，但是旷课的学生第二天就会挨老师的棍子，当时有点胆小，父母会催。小时候写字就临摹书本上的字。

Z：当时在家，曾祖母是不是经常说故事，教你很多事情，当时在家里你是最大，是不是还要带弟弟妹妹？

P：以前小时候看弟妹，两个曾祖母坐在两边，我坐中间听她们讲，有个曾祖母说以后会有 gong xiang dang，另一个曾祖母说不是 gong xiang dang，是共产党，所以就喜欢坐老人家中间。

Z：什么时候学会种田和开田的？谁教你的？

P：那时候十四五岁就跟老人去学开田和用石头砌田埂了，20岁就自己种田了。

第二次访谈

访谈人：曾芸

访谈对象：PZC

翻译：YWY

访谈时间：2021 年 4 月 26 日

关于"四个 Gui"

Z：您问一下爷爷，他上次跟我讲就是说堂安有 4 个 Gui，1 个是天上的星星，一个是在鼓楼里面，一个是在墓地，还有一个转世，您先跟他讲这个事情，他当时是这么告诉我的。

Y：他说的就是我们人一生就有 4 个 Gui，有一个它是到天上去做星星了。

Z：人死以后是吧？

Y：意思是人死以后，有一个到天上去做星星。做星星的话，它刚刚上去的话，我们看到的星星它都是比较亮的那种；去的时间长的，也就是过世比较很久的，我们看到天上的星星有一点闪，不是很清晰的；只有一点点的那种属于到天上已经很久了，也就是过世了已经很长时间了。还有一个就是守墓，意思是它留在逝者的棺材里面，在墓地里面就守逝者的骨头，因为我们这种棺葬的话，逝者的骨头是不会腐烂的，所以那一个就是守逝者的骨头。还有一个就是转世，转世的话像我们人死以后，灵魂转世就又变成人了，就是到某某家里面去做某某家的小孩子，像我们这边，侗族人说的，如果说它觉得家里面对它比较好的，它有可能会重新转世到这家来做小孩，如果说对它不好，它可能就转世到别人家里面去了。然后还有一个。

Z：是鼓楼。

Y：不是鼓楼，我们这边侗话叫 bing cuo，意思就是我们现在说的它到娱乐的地方去了，娱乐的场所那里，也就是说的鼓楼，比如踩歌堂，哪里比较好玩的，它都到哪里去。一般我们这种侗族人的话我们是叫 bing cuo，就是踩歌堂，踩歌堂的话，一般都是在鼓楼那里。像我们农历初八祭祀的那里踩歌堂，搞那个活动。

Z：就是说人死以后就认为是 4 个 Gui，它们各去各的地方。

Y：对。

Z：那么您问一下爷爷，就是说天上的星星就一直在天上，墓地的一直在墓地，转世就转世了，这个它会不会出来，就比如在墓地的，它有跑到踩歌堂这边，鼓楼这边，到处跑，还是它就只在墓地。

Y：它在墓地里面（不乱跑），就和我们人一样，比如说安排您在那个岗位，那您就在那个岗位不动的。它到天上去它就已经到天上去了。

Z：好，您问一下爷爷就这4个Gui，它各自有什么功能，功能是什么？就从我们的理解来说是叫功能，有一些是不是说与人作对，哪一些是与人作对？哪一些是帮助人的？对于爷爷的认知来说，哪一个Gui是最重要的？哪个Gui要次要一点，有没有一个先后顺序，或者说这4个Gui先出现的是天上的，然后接着是在墓地的，然后接着是鼓楼的，是不是有一个先后顺序，是不是有这么一个演变的过程？

Y：它们的功能都属于好的，第一个就是在墓地里面，因为在墓地那个的话，它主要起保护作用，就像我们这种还活着的人，对于整个家庭的一个保护，所以有什么清明节这些节日我们就要去烧香、跪拜，都是它来保护这个家族，在阳间的亲人还是最重要的；第二个就是转世的那个；第三个就是到bing cuo那里去了。

然后第4个才是那个星星，是天上的星星，因为天上的星星它们都是属于好的。转世的那一个Gui，它到人家里面去当小孩了，就像现在的老人家，他们都希望自己的儿子能够娶到媳妇，或是自己的女儿能够嫁出去，嫁出去以后又急着怎么样才有孙子抱。它一转世投胎到某户人家，那么这家人就有小孩抱了，那也是一种开心的事。

Z：到踩歌堂也就是鼓楼的那个Gui有什么用呢？

Y：因为到踩歌堂那边去所以现在才有我们叫作踩歌堂娱乐的这一方面，也是让大家能够开开心心的。到天上星星那都没得说了，就是一闪闪的。

Z：这个功能可以不可以这样理解，就是从小到大，从核心到扩展，首先Gui是保证我们的亲人，然后接着转世，但是这个关系可能要再拓展了，也可能到其他家去了。然后到踩歌堂范围就更大，区域就更大了，如果您在天上就是保护整个村寨，是否可以这么理解？

Y：可以这么理解，从小到大，爷爷刚才说的排序基本上也就是这个意思。

Z：好，您问一下爷爷这4个Gui有没有分别对应的名字，就侗语当中是不是有名字，然后这个名字是什么含义？

Y：它们都没有名字，用我们侗话说，在墓地里面的话，我们侗话就是 jiong xiu，xiu la。

Z：xiu la，那是什么意思？

Y：就是守骨头了，它的功能就是能够保护在阳间里的人，就是家里所有的大小事情。

Z：另外一个呢？

Y：另外一个就是转世，意思就是投胎。

Z：那投胎又怎么讲呢？你们用侗话讲。

Y：wei la，转 wei la。

Z：转 wei la，那个呢？

Y：还有一个是 bing qiao。

Z：还有一个是天上星星，那个怎么说？

Y：那个是 jīn mén。

Z：jīn mén 是什么意思呢？

Y：jīn mén 就是天上的星星。

Z：jīn mén 我觉得就有点像你们那块田的名字，也叫金扣。

Y：jīn mén 是 jīn mén，金扣是金扣。

Z：那 jīn mén 就是星星的意思对吧？

Y：嗯。

Z：那您问一下爷爷就这 4 个 Gui，可不可能会转换，就是相互之间会不会转换，身份或者说位置会不会转换？

Y：没有，它们都是固定的，

Z：哦，都是固定的，它不会相互的去转换。

Y：对。

Z：好，再问一下，就是说这 4 个 Gui 是对应着我们身体的哪一个部位呢？还是怎么来的？这 4 个 Gui 有没有一个来源，假设是不是有这种，比如我的头转成哪一个，身体的某个部位转成哪一个，会不会是这种，它们是怎么来的。

Y：没有听说过，

Z：没有听说过哈，就只是听说有 4 个 Gui，但是也不知道从哪里来的，也没有说是身体的某个部位转过来的。

Y：嗯。

Z：那这 4 个 Gui 分不分性别？

Y：他讲的是，也可以说是这样分，比如他讲的是一对夫妻，假如说有一个早逝了，变为 Gui，是去 bing cuo 那里，但是它在 bing cuo 里面，但那里还是有人把守，意思也就像警卫一样，有人把守那里，如果一个人，比如说我丈夫过世了，它其中一个 Gui 是去 bing cuo 的，那个 Gui 它去的话它也进不了，因为它没伴，就等于我们说桥，因为从桥下面过去的话，它有警卫，一个人过去的话就会被吃掉了，然后它必须要在那里等着，也就是说等它的同伴，意思就是说有一个还没走①，那么也要等到它的老伴走的时候，这样那只 Gui 有伴了，才能够进那个 bing cuo 里面。

Z：就是鼓楼，它才能在里面玩？

Y：对，

Z：否则它只能在外面游荡？

Y：不给进的，如果您强行进去的话就被 xian xiong 吃掉。

Z：xian xiong 意思是什么呢？

Y：xian xiong 就等于警卫了，就是 bing cuo 里面的警卫。

Z：哦，警卫。

Y：xian xiong 的话，意思就是它可以吃人，就是吃人的鬼魂。

Z：xian xiong 是谁呢？又是从哪里来的呢？

Y：xian xiong 的话，它也是 bing cuo 里面的警卫。

Z：对，但是它们是从哪里来的？

Y：它等于就是像我们现在说的土地公、土地庙。

Z：你们那是不是就有一个土地公庙？就是在旁边的那个土地公庙。

Y：对，它类似于土地公的那种，如果 Gui 过来它可以把 Gui 吃掉，就是这样，所以我们才有祭祀，还有上香给土地公，鼓楼的右手边那个就是土

---

① 注：走即去世的意思。

地公嘛。

Z：那您问一下，如果我没结婚，那怎么办，就一直不让我进去吗？

Y：他的意思就是说，因为它们也有伴，它们都是一起的，没有伴的话它就不给您过。

Z：就是必须要有个伴，不管您是哪一个的伴？

Y：对，就是必须有个伴，不管您是哪个伴，但是您结了婚有家庭的话，那就是必须要有老伴，您没结婚的话，得有其他人。

Z：那这个人必须是家里面人还是说朋友也可以？

Y：朋友也可以。

Z：哦，总之您得结伴而行。

Y：对。

Z：这样您才能在里面玩，就相当于一个开门人了，是吧？您单独来我是不让您玩的。

Y：对，所以我们要祭土地公、土地神，比如说有野 Gui，野 Gui 就不让进。

Z：那为什么孤魂野 Gui 不让进呢？问一下爷爷，它们为什么不让进？

Y：野 Gui 是不给过的，因为它只接受那种（正常）过世的，如果您是野 Gui 它就不给过，因为只有那条路通到鼓楼，也就是踩歌堂里面，所以只能是那种在家里面去世的。

Z：哦，如果是在外面意外去世的都不行，就回不来？

Y：都不给进那些地方，那些野 Gui 它也不敢路过那个位置。

Z：要不然就要被土地公吃掉，如果被吃掉了，这个被吃掉的 Gui 就永远消失了？

Y：就等于土地公已经把它抓住了，就不给它出来了，就是这样子了。

Z：哦，那您问爷爷如果土地公抓住 Gui，剩下那三个 Gui 还在不在？您这个 Gui 是踩歌堂的。

Y：它们三个都在，因为它都安排好了。

Z：刚刚讲的那一大堆是什么呢？

Y：讲的就是说还没有结婚的，就像我们年轻人有伴，大家结合在一起，比如说今天晚上我们去哪里陪歌之类的，他就有关系了，但如果是结过婚的，他已经有伴了，还没结婚他是要有同伴，但是结婚的话他是必须要有老伴。

Z：那如果是小孩呢？就是生下来没多久的那种小婴儿，他也没啥伴呐。

Y：小婴儿的话，他也有他的小婴儿的伴，同伴啊，因为它还没有成人，所以跟那种还没结婚的那种伴都是一样的。

Z：就是说他在外面是意外死亡，他就肯定不能行，不管他有没有伴都进不了？

Y：对，它也不敢过那里，意思等于像现在交警在那里，有证您才可以过，您没证的话您都不敢过，意思就是您过去也是要被抓。

Z：您问一下爷爷为什么对于意外死亡的人，它们进不来，为什么不让它们进？

Y：它是属于野 Gui，像我们也不喜欢意外，一般意外的我们都不会让过。

Z：是不是怕把厄运又带到这个村里面来？

Y：对，带到村里面，所以我们如果在外面意外死亡的都不可以进村的。

Z：不可以进村，都只能埋在外面？

Y：对，一般也不能葬。

Z：不能葬，那咋整呢？就丢在外面？

Y：直接火化。

Z：火化，就不能进村？

Y：对，所以它就不会再土葬了。

Z：对于村里面人来说，这是最可怕的一件事情，是不是每个人都害怕遇到这种事情？

Y：对，如果放进村的话，就怕到时候村里面发生事情，也就是会有像它这种类似的事情一直延续下去，不久村里又有这种意外发生的。

Z：好，那您问一下爷爷，我们之前访问其他人的时候都有听过，有的人转世，当然有的是从人转的，有的人可能是从猪转、狗转的，有的是从植物转的，这些有没有哪些讲法，比如哪一些动植物，哪一些山水是可以转的，哪一些是肯定不能转的，有没有这种说法？

　　Y：据他所知道的，人可以转，还有牛，还有树，某些树它也可以转。

　　Z：哪些树？

　　Y：广对那里有一棵树叫灰斗。像牛转世的话，那就不用说了是吧，牛的话它意思就是说以前我们都是牵牛耕田这样子，我们对它比较好的，对它好的话，我们把它杀了或者是意外，或者说是摔死了，死了，它觉得主人家对它比较好的，它也会转成人，然后什么猪狗之类的都没听说过。

　　Z：那么是所有的牛都能转，还只是一些牛？

　　Y：也只是一些牛。

　　Z：哪些牛？问一下。

　　Y：很少的，只是主人家对它比较好的那种，然后它来报恩。

　　Z：它来报恩的。刚刚我让您问，您问了没有？就是 Gui 分不分性别？

　　Y：它那个，就比如说那 4 个 Gui 是吧，男性的话，它到天上去，它是属于男性的，然后在踩歌堂那里，它也属于男性的青年。

　　Z：青年？

　　Y：青年，男性的青年，因为一般在踩歌堂娱乐的都是年轻人，青年人。

　　Z：哦，这个还分年纪的。

　　Y：反正到那里搞活动的一般都是年轻人，老人家他是不可能去鼓楼踩歌堂的。

　　Z：他就认为在那边的是男性青年。

　　Y：都是男性，但是能够转世成人的，那就看它自己了。

　　Z：是男的就是男的，是女的就是女的？

　　Y：不是，就是看它自己转成男的，还是转成女的，就是这样，但是也不一定说男的就必须转男的，也可以转女的。

　　Z：就随便它转了，随它了，但是这三个地方都是男性。一个女性死后的这 4 个 Gui 也是男性？

　　Y：是女性。

　　Z：是女性。

　　Y：但是转成人的时候，那就看您。

Z：原来我是什么性别，那三个 Gui 就是什么性别，只是转得有点随机了，剩下一个是我原来是什么就是什么了？

Y：您看原来您是女性的话，她转到 dang cuo 那里去，那肯定是漂亮的女孩子了。

Z：天上的星星还是女性，只是说在踩歌堂的这个 Gui 肯定是个青年，那还有年龄可以划分？

Y：一般都是年轻人，一般的话，比如像我们踩歌堂的话，您看都是女孩子。

Z：假设您过世的时候，是个 80 岁的老人，那么您怎么突然就变成了踩歌堂的一个青年了？

Y：因为踩歌堂都是年轻人的活动，年轻人搞的活动，所以只能这样说是年轻人，您不可能在 90 多岁还去那里踩歌堂，踩不了了，是吧？

Z：您问一下，就是年龄上，比如说转世。

Y：您看像小孩他转的话只能转成小孩，他不可能转大人。

Z：那是转完后，还没转之前这个 Gui 是不是也有年龄？就是您刚刚问的是性别，性别原来是什么就是什么，是不是？您原来是男的就是男的，是女的就是女的。那现在这 4 个 Gui 是不是又有年龄划分？

Y：只是变年轻的那种。

Z：变年轻了，刚刚讲这么一大堆，说什么意思嘛？

Y：他讲的一大堆就是比如说刚结婚的，结婚了，30 多岁有一个走了，那还有个活到七八十岁是吧？但是他到那里他也得等着，他也还是过不了。

Z：就还是讲那个的事，是吧？

Y：对，然后等到同伴也走了以后，他们夫妻或者朋友两个才能过去，过去到那边的话都是变成年轻人，就像我们年轻人一样了。

Z：在里面玩了。

Y：Gui 里面没有分年龄的。

Z：是不是可以这样理解，就是说假设人死了，我先到坟地里面去了，我假设就先到坟地里面去，去到那边以后他要来到踩歌堂，因为来到这边它变年轻，就是通过这个桥他变年轻了，经过踩歌堂以后，他才能够变年轻，就年龄越来越小，又变到了最后的转世，是不是有这么一个时间上的顺序，或者说我先到墓地，然后或者我先到天上星星，然后逐渐就变暗了，是不是又到墓地，是不是有一个先后顺序，然后有个地点上的，最后慢慢变形，是不是有这么一个过程？

Y：没有，没有这样一个过程。

Z：没有这个过程，它们 4 个同时存在的。

Y：对。

Z：好，还有一个问题，就是说那个人和 Gui 为什么要相互转换？爷爷是怎么理解？为什么人死以后会转世？就是说为什么会和 Gui 相互转换？这是怎么来的？为什么？

Y：他讲就是人过世了以后，会投胎，它觉得家里面的人对它一直都是好的，它走了以后，家里人也伤心，一直就是这种哭诉了，哭诉它有多好，然后它就觉得家里面的人对它这么好，有点可怜家里面的人，它又出来转世投到这边来，刚才他举的那个故事，讲的就是我们旁边那一家，以前的老祖宗转世。

Z：怎么转过来的？就像我们人过世以后，第一个月那里面比较是潮湿的，是不是？过世那一个月肯定腐烂，那些腐烂，里面肯定是潮湿，你们去那边的时候是怎么转过来的？Y 爷爷说它说第一个月有点潮湿，没有办法，就变成一只蜘蛛，爬到它棺材上面，它只能这样爬上来，就像我们抓到一棵树的时候，手已经支撑不下的时候，所以我们转变成人了，转到这边来了，意思就是这样。转到这边来的时候，有火象，为什么有火象，好像因为我们这边的老人家过世以后，都会有亲戚，整个晚上来一起陪陪家里面的人，他们才能够忘记这种伤心的事情，等于有火象了。

Z：火象是什么？

Y：就是我们烧炭，一起烤火，没像它在里面阴的、潮湿的地方，有火象比较暖和。这应该是爷爷听老人家说的故事。

Z：就是说它原来第一个月很潮湿的，它太冷了，它就扒在棺材上变成蜘蛛，最后实在扒不住了。

Y：就是手支撑不下了，然后转到这边来，转到阳间的意思。

Z：就是转成它的孙子？

Y：就是转成它的孙子或者孙女这一块来。

Z：因为这边的话比较暖和？

Y：对，您看像我们这边在家的烤火，有火象就比较好，不像在那里了。

Z：阴冷潮湿，然后它就转到家里面，还是转到自己过去的家？

Y：对，转到家里面，因为家里面人就老是哭诉它意思就是想念它，然后它就觉得这样，好可怜它也感觉原来家里面的人对它也是比较好的，

Z：也可能去转到其他家是不是？

Y：也可能转到其他家。

Z：它就觉得哪家好就转哪家是这个意思吗？有没有不相干的人转呢？就是我根本就不认识您，我也可能转到您家去？

Y：也有这种情况。

Z：您问一下人死后大概多长时间才会转世？这个时间要多长？

Y：这个没有一个指定的时间段转的，它也可能转到其他家，就像我们村里面也有几个小孩子，他们记得是从自己家转到其他家里面去了。小孩小的时候才会说，大的时候就记不得了，不会说了。比如说家里面原来它用过的东西，书本或者什么放哪个位置都记得，但大了以后就开始记不得，有些也会遗忘。

个案二　观景梯田老板 LBSh 外出打工访谈录

访谈人：曾芸

访谈对象：LBSh

访谈时间：2021 年 4 月 27 日

Z：您是什么时候出去打工的呢？

L：15 岁那年，出去二十多年了。

Z：15 岁就出去打工了？

L：嗯嗯，没办法啊，那时候家里穷，我们出去打工 70 块钱一个月。1996 年出去的时候，一个月才七八十块钱，100 块钱都是工资高的。

Z：您那时候打工也回来收稻谷吗？

L：没有。

Z：没有回来，就一直都在外面，只有过年才回来？

L：只有过年才回来，平时也不回来。

Z：那您这么小，你是读书读到什么时候就开始出去打工了？

L：我才读到六年级。

Z：小学毕业？

L：小学还没毕业，刚好进六年级第一学期，人家说打工可以赚到钱了，所以走了。

Z：和村里面的人一起走了？

L：对。

Z：去到那边是因为村里有人在那边？

L：那时候出去都是村里面的人出去一看，哎呀，出去一个月有这么多钱，所以大家都往外边走。

Z：打工的时候遇到过什么问题吗，比如被看不起？

L：就像我们去深圳打工，2012 年至 2013 年的时候，有一天晚上下班坐地铁，身上脏了。乘客就说："好臭好脏"。我说："我现在刚下班，身上是脏、又出汗、又臭，也是用钱买票进来坐地铁的，没有我们农民工，你能住上高楼大厦吗？"我跟你说，当时在整个地铁车厢里面，就看着她脸红。

Z：是啊，农民工是建设城市最大的贡献者。

L：对，还有一次我记得，我跟一个一起打工的男人坐在地铁车厢的地上，有个女的说你坐到这个凳子上来，那个女生很有礼貌的，叫他坐到座位上，他说我只能坐地下，坐在位置上脏了。那个男的这样说，他也是我们打工的，也是我们做泥瓦工的，那个女的很有礼貌的，她给他让让位，叫他坐。她说，我知道你们这些农民工上班累了，坐得好一点，坐到位置来。他就说："我坐上去，座位会被弄脏了，我只能坐在地下。"那时候我眼泪都要流出来了，那时候我已经被别人欺负过了，我就想起那种感受。但是有的人好，有的人不好，其实对待农民工都要对他好，没有农民工，你们也没有那种好生活是不是？

Z：是，那您在外面打工的时候，还有遇到什么您觉得特别伤心的事情，让您就觉得在外面始终不如家的那种感觉。

L：有，还有很多。

Z：您讲讲。

L：我们刚出去时，那些老板压工资，压一个月工资，到时候我们要走了，工资也不结，有很多都是这样的，都是白做的。

Z：找不到人？

L：那时候没有法律，找到人，你找到也没钱给你。

Z：你们这么多人拿老板没办法吗？

L：那时候你不敢收拾他们。像现在不同了，现在是法律社会是吧？现在都是比较好，就是不管你做一天、两天，都要给你工资。那时候我们做了一个月，都是白做的，没给钱的，我遇到很多次，那时候出去，很累的，做事又累，钱又不给。为什么我们贵州出去打工，因为我们贫穷，贫困地区，所以出去。有的讲贵州不嚼，为什么不嚼（嚼，方言；指聪明的意思）？因为我们没钱，没钱的时候就要偷东西，不是我们一个地方会偷，广西、湖南也有，那时候出去老板没给钱的话，我肯定要出去偷了，偷又被老板抓，那些人很毒的，广东人很毒的，就打我们，有时候被打死。所以有一年，香港回归的那时候，1998年到2000年，我们农民工那时候就反击他，你不给钱就把他杀了。那时候有的老板会被砍手或者其他的，没办法啊，因为我们出去都是为了吃那一口饭是不是，你不给我了，我肯定反击，那时候也被他打，厂也不给你进去，想喝口水都不行，他就提起钢筋来打，那时候没有法律嘛，也有砍老板手的，打他的。到2008年、2009年的时候，那些老板就全都怕了，为什么怕？他有钱了，他赚到钱了，他肯定都怕死了，是不是？哪个人都这样子，你有钱肯定就怕死了。要出去打工，以前都是我们找老板，现在都是老板来找工人了。现在出去打工都是老板拿招牌（注："招牌"即优惠条件的意思）来招员工了。以前我们出去都是找老板问有事做吗？现在就是找工人，都没人打工，都要用招牌去招人了。

Z：现在是这样吗？

L：现在是这样啊，所以这几年我们寨子里面的人出去，都是老板提着招牌来招人了，以前都是我们去找老板，现在老板找工人了。我们之前在广州花都那边打工，快到月底的时候，他今晚出货，明天老板就不见了。外地老板就走人了，所以现在人都是怕那个东西了，都是打临时工了。现在都是老板找人来做计件，一天多少钱，晚上就结工资，晚上就给钱了，不像以前都是一个月才发工资，现在没有了。现在为什么没有了，因为就是怕今晚出货，明晚不见老板人，走人了，跑了。

Z：您在外面打了有多长时间的工？十几二十年？

L：20 多年了，1996 年出去的。

Z：20 多年了，那您感觉是不是永远都融入不了那个城市呢？你觉得在那边始终没有家的感觉，是不是？

L：没有没有，你就是出去一辈子，还是家里面温暖，家里面的好。像我们也有出去当大老板的，在外面买房了，但还要把村里的房子搞好，人家不都这样说落叶归根嘛，是不是？反正我也出去这么多年了，我说还是家的感觉好，你出去没有家的感觉，都是叫农民工的这样子。

Z：然后就像你讲的，可能也有些人没有礼貌，也看不起人，然后也受欺负。

L：对对，现在社会都是一样的，你有钱了人家就看你，没钱了人家看都不看你，都是一样的，这个社会都是一样。你有点钱了，人家今天叫你去那里，明天在那里，没钱的人家看都不看你，哪个地方都有，现在社会都是很现实的。

Z：但是在外面，孩子能接受的教育是不是要好一点呢？教育资源还是要好一些？

L：对，这个是真的，外面教育是好，我们农村教育比不上。我小孩子在广东读书的时候，分数考得很高，回到家里读书，不知道为什么分数就考得很低。因为我们这边老师真的不行，农村都是这样，学生你爱读就读，不爱读不读。有的人就爱读，有的人不爱读。在外面，学校里面都是关好门的，都在里面学习。上课的时候送进去，下课接回来，要有专门的校园卡。不像我们这里的小学，随便你什么时候出来或者出去。我们这边没有丢失过孩子，就没有管理那么严格，在大城市里面，去接小孩要有卡，还要先打电话经过同意，验证完了再来接送小孩。我出去打过工，我帮过老板娘接她女儿，我是开车去，老板出差去了，老板娘又忙，她就让我去接小孩。又要给老板打电话，又要拍照，还要签字，你才能接走孩子。如果在农村，我把你孩子拐走，你也找不到我，但是没有发生过这种情况，我们都是农村长大出来的，做这样的事情就要到牢里去吃饭了。

L：何必要搞那种违法的是吧？

Z：对。又不是没有手，靠自己是不是？

L：我要靠自己的双手搞起来，但是有的人不一样，有的广西人、河南人，还有我们贵州人，从农村来逗留在大城市里面，就专门想偷人家小孩去卖。

Z：你们各省的农民工之间会有矛盾吗？比如说我是贵州来的，他是河南来的，会不会有矛盾，有没有打架的情况？

L：以前有。刚出去打工的时候，晚上去吃夜宵，就争女朋友，看着一个女孩子在那里吃，有两个男的在那里，我们人多过去，就说靓女过来，跟着我走，后来就被打了。说实话那时候我们不懂事，被人家打得不能动了，我还被人砍了几刀，我也把人家搞得手指痛。那时候九几年，香港、广州都是很乱的，到处打架、杀人。有一年有个开摩托车的，这里被砍了两刀，筋全部露出来了，这个大动脉全部露出来了，从这里好像走到我们鼓楼那么远的距离，就死掉了。大动脉已经被捅了，两刀搞下去，那时候我看到全身都麻了，那时候我才十八九岁，那时候广东很乱，到处乱来。还有一次，当时我在现场，那时候还没有手机，一个人被人用木棒打，不到 10 多分钟就死掉了，他偷人家东西，被人用大棍子、大竹子打死了。

Z：那这么乱，你们晚上还出来吗？

L：我们不偷东西，人家是偷东西被抓到的。我们是在厂里面打工了嘛，晚上是出来吃夜宵，那时候一碗粉才 5 毛钱。

Z：天天晚上都出来？

L：肯定的，要填饱肚子。

Z：那里面不管饭吗？

L：有啊，但是厂里的饭，根本吃不下，大包菜，油都没有，只放一点盐，用白开水煮一下就盛在饭里，怎么吃得了！想起那时候，真的难，吃饭像是喂猪一样，天天吃那个。那时候就是很乱，晚上抢劫、强奸等什么都有，我们厂里面有个河北的，那个女孩子回来，一身都是乱七八糟的，被人家强奸了，也不敢说。那时候警察也没查那么严，像现在就不敢这样搞了。那个女孩子，比我们还小一两岁，我们同一个厂，她去吃夜宵回来，后来才知道两个男的把她强奸了。到处都有打架杀人的，晚上出去吃夜宵，一句两句说不好就用啤酒瓶打。我那时候也被人家搞了两刀，缝了10多针。

Z：那你还算命大的，这个情况什么时候就开始好一点了？

L：2013年，2013年之后就没那么乱了。

Z：2013年以后就相对正规一点了是吧？厂里环境就相对要好一点了是吧？

L：是啊。其实是2009年就开始好了，2009年，住的地方热水、空调什么都有了，那时候就好了。以前我们出去打工都是男男女女睡在一起，大长铺，男女都挤一起，都不知道你旁边睡的是男的还是女的，动都不敢动，真的。

Z：那2008年以后你们就分了男、女宿舍，一个宿舍住多少人呢？

L：一个宿舍十几个人，就是上床下床。

Z：那就开始有空调了。

L：那时候住宿着火的时候死人了，在东莞那边死了个人，后来就是把工厂封起来。条件就好一点，吃得又好点，只有在东莞那边才有这个条件，还有在深圳。在南边还没有，到2011年、2012年才好起来。

Z：那里面就开始有空调了，然后吃的饭菜开始有点油水了？

L：嗯、对，有油水，有肉啊，以前都是大锅饭吃，那个饭菜真的吃不下，我们贵州人都要吃辣椒，都要去买辣椒来吃，拿点辣椒自己在那里吃米饭。那时候我们吃米饭，吃两斤多都吃不饱。

Z：肯定啊，没有油水嘛。

L：没有油水，吃不下。

Z：如果是两夫妻去，你们这种住公寓怎么办？如果是两夫妻的话，他有夫妻的这种房间吗？

L：那时候我们还没结婚，结了婚才知道都有夫妻房的。夫妻房都是4

个人，两对夫妻住在一起。都是隔开，拉窗帘，你自己在这里，我在那里，自己拉窗帘。就是等于有夫妻房，以前没有。

Z：那你们这个还是不容易啊，再带个小孩更恼火啊。

L：同一个年龄的，我们不读书的真的恼火。我现在打拼音，在电脑上肯定是慢一点，在手机上的话，我都会，在电脑打的字就打得慢。我真的就是读书读的少，那时候真不知道把书多读一点。

Z：没办法，没后悔药吃啦，但你现在一样的也挺好的是不是，反正靠自己来学。

L：这个也不是，我现在不是吹的，我比现在那些大学生他们还有经验。

Z：那肯定啊，见了这么多人，做了这么多事儿，这个是书本里面学不来的。

L：对。我在2003年、2004年的时候，他儿子是哈尔滨一个大学的，写的字没有我漂亮，我出去这么久，我见过世面多，我会开单，① 那些我懂是吧。

Z：对啊，人生不同而已，有些是靠书本，有些是靠经历。

L：就是像我们读书少，真的多读几年书是好的。

Z：对，你们要多走一些弯路，的确是这样。

L：现在社会不同了，现在都是信息设备搞得小孩子不愿读书，我儿子现在读书真的怎么读也读不进，如果他像我一点点就好了。

Z：你是太聪明了，然后把你的聪明劲都用完了，但是总之你在身边，还是看着他，就不至于说会长大了变坏。你如果去打工，就管不了他，小孩没人照顾他就容易变坏。

L：所以刚才我说了嘛，没办法啊，因为我们农村都要出去打工才有的钱赚。比如像我们搞旅游行业，我搞，你也可以搞，对不对，大家都可以在旅游方面发展，慢慢来，到时候一下子都搞好了，大家都不用出去打工了。因为现在国内旅游是搞得很好的。我们村以前才有三家客栈，现在发展那么多家，一样有客人，一样有人吃饭，客流量越来越多了。如果一天进来500

---

① 注："开单"即泛指写发票、写菜单等。

人或者 1000 人，有那么几家也容不下来，大家都可以一起来搞啊，一起经营嘛。

Z：你是从什么时候转变想法的，或者说因为什么事情触动了你，转变了这个思路了？

L：也是一个游客，也是有一个像你们一样的，也是当老师的。他开导我这样搞，他说你出去打工还受苦受累，你何必呢？在家里搞个旅游，不会倒下的，会往上走的。所以我也是听他的，是一位广州的教授，他来我家住了有半个月，他教的东西。

Z：他慢慢给你讲，你也觉得有道理？

L：有道理，你一个人是搞不起来的，也要把整个寨子带动，到时候大家都有盈利，而且运营下来的都可以。我就说我一下子是搞不起来的，他说，慢慢来，1 年、2 年、3 年、5 年时间，5 年搞不下去，要 10 年，10 年绝对能把它搞起来嘛，你不能一步登天，老天爷都说一步登天是不行的，要慢慢来才能行嘛。所以他这样跟我说，我说听他的，慢慢来，反正现在投入进来了，要把它搞起来，不能被打败，一定要往上搞。如果你把它搞下去了，你不运营，你就说怕了，要出去打工。你如果像这样，你出去打工，能一辈子打工吗，是不是？还是在家里好一点，你这样搞下去的话，都要叫你声老板的，是不是？

Z：对啊，这好歹是个事业，对不对？

L：对啊。

个案三　LBSh 关于返乡创业

访谈录①

第一次访谈

访谈人：孙兆霞

---

① 注：对 LBSh 的访谈一共进行了两次，2015 年 1 月一次，6 年多之后的 2021 年 4 月是第二次。第一次被访人刚在自己的新建房内尝试开民宿和小吃店；第二次刚刚将原建房扩容，准备专门做有 20 张床位的民宿和餐馆。

访谈对象：LBSh

访谈时间：2015 年 1 月 12 日

S：你妈妈家是堂安的吗？

L：是堂安的，我们（父亲、母亲）都是同一个村同一个组的。

S：先说一下你的家吧。

L：我家是四个女孩，我是第四个。

S：老大多少岁了？

L：老大好像五十多岁了，她大了很多，我们四姊妹都没有读书，老三上了学要带我，我就是那种，小的时候又不懂事，她要带我她就上不了学，然后那个时候有人就说，女孩子有什么重要的，上学不上学就无所谓了，小孩子不听话的话不上学也可以，那时候就没有上学，老三就是超生的，我也是超生的，我们两个都是超生的，我那个时候被罚款五百块钱，那个时候是很多钱的。

S：你大姐大你多少岁？

L：我不知道，那个时候我好小。她的儿子都比我大一岁，我都不知道她有多大了，我三姐就比我大七岁，我是最小的。

S：二姐比你大多少岁？

L：二姐我也不清楚，二姐比三姐大了一两岁吧，我都没有问她们年龄多少，二姐和三姐的差不多，在干活的时候她们两个都差不多，就是我最小的，她们就不让我做什么。

S：说说你老公这边的情况，就是你自己的这个家，是什么情况呢？

L：他们是一男一女的两兄妹，不是很穷，也不是很好，就是普通人家，是种田地的普通人家，我老公现在在外面打工，有点钱的，但是也要为家里面的生活，要建房，建房之后就没有钱了，还欠了债。房子建了两三年了，这几年他都去打工，他都在工地做水电，电焊的。做电焊有钱一点，家里面有丧事喜事都要花钱，种田也要买一点肥料，买一点农药这些都要花很多钱的。我们有两个孩子，一个男孩，一个女孩，第二个有一岁多了，我又去东莞打工，去了三年。那个时候去三年就觉得工资高了，就去三年，第一个月两千多，第二个月就三千多了，两千多到三四千的，后来我妈妈病了我就回家来了,就是怕家里面老人不健康,我们就不在外面,要是家里面的人健康我们就一直在外面,我回来有一年了,我妈妈是中风了,我们几姊妹都以为妈妈不行了,然后我们就回乡来待在家里,什么医都医了。然后没有办法就带到医院去,妈妈就慢慢地好一点了,现在好了一点,但是说话不像过去一样了。

S:现在你儿子在干什么呢?

L:我儿子现在还小,十四岁都不到,还在读书,还在读中学,女儿还小。

S:你们结婚以后夫妻俩出去打工不在一个地方吗?

L:都不在一个地方,他在工地,我在工厂,我跟他去工地我又不能做那些重活,他在工厂又觉得太委屈了,在外面要回家就好回一点,在工厂的话你要从白天做到晚上,时间太长了,在外面不用上那么长时间的班,但是在工地要辛苦一点,我们都不在一个地方。

S:现在你爱人还在外面打工?

L:在外面打工的,过年才回家来。

S:回来会住多长时间?

L:过完春节就回去了。

S:这次你会不会跟他走?

L:我老公他很善良,他说让我照顾我老妈,说你不用去,你就照顾老妈,但是我没有办法照顾,我不在她家,老妈需要的就是我到她身边照顾她,在家里她有什么话可以跟我说,但是我没有时间去听她说,都没有时间,觉得很遗憾。爸爸过世最后一面都没有见上,我们在外面打工,别人有手机关机了,打不通,过了几天才打了电话,然后家里事都办完了,就没回来那年我回家过年就没有出去了,我也怀孕了,就没有出去了。

S:这个房子主要是你老公和你打工挣的钱?

L:就我老公挣的比较多。

S:你打工的也算?

L:我打工的也算,也不是全部是他的,建好房了我妈才病了,我们打工的钱都全部建房了。

S：花了多少钱？

L：二十多万元。

S：怎么花了那么多呢？

L：因为我们搞下面那一层的时候，我们是在公路下面，人家骑摩托来就摔下去，老人小孩走路不小心也会摔下去，所以我们就搞了一层地下室，那一层就花了很多钱，搞一层买了很多东西，人家说你搞一层就花了很多钱，如果你搞两三层就加一点钱就可以了，只是加一点钱，但是又不能搞砖房，要搞木头，那一层花了工钱七万多还是八万元，木头就是十万元左右，还有装修这些就花了二十万元左右。

S：你们家也开了一个客栈，有几张床呢？

L：有六个房间，有十来张床，我去年想到我妈病了，我又不能出去，就想到家里面能赚到点钱，有点生活费，我不可能在家里干等，我去种田又种不了，我就是做点生意，搞个客栈看看有没有客人，有客人就不用出去打工了，就可以照顾老人了，去年才开的。

S：你的客房经营了有一年吗？

L：房子盖好有三年了，但是客栈才开了一年，都还没有开好，需要桌子才去买桌子，需要床才去买床，需要什么才知道去买。

S：房间费、吃饭标准这些你是按照什么来定价？

L：我们村里都是差不多的，人家这些收多少我们也是收多少，都是一样的，我也不是搞高的，也不是搞低的，要是我搞那么低，客人全部到这边来了，肯定不行，要开店的几家价格都差不多，客人爱在哪里就在哪里。

S：价格是村委会定的吗？

L：不是，是我们开店的几家几个人定的，说多少是多少，宰一只鸡多少钱，一顿饭多少钱，一个房间多少钱都是我们商量了的。新开的都是来问一下，反正都是差不多的，我们都是随便客人，客人来了你愿意等你就等，我就是一个人你们太催我我也没有办法，催我也做不出菜来，你们愿意等就等，有的客人就说我愿意等，有的人说等得很值得，这顿饭也很好，我就是认真地做，做太多我就是做不出来。

S：去学过烹调吗？

L：没有，自己怎么做好吃就自己做，自己摸索的，想怎么吃就怎么吃，就做给客人吃，农村都是这样的。

S：你会做哪些菜？

L：青菜、土豆片、红烧鱼，红烧鱼他们都说很好吃，鱼是田里面的，买的那个不是很好吃。我们田里面的鱼都是比较多的。

S：来客人了就去田里面抓鱼？

L：不是，是快过节了就多抓一点来家里面放着，平时就少放一点要过节的时候就准备一些田里面的，田里面的鱼就像野生的一样。

S：田里面的鱼你们家的有多少斤？一年。

L：一年只有几十斤，比人家多一点，田是小块的，小的就放几条，大田就放十几条，是买鱼苗来放的，自己养的母鱼也有，你自己去买鱼苗也可以，自己养的就放大点的鱼苗进田里面去。

S：你们知不知道，现在有给妇女的创业贴息贷款。

L：不知道。

S：就是帮助妇女来创业的。

L：如果有哪个机会，我真的很想创业，我创业就是想把我的房子搞好一点，客人来了你家，比如来了老人，没有卫生间就一点都不方便，一个房间搞一个卫生间，搞一个好一点的餐厅，用我的心来服务他们就可以了。我收你多少钱我就凭心来做多少事情，如果我做得不好，给多了我就不好意思收，但是我是一个妇女没有什么本事做大事，我现在叫我老公能打工赚钱就帮我建设一点，但是不知道家里老人他们同不同意，他们说你投资那么多钱万一没有客人来还有什么用？人家去打工一年才赚几万块钱，你在家里面还老是投资钱，你有这种想法，他说的也是一个道理，如果真的没有客人来就没有用，人家去打工都过得舒舒服服的，你到家里就是炒菜种菜，有点钱就投资到那里了，有点钱就去买东西了，根本都没有什么剩下的钱，现在又想到有客人来，忙得很，他们到家我都怕他们煮饭煮得不好，只能让他们帮忙洗菜洗碗，让他炒菜也不会，杀鸡怕他拔毛拔不好，客人吃了有什么意见，还是让他们搞简单的。有一次来了二十多个人来搞了三桌，我一个人搞出来的，要做什么菜，明天要吃什么，不是专业的就不知道什么配什么，你切菜都不知道怎么切，你叫他洗菜就洗菜，我是一个人能干得出来，连饭都是自己煮的，他们只能帮简单的，切菜我都不放心他们切。

S：客人满意吗？

L：客人很满意，他们说很好，不是去市场买的菜，都是自己山上种的菜。

S：客人都喜欢吃什么样的菜？

L：青菜、凉拌菜、土豆、鸡、鱼，好像那一次八九个菜，客人来就喜欢吃这里的山上的青菜，不喜欢吃猪肉，只喜欢吃土鸡肉、田里的鱼，剩下的都是蔬菜，客人来会问有什么菜，我说只有这几个菜，我们只能种的这几个菜，本来三种菜你配出了几个菜，就做了好几样来，一个人要洗菜切菜炒菜，觉得好辛苦，客人也不问什么，做了什么他们都很满意，客人就说一个人做出那么多菜，他们都很喜欢吃，猪肉不是很多，鸡肉是自己有的，青菜自己种，我们是不用化肥的，是用我们自己的方法种菜，有的说我还要再来的。有的人没有来过，以为这里不是饭店，所以很不习惯，进来了他又跑出去了，然后有个人介绍他就来了，他说我家看起来都不像一个饭店，你为什么不装修好一点呢？又没有钱，老公又不在家，一个人怎么干呢？刚把家里面建好，你还要这样弄，那样弄，老人不同意也是有老人的理由，所以我说有什么就有什么的，客人来了要看房我们也是带他们去看，你们要到哪里就到哪里，你们来我高兴，不来我也高兴，不是你不来就不高兴了，还是随便的，去哪里都是一样，这附近都是亲戚。

第二次访谈

访谈人：孙兆霞、徐磊

访谈对象：LBSh

访谈时间：2021 年 4 月 25 日

S：上次好像我们是 2015 年来的。老公什么时候回来的？

L：我不记得了。

S：他为什么回来了，不是在那边打工的吗？

L：他在外面打工的，我们家木楼上面没有卫生间，然后他就说自己来修个卫生间，然后我搞这个（经营）有时候也忙不过来，他就说过来帮忙，然后帮我建好卫生间。也弄好了，很多客人都说这里观景好，然后就一大伙人来了，卫生间也小了。

S：我记得当时在整个村里边只有三家民宿对不对？就是能够接待客人吃饭和住宿？

L：反正当时我是最后一家了的，他们都在我前面的。

S：你是第三家啊？

L：我是第三家，他们先建的。

S：就是我上次来的时候，咱们开的时间不太长？

L：对。我说也没有赚到钱，就刚好做了只有一年还是两年，生意好一点，都有很多游客，然后别人家就建了，我就没生意了。

S：有多少游客？那个时候？

L：多少游客我也不知道。

X：多的时候有100多人吗？

L：多也没多少个，就是住宿的多一点，就是说以前肇兴还没有搞这么好嘛，肇兴那边有几个客人，但是我这里还有一两家住的，现在肇兴就是有很多游客，我们这上面都没有游客，游客都没问的了，在这里转了1个小时就走了。

S：对，那时候你家能住多少人？

L：我们也没有住多少个。

S：有几个啊？

L：经常有一些，也不是很多，走了又来一些这样的，不像去年的样子。

S：就是当时大概一个月有多少个人，当时有几张床？

L：当时有我看了一下，2楼有6间，只有2楼，三楼是屋顶了。

X：就是说当时为什么想创业做客栈的？

L：我不想做，我在外面打工也挺好的，就是我老妈病了，我本来只是想这样照顾她，好了又去打工，然后她降婚（离婚）了，我们只是四姐妹，我妈降婚了，我说我不能去了，要带她去医院，要照顾她，要帮她弄吃的，我就不能去打工了，在家里种田种地我又做不了，然后我说我自己就做生意了，我自己能养活自己的孩子，能养自己的家庭就好了。我老公出去那时候根本都没有钱。有一年我带了我的大儿子，他寄了500块钱，然后又给他老妈了，我一分钱都没有，买洗碗用的东西（洗洁精）都没有，然后就寄了500块钱给他老妈了，他老妈就拿来补贴家用了。然后那些米我们都是自己去打，打了要给钱，给一次钱就大概1块5到2块钱。我跟老妈要，她说我也没有钱，我说我们煮什么吃啊，米都没有了，又去打米了。然后我就跟他说在家里就没有钱，我说我老妈又病了，然后老是这样说。他说你去打工呀！老是在家里干吗？我想我妈需要我照顾，我不能去，我大姐嫁得远，我妈病那么严重。我也想自己做生意，有点钱，自己有生活了，不用找他们要钱，反正都自己管自己了。

X：但是当时做生意有很多选择，为什么会想到做客栈，而不是做其他的，卖其他的东西？

L：卖其他，卖给谁？那时候有点客人，看到他们客栈有点客人，有游客过来，然后他们就说他们家住不下了，你们家有没有地方住？我说我还没弄好，后来我也搞了几个房间，也有点钱，吃的我也可以弄，但是卖别的没有，就是说你卖东西给本地的，真的赚不到什么钱，就卖给外地的，你才能多赚点钱。所以，我看到他们那里都建好了，我说我建好房了，也搞了几个房间，能住能吃。

S：对了，那当时家里面那么穷，你修建房间的时候钱从哪来的？

L：我在外面打工嘛，那时候我在外面打工，还有一点钱。

X：当时做这个客栈要不要向亲戚朋友借钱呢，还是自己的钱就能够做起来？

L：这个当时做了没有那么大，就是买几张床就行了，买了几张床，买点被套，然后房间就建好了，那时候也没有那么好。

X：但是你说游客比较多，其他也有两个客栈嘛，如果住的人数太多了，会不会推荐到你这地方？

L：也会推荐到我这个地方。

X：他们也会把客人推荐给你？

L：肯定会给了，他们家住不下肯定会给了，你不给大家都收不到钱，他们家住不下来就推给我，我家住不下来就推给他们，就是这样。那时候我建好了，我这里景观好嘛，在我这里一打开窗就看得很远，然后我的生意就比他们强了。

S：当时一天是收多少钱？

L：不是一天一天收多少钱，一天有一点钱收就算强了。

S：我就说一个客人来住宿费是多少，那时候的价格？

L：那时候好像60元一个房间，

S：一个房间两张床？

L：嗯，两张床，50元也有。60，50元大概就是这么多，也没赚到什么钱，只是觉得有客人就算好了，一天赚到20块钱也好，10块钱也好，你有钱赚了就算强了，就是这样子的。

S：就说就这么赚的时候，就发现卫生间也小，房间也小，客人也多，然后你老公就回来了？

L：卫生间当时建都没建的，因为没有独立卫生间，只有一个公用卫生间，然后客人就说没有卫生间不方便，我老公他就回来建了，但是卫生间很小，客人住下都说卫生间太小，在卫生间转都转不了，稍微一个胖点的都不知道怎么转。卫生间就那么小，他们老是说进不去，这个也说，那个也说。

S：所以2019年你们就扩建啊？

L：重新建的，我们现在还没赚钱，就今年现在才来一点点，游客也没有多少，去年弄了一年都没客人。

S：你说今年订单有点多，是不是，五一来客人？

L：我的记性不行，因为我没文化我记不了，记得我老公今年的订单比较多，今年来了很多游客。

S：这几年你们都怎么发展过来的？

L：我这几年也没有发展。

S：有，房子那么大。

L：你看嘛，有客人来了，然后房子那么小，这个客人就说不舒服，我该怎么办，我们要重新弄一下，刚好弄好一点点。然后前面别人就盖了，前年，大前年我们生意还可以，那么多游客，我就一开门做生意，就是很多人都用广告，就看到梯田都说很好，很多游客都爱来，都说我家的景观很好，然后前年就盖这栋楼了，后面这栋楼就一起盖了，就两栋楼一起盖。

S：后面那栋，对面也是你家的？

L：不是，是别人的，这栋也是别人的，他们盖的，他们搞机器什么的啊，木工泥工都是响，然后我就没什么生意了，我今年都没有什么生意了，去年是新冠肺炎疫情，我就趁着疫情，我说也没有什么客人，别人升高（将民宿房子加高层）了，我们也要升高，要不然客人就没有了。就客人来了又说本来是你们家很好的，以前我们来过的，你们家很好的，但是现在我不能带朋友过来了，带朋友过来，人家要看景观什么，要看美观，你们家都看不到了，我都不好意思带别人来了。很多客人都跟我这样说，我说我们怎么办呢？慢慢地没客人了。我们两个去年就自己弄，钢筋什么的自己弄，然后我们两个自己设计有什么字，他出力，我就说怎么弄，然后就请那些泥水工来帮忙，就把这栋楼也建了。今年如果客人多一点就可以还账，如果客人少了我们还不知道怎么还账。现在都叫他们过来干活都没给钱。

S：花了多少钱？去年？

L：不知道，几十万吧。

S：几十万？

L：也不知道多少，反正有一点就弄一点进去了。

S：大概花了几十万。多长时间？

L：我们两个搞的有一点慢，他说别人搞了太快了，他不放心。

S：质量不好？

L：他那种人很细心的，时候去做一顿菜，我说他太慢了，他就是慢慢地弄，他这个房子也是，他慢慢地弄，他说不着急。前年就开始了，别人见了我们两个在这里建房，客人也没有，什么也没有了，都是只听到建房子的声音，然后年尾了，我们就开始把这些钱筹来，弄了去年一年，今年都还没弄完。

S：在装空调？

L：他们还在装空调，到五一了，还有客人来，五一很多人都定了，要住店然后他说尽量把房间弄好，准备五一了。

S：这一次弄的有多少房间？

L：这一次弄的房间也不多，以前弄的房间也差不多，以前弄就是房间小，卫生间也小，现在又弄大一点了，然后又没弄那么多，因为二楼没有景观，像这种黑黢黢的，我就不搞房间了，搞一个大的空间，到时候都是那些团队，那些专门来的团队人多了，就可以搞室内活动。

S：搞活动，还有一个空间。

L：还有就是吃饭，团队来了人多了这里坐不下，所以要弄大一点的一间房。

X：现在一楼是这个餐厅吗？上面一共有几层？

L：上面一共有4层，2层房间，这层就是吃饭的，上面这一层也是吃饭的。

X：1层和2层是吃饭的。

L：3层和4层是住宿的，但是我们那个墙都是很矮的，就是不搞高了，没有那么多钱了，所以搞了有4层，要升高上去才有景观，你没有那个景观台，别人都不来了，很多客人都说我们来了主要因为你们家景观好。

S：这里能住多少人？

L：这里大概有十间，一间住两个人，可以住差不多20个人。

X：有10多个房间啊？

L：差不多，但是也没有那么多，没有那么多观景房子，只有几间观景房。

X：观景房在这边？

L：对。在这边。

S：那这边现在给你们挡住光线了。

L：对，他那栋楼就给我们挡住了，我们本来不想建了，真的不想建了，我们两个都欠了很多账了，又觉得很累了，现在这边也建了，到那边也建了，我们就夹在中间都那么矮，那么矮的在中间，如果要做就继续做，不做了就去打工了，我们两个说打工了还欠那么多账，我们怎么办？借钱也得继续建，别人建我们也要继续建。

X：什么时候修的？

L：前年吧。

X：就是 2019 年？

L：2019 年，前年。去年是我们建的。他们建好了我们才建的。他们前年建的，他们建一年了就建好了，不要一年，他们请别人建的很快的，他们建好了在前面建，后面都建成功了，我们才建的。我们都是在疫情期间建的，他们都不是在疫情建的，我们说现在没客人，刚好是疫情，我们就弄了，不是疫情，我们都弄不了。一直有客人的话，要交代客人吃的，要住，比如客人来了，然后房子还乱七八糟，那不行，今年都没什么客人，我们两个也不打工，有什么我们就自己弄，但是那些干活的也没什么活干，就来帮忙去弄。

个案四　XL 关于侗布制作访谈录

访谈人：曾芸、杜星梅

访谈对象：XL

访谈时间：2021 年 4 月 24 日

Z：你是这个村的对吧，从小就在这长大的，请你先讲一下你的个人经历，就是说怎么考到外面，怎么读书求学，怎么又回来了？把这个过程先讲一讲。

X：其实像我们这样的家庭在村里面来说相对是比较好的，因为我爸他是做包工头的，就做建筑，他之前也是在我们村带了很多的徒弟出来，所以他在教育方面其实还是蛮注重的，比如像我们这一届的读大学出来的女孩子只有我一个人。

Z：你是哪一年考取大学的？

X：是 2013 年。

Z：你们村里现在有几个大学生？

X：村里面的话就比较多了，现在应该二三十个是有的。

Z：你那一届女生就你一个？

X：对。因为我们那一届的女生就很少。然后还有我哥他是学画画的，我学医的，我还有一个妹妹，她是学厨师的，所以我爸对于教育方面还是挺重视的，因为我爷爷他也是师范大学毕业的，以前就当老师的。但是我妈因为她没有读过书，所以她对于知识非常渴望，她觉得以前生活非常辛苦，因为我外婆她们家我妈这一辈，姊妹非常多，我妈是第三个，她以前去读书的时候，被我外婆发现了，把她拧着耳朵领回来，让她去干活，去放牛，去放鸭子，就说不让她去读书。她就只去学校待了三天，这个经历让她非常的难过。我妈嫁给我爸之后，刚开始来我们家的时候也是生活得非常艰辛，所以我妈以前就一直教育我们一定要读书，一定要读出来。

我小的时候也是有点叛逆的，读到初中的时候，后面有一段时间就不想读了，因为我们村里面的小朋友，就是跟我同届的同学全部都出去外面打工了，过年的时候回来，看到他们都穿新衣服，打扮得漂漂亮亮的，我就觉得还蛮好的。然后他们也没有说他们在外面有多辛苦，因为他们回来的时候都是光鲜艳丽的。我就觉得可能外面的世界是非常好的，然后我就说我也不想读书了，我读到高一的时候，我就跑出去了。跑出去了之后，做那种牛仔裤的扣子，就是像这种纽扣，一天就在打扣子，第一天上班的时候上了16个小时，非常的累，就除了出去吃饭的时间，剩下时间都一直在重复一个动作。我在那边待了大概一个礼拜左右，就真的扛不住了，我就跟我爸妈说，我说我还是回来读书吧，我觉得太辛苦了。因为那时候是跑去的，我爸妈都不知道，后面的时候我回来我才打电话跟他们说，我说我现在在外地，你们打点钱过来，我要买车票回家，我真的扛不了。我在外面就这样子，回来了之后就开始重新读书，那时候就比较用心，然后也努力。

Z：你的小学就在厦格读，对吧？

X：对，小学在厦格（在镇上），然后高中在县城，大学在贵阳，工作的地点在广州。

Z：你在哪里上班？

X：我在整形医院的皮肤科。其实只要你的业务能力可以，这是很挣钱的。我刚去的时候第一个月就拿到七八千元，到后面的时候一个月工资差不多是上2万元的，在外面也是攒了有差不多25万元。后面我哥说，现在我们村里面都是农村的留守儿童，问我是否愿意回来一起去做义工。我觉得还是可以，我就在想，因为我自己也有了小孩，在那边上班确实也非常忙，没有多少时间陪伴小孩，我就说我回来先看一下你们前期的一些建设。我回来了之后就这些也都没有弄好，也全部都没有搞起来，然后我就听我哥哥的一些理念，还有一些方案，我就看他怎么讲，后面他们几个就说动我了。我们刚回到村的时候，有省政协他们那边捐了书，还有新华书店也捐了一些书籍过来。刚好那些小朋友全都在门口那里，就是用那种眼光，而且用那种好奇和渴望的眼神一直看着我们，看我们一直在干什么。后面我们把那一箱一箱的书全部打开，他们就很开心，刚好就赶上他们放学了，然后他们就一起过来了，就说："姐，能不能把这个书给我，我觉得这个书还蛮有意思的。"就问我们这些。我就想看到孩子们很开心的那种样子，就觉得我能回来做这个事情其实可能也是不错的。他们也是讲了，你回来的话，我们可以跟政府做一些事，比如把你的资源对接出去，再跟小学那边，跟尹校长他们就一起去把这个事情做了，就做这种公益类的，借助外面的大学生。因为我们现在过来支教，他们也是有一定要求的，文化水平，学历这些要求其实都是蛮高的。

Z：所以说你真正的起步是研学计划，或者说义工的这些东西才慢慢起步的？

X：对，刚开始过来的时候，其实还没有讲到研学这一块，是到后面我们几个正在吃饭聊天的时候聊的，因为我本意是，我是想说我也对于我们这些传统的民族服饰侗绣、蜡染这些技术还是想要传承下去，又没有人去做这个事情。如果我也不来做，我们村的人也不来做，这个东西可能以后就会失传了。包括就像唱侗族大歌也好，因为现在很多人没有去跟歌师学，以后的话肯定就没有人去做这个事情了。我的初衷其实没有做义工，我的初衷是过来把我们侗族的民族文化传扬出去，然后我哥用他的插画形式，就是侗族插画形式去传扬，我就用这种手工的方式把这些传扬出去。如果只是这样子的话，其实是经营不下去的，因为你没有收益来源，除非你能找到一个团队，然后把你的品牌做大，就像故宫一样，他们做这些文创的或者是首创，他们做这些已经做得非常成熟了，或者就像多彩贵州一样，他们有很大的背景。

Z：政府的撑腰。

X：对，或者像万达那样子对不对？我们什么都没有，所以只能靠我们自己。其实我们之前刚开始做的时候，政府他们其实也不知道的，他们也是后面才找到我们，看到我们做出来的时候，然后他们来我们店里面来看，像有做这些民族的东西，他们就觉得也还蛮不错的。

Z：我们讲做文创内容是最主要的，内容这一块你的创作灵感或者来源是什么？当然就是说民族文化可能是一个根基，但是你在这个基础上去做文创，有一个什么样的灵感？是做模仿，还是说你有自己的一些什么样的思路在这个里面？

X：其实文创的话，我说真的，都是我哥他在负责，包括像明信片这些，文创他已经做了很多年了，他15年毕业的时候就开始在做文创。

Z：他是在哪一个大学？

X：重庆工商大学。

Z：重庆工商大学，他学什么专业呢？

X：他学视觉传达。

Z：视觉传达？

X：对，视觉传达。他刚出来的时候是在广告公司上班，后面又去旅行社。

Z：他在哪个广告公司上班，重庆那边？

X：不是，在贵阳那边，不是广告，是旅游公司，就是游侠客那边上班，然后也做一些文案，就这些东西，画一些什么logo之类的，但他在大学期间他也是帮他们重庆工商大学那边出了一套明信片。因为他从小就很喜欢画这些我们侗族的服饰和人。

Z：受谁的影响呢，是他天生就这样，还是家里面你们的影响？

X：应该是就读到初中的时候受我们美术老师的影响，而且他还是个左撇子，其实你们都可以百度搜到的，他叫LCS，一些报纸都有去采访过他的。到时候你们可以去采访他，对于这方面的话就是比我知道的多，因为我是半路出家的，而且我的主攻不在那边。我包括像开分店的那些事都是我在弄。

Z：你们这分工挺好。

X：对，因为他就是负责文创的产品研发。其实很多的，因为文创类的东西，就包括手机壳、名片盒、明信片、冰箱贴，其实这些文创的它已经定型了，但是它有一个很不好的点，就是它不实用。但是后面我们会做一些防护包，或者是生活里面比较常用到的水杯这些，但是其实都是说真的有点烂大街。到后面我们做一些充电宝，还可以又实用，可以把民族的东西与时尚又实用的东西结合起来，其实这个是最难去把握的一个平衡点。还有一个困难的地方就是，其实像我之前去找绣娘的时候，我就觉得特别的吃力，因为很多人不愿意去做，因为她绣出来的东西，她就只会做那种传统的侗绣，但那种传统的侗绣她可能需要花两三个月的时间，卖出去的话，我们卖的价格很低的话，其实是很不值钱的。她就觉得她的劳动力好像是还不如直接去外面务工，我们卖出去两三千块钱的那种都是很难卖出去的。所以我们后面去找她们过来做的时候，很多人都是拒绝的，也找不到人，她们就直接出去外面务工了。我就觉得我家里面有那么多个小孩，然后我总是要生活对不对。除非我是有时间的情况下，但是我太久不绣了，我的绣工水平其实也下降了。所以我们也想如果一直按这种方式发展下去的话，我们以后连绣娘都没有了。

Z：因为村里面的绣娘基本上和你有合作，你就只在这个村，没有到堂安他们那边？

X：没有，因为我主打的就是厦格，我也只能管这个厦格，你就更不用说堂安了，就厦格的话，上寨的我也管不了。因为我们跟他们其实说真的来往非常少，有很多人也没有说到这些问题。

Z：像这里面哪一些是绣娘们绣的，你们这边的本地人绣的？

X：基本上这些都是。

Z：侗布？

X：对，侗布，这些画的蜡染也都是她们画的。

Z：他们原来就会做还是你教的？

X：这些蜡染我们这边是不会的，是后面教的。他们那一批一开始的时候就在教他们做绣娘了，之前我们这边是省政协在做，所以那时候他们有5万块钱的资金过来，然后我们培训了半个月，那5万块钱到现在我不知道给了没有，反正好像说也没有，因为让我们先垫出去，一天给那些绣娘们就是50块钱，贫困户就60、70块。

Z：还是奇怪，你们这里怎么做蜡染呢？

X：之前侗族的话，它只有传统的侗布，侗布和侗绣它是没有蜡染的。我们就说让他们自己去学习，有很多优秀的作品卖出去了。现在剩下的作品基本上就是我跟另外一个画蜡的一个妈妈画的。

Z：他们怎么学这么短的时间就能画得很好？

X：半个月天天在这里练了，后面就一直画，就从前年开始了。

Z：那对于我们来讲觉得还是很快的。

X：为什么我们这边（的人）还是心灵手巧的，因为她们从小拿针，对于这些东西，包括像以前我们做侗绣的时候，他们也是要这样子拿着画，有点像一种石头，它也是薄薄的一层，比如像蜡刀它是这个样子的。我们就把这个掰下来，就是用这一块这样画的。拿笔的姿势、握笔的姿势其实都是差不多，所以学起来就非常快。

Z：你们自己染布啊？

X：对，自己画自己染，好多产品。

Z：侗布是原来你就会做还是后来跟她们学的？

X：侗布，那些从小就会，因为那些都是跟奶奶她们学，这些都知道。

Z：你们也太多才多艺了。

X：这个没有办法。反正也没事做，现在既然回来做这个东西了，那就要把这个东西更进一步地去做。

Z：染缸也是家里面原来就有的？

X：对，染缸是养的，一年做出来那个染缸就是很难养，它特别的挑人，因为它要加很多的东西，又不能进油。天气冷的时候，你还要放它在比较暖的地方，就是要放在厨房，还要给它盖好多层被子，其实它就跟人一样，它也怕冷，它也怕热。如果它稍微进一点油或者是进一些杂物进去，整个染缸就废掉了，那一年的就又得重新来过。包括很多人他们去养，当时都有很多讲究，比如什么时辰，跟你的生辰八字，你是几点去取的，这些都是特别的讲究。像我奶奶她就完全不能碰那个蜡染，她一碰到那个染缸就废掉，就很神奇的就很玄乎的一个东西。我们家的，晚上都是我跟我妈在管了，但是我妈现在不在的话，我就每天管，我每天都要去搅它，搅它哪个方式都有的，正常的我们是这样子。但是你是要这样逆着给它转，要把泡泡打出来，然后泡泡很红的时候，就证明是熟了的。比如你今天、明天要染布的话，你要提前三天放米酒，比如像我这个染缸那么小，要放半斤米酒，要放石灰，还有蓝靛的底料。然后再去搅它，又要用开水去煮它，再放两三天才会开始熟，才可以放布进去，布满得进去才上得了色。太麻烦了，包括去采那些板蓝根的叶子也有要求，比如一定是要早上有那么多露水的时候，是几月份的几点。我去采回来了之后去洗，洗完了之后将它放到缸里面去，然后放多久呢，如果放的时间太久了的话，它就会有错位了。那个时间也要把控得非常好，每天去看它，最后你把板蓝根的叶子那些给捞出来，你还要放到它原生的那个地里面去，就给它当肥料，肥料只能用那个板蓝根废的叶子根去给它施肥。

Z：你再跟我仔细说一下这个染缸的问题，就是说缸是你们家家传下来的是吧？

X：那也没有，如果坏了就得重新买了，重新养的话这个过程要先从种板蓝根开始，因为我们一直都有一片板蓝根的这个地。第一步就是先去取它出来，然后第二步的话就是把它取出来了之后，它这是有时间点的。

Z：第一步就是先要采摘板蓝根，这都是野生的对吧？

X：不是野生的，这些是种的，之前是野生的，后面的时候我们就跟种韭菜一样，然后去把它分成一小支一小支。板蓝根的话是怎么种的，它是可以直接剪下来的，剪下来了之后，就再拿它去种就可以了，因为板蓝根的话它也是中药材。采摘板蓝根的叶子，然后它是有季节的，有一个季节性的。应该是4月份的时候，我现在都有点忘记了，反正就是季节性的。

Z：只能那个时候采，那时品质最好。

X：对，因为它那时候的嫩叶才能染得很漂亮。过来清洗了之后，我们就开始第二步，准备一个染缸，然后因为到后面的蓝靛的比较难取，真的是很多年积淀下来的。等一下可以带你们去看一下，它储存的方法还是蛮讲究的，浸泡在水里面。把干的叶子泡在水里面。

Z：泡多长时间？

X：要根据每个人的经验来定，然后还要看它的熟的情况。大概的话也是差不多在半个月到一个月，一定要等它叶子腐烂掉。

Z：就相当于发酵。

X：对，然后等它颜色变成蓝色的。

Z：水有没有讲究？

X：这个水的话就是用山泉水就好了。

Z：就不能用自来水。

X：这边我们接的都是山泉水

Z：自来水也是山泉水。

X：对，我们这边的水都算。

Z：如果说假设我们不在这里做，我们拿外面的自来水去做，会不会就失败了？

X：没试过我也不太清楚。但是他们现在包括我们之前去参加"非遗传承人"的时候，在贵阳那边他们其实都不是用纯植物的，他们是加那些东西的。

Z：染料。

X：对，加那些染料。但它加那些东西的话，它氧化就非常慢，它进色也非常慢，它的一个固色也是一个问题。到第三步的时候，它浸泡出来之后，我们把板蓝根的叶子还有根转拿去那个地里面，施肥的意思。第三步就不用讲了，第三步后面我们把水弄出来有点蓝色了之后，就每天要去拿盆，就拿一个盆然后就这样子，从上面一直倒下来，然后出很多泡泡，一定要泡泡非常多，手都酸了，可能要弄一天，早上要弄一次，下午要弄一次，晚上弄一次。

Z：不停地倒清水进去。

X：不是，不是倒清水。因为它里面已经是有水在里面的了，但是你要拿一个勺子要拿一个盆去把它倒出来，就一直在缸里面反复的倒来倒去，等它那个泡泡出来非常多时就要储存泡泡，你就放泡泡在那里就可以了。

Z：在哪里呢？

X：就放在缸里面不要动它。

Z：其实像一个加速它发酵的过程，是不是可以这样理解呢？

X：也可以这样理解，比如这个染缸，让它慢慢地变熟，变熟的过程中，我就是要拿一个小盆来这里往下面倒，往下面一直翻上去。

Z：一直这样类似于像搅拌一样。

X：但是它又不能只是单纯的搅拌。

Z：从下面往上倒就这样倒。

X：就一直倒，它的泡泡越多，说明就越好。一直要坚持，反正也是要差不多半个月看它熟没熟，如果它的泡泡很红的话，那就说明它已经开始有一点可以染得进色，或者是你用手指，他们比较有经验，他们就不用上布了，他们就用手，去看一下，然后你再拿去洗，看一下他到底染了多少。这个要看每个人的习惯，就不一样，第三个太复杂了。

Z：你就说反复的翻搅我就懂了。翻搅也就是打出泡泡，这样打出蓝泡。那个泡沫是蓝色的是吧？

X：然后到后面演变成那种侗布的也不算是很红的那种，还有点亮，就像我们说的那种亮色的感觉。等他差不多的时候就开始加入那些。

Z：大概半个月是吧？

X：不一定的，每个看他养的技术怎么样了。

Z：温度上有要求吗？

X：有的，但是具体是多少度我还是没量过，因为我们这边应该在十七度到二十五度，其实我们这边还蛮凉的，特别是像在我们都是放在底下的，就更凉了，去厨房那边还蛮冷的。

Z：就专门放在厨房那里？

X：对，它不能放在这些阴凉很弱那种的，因为像我要给他们经常做体验，我就只是舀了一点点上来而已，但是这个缸我再放进去就不行了，我用几次就废掉了，就不能再用了。因为有时候他们会放他们的手进去，但是一定要戴手套的，不能碰到油，不干净的东西就不能放。其实就跟我们做饭一样，就放料嘛，还有一种料，那个是我奶奶他们都没有告诉我，所以我也不知道那个叫什么，我是知道侗话。

Z：它们是植物吗？

X：不是，是一种很特别，有点像石灰，但不是石灰，它是专门去哪里采购的，我问我妈，我妈说你不用知道，她也没有告诉我那个挺关键的。在楼下倒是有，但是我不知道到底是什么东西。

Z：什么颜色的？

X：白色的，就有点像面粉的感觉，就有这种类似的，然后首先是放米酒。

Z：你们这是叫染缸是吧？

X：就是染缸，因为老人他很多东西，他到后面才会告诉你的。米酒放染缸，还有蓝靛的。之前也是存下来的，蓝靛料。

Z：这个是上一缸的蓝靛剩下来的还是什么？

X：这个很多年了，因为就是要泡泡，一直反复的产生每天就储存一点，最后才变成蓝靛的那个料的。

Z：也是放在另外一口缸里面，每天要一点泡进去，一定要等泡泡熟了之后，才能开始储存蓝靛。你说有点偏向于发灰的那种状态，那个持续多长时间呢？

X：持续大半年的也有，你看你想储存多少，根据自己的量来。

Z：它不会坏吗？

X：不会，只要你养得好，只要你每天去管它，不会坏的。

Z：怎么管它呢？

X：养缸，正常的手段，就是天气冷的时候不要让它受凉，天气热的时候不要让它受热，我前几天才帮我妈把那些"衣服"脱掉，因为现在开始暖和了。每天就要去搅它就行了，其实也简单，就是你需要一个时间，每天一定要记得去给它做这个事情。

Z：每天都要做？

X：每天，到后面稳定的时候每天都要去搅一次的。我今天都还忘记搅了，我刚才还在上面，然后还有放石灰、石灰粉。

Z：石灰粉这是根据你染布多少来决定你要放多少是吧？

X：不是，是根据你那桶缸多大，比如像我这种小小的，我就放一个小半斤，但是蓝靛的话它一定是要用开水，比如这一杯是蓝靛对不对？我在要往里面加开水，我要去给它抓匀，抓的很细腻，就像那种很细的泥巴，就是像打勾欠水一样的，我再倒在缸缸里面，但是里面的沉淀物我是不能放进去的。沉淀物的话，我是要转放到蓝靛的那个缸里面去的。第一遍完了之后，我就不是这样的倒，而是慢动作，将带泡的东西引出来，引完后就又加水，现在就可以加染缸里面的水了，然后再进行第二遍的像过滤的那种，把这些渣留下来不能放进去，如果那些渣放进去的话，它到时候进染缸里面去的话，会影响染布的色质，这些都会有影响。就反复大概做个三四次就可以了，静静地等待它 3 天、4 天，但是你每天都要去给它搅拌，就是要搅拌它。最后就可以了，直接放布就可以了，因为等它熟了之后，你最后就是放布，放白布一定要纯棉的，因为如果不是纯棉的话，它是染不进的，染出来的颜色也不好，也会把那口缸弄坏了。因为比如你放那些纱或者是其他的对染缸就是一种破坏，除非你单独舀出来，到后面你用了这一桶之后，你以后都不用了，就可以，你不要再放进去跟它们掺和就可以了，就是要纯棉的。

Z：你们在哪里买的缸呢？这种缸有没有特殊要求？

X：没有，塑料的缸就可以了。

Z：我以为是瓦缸。

X：不用。瓦缸是因为我觉得瓦缸比较好看一点，我就玩过瓦缸。以前是用木缸，但是后面就觉得木的它腐烂太大了，而且我们这边又很潮湿，所以后面就去买那种塑料的，塑料的会比较容易受凉。所以要给他穿好多层"衣服"，到冬天的时候，又要在旁边给它烧火升温，反正蛮复杂的一个过程。

Z：是多少岁时候，你妈妈才觉得你有资格开始可以学这个东西了？

X：我是去年回来之后她才开始教我的。

Z：之前没教过？

X：对，之前我是知道，我也帮她们捶过布，但是我们捶布的时候锤子放不平，然后布就皱了，或者是直接就出了一个裂痕的那种，后面她们也不让我们去碰这些东西。但是现在我也不捶布，我觉得侗布已经完全够用了，因为她们之前储存太多了。我妈、我奶奶、我外婆做那种嫁妆就弄得非常多，其实我们根本就是用也用不完，就特别多，有点像那种我们行李箱一样的，家里面五六口（皮箱）全部都是侗布，你根本就穿也穿不完，这一辈子你都穿不完，因为我们只有盛大节日的时候才会去穿它。

Z：外面买来的品质肯定不如自家的。

X：那是根本没法说的，可以给你们看一下外面买的这种。但是你看这个传统的就很亮，它就非常的平整，一定要捶得很平很平。但是外面对于这些要求就很少。

Z：拿什么捶呢？

X：木锤子，就用木锤子捶，然后放在石板子上面。

Z：做成衣服之前就把它捶平了吗？

X：后面才开始裁剪。

Z：染好以后你就会拿出来是不是？拿出来把它晾晒。

X：像这种的话就一年只能出一两匹吧，非常重的。但是像蜡染的话，这些就染一遍，一丢进去就行了。

Z：这个橙色的有点像皮衣了。

X：它这种很珍贵，做一整套侗衣下来差不多（要）上万块钱。要穿侗布的，但是像这种的就不是侗布的，这种是它仿的这种侗布摸起来就是……

Z：像这种是年轻人穿的吗？他有年龄要求吗？

X：没有，没有什么年龄，就小孩，这个就男生的。

Z：我记得看一个奶奶她也穿这个颜色，都是不分的是吧？

X：分的，但是因为它的这些领口设计都不一样了，你看男孩子就是往前面。

Z：我知道。

X：女孩子就是往这边。

Z：我是说颜色上，颜色部分。

X：颜色部分，要看谁家做得比较亮一点，就是这样要穿出去。

Z：要以亮色为橙色是好的，越亮越好。

X：对，就很红很亮的那种很漂亮。它这些要求不一样，你看像这种不太亮的，你看很黑的那种，它这种不太好的，但是我们做得非常棒的有一些要求，你从缸里面拿出来。

Z：你大概晾多少时间？

X：放到缸里面去浸泡的话，如果你只是做蜡染，你就泡个 10 分钟到 15 分钟就可以了。但是如果你是要做侗布的话，你拿出来了之后，然后你去洗，过滤一遍，然后晒干了之后，要弄到四五遍的时候才开始捶，就一直反反复复的。比如那一天出太阳，你就可以多染几遍，如果没出太阳你就放在家里面，然后等它干了之后再浸泡第二次，再浸泡第 3 次第 4 次。

Z：干了就浸泡。

X：达到一种比如像比这个更深一点的就可以开始捶它了，捶的话就是每一节都要准备好，捶完了之后又去浸泡，又晒干，然后又浸泡，就一直反反复复。到最后两三步的时候就开始放蛋清，就放鸡蛋清。他们下面（指肇兴）就是镇上做的，它们味道怪，颜色变红更快一点，他们就不会加蛋清，或者是他们只加一两次蛋清，然后他们就加那些猪血牛血。特别的破坏环境，也非常臭，但是游客他不懂，如果有些游客要买的话，他可能就是买到那些假的，就是加那些血，又特别臭，恶心得要死。

Z：你浸泡过三次以后就开始加蛋清在你的染缸里面？

X：对，不是倒在染缸里面，是涂在（布上）。

Z：是涂在布上面？

X：是快要完结的前三次才开始涂，才要开始涂蛋清，然后一定要大太阳天，去涂去晒。

Z：涂几层呢？

X：涂一层就好了。

Z：就最后一层，最后一次的时候就涂？

X：前三次涂的。

Z：前三次都要涂？

X：对，就涂完了之后晒干，晒干之后再去捶，捶它了之后再放缸里。

Z：那你的染缸还能用吗？

X：可以。

Z：放蛋清了也可以？

X：蛋清不是油，它对油是很忌讳的，就这样子一直反反复复的去给他弄就可以了。很麻烦，所以一年那个布就只能出一两匹。

Z：就一直在养缸？

X：对，就是这样子的。

D：挺费鸡蛋的。

X：反正他就是涂一层薄薄的。

D：它主要是通过蛋清让它有一种光泽吗？

X：对。然后再去捶它，再去洗它，因为它已经把蛋清混到里面去了，你再去洗掉它了，又晒干了，其实它对干的也不会产生任何的破坏什么的。但是一定要保证你的手不能沾油就行了，或者是上灰。因为像他们下面的就用猪血上色特别快，但是我们一路过味道超级臭的，然后很多人都反映过这个问题，就是那些游客就说你们小溪怎么那么臭，是因为什么？其实是因为把那些东西放进去了，就在那里晒，味道真的是特别的难闻，就不像我们做出来的侗布，你现在去闻，你就觉得闻到板蓝根的味道。

D：他们那种做法主要是针对游客吗？自己不会用吗？

X：谁用啊，我的天！穿在身上都是那种血腥味很难闻的，所以还是要看这种纯植物的东西。大概就是放白布，然后浸泡，如果只是做蜡染的话，就是浸泡 10 分钟到 20 分钟，如果你想让它就进色，进色得好一点的话，就放久一点，但是如果你是画蜡的情况下，你不能放得太久，因为到时候做出来的一个效果蜡它就会脱落掉了，所以就不太好了。

D：烧火是为了干啥？

X：让它保暖。

Z：你搅它是为了干吗？

X：就让它变熟。每天都要养它。

D：每天你都要弄它吗？

X：对每天都要。

Z：把泡泡搅起来。

X：对。

D：就发酵越成熟的意思吗？

X：就让它净色更好。

D：转速有要求吗？

X：有，就越来越快。

Z：要搅多长时间？

X：搅的话就你看它泡泡打出来了就可以。

D：泡打得越细越好吗？

X：对，也没有，就越多越好。

Z：你这个还是有点力量的，然后看你转的。

D：你看看这个速度是需要力量的。

X：习惯就好。

D：你们多才多艺真是啥都会。

Z：发酵的味道。

X：对，就要这样子就把它滤了。要等这个泡，就是变得非常的均匀。现在这个泡泡说明它还没有熟透。

D：会怎么样？

X：会变红的。

D：如果它养的好可以一直用吗？

X：可以用，就往里面加，比如你第一次烧沸的水你就可以加进去了。比如我染不出来，然后我就在这里洗掉，但是你看全部都进油了，这个水不能用了的。如果你保存得好的话，就第一遍过滤的也是可以再倒进去，然后到时候再加蓝靛，再加米酒，加10回，还有加这个，其实我就有点不懂这个是什么东西，这个才是精髓。

D：你都不知道？

X：我妈不会告诉我的。除非她是真的不行了，她才会告诉我。

Z：传女不传男吗？

D：男的不会做这个。

X：我前天才跟我妈加的米酒。

D：前天你才加了米酒是吗？加米酒是为了干吗？

X：就进色更快，进色更快一点。而且要那种苞谷酒都不行，要米酒。

D：这个我没有看到怎么熟了。

X：就泡泡比较红一点，这个的话就不算是很好的了。

Z：我觉得特别像那种霉豆腐的味道。

X：比如这个泡泡打出来，如果很熟的话，我们下面还有一桶缸，就是专门放蓝靛的，原材料的。

Z：有没有说女性怀孕的禁忌？

X：怀孕是不能碰的。

Z：经期也不能碰是吧？如果家里面就一个妇女，她经期怎么办？

X：喊别人帮忙。

Z：还有什么禁忌吗？

X：就是有一些人的话，反正像我奶奶她就不能碰，我也不知道为什么。她每次一碰我们的东西，她靠近那里有时候都会坏掉，上次发生了，我就（觉得）特别玄乎。

D：有没有说什么原因？她身上会有油那一类的。

X：不是油的原因，我就问我妈为什么，然后她就说可能是她们老一辈的是不能碰我们这一辈的东西，可能是这样子的。

Z：所以这东西只能是你跟你妈妈来维护，是不是？

X：对，有时候我不在的话，就会喊我姑妈过来。蓝靛很珍贵的。

Z：蓝靛这是什么做成的？

X：就是那个泡泡。泡泡还有底下的沉淀物。

Z：我刚刚没有听到你说，意思就是说最后要把水给怎么办？过滤出来？

X：如果你染到后面它营养已经用完了的话，你就可以把它水倒了，然后就放它沉淀，沉淀了之后把水倒了，之后剩下的沉淀物就是这个。

Z：这个像你说的氧化的肥料一样？

X：是的，最珍贵的。因为你去买这种纯植物的话根本是买不到的。

Z：有没有其他好朋友家或者你亲戚家来跟你要一点呢？

X：对，但是我们也是很舍不得那种，有时候我去跟他们借，他们也不愿意给。

D：是因为很珍贵是吧？

X：这个很珍贵的。你想一下多少年才有这么一点东西。

D：你家真的是富裕。

X：这个还好了，因为它桶那么大，但是它只有那么一点点。

Z：这个东西就是说它最后怎么用？

X：加到那个里面去，要放到开水里面去。然后就给它抓匀。

Z：形成新的东西是吧？

X：对，抓匀了之后放进那里去，就给它放米酒放那些。

D：这个东西叫蓝靛是吧？

X：对。

D：它其实这个物质是很复杂的是吧？

X：超级复杂。

D：你们讲就是这个颜色是吗？

X：对，它染的第几遍，还有跟布的材质很有关系的，有一些布很快，有一些布就是慢。

D：一般都用麻布棉布？

X：棉布，一定要纯棉的。这些麻的它上色不好，你看像这种上色就特别好，而且它又厚的。

D：这个是你染的吗？

X：对，这种就是渐变的染法。

D：现在都很流行这种，很多大牌做衣服还是会做这种。现在所有的都是你自己染的？

X：对，基本上都是。但是比如这种它是印染的。

D：我知道，就是拿模具来刷一下。

后　记

2010年，时任中国百村调查总负责人的陆学艺先生到安顺参加《吉昌契约文书汇编》首发式，经过深入了解之后，鼓励孙兆霞教授继续组织在贵州做百村调查课题研究。2012年底，中国百村调查被国家社会科学基金批转为国家"十二五"重大课题的滚动课题。2013年，中国社会科学院同意"中国百村经济社会调查·贵州项目"立项，在贵州省五个村寨持续展开专项调研工作。五个村的课题组形成课题群，由贵州民族大学孙兆霞教授总负责和总协调，由共同的团队按照同一套方案进村调查，根据各村实际情况提炼出研究主题。五个村的课题组之间相互沟通、互相支持，力图在组织形式和学术运作上做出新的有益探索。

"中国百村调查·堂安村"课题由曾芸担任课题负责人，孙兆霞、徐磊、宗世法、曹端波为主要成员。经孙兆霞教授协调，其他课题组的研究成员也参与了堂安村的田野调查和研究讨论工作，如贵州师范学院陈志永，贵州大学周恩宇、陈维佳，贵州民族大学张建、卯丹、雷勇、梅军，安顺学院陈斌，云南大学杜星梅等，他们贡献了不少有益于学术研究的调查经验和真知灼见。在研究工作开展期间，虽然课题组成员各自在不同的工作岗位上，也忙于各自的工作、学习和家庭，承受着各种困难，但是大家都克服了困难，以对课题负责的态度和高昂的学术热情完成了研究工作。

还需要特别指出的是，贵州民族大学孙兆霞教授和中国社会科学院社会学研究所王春光副所长在课题的研究和本书的写作过程中发挥了特殊的作用，虽然他们的名字没有出现在作者名单上。王春光研究员是百村课题的总负责人，同时也与贵州同仁结下了深厚的情谊，21 年来，他几乎每年都要来贵州开展调查研究工作。正是在他的亲切关心下，我们的研究才能顺利地开展。王春光老师对本课题同样做出了重要贡献。他亲自到田野点参加调研。在课题研究期间，他每次来贵州都会召集课题组成员开会，要求课题组向他汇报课题进展，并且帮助课题组分析问题。在本书的写作形成初稿阶段，他便召集课题组召开线上会议，指出我们存在的问题。王老师给我们最大的支持是学术观点和思路的供给。在本书写作之初，针对我们思路不够清晰，主题不够明确的问题，他帮助我们迅速理清了研究思路，并提供了多个重要的理论视角。孙兆霞教授是贵州民族大学反贫困研究团队的学术带头人，也是贵州五个子课题的总负责人和协调人。她不仅负责协调与地方政府的关系以及各课题组内部以及课题组之间的分工协作，更重要的是，她不但参加了每一次实地调查，而且对每一个课题的研究方向和研究内容都严格把关，参与课题写作方案的讨论，并提出重要的观点和意见。本书的每一章都由具体的作者承担，但是每一位作者在写作过程中都得到过她的指导，她与我们每一个人都有非常深入的讨论，给每个人都提出了很好的思路和观点，例如本书的核心概念"梯田社会"也是由她先提出来的。在写作的过程中，在她的指导下，每个作者所承担的部分都经历了若干次或大或小的修改，最终才能以现在这样的面貌呈现出来。

在此，我们还要对诸多单位、集体和个人表达诚挚谢意！

首先我们要感谢中国社会科学院社会学研究所和中国百村调查总课题组，敬谢为我们所不舍的已赴仙界的陆学艺先生，恭谢中国社会科学院社会学研究所副所长、博士生导师王春光研究员，为中国百村调查付出辛勤劳动的高鸽老师，原社会科学文献出版社谢寿光社长，上海交通大学媒体与传播学院副院长李康化教授，等等。正是这些机构和专家学者多年的关心，才使我们在百村研究的路上能够不断前行。

要感谢贵州民族大学的校领导及社会建设与反贫困研究院的支持，正是他们为百村调查所付出的公心和助力，贵州百村调查才有了经费的保障。要特别深谢贵州省人大常委会原副主任陈华祥先生，黎平县和肇兴镇各级党委、政府的领导及相关工作人员的大力支持，我们的调研工作得以顺利开展。

还要感谢堂安村全体村民和"村两委",以及黄永一、张庆魏、小兰等朋友,正是在他们的带领和帮助下,我们的调查进展顺利。也要道谢赢维银、姚仕威,在书稿撰写过程中,他们通过电话、微信为我们翻译各种侗语资料。

参照当初陆学艺先生对百村成果"资料性学术著作"的定位,我们此次也是努力想接近这一要求。当然,最终成果是否达到这一要求,读者心中自会权衡,也望提出宝贵意见。

"中国百村调查·堂安村"课题组

2021 年 12 月

图书在版编目（CIP）数据

堂安梯田社会 / 曾芸等著. -- 北京：社会科学文
献出版社，2022.9
（中国百村调查丛书）
ISBN 978 - 7 - 5228 - 0246 - 6

Ⅰ.①堂…　Ⅱ.①曾…　Ⅲ.①乡村 - 社会调查 - 调查
报告 - 黎平县　Ⅳ.①D668

中国版本图书馆 CIP 数据核字（2022）第 100662 号

· 中国百村调查丛书 ·

堂安梯田社会

著　　者 / 曾　芸　徐　磊　宗世法　曹端波 等

出 版 人 / 王利民
责任编辑 / 李明锋　胡庆英
责任印制 / 王京美

出　　版 / 社会科学文献出版社 · 群学出版分社 （010）59366453
　　　　　地址：北京市北三环中路甲 29 号院华龙大厦　邮编：100029
　　　　　网址：www.ssap.com.cn
发　　行 / 社会科学文献出版社 （010）59367028
印　　装 / 三河市尚艺印装有限公司

规　　格 / 开　本：787mm × 1092mm　1/16
　　　　　印　张：27.75　插　页：0.5　字　数：429 千字
版　　次 / 2022 年 9 月第 1 版　2022 年 9 月第 1 次印刷
书　　号 / ISBN 978 - 7 - 5228 - 0246 - 6
定　　价 / 168.00 元

读者服务电话：4008918866